CONTRATOS BILATERAIS

Sinalagma e exceção de contrato não cumprido

LAÍS CAVALCANTI

Prefácio
Gustavo Tepedino

Apresentação
Giovanni Ettore Nanni

Posfácio
Carlos Nelson Konder

CONTRATOS BILATERAIS

Sinalagma e exceção de contrato não cumprido

Belo Horizonte

FORUM
CONHECIMENTO JURÍDICO

2025

FÓRUM
CONHECIMENTO JURÍDICO

Luís Cláudio Rodrigues Ferreira
Presidente e Editor

Coordenação editorial: Leonardo Eustáquio Siqueira Araújo / Thaynara Faleiro Malta
Revisão: Ana Cristina Chaves
Projeto gráfico: Walter Santos
Capa e Diagramação: Formato Editoração

Rua Paulo Ribeiro Bastos, 211 – Jardim Atlântico – CEP 31710-430
Belo Horizonte – Minas Gerais – Tel.: (31) 99412.0131
www.editoraforum.com.br – editoraforum@editoraforum.com.br

Técnica. Empenho. Zelo. Esses foram alguns dos cuidados aplicados na edição desta obra. No entanto, podem ocorrer erros de impressão, digitação ou mesmo restar alguma dúvida conceitual. Caso se constate algo assim, solicitamos a gentileza de nos comunicar através do *e-mail* editorial@editoraforum.com.br para que possamos esclarecer, no que couber. A sua contribuição é muito importante para mantermos a excelência editorial. A Editora Fórum agradece a sua contribuição.

Dados Internacionais de Catalogação na Publicação (CIP) de acordo com ISBD

C377c Cavalcanti, Laís

Contratos bilaterais: sinalagma e exceção de contrato não cumprido/ Laís Cavalcanti. Belo Horizonte: Fórum, 2025.

219p. 14,5x21,5cm

ISBN impresso 978-65-5518-695-6
ISBN digital 978-65-5518-887-5

1. Direito civil. 2. Contratos. 3. Sinalagma. 4. Exceção de contrato não cumprido. I. Título.

CDD: 342.087
CDU: 347

Ficha catalográfica elaborada por Lissandra Ruas Lima – CRB/6 – 2851

Informação bibliográfica deste livro, conforme a NBR 6023:2018 da Associação Brasileira de Normas Técnicas (ABNT):

CAVALCANTI, Laís. Contratos bilaterais: sinalagma e exceção de contrato não cumprido. Belo Horizonte: Fórum, 2025. 219p. ISBN 978-65-5518-695-6.

À Maria Clara.

AGRADECIMENTOS

A presente obra representa a versão comercial da dissertação de Mestrado em Direito Civil defendida perante a Universidade do Estado do Rio de Janeiro. Trata-se de fruto de trabalho a muitas mãos. Além das minhas, todas aquelas que me apoiaram, cuidaram e guiaram nos processos de pesquisa e escrita. Agradeço: ao Professor Gustavo Tepedino, pela generosidade de compartilhar comigo sua experiência e seu conhecimento desde que sou estagiária. Por ser meu maior exemplo na advocacia, na academia e por ter orientado minha dissertação, com incansáveis disponibilidade e paciência.

Aos Professores Gisela Sampaio, Marcelo Calixto, Carlos Nelson Konder e Giovanni Nanni, pela honrosa participação nas bancas de qualificação e de avaliação da dissertação. Aos Professores do Mestrado de Direito Civil da Faculdade de Direito da UERJ com quem tive o privilégio de ter aula, por terem me inspirado e confirmado o meu encontro com a matéria que verdadeiramente amo.

Aos queridos colegas do Gustavo Tepedino Advogados, pelo convívio engrandecedor, agradeço na pessoa da Milena Donato Oliva. Ao Antônio Dias, agradeço em especial pela rotineira troca e pelo apoio para a realização do Mestrado, sem o qual a elaboração da dissertação não teria sido possível. Ao pessoal do administrativo, pela diligência e prestatividade, agradeço na pessoa da Miriam Melo. Em especial, agradeço à Ana Beatriz Baia pela assídua ajuda com material para pesquisa da presente dissertação e com a localização de importantes obras.

Ao Rodrigo da Guia e ao Rodrigo Freitas, pelo compartilhamento de obras relevantes e pela gentil disponibilidade para troca de ideias sobre este trabalho.

Aos amigos ingressantes da turma de Mestrado de 2019, cujo encontro tornou modestas todas as dificuldades vividas na elaboração da dissertação. Ao Marco, ao Renan e à Camila, agradeço a cumplicidade desde os estudos para a prova do Mestrado. À Mari, Marília e Renata, por essa amizade tão forte que parece anteceder o momento em que nos conhecemos e tão fundamental no processo solitário de elaboração de uma dissertação.

Aos meus amados amigos do Colégio Santo Agostinho, da PUC e do escritório, por tornarem mais leve essa jornada. Em especial, agradeço à Luiza, Julia, Fernanda e Julia Thompson-Flores por acompanharem de perto essa etapa – como tudo mais –, ao meu lado em cada passo do caminho.

À Maria Clara, minha parceira de trincheira e melhor amiga, pela ajuda contínua com a consulta de materiais para elaboração deste trabalho e por me relembrar constantemente o quanto a vida me foi generosa por fazê-la minha irmã.

Aos meus pais Paulo e Sonja, início e fim de tudo que sou, pelo amor e suporte incondicionais.

Ao Henrique, meu imenso amor, pela motivação constante, pelo apoio nas horas mais difíceis e pela construção de um lar a partir do qual todos os meus sonhos se fazem possíveis.

LISTA DE ABREVIATURAS E SIGLAS

AgInt	Agravo Interno
AgRg	Agravo Regimental
AREsp	Agravo em Recurso Especial
Art.	Artigo
Arts.	Artigos
Código Civil	Código Civil Brasileiro de 2002
CPC	Código de Processo Civil
EDcl	Embargos de Declaração
j.	julgado em
Min.	Ministro
Rel.	Relator
REsp	Recurso Especial
STF	Supremo Tribunal Federal
STJ	Superior Tribunal de Justiça

SUMÁRIO

PREFÁCIO

O inadimplemento das obrigações constitui-se, ao lado da insolvência, no enorme risco que o direito procura debelar para preservar a segurança do tráfego negocial. O tema tem suscitado algumas das mais acaloradas discussões postas no direito privado, dentre as quais se encontra aquela relativa à (oportunidade de) oposição de exceção de contrato não cumprido, intensificada pela frequente dificuldade de compreensão do conceito, das características e das consequências do sinalagma contratual.

Com efeito, é a comutatividade entre as obrigações sinalagmáticas que justifica funcionalmente os instrumentos disponíveis para preservar a vontade comum declarada pelos contratantes e o escopo econômico almejado com a contratação. Em tal perspectiva encontram-se o fundamento e o momento de deflagração da exceção de contrato não cumprido. Exercício de autotutela, que impede à parte inadimplente exigir do outro contratante a satisfação de sua prestação, a *exceptio* repercute de modo drástico no programa contratual. Por este motivo, torna-se crucial identificar precisamente as hipóteses em que a sua utilização se torna autorizada.

Nessa direção, mostra-se insuficiente a invocação da bilateralidade dos contratos, em contraposição ao contrato unilateral, como simples descrição das obrigações assumidas por cada um dos contratantes. Trata-se de visão estática e estrutural, que não permite identificar, na complexidade das relações obrigacionais, a presença de nexo de reciprocidade entre as prestações contrapostas. Por outro lado, verificando-se o vínculo funcional decorrente da correspectividade entre as prestações, justifica-se a invocação das consequências jurídicas previstas no ordenamento, como é o caso da oposição da exceção de contrato não cumprido, nos termos do art. 476 do Código Civil. Essa tarefa, todavia, não é simples, por se introjetar no âmago e nos fundamentos dogmáticos do direito obrigacional.

Em tal instigante cenário se insere a promissora obra da Professora Laís Cavalcanti, intitulada "*Contratos bilaterais: sinalagma e exceção de contrato não cumprido*". A obra corresponde à versão expandida e atualizada de sua dissertação de mestrado em direito civil, defendida com brilho no âmbito do Programa de Pós-Graduação Stricto Sensu na Universidade do Estado do Rio de Janeiro – UERJ, aprovada por banca examinadora que tive a honra de presidir, juntamente com os ilustres Professores Carlos Nelson Konder e Giovanni Ettore Nanni.

A autora desincumbe-se com êxito do desafio de, a partir do exame do sinalagma, fixar os critérios de deflagração da exceção de contrato não cumprido, com todas as suas repercussões sobre o programa contratual. Mediante densa pesquisa, fiel à legalidade constitucional, Laís Cavalcanti estrutura a sua obra em três substanciosas etapas. No primeiro capítulo, apresenta analiticamente os pressupostos dogmáticos do sinalagma, com especial destaque à correlação deste conceito com a bilateralidade dos contratos, em necessário contraponto com os contratos unilaterais (entendido como ausência de correspectividade prestacional). Analisa nesse momento, ainda, a tradicional classificação entre contratos onerosos e gratuitos, além do requisito da patrimonialidade como característica essencial da prestação. Ao concluir o primeiro capítulo, passa em revista os fundamentos da exceção de contrato não cumprido, percorrendo analiticamente as principais teorias formuladas para justificá-la, tendo-se em conta a estreita relação entre a *exceptio* e o sinalagma.

Na sequência, no segundo capítulo, a autora desenvolve análise crítica e problematizadora dos elementos do sinalagma, trazendo a lume algumas das principais discussões correntes no campo obrigacional. Ao investigar as prestações que compõem o sinalagma, enfrenta a temática das obrigações complexas. Lança-se então ao exame comparativo do sinalagma, do equilíbrio contratual e da causa do contrato (como função prático-individual), propondo sobreposições dogmáticas e distinções entre tais categorias. Estabelecidas essas premissas conceituais, sintetiza o que considera os elementos do sinalagma: "*(i) reciprocidade; (ii) interdependência e (iii) correspectividade*". Dessa maneira, a sua aferição torna-se mais clara e objetiva, sendo possível submetê-la a testes relevantes, como nos casos dos chamados contratos bilaterais imperfeitos, contratos plurilaterais e contratos conexos. Nesse passo, dedica-se também ao candente tema da alocação de riscos, que alcança a distinção entre os contratos comutativos e os aleatórios.

Finalmente, no terceiro e último capítulo, a autora concatena os resultados alcançados nas seções anteriores à exceção de contrato não cumprido, identificando-a como 'remédio sinalagmático', e oferendo minucioso delineamento de seus pressupostos aplicativos. Propõe então a interpretação funcional da exigibilidade das prestações correspectivas, à luz da coesão cronológica das prestações. A formulação abrange problemas como o inadimplemento anterior ao termo, a dinâmica dos contratos de execução continuada e as diferentes espécies de inadimplemento contratual. Justificam-se, assim, na sequência da obra, de modo coerente e sistemático, os efeitos da aplicação da exceção, informada pela adequada delimitação do sinalagma contratual.

Mediante obra propositiva, a autora consegue demonstrar, em linguagem elegante e culta, a atualidade e potencialidade do tema, com o delineamento funcional do sinalagma nas relações obrigacionais. Permite-se assim discernir com precisão as diversas situações concretas que ensejam o exercício da exceção de contrato não cumprido, oponível pelo contratante demandado, contra o contratante inadimplente. O resultado mostra-se vitorioso, oferecendo-se ao leitor, pelo presente trabalho, contribuição riquíssima e consulta benfazeja para todos os estudiosos do direito civil e profissionais que se dedicam à teoria contratual e aos recorrentes problemas práticos que agitam a jurisprudência.

Petrópolis, abril de 2025

Prof. Gustavo Tepedino

Doutor em Direito Civil pela Universidade de Camerino, Itália. Professor Titular de Direito Civil e Livre-docente pela Faculdade de Direito da Universidade do Estado do Rio de Janeiro (UERJ). Presidente do Instituto Brasileiro de Direito Civil (IBDCivil). Fundador do escritório Gustavo Tepedino Advogados em 2006.

APRESENTAÇÃO

Foi uma grata satisfação receber o gentil pedido de Laís Cavalcanti para escrever a apresentação de *Contratos bilaterais: sinalagma e exceção de contrato não cumprido.*

Conheci a autora por ocasião da participação na banca examinadora da dissertação de mestrado que deu origem à obra, ocorrida em 31 de maio de 2022, perante a Faculdade de Direito da Universidade do Estado do Rio de Janeiro, honrado pelo convite formulado pelo Professor Gustavo Tepedino, oportunidade em que, juntamente com o Professor Carlos Nelson Konder, o trabalho foi avaliado, tendo sido aprovado com expressivos elogios.

Trata-se de assunto extremamente relevante, que diz respeito ao âmago do contrato bilateral, cuja abordagem científica é escassa. Apenas por isso, o livro merece ser enaltecido. Porém, não só, visto que apresenta pesquisa meticulosa, com exame de vasta bibliografia, conduzida com realçado rigor acadêmico.

O eixo central da obra é precisar os contornos de dois tópicos de indiscutível significância no Direito dos Contratos, que são o *sinalagma* e *a exceção de contrato não cumprido*, em que se vê, ao longo do trabalho, a concatenação lógica na organização da matéria, primeiro no que tange aos pressupostos dogmáticos do sinalagma, depois com a sua delimitação e, em seguida, a configuração de sua feição específica quanto ao notório expediente da *exceptio non adimpleti contractus*.

Nessa linha de construção, o primeiro capítulo é o alicerce, que aborda em que consiste o sinalagma e qual é a sua posição no contexto dos contratos bilaterais, com útil elucidação de tipos contratuais que se amoldam à espécie, bem como disserta acerca dos fundamentos da exceção de incumprimento.

O segundo capítulo estabelece as fronteiras. Estuda criteriosamente o que se correlaciona ao sinalagma, o que o integra e o que não o integra. Traça as diferentes perspectivas que o objeto fulcral da investigação autoriza, em especial as diversas obrigações inerentes à complexidade negocial hodierna, o sinalagma genético e o funcional, bem assim outras noções próprias da classificação contratual, com proposta de sistematização dos elementos que compõem o sinalagma.

Tendo bem definidas as pilastras do tema, o terceiro capítulo é dedicado à análise da exceção de contrato não cumprido como remédio sinalagmático. É o ponto mais relevante do trabalho, em que se apresenta o quadro legal da temática, sua estrutura e sua função, assim como os requisitos para sua aplicação. Sem se olvidar de seu emprego prático, discorre sobre os efeitos do instituto com a ilustração de eventos nos quais se identifica sua concretude.

A seguir, são expostas as considerações conclusivas, em que são condensadas as ideias essenciais da pesquisa, os seus substanciais contributos. Compulsar o livro implica a certeza de que, quem se interessa pelo assunto, não fica sem respostas.

Julgo que a habilidade investigativa da autora, em que sobressai sua inquietação científica, promoverá a continuidade de sua carreira acadêmica, que decerto brindará os leitores com outras obras de acentuada qualidade, como é *Contratos bilaterais: sinalagma e exceção de contrato não cumprido*. Sendo assim, congratulo a Editora Fórum e Laís Cavalcanti pela publicação, que desde logo há de ser considerada fonte obrigatória de consulta na matéria.

Giovanni Ettore Nanni
Livre-Docente, Doutor e Mestre em Direito Civil pela PUC-SP. Professor de Direito Civil nos Cursos de Graduação e de Pós-Graduação *Stricto Sensu* na PUC-SP, na qual também exerce atividades docentes ligadas à Arbitragem e à Mediação. Advogado, atua como árbitro e parecerista.

INTRODUÇÃO

O termo grego *synállagma* significa contrato.[1] Não à toa, a doutrina destaca o caráter tautológico da denominação dos contratos bilaterais pela expressão "contrato sinalagmático", [2] que, nesse sentido, assumiria o significado de "contrato contratual".[3] A crítica ilustra ser o sinalagma a essência do contrato bilateral –[4] forma mais usual de arranjos contratuais –, plasmando o resultado do ajuste de vontades, arranjo de interesses contrapostos das partes.[5] A exceção de contrato não cumprido – também referida como exceção de incumprimento, exceção de inadimplemento, exceção de inexecução e *exceptio non*

---

1 ABRANTES, José João. *A excepção de não cumprimento do contrato*. 2. ed. Coimbra: Almedina, 1955. p. 13.

2 DE PAGE, Henri. *Traité élémentaire de droit civil belge:* principes, doctrine, jurisprudence. Bruxelles: Émile Bruylant, 1948. t. 2. p. 409.

3 "Há quem denomine *esses* contractos [bilaterais] *synallagmaticos*. Tal denominação deve ser banida da technica jurídica. Ella vem do grego *sunallagma* que significa contracto. Do modo que, contracto synallagmatico deve ser entendido 'contrato contratual' – expressão que carece de sentido" (CARVALHO DE MENDONÇA, Manoel Ignacio. *Doutrina e prática das obrigações*. 2. ed. Rio de Janeiro: Francisco Alves, 1938. t. 2. p. 329-330)]. V. tb. DIEZ-PICAZO, Luis. *Fundamentos del derecho civil patrimonial:* las relaciones obligatorias. 5. ed. Madrid: Civitas, 1996. v. 2. p. 373. Apesar da válida crítica tecida pela doutrina, utilizaremos no presente trabalho a expressão "contrato sinalagmático" tendo em vista sua difundida aplicação e, ainda, para fins de destaque desse aspecto do contrato.

4 "'Sinalagma', em grego, tem o significado de 'contrato' e visa especialmente o que se poderia chamar de contrato de troca, mas com *equivalência* ou *proporcionalidade* entre as prestações (v. Aristóteles, *Ética e Nicomaco, L. V,* n. 5)" (AZEVEDO, Antonio Junqueira de. AZEVEDO, Antonio Junqueira de. Natureza jurídica do contrato de consórcio (sinalagma indireto). Onerosidade excessiva em contrato de consórcio. Resolução parcial do contrato. *In*: *Novos estudos e pareceres de direito privado*. São Paulo: Saraiva, 2009. p. 363).

5 "(...) o regulamento contratual resulta, assim, determinado, em princípio, pela vontade concorde das partes, constituindo o ponto de confluência e de equilíbrio entre os interesses – normalmente contrapostos – de que as mesmas são portadoras" (ROPPO, Enzo. *O contrato*. Coimbra: Almedina, 1947. p. 128).

adimpleti contractus –, [6] a seu turno, figura como instrumento de excelência da preservação do sinalagma diante da situação patológica do inadimplemento.

Se o contrato é o instrumento técnico-jurídico responsável pela circulação de bens, de importância basilar na própria ordem social, [7] e se o sinalagma é o seu vínculo principal, o instrumento de autotutela do qual o contratante pode se valer para sua defesa – a *exceptio* – merece profundo e acurado estudo. Embora haja certo consenso sobre as noções relacionadas ao sinalagma, como reciprocidade, equivalência, correspectividade, bilateralidade, há dificuldade em delimitar seu preciso conteúdo, cujos limites, difusos no âmbito da fluidez dos amplos conceitos relacionados ao tema, raramente são enunciados pela doutrina de forma objetiva. Antonio Junqueira de Azevedo afirmou "que, na linguagem jurídica, as palavras 'sinalagma' e 'sinalagmático', embora girando em torno de 'troca' e 'reciprocidade' oferecem alguma ambiguidade. Há sinalagma à grega, sinalagma à romana e sinalagma indireto".[8] É para contribuir com o esclarecimento dessa ambiguidade que se lança a pesquisa deste trabalho.

No capítulo 1, serão abordados os pressupostos dogmáticos do sinalagma já enunciados pela doutrina, apresentando ao leitor as ideias que serão esmiuçadas e criticamente avaliadas ao longo do trabalho. Principalmente, será analisada a correlação do sinalagma com o aspecto bilateral dos contratos. Em contraponto, serão delineados os contratos unilaterais e investigada a distinção classificatória perante os contratos

---

6 No presente trabalho, será utilizado o termo *exceptio* para indicar a *exceptio non adimpleti contractus*.

7 "Na perspectiva adoptada por fórmulas como a da transição 'do status ao contrato', é claro que o contrato não é encarado na acepção estrita de instrumento técnico-jurídico da circulação dos bens, mas como um significado bem mais geral: como símbolo de uma determinada ordem social, como modelo de uma certa orgânica da sociedade na sua complexidade. Quando Maine observava que a sociedade que lhe era contemporânea (portanto, a sociedade do séc. XIX) baseava-se no contrato e na liberdade de contratar, ao contrário das sociedades antigas governadas pelos vínculos de *status*, elevava o contrato a eixo fundamental da sociedade liberal, a protótipo dos seus valores e dos seus princípios (da livre iniciativa individual à concorrência entre os empresários no mercado, à procura ilimitada de lucro...) em antítese com o modelo de organização da sociedade do 'antigo regime', com os seus resíduos feudais, com os seus vínculos e privilégios corporativos, com sua economia fechada. O contrato torna-se, assim, a bandeira das sociedades nascidas das revoluções burguesas e, em definitivo, um elemento da sua legitimação" (ROPPO, Enzo. *O contrato*. Coimbra: Almedina, 1947. p. 28).

8 AZEVEDO, Antonio Junqueira de. Natureza jurídica do contrato de consórcio (sinalagma indireto). Onerosidade excessiva em contrato de consórcio. Resolução parcial do Contrato. *In*: *Novos estudos e pareceres de direito privado*. São Paulo: Saraiva, 2009. p. 363.

onerosos e gratuitos. Será acrescida a essa reflexão, ainda, o aspecto da patrimonialidade como requisito essencial da prestação. Para aprofundar essas percepções, serão pontualmente analisados os exemplos do contrato de transporte, do mútuo e a função dos juros, do depósito, do mandato, da fiança, da doação.

Na sequência, incursionar-se-á pelos fundamentos da exceção de contrato não cumprido, que guarda simbiótica relação com o conteúdo do sinalagma. Por ser matéria amadurecida na doutrina, entende-se que a pesquisa se beneficiará da verificação dos fundamentos que justificam a figura perante o ordenamento jurídico brasileiro para a posterior enunciação do conteúdo do sinalagma, inclusive para haver condições de expurgar de seus elementos conceitos que, apesar de próximos, não o compõem. Nesse sentido, verificar-se-á os principais fundamentos atribuídos à exceção de contrato não cumprido: a teoria da causa; teoria da condição resolutiva tácita; equilíbrio contratual; equidade e vedação ao enriquecimento sem causa. Por fim, reportar-se-á as características atribuídas ao sinalagma pela doutrina que já se empenhou em sistematizar a matéria.

Colhidos os elementos usualmente atribuídos ao sinalagma, procurar-se-á, no capítulo 2, analisá-los criticamente para, enfim, delimitar o sinalagma. De início, serão examinadas as obrigações que compõem o sinalagma, enfrentando-se, em especial, seu estabelecimento entre as obrigações tidas por principais no âmbito de obrigações complexas. Ademais, serão estudados os aspectos genético e funcional do sinalagma, recortes atribuídos a diferentes momentos da relação contratual e que contribuem para a compreensão do vínculo em toda sua extensão. Na sequência, serão perquiridos os pontos de contato e de distanciamento entre o sinalagma, o equilíbrio contratual e a causa do contrato, a partir das premissas estabelecidas no capítulo 1. Tal investigação objetivará estabelecer a correlação dessas figuras e eventuais sobreposições dogmáticas. No âmbito da investigação do conceito de equilíbrio, também verificar-se-á a relação com a alocação de riscos realizadas pelas partes, analisando-se as hipóteses dos contratos comutativos e aleatórios.

Como produto dessa investigação, far-se-á proposta de sistematização em relação aos elementos que constituem o sinalagma, a partir de todos os aspectos acolhidos ou afastados nos itens anteriores. Delimitado o vínculo sinalagmático, analisar-se-á, por fim, sua presença no âmbito dos ditos contratos bilaterais imperfeitos; nos contratos plurilaterais, tomando-se como parâmetro o contrato de sociedade, enfrentando, nesse ponto, a configuração do dito sinalagma indireto e, por fim, nos contratos conexos, em especial para investigar a configuração de sinalagma internegocial entre contratos diversos.

O capítulo 3 terá por objeto principal os pressupostos para aplicação da exceção de contrato não cumprido e seus efeitos. Antes de enfrentá-los, analisar-se-á a sua positivação no ordenamento brasileiro, em especial a previsão do art. 476 do Código Civil. Em continuidade, tratar-se-á da estrutura e função da *exceptio*. Nesse ponto, será averiguada a disposição da cláusula *solve et repete*, pela qual a possibilidade de invocação da exceção de contrato não cumprido pode ser afastada pelas partes. Proceder-se-á, então, à análise dos pressupostos, sem dedicar item específico à bilateralidade das obrigações (*rectius:* sinalagmaticidade), por ser tema já tratado nos capítulos 1 e 2. O primeiro pressuposto a ser analisado será, portanto, a exigibilidade das prestações correspectivas, investigando-se a relevância da coesão cronológica das prestações para o exercício da exceção de contrato não cumprido. Em particular, averiguar-se-á o caso do inadimplemento anterior ao termo e dos contratos de execução continuada. O segundo pressuposto a ser analisado será o inadimplemento do excepto, o dito inadimplemento justificante, aquele que enseja a *exceptio*. Serão estudadas as espécies de inadimplemento que autorizam sua invocação, absoluto ou relativo, imputável ou não ao excepto. No substrato fático do inadimplemento absoluto, será ainda examinada a aplicação da *exceptio* no contexto da execução pelo equivalente e no âmbito da fase restitutória posterior à resolução contratual, o dito sinalagma invertido. Será abordada, ainda, a situação da impossibilidade da prestação, do cumprimento defeituoso, comumente associado à *exceptio non rite adimpleti contractus*, e, por fim, do descumprimento no caso de obrigações solidárias.

Concluída a análise dos pressupostos, terá lugar o estudo da boa-fé objetiva para a exceção de contrato não cumprida, já invocado por parte da doutrina como o quarto critério de sua aplicação, classificação que será criticamente analisada. Avaliar-se-á, ainda, sua qualificação como limite da *exceptio*, notadamente na vedação ao exercício abusivo de direito. Ao propósito, verificar-se-á sua aplicação no contexto do adimplemento substancial a partir da análise qualitativa da representação do descumprimento parcial. Também enfrentar-se-á a aproximação entre a exceção de contrato não cumprido e a figura do *tu quoque*.

Finalmente, proceder-se-á ao estudo dos efeitos advindos da aplicação da exceção, notadamente a suspensão da exigibilidade da prestação a cargo do excipiente e a não imputabilidade dos efeitos do seu descumprimento. Nesse ponto, será investigada a própria configuração de inadimplemento por parte do excipiente dado que sua recusa decorre do exercício legítimo de seu direito (*exceptio*). Ademais, será avaliada a responsabilidade do excipiente em relação ao bem que mantém consigo em razão do exercício da *exceptio*.

Destaca-se que não há pretensão de esgotar, nesse terceiro capítulo, todas as diversas questões relacionadas à exceção de contrato não cumprido encontradas em trabalhos dedicados exclusivamente ao tema. Sendo o foco principal desta dissertação a delimitação do sinalagma para aplicação técnica da *exceptio,* concentrou-se na verificação dos pressupostos que ensejam sua aplicação e nos efeitos que podem ser atribuídos ao seu exercício.

Por fim, apresentaremos as principais conclusões extraídas da presente pesquisa, especialmente as contribuições decorrentes do delineamento do sinalagma para a identificação mais precisa das situações concretas que ensejam o exercício da defesa da exceção de contrato não cumprido.

CAPÍTULO 1

PRESSUPOSTOS DOGMÁTICOS DO SINALAGMA

1.1 Da bilateralidade dos contratos ao sinalagma

Tradicionalmente, define-se o sinalagma como a existência de nexo de correspectividade entre obrigações contrapostas no âmbito de contrato bilateral: uma obrigação é a razão de ser da outra, [9] de

9 "Chamam-se contratos bilaterais aqueles contratos em que cada um dos figurantes assume o dever de prestar para que os outros contraprestem; a contraprestação é, precisamente, a prestação que o outro figurante ou os outros figurantes tem de fazer" (PONTES DE MIRANDA, Francisco Cavalcanti. *Tratado de direito privado.* São Paulo: Bookseller, 2003. t. 26. p. 126-127); "O sinalagma é o liame recíproco existente entre a prestação e a contraprestação. São contratos sinalagmáticos, bilaterais, ou com prestações recíprocas, aqueles de que fluem, ao mesmo tempo e para cada uma das partes, obrigações e direitos a prestações recíprocas, ligadas entre si por uma relação de interdependência" (LIRA, Ricardo Pereira. A onerosidade excessiva nos contratos. *Revista de Direito Administrativo*, v. 159, p. 10-19, jan./mar. 1985. p. 10); "La corrispettività delle prestazioni contratualli sta a significare che la prestazione di una parte trova remunerazione nella prestazione dell'altra. I contratti a prestazioni corrispettive sono anche detti sinallagmatici. Essi comprendono principalmente i contratti di scambio, i contratti di concessione in godimento e di servizi a titolo oneroso (locazione, lavoro subordinato, ecc.) in cui la prestazione di una parte è compensata dalla controprestazione dell'altra. La corrispettività comporta normalmente l'interdipendenza delle prestazioni. L'interdipendenza esprime in generale il condizionamento di una prestazione all'altra." (BIANCA, Cesare Massimo. *Diritto Civile*: il contratto. Milano: Giuffrè, 1987. v. 3. p. 460); "Las relaciones obligatorias son sinalagmáticas cuando determinan obligaciones recíprocas a cargo de ambas partes. Cada uma de las partes tienen frente a la outra um derecho de crédito y um deber de prestación de carácter correlativo o recíproco. Los dos recíprocos deberes de prestación se encuentran entre sí ligados por un nexo de interdependência, puesto que cada parte acepta el sacrifício que para ella supone realizar la prestación que le incumbe, com la finalidad de lograr como resultado la prestación que la outra parte debe realizar. Cada deber de prestación funciona como equivalente del deber de prestación recíproco, aunque ello no quiere decir que deba existir necessariamente una total equivalencia de valor medida objetivamente com arregla a módulos exteriores." (DIEZ-PICAZO, Luis; GULLON, Antonio.

modo que a existência de uma prestação é subordinada à da outra e vice-versa.[10] Portanto, para a sinalagmaticidade estar configurada, cada uma das partes é, ao mesmo tempo, credora e devedora.[11] Mais do que o nexo estabelecido pelas prestações correlatas conforme ajustado no momento da celebração do contrato, o sinalagma acompanha todo seu desenvolvimento, capturando o aspecto dinâmico da relação contratual e mantendo o arranjo estabelecido pela correspectividade das prestações tal qual estabelecido pelas partes.[12]

Sistema de Derecho Civil. Madrid: Tecnos, 1977. v. 2. p. 35); "Contratos bilaterales son, por tanto, aquellos en que ambas partes contraen obligaciones y en que al menos algunos de los deberes de prestación recíprocos están vinculados entre sí, de modo que la prestación de una representa, de acuerdo com la vountad de ambas partes, la contraprestación, la compensación por la de outra" (LARENZ, Karl. Derecho de obligaciones. Madrid: *Revista de Derecho Privado,* 1958. t. 1. p. 267).

10 "Il principio di sinallagmaticità impone la reciprocità delle prestazioni, e si sostanzia nel rapporto di corrispettività che intercorre tra le prestazioni stesse, trovando ciascuna la propria funzione nell'altra e ripetendo la propria validità dall'altra; e questo collegamento tra le prestazioni, per cui l'una si giustifica soltanto se esiste e viene adempiuta l'altra, è stato definito dalla dottrina, con termine sintetico, ma che esprime in modo sostanzialmente completo la fattispecie, 'nesso di interdipendenza'." (CAMILLETTI, Francesco. *Profili del problema dell'equilibrio contrattuale.* Milano: Giuffrè, 2004. p. 21); "É pacífico que nos contratos bilaterais as obrigações das partes são recíprocas e interdependentes: cada um dos contraentes é simultaneamente credor e devedor um do outro, uma vez que as respectivas obrigações têm por causa as do seu cocontratante, e, assim, a existência de uma é subordinada à da outra parte" (PEREIRA, Caio Mário da Silva. *Instituições de direito civil*: contratos. 24. ed. Rio de Janeiro: Forense, 2020. v. 3. p. 61); "Os contratos sinalagmáticos são contratos que fundam prestações cruzadas das partes. O que os caracteriza é justamente o sinalagma – o vínculo de interdependência entre as obrigações das partes [...] A grande especificidade do contrato sinalagmático resulta de gerar uma situação complexa, com vínculos de dependência recíproca entre as prestações. Com efeito, pode um contrato gerar prestações para ambas as partes mas estas não serem interdependentes, como no caso de se contraporem à prestação principal dum apenas prestações acessórias de outro, desligadas da principal" (ASCENSÃO, José de Oliveira. *Direito civil*: teoria geral. Relações e Situações Jurídicas. 2. ed. São Paulo: Saraiva, 2010. v. 3. p. 254-255).

11 SERPA LOPES, Miguel Maria de. *Exceções substanciais*: exceção de contrato não cumprido *(exceptio non adimpleti contractus).* Rio de Janeiro: Freitas Bastos, 1959. p. 234; CORDEIRO, António Menezes. *Tratado de direito civil português*: direito das obrigações. Coimbra: Almedina, 2010. v. 2. t. 2. p. 194; LEITÃO, Luís Manuel Teles de Menezes. *Direito das obrigações.* Coimbra: Almedina, 2002. v. 1. p. 192.

12 "O sinalagma configura a dependência recíproca entre as respectivas obrigações, acompanhando as vicissitudes provocadas pelo tempo (sinalagma funcional), revestindo-se, pois, de dimensão dinâmica consistente na equivalência permanente no curso da relação. Trata-se de *mais* do que a bilateralidade, traduzindo a ideia segundo a qual prestação e contraprestação estejam em relação de recíproca causalidade, em recíproco intercâmbio ou interdependência. O núcleo está na correspectividade, a ser mantida durante a fase de desenvolvimento da relação obrigacional" (TERRA, Aline de Miranda Valverde; NANNI, Giovanni Ettore. Exceção de contrato não cumprido na coligação contratual. *Civilistica.com,* v. 10, n. 2, p. 1-26, 19 set. 2021. p. 14-15).

A exceção de contrato não cumprido é, por excelência, o remédio sinalagmático, por ser sua função a preservação desse nexo entre prestações correspectivas. O suporte fático que enseja sua invocação consiste na ocorrência de inadimplemento de uma das obrigações correspectivas por parte do contratante que deveria prestar anterior ou simultaneamente. Por meio de seu exercício, o excipiente, aquele que invoca a *exceptio* por ter sido lesado pelo inadimplemento, fica desobrigado de realizar sua prestação até que seja sanado o inadimplemento do excepto, aquele que descumpriu a obrigação correspectiva.[13]

Estudar o sinalagma e aplicar de forma técnica a exceção de contrato não cumprido implicam investigar a conexão almejada pelas partes com as prestações recíprocas.[14] Ou seja, importa precisar que obrigação justificou, de parte a parte, o comprometimento em realizar sua prestação, isto é, o que se esperava receber para se ter obrigado com o que se tem de prestar. Ao propósito, importa que uma parte enxergue a contraprestação que irá receber como atribuição suficiente diante da prestação que terá de prestar. Desse modo, não se tutela a equivalência objetiva entre as prestações, [15] mas sim o ajuste de vantagens e sacrifícios

---

13 "È il nesso d'interdipendenza tra le reciproche prestazioni, per cui nei contratti sinallagmatici ogni prestazione è in funzione della controprestazione ed il ritardo d'una prestazione ha diretta influenza sulla prestazione dell'altra parte, che spiega e giustifica l'introduzione nel nostro codice dell'eccezione d'inadempimento" (PERSICO, Giovanni. *L'eccezione d'inadempimento*. Milano: Giufrè, 1955. p. 2-3); "Na base da *exceptio non adimpleti contractus* [...] esta a ideia da relação sinalgmática, *rectius,* do sinalagma funcional, que a justifica e delimita o seu campo de aplicação. Justifica-se a recusa do credor a cumprir, alegando a *exceptio non adimpleti contractus* porque a sua prestação é o correlativo da contraprestação do devedor, porque as respectivas obrigações estão ligadas entre si por um nexo de causalidade – uma é o motivo determinante da outra – ou de correspectividade" (SILVA, João Calvão da. *Cumprimento e sanção pecuniária compulsória.* Coimbra: Almedina, 2002. p. 330); "É função da exceção de contrato não cumprido (*exceptio non adimpleti contractus*) manter a característica da bilateralidade que implica o cumprimento simultâneo das obrigações, assegurando o equilíbrio das posições contratuais durante a fase executiva do contrato, impedindo a desigualdade que decorreria se houvesse o constrangimento forçado de uma das partes a cumprir, sem que houvesse o cumprimento da que deveria prestar antes ou simultaneamente" (MARTINS-COSTA, Judith. *A boa-fé no direito privado*: critérios para a sua aplicação. 2. ed. São Paulo: Saraiva Educação, 2018. p. 706). V. tb.: TERRA, Aline de Miranda Valverde; NANNI, Giovanni Ettore. Exceção de contrato não cumprido na coligação contratual. *Civilistica.com,* v. 10, n. 2, p. 1-26, 19 set. 2021. p. 5.

14 "No sinalagma há uma estrutura final imanente ao contrato, com dependência genética, condicional e funcional (pelo menos) de dois deveres de prestar primários interligados" (MENEZES CORDEIRO, António Manuel da Rocha e. *Da boa fé no direito civil.* Coimbra: Almedina, 2001. p. 845).

15 "No es necessário para la existência de un contrato 'bilateral' que las prestaciones recíprocas sean equivalentes según un critério objetivo; basta que cada parte vea en la prestación de la outra una compensación suficiente a su propria prestación. Por tanto, lo que interesa en este punto es el juicio subjetivo de cada parte contratante. Lo decisivo es que cada uno de

recíprocos no qual as partes se dão por satisfeitas diante da prestação que almejam receber – ainda que, objetivamente, as prestações possuam valores díspares – e, mais: vincularam-se contratualmente *para* receber cada uma a obrigação assumida pela contraparte.[16]

Nessa esteira, Ferreira de Almeida indica que a troca como função econômico-social de certos negócios jurídicos se caracterizaria pela bilateralidade da relação custo/benefício – existência de sacrifícios e vantagens para ambas as partes – e pela divergência de finalidades – cada contratante pretende determinada vantagem que apenas pode ser obtida pelo sacrifício da contraparte e vice-versa. Cada parte obriga-se a certa prestação para se beneficiar da obrigação a ser prestada pela contraparte – oposição de interesses que se resolve pela troca e que se unifica pela reciprocidade.[17] Contudo, ressalva o autor que a reciprocidade dos contratos de troca relaciona-se com a vinculação de duas pessoas decorrente de um negócio jurídico, mas não se confunde com equivalência, objetiva ou subjetiva.[18]

É valiosa a diferenciação entre a simples coexistência recíproca de posições contratuais e a equivalência de prestações, que se associa à noção de correspectividade. A vinculação de duas partes a um mesmo contrato, com efeito, não impõe necessariamente a caracterização do sinalagma.[19] Tal vínculo, nessa esteira, consiste em nexo que torna as

---

los partícipes se obligue a una prestación en virtude de una contraprestación" (LARENZ, Karl. Derecho de obligaciones. Madrid: *Revista de Derecho Privado*, 1958. t. 1. p. 267).

16 "Na exceção de inadimplemento, de início é indispensável uma relação contratual sinalagmática, marcada pela estipulação de direitos e obrigações correspectivos, isto é, as prestações que daí defluem se imbricam, de modo que a satisfação de uma encontra contrapartida no cumprimento da outra. No programa contratual entabulado, a obrigação de uma parte é o contrabalanço da outra. Há uma dependência recíproca. Cada uma delas é contrapartida da outra, uma não nasce sem a outra e nenhum dos devedores tem de cumprir sem que o outro cumpra igualmente. É nesta estrutura que reside o requisito da necessidade de um laço de conexidade entre duas obrigações oriundas do contrato. Uma é vinculada à outra. Adimplir aqui pressupõe receber ali, em uma trama umbilical. Segundo Messineo, os adimplementos (ou as execuções) das partes são concebidos como *um* sendo o *pressuposto* do *outro*, isto é, encontram-se em relação de reciprocidade" (TERRA, Aline de Miranda Valverde; NANNI, Giovanni Ettore. Exceção de contrato não cumprido na coligação contratual. *Civilistica.com*, v. 10, n. 2, p. 1-26, 19 set. 2021. p. 6-7).

17 ALMEIDA, Carlos Ferreira de. *Texto e enunciado na teoria do negócio jurídico*. Coimbra: Almedina, 1992. v. 1. p. 521-524. Arremata o autor: "troca e reciprocidade têm entre si uma relação de replicação, cujo antecedente (a reciprocidade) indica o processo necessário para obter um resultado (a troca)" (p. 524).

18 ALMEIDA, Carlos Ferreira de. *Texto e enunciado na teoria do negócio jurídico*. Coimbra: Almedina, 1992. v. 1. p. 525-527.

19 BIANCA, Cesare Massimo. *Diritto Civile*: il contratto. Milano: Giuffrè, 1987. v. 3. p. 462.

obrigações interdependentes, sendo tal correspectividade uma relação mais estreita do que a simples reciprocidade.[20]

Há intrínseca relação entre a bilateralidade dos contratos e o sinalagma, sendo necessário, contudo, delinear o que se entende por bilateralidade tendo em vista que o termo pode assumir três diversas noções: (i) formação do negócio; (ii) produção de efeitos e (iii) modo pelo qual se interligam as prestações.[21]

A primeira noção não contribui para o estudo dos contratos sinalagmáticos, dado que todos os contratos são negócios jurídicos bilaterais no que tange às manifestações de vontades necessárias para sua formação. Nesse sentido, a doutrina anota não ser recomendável tratar "sinalagmático" e "não sinalagmático" como "bilateral" e "unilateral" diante das potenciais confusões com a classificação dos negócios jurídicos em bilaterais e unilaterais.[22]

---

20 "Sinallagma è il legame reciproco che in alcuni contratti existe tra la prestazioine e la controprestazione (*obligatio ultro citroque*): legame tanto forte, da rendere le obbligazioni stesse interdipendenti. La corrispettività è pertanto il segno di un rapporto tra prestazione e controprestazione piú stretto dela símplice coesistenza reciproca" (TRABUCCHI, Alberto. *Istituzioni di diritto civile*. 46. ed. Milani: Cedam, 2013. p. 767); "A ordem jurídica atribuiu alguns efeitos jurídicos específicos e de relevo à bilateralidade. Tais consequências, porém, exigiam, conforme demonstrou a doutrina, além da reciprocidade entre as obrigações, ouras característiticas, isto é, que as recíprocas obrigações fossem principais e correlatas" (MORAES, Maria Celina Bodin de. O procedimento de qualificação dos contratos e a dupla configuração do mútuo no direito civil brasileiro. *Revista Forense*, v. 309, p. 33-61, jan./mar. 1990. p. 40).

21 CASTRO, Diana Loureiro Paiva de; FREITAS, Rodrigo. A qualificação do contrato de doação com encargo: proposta de delimitação de fronteiras entre modo e contraprestação à luz da metodologia civil-constitucional. *In:* TEPEDINO, Gustavo; TEIXEIRA, Ana Carolina Brochado; MATOS, Ana Carla Harmatiuk (coord.). *Direito civil, Constituição e Unidade do Sistema*: anais do Congresso Internacional de Direito Civil Constitucional – V Congresso IBDCIVIL. Belo Horizonte: Fórum, 2019. p. 419; "O contrato, como acordo de vontades, depende sempre de duas declarações – a proposta e a aceitação. É, então, quanto à sua formação, ato bilateral, contrapondo-se às declarações unilaterais de vontade. Sendo bilateral sob esse aspecto, pode ser bilateral ou unilateral no que diz respeito aos seus *efeitos*, isto é, quanto às obrigações que cria [...] Não há dúvida de que do ponto de vista etimológico, a bilateralidade (*bis latus*) implica a ideia de obrigações recíprocas, isto é, dos dois lados, enquanto a unilateralidade exprime a ideia de obrigações de um só lado, *ex uno latere*" (BESSONE, Darcy. *Do contrato*: teoria geral. 4. ed. São Paulo: Saraiva, 1997. p. 69-70).

22 LEITÃO, Luís Manuel Teles de Menezes. *Direito das obrigações*. Coimbra: Almedina, 2002. v. 1. p. 192; "Os contratos geradores de obrigações comportam uma distinção fundamental em *sinalagmáticos* e *não sinalagmáticos*. É também de uso chamar aos primeiros *bilaterais* e aos segundos *unilaterais* [...] Semelhante nomenclatura é *correcta*, mas oferece o inconveniente de se prestar a *confusões* com a classificação dos negócios jurídicos baseada no *número de partes*. Segundo este outro critério, o negócio diz-se *bilateral* se tem *duas partes* (coincidindo com os contratos em *geral*), *unilateral* se tem *uma parte única* (por ex. o testamento). Nesta perspectiva, tanto são *negócios bilaterais* os contratos sinalagmáticos como os *não sinalagmáticos*" (TELLES, Inocêncio Galvão. *Manual dos contratos em geral*. 4. ed. Coimbra: Wolters Kluwer, 2010. p.

Interessante a reflexão realizada por Menezes Leitão ao analisar o exemplo conferido por Menezes Cordeiro no sentido de haver sinalagma no contrato-promessa unilateral – instrumento no qual uma das partes se vincula à celebração do contrato prometido –, [23] previsto no Código Civil português, [24] por ser necessária, para a formação do contrato definitivo, a declaração de ambas as partes. Menezes Leitão defende inexistir sinalagma por recair apenas sobre uma parte a obrigação de celebrar o contrato definitivo. O beneficiário da promessa, por sua vez, não teria qualquer dever a cumprir. A declaração necessária para que o contrato definitivo se forme seria apenas ato necessário à formação do contrato, mas não ajuste de prestações recíprocas.[25]

Nessa direção, importante destacar, no âmbito da análise sobre essa primeira noção de bilateralidade, que atos necessários para a formação do contrato não podem ser entendidos como prestação ou

485). V. tb.: ASCENSÃO, José de Oliveira. *Direito civil*: teoria geral. Relações e situações jurídicas. 2. ed. São Paulo: Saraiva, 2010. v. 3. p. 254.

23 "[...] um contrato pode ser sinalagmático, isto é, implicar prestações correlativas e, não obstante, apenas uma das partes se encontrar vinculada à sua efectivação; assim, no *contrato-promessa 'unilateral'* – artigo 411 – há sinalagma uma vez que a sua concretização, através do contrato-definitivo, exige declarações de *ambas* as partes: mas apenas uma das partes deve prestar, se a outra quiser e esta presta quando quiser e caso queria que a outra preste" (CORDEIRO, António Menezes. *Tratado de direito civil português*: direito das obrigações. Coimbra: Almedina, 2000. v. 1. t. 1. p. 309-310).

24 Confiram-se os dispositivos pertinentes do Código Civil português: "SUBSECÇÃO II Contrato-promessa ARTIGO 410º (Regime aplicável) 1. À convenção pela qual alguém se obriga a celebrar certo contrato são aplicáveis as disposições legais relativas ao contrato prometido, exceptuadas as relativas à forma e as que, por sua razão de ser, não se devam considerar extensivas ao contrato-promessa [...] ARTIGO 411º (Promessa unilateral) Se o contrato-promessa vincular apenas uma das partes e não se fixar o prazo dentro do qual o vínculo é eficaz, pode o tribunal, a requerimento do promitente, fixar à outra parte um prazo para o exercício do direito, findo o qual este caducará".

25 "O autor [Menezes Cordeiro] dá como exemplo a situação do contrato-promessa unilateral (art. 411), em que considera existir sinalagma por implicar prestações correlativas, já que para o contrato definitivo se formar se exige a declaração de ambas as partes. [...] No exemplo do contrato-promessa unilateral parece-nos clara a inexistência de sinalagma, pois só uma das partes tem a obrigação de celebrar o contrato definitivo. A situação do beneficiário da promessa unilateral não corresponde a qualquer obrigação, pois ninguém lhe pode exigir que emita a sua declaração negocial. É verdade que essa declaração é necessária para que o contrato definitivo se forme, mas tal corresponde à mera prática de acto necessário ao cumprimento da obrigação pela outra parte, cuja não realização envolve apenas mora do credor (art. 813), não desencadeando a aplicação do regime do incumprimento das obrigações de prestações recíprocas" (LEITÃO, Luís Manuel Teles de Menezes. *Direito das obrigações*. Coimbra: Almedina, 2002. v. 1. p. 192). Inocêncio Galvão Telles também aponta como exemplo de contrato não sinalagmático a promessa unilateral de contrato. V. TELLES, Inocêncio Galvão. *Manual dos contratos em geral*. 4. ed. Coimbra: Wolters Kluwer, 2010. p. 486.

contraprestação para fins de aferição de vínculo sinalagmático.[26] Trata-se de pressuposto para que o contrato se forme validamente e, portanto, que antecede a eficácia das obrigações.

A segunda noção – produção de efeitos – também já foi objeto de críticas em razão da associação entre bilateralidade e a existência de obrigações a cargo de ambos os contratantes. Para além do enfoque centrado na estrutura, tal concepção não é sensível à complexidade da noção contemporânea de obrigação, integrada pelos deveres decorrentes da boa-fé objetiva, contexto no qual passa a ser difícil cogitar de contrato em que haja deveres para apenas uma das partes.[27] Em outras palavras, mesmo o contrato unilateral pode contar com obrigações a cargo de ambas as partes, dado que o contratante não responsável pela obrigação principal deve observar deveres de conduta impostos pela boa-fé objetiva, razão pela qual tal noção, baseada na produção de efeitos, contribuiria pouco para categorização de contratos.[28]

---

26 Em sentido análogo: "Diz-se que a relação de causalidade existe entre a prestação do mutuante, que consiste na entrega de uma soma de dinheiro, e a obrigação do mutuário de restituí-la com juros. Mas essa explicação é válida tão somente para os que recusam ao mútuo a natureza de contrato real. Quem a aceita não pode admiti-la, porque a entrega do dinheiro não é prestação correspondente à obrigação nascida do contrato, mas, sim, requisito para sua formação" (GOMES, Orlando. *Introdução ao direito civil.* 22. ed. Rio de Janeiro: Forense, 2019. p. 250).

27 "Dizer-se que o contrato é bilateral porque também exsurgem dívidas e obrigações para o outro figurante seria inexato, porque o mandato, por exemplo, é contrato unilateral e o mandatário, aceitando-o, fica ligado ao seu cumprimento e a entrega ao mandante o que acaso haja recebido, no exercício do mandato. As dívidas do mandante e as do mandatário não estão em relação recíproca" (PONTES DE MIRANDA, Francisco Cavalcanti. *Tratado de direito privado.* São Paulo: Bookseller, 2003. t. 26. p. 127); "A despeito de sua importância histórica, tal distinção [entre contratos bilaterais e unilaterais], como se pode inferir, realiza exame meramente estrutural, que não se afigura suficiente para examinar a complexidade do vínculo contratual formado. Entendida a relação obrigacional como um processo dirigido ao adimplemento (*rectius*, à realização da função concreta do contrato), observa-se que as partes se encontram diante de uma relação jurídica complexa informada pelos princípios constitucionais. Ambas titularizam direitos, deveres, faculdades e ônus recíprocos, a fim de que alcancem o objetivo perseguido pelo contrato" (CASTRO, Diana Loureiro Paiva de; FREITAS, Rodrigo. A qualificação do contrato de doação com encargo: proposta de delimitação de fronteiras entre modo e contraprestação à luz da metodologia civil-constitucional. *In*: TEPEDINO, Gustavo; TEIXEIRA, Ana Carolina Brochado; MATOS, Ana Carla Harmatiuk (coord.). *Direito civil, constituição e unidade do sistema*: anais do Congresso Internacional de Direito Civil Constitucional – V Congresso IBDCIVIL. Belo Horizonte: Fórum, 2019. p. 419-420).

28 "Tradicionalmente, é comum recorrer à definição simplista, que por isso mesmo deve ser evitada, no sentido de que os contratos unilaterais gerariam obrigações para apenas uma das partes, enquanto os contratos bilaterais gerariam obrigações para ambas as partes. A tal distinção pode-se objetar que, em qualquer contrato, haverá deveres para ambas as partes, em razão da complexidade das situações jurídicas subjetivas e de recíprocos deveres imputados às partes em todo e qualquer negócio, oriundos, por exemplo, da

A terceira noção, enfim, se relaciona com a caracterização do sinalagma, sendo essa a bilateralidade referida no art. 476 do Código Civil, que positiva a exceção de contrato não cumprido.[29] Com efeito, a apreensão de bilateralidade contratual como correspectividade entre prestações, noção sintetizada no termo "sinalagma", mostrar-se-ia mais adequada.[30] Nessa acepção, cogita-se de verdadeira sobreposição de conceitos.[31]

Em todo caso, se considerado o aspecto estrutural dos efeitos produzidos pelo contrato, conforme a segunda noção de bilateralidade

---

boa-fé objetiva. Assim, mesmo em um contrato típico de doação pode afirmar-se que o donatário, por exemplo, tem o dever de não ser ingrato perante o doador, fornecendo-lhe alimentos quando necessário, ou em um contrato típico de comodato (empréstimo de coisa infungível), o dever do comodante de não retirar a coisa dada em comodato antes do tempo previsto, de reembolsar as despesas extraordinárias e urgentes e de indenizar os prejuízos" (TEPEDINO, Gustavo; KONDER, Carlos Nelson; BANDEIRA, Paula Greco. *In*: TEPEDINO, Gustavo (org.). *Fundamentos do direito civil*: contratos. 2. ed. Rio de Janeiro: Forense, 2021. p. 73).

29 "Em numerosos dispositivos, a codificação civil acolhe a noção de que os contratos bilaterais não se caracterizam apenas pela existência de obrigações de ambas as partes, mas também, em regra, por um elo funcional entre essas obrigações, de tal modo que a obrigação de uma das partes é a 'razão de ser' da obrigação da outra. Esse vínculo de interdependência finalística entre as obrigações recíprocas – o conhecido sinalagma – é atestado, por exemplo, pelo art. 476 do Código Civil, que consagra entre nós a *exceptio non adimpleti contractus*, impedindo que, nos contratos bilaterais, um contratante exija o implemento da obrigação do outro, antes de cumprida a sua própria" (SCHREIBER, Anderson. *Equilíbrio contratual e dever de renegociar*. São Paulo: Saraiva Educação, 2018. p. 129).

30 SILVA, Rodrigo da Guia. A renovada bilateralidade contratual: por uma releitura do sinalagma no paradigma da heterointegração dos contratos. *Revista da Faculdade de Direito de São Bernardo do Campo*, v. 25, n. 2, p. 1-24, 2019. p. 11-12; "A referência ao contrato bilateral tem, assim, sido entendida como uma remissão para o conceito de contrato sinalagmático, com o fundamento de que só relativamente a este tem sentido que se exija a realização simultânea das prestações dele emergentes" (FONSECA, Ana Maria Taveira da. *Da recusa de cumprimento da obrigação para tutela do direito de crédito*: em especial na excepção de não cumprimento, no direito de retenção e na compensação. 2013. Tese (Doutorado em Direito) – Universidade Católica Portuguesa, Lisboa, 2013. p. 70).

31 Orlando Gomes, por exemplo, utiliza as caracterizações de bilateral ou sinalagmático como sinônimas. V. GOMES, Orlando. *Contratos*, 27. ed. Rio de Janeiro: Forense, 2019. p. 89. Ruggiero afirma: "O contrato é bilateral ou sinalagmático, quando os contraentes se obrigam reciprocamente um para com o outro" (DE RUGGIERO, Roberto. *Instituições de direito civil*. 6. ed. São Paulo: Saraiva, 1937. v. 3. p. 215). António Menezes Cordeiro explica que a duplicidade dos conceitos sinalagma e bilateralidade decorre de aspecto da língua francesa: "A actual doutrina francesa chama a atenção para o inconveniente de se confundir contrato unilateral com acto unilateral; e resolve o problema contrapondo contratos sinalagmáticos a unilaterais. Donde vem a duplicação do *Code?* A razão é linguística: em francês, o contrário de *synallagmatique* seria *non synallagmatique* ou *pas synallagmatique:* locuções coloquialmente admissíveis, mas que ficam mal num texto escrito e, para mais, no monumento da boa linguagem que é o *Code Civil*. Por isso, o legislador napoleónico foi contrapor a *synallagmatique, unilateral*. Mas como quebrava a dicotomia, veio dizer: *synallagmatique* ou *bilateral*... Em alemão, nunca surgiria semelhante problema" (CORDEIRO, António Menezes. *Tratado de direito civil português*: direito das obrigações. Coimbra: Almedina, 2010. v. 2. t. 2. p. 196).

referida – como é comum no tráfego jurídico –, afigura-se possível estabelecer diferença entre os conceitos, dado que a busca pelas obrigações sinalagmáticas no âmbito dos instrumentos bilaterais imprime, sobre específicas prestações, a qualidade da correspectividade a que se alude, dado que nem todas as obrigações de um contrato bilateral são sinalagmáticas.[32] Trata-se de conclusão espelhada nas diferenciações já apontadas entre reciprocidade e sinalagmaticidade.

Tomando-se, então, a bilateralidade como sinalagmaticidade, é preferível entender os contratos unilaterais como aqueles nos quais não há "obrigações principais mediadas por nexo de interdependência", [33] no lugar de adotar a definição tradicional de serem os instrumentos em que apenas uma das partes se vincula.[34] No que tange à nomenclatura, no entanto, não se deixará de utilizar, neste trabalho, os termos bilateral e unilateral em razão de sua ampla difusão, os quais, como se viu, são entendidos como sinalagmáticos e não sinalagmáticos, respectivamente.

1.2 Onerosidade e gratuidade em contraposição à bilateralidade e unilateralidade dos contratos

Em conexão com a discriminação dos contratos bilaterais e unilaterais se encontra a diferenciação entre contratos bilaterais (*rectius:* sinalagmáticos) e contratos onerosos, por um lado, e os unilaterais (*rectius:* não sinalagmáticos) e gratuitos, por outro. A doutrina anota que nos contratos sinalagmáticos há correspectividade das obrigações,

---

32 "Trata-se de mais do que a bilateralidade [o sinalagma], traduzindo a ideia segundo a qual prestação e contraprestação estejam em relação de recíproca causalidade, em recíproco intercâmbio ou interdependência. O núcleo está na correspectividade, a ser mantida durante a fase de desenvolvimento da relação obrigacional" (MARTINS-COSTA, Judith *A boa-fé no direito privado*: critérios para a sua aplicação. 2. ed. São Paulo: Saraiva Educação, 2018. p. 706); "Todavia, a afirmação de que deve existir uma especial relação entre as obrigações não permite definir com rigor o domínio de aplicação deste instituto. Dela só é possível extrair que, para a invocação da *exceptio*, não é suficiente a existência de uma relação de reciprocidade entre as obrigações, no sentido de que cada uma das partes seja, simultaneamente, credora e devedora da outra. Afigura-se-nos, no seguimento daquele que tem sido o entendimento da doutrina e da jurisprudência dominantes em Portugal, que a caracterização dessa especial relação só pode ser feita por recurso ao conceito de sinalagma ou de relação sinalagmática entre prestações" (FONSECA, Ana Maria Taveira da. *Da recusa de cumprimento da obrigação para tutela do direito de crédito*: em especial na excepção de não cumprimento, no direito de retenção e na compensação. 2013. Tese (Doutorado em Direito) – Universidade Católica Portuguesa, Lisboa, 2013. p. 71-72).

33 GAGLIARDI, Rafael Villar. *Exceção de contrato não cumprido*. São Paulo: Saraiva, 2010. p. 67.

34 TELLES, Inocêncio Galvão. *Manual dos contratos em geral*. 4. ed. Coimbra: Wolters Kluwer, 2010. p. 486.

ao passo que, nos contratos onerosos, há reciprocidade das atribuições patrimoniais, isto é, ambas as partes buscam a obtenção da vantagem patrimonial.[35] Nos contratos gratuitos, a seu turno, a vantagem seria usufruída por apenas uma das partes e a outra assumiria o sacrifício patrimonial.[36]

Portanto, as características da bilateralidade/unilateralidade e onerosidade/gratuidade respondem a ordens de classificação distintas.[37]

---

[35] "Dizem-se gratuitos os negócios que envolvem sacrifício patrimonial de apenas uma das partes, ao passo que onerosos são os negócios que importam em diminuição patrimonial para ambas. Tal conceituação, amplamente difundida pela doutrina, exige certa cautela; de fato, não é propriamente o decréscimo patrimonial que caracteriza a onerosidade, pois pode acontecer que a equação econômica do negócio não pressuponha o sacrifício do patrimônio da parte onerada. Melhor, assim, compreender que será gratuito o negócio que importe a obtenção de vantagem por apenas uma das partes, reputando-se oneroso o negócio em que ambas as partes buscam obter vantagens patrimoniais" (TEPEDINO, Gustavo. Esboço de uma classificação funcional dos atos jurídicos. *Revista Brasileira de Direito Civil*, v. 1, n. 1, p. 8-37, 2014. p. 29).

[36] "Negócio a título oneroso é o que implica mútua transmissão de bens. Gratuito, o que se realiza com vantagem exclusiva para uma das partes, com diminuição do patrimônio da outra" (GOMES, Orlando. *Introdução ao direito civil*. 22. ed. Rio de Janeiro: Forense, 2019. p. 249); "Quanto às vantagens decorrentes para as respectivas partes, os negócios jurídicos bilaterais dizem-se onerosos e gratuitos. Onerosos, quando geram vantagens e sacrifícios para ambas as partes, como acontece na compra e venda, na troca, na locação, no seguro etc. Gratuitos, quando uma das partes concede a outra vantagens sem contraprestação, como na doação, no mútuo, no comodato, no mandato, no depósito, na fiança. Nos primeiros existe uma recíproca transmissão de direitos, enquanto nos segundos há vantagem exclusiva para uma das partes" (AMARAL, Francisco. *Direito civil*: introdução. 9. ed. São Paulo: Saraiva, 2017. p. 485); "O contrato oneroso é aquele em que o benefício do sujeito tem um sacrifício como contraprestação equivalente. Não sendo assim, o contrato é gratuito" (AGUIAR JR., Ruy Rosado de. *Extinção dos contratos por Incumprimento do devedor*. Rio de Janeiro: Aide, 2004. p. 85); "A divisão entre contratos gratuitos e onerosos decorre dos efeitos econômicos produzidos pelo contrato. Nos contratos onerosos, ambos os contratantes sacrificam-se e beneficiam-se economicamente, como ocorre na compra e venda, na locação e no seguro, por exemplo. Não é necessário que a vantagem, obtida no contrato oneroso, reverta em favor do próprio contratante, considerando-se oneroso também o contrato em que uma das partes arca com sacrifício patrimonial para estipular que a outra parte ofereça benefício em favor de terceiro [...]. Já nos contratos gratuitos, somente uma das partes aufere vantagem econômica, enquanto a outra assume o sacrifício patrimonial. Tal sacrifício pode se constituir em efetiva diminuição patrimonial, como acontece na doação, ou apenas na privação de uso de um bem, como acontece nos empréstimos (mútuo e comodato)" (TEPEDINO, Gustavo; KONDER, Carlos Nelson; BANDEIRA, Paula Greco. *In*: TEPEDINO, Gustavo (org.). *Fundamentos do direito civil*: contratos. 2. ed. Rio de Janeiro: Forense, 2021. p. 74).

[37] "Enquanto o atributo de unilateralidade ou bilateralidade diz respeito à relação estabelecida entre as prestações a cargo dos contratantes, o atributo de gratuidade ou onerosidade se refere à repercussão das prestações sobre o patrimônio das partes" (SILVA, Rodrigo da Guia. A renovada bilateralidade contratual: por uma releitura do sinalagma no paradigma da heterointegração dos contratos. *Revista da Faculdade de Direito de São Bernardo do Campo*, v. 25, n. 2, p. 1-24, 2019. p. 9); "Essa classificação costuma ser indevidamente associada à classificação dos contratos em bilaterais e unilaterais, com a qual, todavia, não se confunde. Em que pese o fato de os contratos unilaterais serem frequentemente gratuitos e os bilaterais onerosos, a identificação do sinalagma como característica distintiva da bilateralidade permite

A bilateralidade/unilateralidade diz respeito à qualidade jurídica do vínculo, ao passo que a onerosidade/gratuidade diz respeito ao aspecto econômico da obrigação, que possui reflexos jurídicos.

Assim, já anotou a doutrina que a correspectividade serve à qualificação do ato, ao passo que a onerosidade é, em regra, acessória e acidental ao negócio. A onerosidade não teria o condão de alterar a identidade funcional da obrigação e, além disso, poderia estar presente ou não sem que isso implicasse na modificação do tipo.[38] Nessa direção, a onerosidade se referiria à qualidade da aquisição – e não à qualidade do ato – e exprimiria considerações de ordem econômica.[39]

Apesar da diferença dogmática entre as classificações, verifica-se que nos contratos bilaterais o aspecto da onerosidade é constante. Assim, a circunstância de haver obrigações correspectivas de parte a parte nos contratos bilaterais atrai a caracterização da atribuição patrimonial objetivada por ambos os contratantes.[40] Na medida em que cada um

---

afastar tal associação" (TEPEDINO, Gustavo; KONDER, Carlos Nelson; BANDEIRA, Paula Greco. *In*: TEPEDINO, Gustavo (org.). *Fundamentos do direito civil*: contratos. 2. ed. Rio de Janeiro: Forense, 2021. p. 75).

38 "O nexo de correspectividade tem o mérito de poder ser objeto de um juízo concreto e objetivo e de ser aplicável a todos os contratos. Refere-se, porém, ao coligamento jurídico existente entre os efeitos do contrato e não se confunde com a avaliação econômica que se possa fazer dos efeitos da relação que no contrato tem causa. A correspectividade serve à qualificação do ato, a onerosidade é, em regra, ao contrário e tão-somente, caráter acessório e acidental no negócio. Acessório porque incapaz de alterar a identidade funcional da obrigação – e portanto a sua causa –; acidental porque pode estar presente ou faltar sem que disso resulte a modificação do tipo previsto em lei"(MORAES, Maria Celina Bodin de. O procedimento de qualificação dos contratos e a dupla configuração do mútuo no direito civil brasileiro. *Revista Forense*, v. 309, p. 33-61, jan./mar. 1990. p. 46).

39 MORAES, Maria Celina Bodin de. O procedimento de qualificação dos contratos e a dupla configuração do mútuo no direito civil brasileiro. *Revista Forense*, v. 309, p. 33-61, jan./mar. 1990. p. 46. No mesmo sentido: BISCONTINI, Guido. *Onerosità, corrispettività e qualificazione dei contratti:* il problemadella donazione mista. Napoli: Edizioni Scientifiche Italiane, 2005. p. 30-31.

40 "Em primeiro lugar, convém notar que os contratos bilaterais são sempre onerosos, porque havendo obrigação de uma das partes e obrigação correspondente da outra, está claro que uma só pode obter vantagens do contrato se ela proporcionar à outra as vantagens que foram combinadas. Os unilaterais é que podem ser gratuitos ou onerosos. Os contratos onerosos, quando a parte que se beneficia com ele obtém este benefício, graças a uma diminuição de seu próprio patrimônio. Está claro que esta diminuição não toma o caráter de uma obrigação, porque, se o fosse, o contrato seria bilateral, mas a parte que se beneficia do contrato se sacrifica, provavelmente, antes ou depois dele, para obter o benefício contratual. Quando este sacrifício não existe se diz que o contrato é gratuito." (DANTAS, Francisco Clementino de San Tiago. *Programa de direito civil*. Rio de Janeiro: Editora Rio, 1978. v. 2. p. 159); "Os *contratos onerosos* são *bilaterais*, e os *gratuitos*, *unilaterais*, mas a coincidência não é necessária. Todo contrato bilateral é, entretanto, oneroso, por isso que, suscitando prestações correlatas, a relação entre *vantagem* e *sacrifício* decorre da própria estrutura do negócio jurídico. Há, porém, *contratos unilaterais* que não são *gratuitos*. O *mútuo feneratício* é, por exemplo, contrato

dos contratantes se obriga, segundo interesse do outro contratante e a partir de interesse próprio (de receber a contraprestação avençada), existe a assunção de parte a parte de sacrifícios com reflexos econômicos. A caracterização conjunta da bilateralidade e onerosidade já inspirou autores a visualizarem tais aspectos como dois lados de um mesmo fenômeno, o que, apesar de não ser a posição acolhida, ilustra a sua vinculação:

> *Al delinear la figura de la relación obligatoria sinalagmática importa distinguirla netamente del negocio o contrato de carácter oneroso o celebrado a título oneroso [...]. La idea de la onerosidad alude a la carga (onus) que el negocio impone. El negocio o el vínculo que de èl deriva es gravoso para ambas partes, en el sentido de que exige de ambas partes sacrificios al mismo tiempo que les produce ventajas. Esta onerosidad y estas ventajas y sacrificios se encuentran entre si también en una determinada relación de reciprocidad. [...]. ¿Cuál es entonces la diferencia que separa el contrato a título oneroso y la situación surgida de las relaciones obligatorias sinalagmáticas? Alguns autores han pensado que la onerosidad y el carácter sinalagmático no serían sino dos aspectos o dos vertientes diversas, dos maneras de contemplar un mismo fenómeno. Al hablar de «onerosidad» se habla de ventajas y de sacrificios patrimoniales o económicos, mientras que al hablar de «sinalagimaticidad» se hace referencia a la estructura y funcionamiento jurídico de las obligaciones. [...] La necesidad de perfilar lá distinción quizá pueda satisfacersa llevando la idea de la onerosidad al campo de las atribuciones patrimoniales y manteniendo en cambio la ideia del sinalagma en el terrno de las obligaciones. Con ello quiero decir que la onersoidad de un negocio consiste en que éste genera atribuciones patrimoniales para ambas partes, entendiéndose el concepto de atribución en su sentido más amplio: no solo como nacimineto de una obligación, sino tambien como transferência o constitución de un derecho, liberación de una obligación, etc. El sinalagma, en cambio, se encontra en la linea de las obligaciones y está formado por la interdependencia o nexo causal*

unilateral oneroso." (GOMES, Orlando. *Contratos*, 27. ed. Rio de Janeiro: Forense, 2019. p. 72); "Tutti i contratti con prestazioni corrispettive sono onerosi, ma non tutti i contratti onerosi sono con prestazioni corrispettive" (ROPPO, Vicenzo. *Il contratto*. Milano: Giuffrè, 2001. p. 434). No mesmo sentido: VENOSA, Sílvio de Salvo. *Direito Civil:* teoria geral das obrigações e teoria geral dos contratos, 5. ed. São Paulo: Atlas, 2005. v. 2. p. 434. V. tb.: "Ciò premesso e passando ad esaminare il significato del contratto con prestazioni corrispettive nell'art. 1460 in tema di « exceptio non adimpleti contractus », ritengo non possa dubitarsi che il códice faccia riferimento ai contratti onerosi bilaterali. Perchè l'eccezione operi devono esservi obbligazioni in entrambi i contraenti, in funzione reciproca e corrispettiva dato che il rifiuto di adempiere la propria obbligazione è subordinato alla circostanza che l'altra parte non adempia o non offra di adempiere la sua. Si verte qui in un caso in cui il codice usa l'espressione « contratto con prestazioni corrispettive » nello stesso significato di contratto oneroso bilaterale" (PERSICO, Giovanni. *L'eccezione d'inadempimento*. Milano: Giufrè, 1955. p. 43).

entre dos deberes de prestación. Por outra parte, caben señalar también que la idea de onerosidad se predica más que nada de la estructura de contrato, mientras que el carácter sinalagmático contempla sobe todo la estructura y el funcionamiento de la relacíon obligatoria.[41]

Nessa esteira, considera-se haver certa imprecisão nas posições que, procurando extremar os conceitos de bilateralidade/onerosidade e unilateralidade/gratuidade, afirmam haver contratos bilaterais gratuitos. Apesar de ser necessário demarcar a diferença conceitual, em concreto, o aspecto da bilateralidade impõe a onerosidade. Exemplos de contratos alegadamente bilaterais e gratuitos, se detidamente analisados, revelam a requalificação do tipo, a afastar o caráter bilateral. É o caso da compra e venda a preço vil, que supostamente consistiria em contrato bilateral, mas que por ter expressão pecuniária irrisória, torna o contrato unilateral, descaracterizando o preço. A doutrina reconhece que, nesses casos, há efetiva requalificação do tipo contratual, a partir da causa do contrato, que revela sua natureza de doação.[42]

Por outro lado, os contratos unilaterais não necessariamente coexistem com a gratuidade.[43] Isso porque pode-se estar diante de instru-

---

41 DIEZ-PICAZO, Luis. *Fundamentos del derecho civil patrimonial:* las relaciones obligatorias. 5. ed. Madrid: Civitas, 1996. v. 2. p. 373-374. Em sentido análogo: "Diz-se oneroso o contrato em que a atribuição patrimonial efectuada por cada um dos contraentes tem por correspectivo, compensação ou equivalente a atribuição da mesma natureza proveniente do outro. Para alcançar ou manter a atribuição patrimonial da contraparte, cada contraente tem (*o ónus, hoc sensu*) de realizar uma contraprestação. É gratuito o contrato em que, segundo a comum intenção dos contraentes, um deles proporciona uma vantagem patrimonial ao outro, sem qualquer correspectivo ou contraprestação" (VARELA, João de Matos Antunes. *Das obrigações em geral.*10. ed. Coimbra: Almedina, 2000. v. 1. p. 404).

42 "Conforme os efeitos previstos pelas partes, ter-se-á sempre três possibilidades: identidade com certo tipo, (re)qualificação como outro tipo (como no exemplo da 'compra e venda a preço vil' que deve ser considerada doação), independentemente do *nomen juris*, ou então um contrato atípico" (MORAES, Maria Celina Bodin de. A causa do contrato. *Civilistica.com*, v. 2, n. 1, p. 1-24, 30 jan. 2013. p. 13); "Exemplo típico utilizado pelos autores é a compra e venda por um preço reduzido, feita com caráter de semidoação. Em virtude das relações especiais existentes entre as partes, o preço é inferior ao que se fixaria para um terceiro. A venda está na aparência. Na verdade, cuida-se de doação e seus princípios devem prevalecer, pois a própria denominação romana faz ressaltar esta natureza – *negotium mixtum cum donatione*" (RIZZARDO, Arnaldo. *Contratos*, 6. ed. Rio de Janeiro: Forense, 2006. p. 455); "[...] il valore della prestazione (*recte* il corrispettivo pattuito) non deve essere al tal punto infimo da svuotare di significato il contratto, essendo evidente che uma prestazione, il cui valore non soddisfa alcun interesse di chi la riceve, equivale giuridicamente ad una prestazione inesistente, che interrompe quel 'nesso di interdipendenza' che costituisce la causa dei contratti commutativi" (CAMILLETTI, Francesco. *Profili del problema dell'equilibrio contrattuale.* Milano: Giuffrè, 2004. p. 43).

43 Alberto Trabucchi, embora reconheça a distinção das qualidades de unilateral e correspectivo *versus* gratuito e oneroso, entende que os contratos correspectivos seriam sempre onerosos,

mento que não conte com obrigações correspectivas, mas no qual ambas as partes busquem vantagem patrimonial, como na doação modal.[44]

Elucidativa, nesse ponto, a análise do contrato de transporte, que se reputa como oneroso em qualquer circunstância, conforme art. 730 do Código Civil.[45] Se feito por amizade ou cortesia, de modo abso-

---

embora o contrário não seja verdadeiro: "La distinzione tra contratti unilateral e corrispettivi non coincide com quella tra contratti onerosi e contratti gratuiti [...] Tutti i contratti corrispettivi sono onerosi, ma la propsizione inversa non vale, perché onerosi possono essere anche alcuni contratti unilateral, come il mutuo, il deposito, il mandato" (TRABUCCHI, Alberto. *Istituzioni di diritto civile*. 46. ed. Milani: Cedam, 2013. p. 768). No mesmo sentido: DIEZ-PICAZO, Luis. *Fundamentos del Derecho Civil patrimonial:* introduccion y teoria del contrato. Madrid: Civitas, 1996. v. 1. p. 140-141; ROPPO, Vicenzo. *Il contratto*. Milano: Giuffrè, 2001. p. 434. V. tb.: "Comparando a classe dos contratos, ora estudada, com a dos unilaterais e bilaterais, percebemos, logo, alguma identidade entre elas, pois os bilaterais são, sempre, onerosos, dada a existência de obrigações para ambos os contratantes, o que implica para eles cumprimentos obrigacionais recíprocos. Quanto aos unilaterais, geralmente são gratuitos, podendo a regra sofrer exceção" (AZEVEDO, Álvaro Villaça. *Teoria geral dos contratos típicos e atípicos*. 3. ed. São Paulo: Atlas, 2009. p. 74); "O negócio bilateral é sempre oneroso (locação, empreitada), enquanto o unilateral pode ser oneroso ou gratuito (mútuo, comodato). O unilateral oneroso se distingue do bilateral porque naquele a obrigação é apenas de um (do mutuário, que tem o dever de pagar os juros), que a assume como um sacrífico em consideração ao benefício de dispor do numerário. O mutuante não tem obrigação alguma, pois já prestou. Logo, não há ali a bilateralidade, mas há a onerosidade" (AGUIAR JR., Ruy Rosado de. *Extinção dos contratos por incumprimento do devedor*. Rio de Janeiro: Aide, 2004. p. 85-86). "Alguns autores pretendem identificar o contrato bilateral com o contrato oneroso e o unilateral com o gratuito. Se realmente todo contrato bilateral tem natureza onerosa (v.g., compra e venda, locação), ao contrário, o contrato unilateral pode ser, conforme o caso e a convenção existente entre as partes, gratuito (doação) ou oneroso (mútuo com pagamento de juros pelo mutuário ao mutuante). O mútuo com pagamento de juros é considerado contrato oneroso, pois importa numa cessão do uso e gozo de coisa fungível por determinado tempo ou por tempo indeterminado, mediante compensação dada pelo mutuário ao mutuante, que é o pagamento dos juros. Assim sendo, a operação não se reveste do caráter de liberalidade, apresentando-se como contrato oneroso." (WALD, Arnoldo. *Obrigações e contratos*, 16. ed. São Paulo: Saraiva, 2004. p. 231). No mesmo sentido: RIZZARDO, Arnaldo. *Contratos*, 6. ed. Rio de Janeiro: Forense, 2006. p. 75.

44 "Assim, o encargo, por traduzir obrigação não sinalagmática, não desnatura a causa da doação, qual seja, de contrato unilateral (*rectius*, não correspectivo). Torna, por outro lado, oneroso o contrato (em razão da existência de sacrifícios recíprocos de ambas as partes), a denotar a distinção entre doação pura (contrato unilateral gratuito) e a doação modal (contrato unilateral oneroso)" (CASTRO, Diana Loureiro Paiva de; FREITAS, Rodrigo. A qualificação do contrato de doação com encargo: proposta de delimitação de fronteiras entre modo e contraprestação à luz da metodologia civil-constitucional. *In*: TEPEDINO, Gustavo; TEIXEIRA, Ana Carolina Brochado; MATOS, Ana Carla Harmatiuk (coord.). *Direito civil, Constituição e Unidade do Sistema*: anais do Congresso Internacional de Direito Civil Constitucional – V Congresso IBDCIVIL. Belo Horizonte: Fórum, 2019. p. 423); "Un punto concordemente ammesso in dottrina è che la corrispettività non s'identifica con l'onerosità. Non basta cioè il dato dell'esistenza di prestazioni a carico delle due parti per identificare il nesso di corrispettività. Così, ad es., l'obbligo che un modo può imporre al donatario non costituisce il corrispettivo dell'attibuzione donativa." (BIANCA, Cesare Massimo. *Diritto Civile*: il contratto. Milano: Giuffrè, 1987. v. 3. p. 461).

45 "Art. 730. Pelo contrato de transporte alguém se obriga, mediante retribuição, a transportar, de um lugar para outro, pessoas ou coisas".

lutamente gratuito, se desnatura e deixa de figurar como transporte, conforme dicção do art. 736 do Código Civil.[46] Se o transporte se dá por meio de remuneração direta, o contrato é bilateral – o pagamento figura como contraprestação do transporte – e oneroso. No entanto, há hipóteses em que a remuneração não se dá de forma direta, como no transporte oferecido pelo empregador aos seus empregados. Nesses casos, o instrumento permaneceria oneroso, pois, apesar de não haver pagamento específico, o oferecimento de transporte objetiva vantagem, ainda que indireta – conforme dispõe o parágrafo único do art. 736 do Código Civil.[47] Por não haver correspectivo jurídico, contudo, o contrato se caracterizaria como unilateral.[48]

Interessante, ainda, considerar tais distinções a partir do aspecto da patrimonialidade como requisito essencial da prestação, objeto da obrigação.[49] Se nos contratos bilaterais há a coexistência de obrigações

---

46 "Art. 736. Não se subordina às normas do contrato de transporte o feito gratuitamente, por amizade ou cortesia".

47 "Art. 736. Parágrafo único. Não se considera gratuito o transporte quando, embora feito sem remuneração, o transportador auferir vantagens indiretas"

48 "Segundo a definição do Código Civil, o serviço de transporte pressupõe contraprestação, razão pela qual traduz contrato oneroso (CC, art. 730). Tal contraprestação poderá consistir em retribuição pecuniária ou, em alguns casos, embora o transporte seja realizado sem remuneração direta, o transportador possui interesse econômico na sua atividade, a caracterizar a onerosidade. É o que ocorre, por exemplo, com as empresas que oferecem transporte para seus empregados irem ao trabalho, no transporte oferecido por sistema de milhagem ou no transporte gratuito de idosos em coletivos, por exemplo. A ausência de remuneração pecuniária não transforma o transporte em contrato gratuito, vez que o transportador tem interesse econômico em prestar o serviço, dele auferindo vantagens indiretas (CC, art. 736, parágrafo único). Em tais hipóteses, o contrato de transporte acabará por se qualificar como oneroso e unilateral, pois a prestação executada pelo transportador não tem, em regra, como correspectivo jurídico, as vantagens indiretas por ele obtidas. Nas hipóteses em que há remuneração direta do transportador, o contrato será bilateral, já que a prestação do transportador tem como causa o pagamento da remuneração, a configurar o sinalagma" (TEPEDINO, Gustavo; KONDER, Carlos Nelson; BANDEIRA, Paula Greco. *In*: TEPEDINO, Gustavo (org.). *Fundamentos do direito civil*: contratos. 2. ed. Rio de Janeiro: Forense, 2021. p. 414).

49 TEPEDINO, Gustavo; SCHREIBER, Anderson. *Fundamentos do direito civil*: obrigações. 2. ed. Rio de Janeiro: Forense, 2021. p. 14; BEVILAQUA, Clovis. *Direito das obrigações*. 5. ed. Rio de Janeiro: Freitas Bastos, 1940. p. 13; PEREIRA, Caio Mário da Silva. *Instituições de direito civil*: teoria geral das obrigações. 32. ed. Rio de Janeiro: Forense, 2020. v. 2 p. 14; CAMILLETTI, Francesco. *Profili del problema dell'equilibrio contrattuale*. Milano: Giuffrè, 2004. p. 47. V. tb.: "Necessário era, como se reconheceu, distinguir duas características: *patrimonialidade* e a *correspondência a um interesse*, também moral, do credor. O interesse não precisa ser econômico, mas o *objeto* da prestação há de ter conteúdo patrimonial. Na sua contextura, a *prestação* precisa ser patrimonial, embora possa corresponder a interesse extrapatrimonial. A patrimonialidade da prestação, objetivamente considerada, é imprescindível à sua caracterização, pois, do contrário, e segundo ponderação de Colagrosso, não seria possível atuar na *coação jurídica*, predisposta na lei, para o caso de inadimplemento" (GOMES, Orlando. *Obrigações*. 19. ed. Rio de Janeiro: Forense, 2019. p. 16); "Hoje, no direito pátrio,

correspectivas de parte a parte, cujo objeto é, necessariamente, patrimonial, concluir que a onerosidade estará presente nesses instrumentos torna-se consequência lógica.[50] Nos contratos unilaterais, a seu turno, se apenas uma das partes realizar sacrifício econômico, estaremos diante de instrumento gratuito; se houver busca de vantagem patrimonial para ambas as partes, ainda que não mediada por nexo de correspectividade – o que faria do contrato bilateral – estar-se-á diante de contrato oneroso.[51]

Tomando como exemplo o mútuo, constata-se que há atribuição patrimonial – entrega do valor emprestado –, a qual não representa cumprimento de uma obrigação, mas elemento integrante da formação do contrato. Trata-se de contrato tradicionalmente reputado como unilateral, em razão de a única prestação consistir na restituição da coisa mutuada, mesmo no mútuo feneratício com previsão de juros, tendo em vista que seu pagamento recai sobre a mesma parte obrigada à restituição, o mutuário. Assim, em regra, entende-se ser contrato unilateral, que pode se caracterizar como gratuito ou oneroso, neste

---

a patrimonialidade das obrigações – na acepção dada por estes autores – é juridicamente afirmada na Constituição, no Código Civil e nos tratados internacionais assinados pelo Brasil [...] a exigência de patrimonialidade diz respeito à prestação, e não ao interesse do credor. Este pode ser econômico, mas também moral ou afetivo, sem que isto desfigure a fisionomia da relação obrigacional. [...] Em outras palavras, a obrigação se presta também a satisfazer um interesse não econômico do credor, desde que a conduta do devedor, prometida como meio para realizar esse interesse, seja considerada, no contexto jurídico-social, como algo negociável. Caso contrário, como se verá adiante, mostra-se totalmente inadequado disciplinar esta relação social como uma relação obrigacional [...] Assim, não é que a obrigação não seja válida se a prestação não for patrimonial: simplesmente não será uma obrigação, mas outro tipo de dever jurídico, merecedor de tratamento normativo específico" (KONDER, Carlos Nelson; RENTERÍA, Pablo. A funcionalização das relações obrigacionais: interesse do credor e patrimonialidade da prestação. *Civilistica.com*. Rio de Janeiro, a. 1, n. 2, jul.- dez./2012. p. 13-20).

50 Nesse sentido: "Na medida em que a prestação devida volta-se para o resultado útil programado, e que tal resultado útil correlaciona-se, ao menos no campo contratual, a uma atribuição patrimonial (haja vista que a patrimonialidade é elemento inarredável do conceito de prestação, ainda que o interesse subjacente não seja patrimonial, como se sustentou no segundo capítulo), o significado de correspectividade é ainda precisado como 'relação de troca entre duas atribuições patrimoniais ligadas a um vínculo de causalidade jurídica', ou como permutação (em sentido jurídico e não estritamente econômico) que comporta uma dúplice transferência de bens ou de serviços atuados mediante um único instrumento contratual, ou ainda como 'reciprocidade de atribuições e de sacrifícios patrimoniais correlativos'." (SALLES, Raquel Bellini de Oliveira. *A autotutela pelo inadimplemento nas relações contratuais*. 2011. Tese (Doutorado em Direito) – Universidade do Estado do Rio de Janeiro, Rio de Janeiro, 2011. p. 108-109).

51 "Ciò ha indotto a ritenere che oneroso può essere qualsiasi atto, quindi anche un negozio unilaterale, perché l'onerosità dell'atto dipende dal suo collegamento con qualsiasi sacrificio dell'acquirente, che può anche prescindere da una prestazione dedotta nel contratto" (BISCONTINI, Guido. *Onerosità, corrispettività e qualificazione dei contratti:* il problemadella donazione mista. Napoli: Edizioni Scientifiche Italiane, 2005. p. 30).

caso, quando há cobrança de juros. Anota a doutrina que não haveria no mútuo gratuito ou oneroso a caracterização de sinalagma, dado que não recaem obrigações sobre o mutuante.[52]

Em artigo dedicado ao tema, Maria Celina Bodin de Moraes propõe-se a analisar a qualificação do mútuo. Para a autora, na linha da tese de Biscontini, [53] para identificar os contratos com prestações correspectivas em situações nas quais a estrutura negocial é complexa, deve-se averiguar a possibilidade de resolução do contrato por inadimplemento, caso em que, se a resposta for positiva, poder-se-á concluir estar diante de instrumento com obrigações correspectivas.[54] Assevera-se que a classificação do mútuo, como contrato unilateral, ignora os efeitos patrimoniais do mútuo feneratício, que entabulariam relação sinalagmática "porque a obrigação assumida pelo mutuário de pagamento de juros não teria causa jurídica se não fosse em função da

---

52 AGUIAR JR., Ruy Rosado de. *Extinção dos contratos por Incumprimento do devedor.* Rio de Janeiro: Aide, 2004. p. 87; "A correspectividade das atribuições patrimoniais própria dos contratos *onerosos* obtém-se, *as mais das vezes,* através de contratos sinalagmáticos, como a *compra e venda* e a *locação,* mas também pode alcançar-se doutros modos, nomeadamente por meio de *contratos reais quanto à constituição* (*quoad constitutionem*). Nestes contratos, de que pode tomar-se como exemplo o *mútuo,* há uma *atribuição patrimonial,* a *entrega,* pelo mutante ao mutuário, *da soma emprestada,* mas essa entrega *não é cumprimento de uma obrigação,* é sim *elemento integrante da formação do próprio contrato.* O mútuo nunca constitui portanto um contrato *bilateral,* mas um contrato *unilateral gratuito* se não forem devidos *juros, oneroso* na hipótese inversa. Em qualquer dos casos *não há sinalagma.* Mesmo no mútuo *oneroso,* não existe *correlatividade de obrigações,* visto que o mutuante a nada fica obrigado, mas *correlatividade de obrigações patrimoniais, a colocação do dinheiro à disposição do mutuário* e os *juros* que este tem de pagar" (TELLES, Inocêncio Galvão. *Manual dos contratos em geral.* 4. ed. Coimbra: Wolters Kluwer, 2010. p. 491-492). V. tb.: "O mútuo é naturalmente gratuito, embora não o seja essencialmente. Na falta de estipulação, presume-se a gratuidade. Não é incompatível a retribuição com a unilateralidade, porque, ajustados os juros, quem por eles responde é a mesma parte a quem incumbem as demais obrigações" (PEREIRA, Caio Mário da Silva. *Instituições de direito civil*: contratos. 24. ed. Rio de Janeiro: Forense, 2020. v. 3. p. 318).

53 BISCONTINI, Guido. *Onerosità, corrispettività e qualificazione dei contratti:* il problemadella donazione mista. Napoli: Edizioni Scientifiche Italiane, 2005. p. 12-78.

54 "A resolução do contrato por inadimplemento, nesta perspectiva, conduz a significativos resultados quanto ao conhecimento do ato negocial, porque é o índice de correspectividade no contrato. Com efeito, o negócio poderá ser qualificado como com prestações correspectivas, se possível for a resolução por inadimplência contratual. Isto porque a previsão da resolução, enquanto remédio aplicável somente às hipóteses de correspectividade entre as prestações, demonstra a escolha – e, consequentemente, a regulamentação contratual – concordada entre as partes" (MORAES, Maria Celina Bodin de. O procedimento de qualificação dos contratos e a dupla configuração do mútuo no direito civil brasileiro. *Revista Forense,* v. 309, p. 33-61, jan./mar. 1990. p. 41).

vantagem por ele (mutuário) obtida, em consequência da concessão do gozo temporâneo da soma introduzida em seu patrimônio".[55]

Nessa esteira, haveria bilateralidade por haver contraprestação, que consiste no dever de restituição, que supera o direito de propriedade da quantia emprestada, e abarca o pagamento dos juros. Os juros, nesse contexto, representam o preço pela utilização do capital e não figurariam, por esse motivo, como prestação acessória. Com efeito, os juros desempenhariam no contrato a função de restabelecer o equilíbrio econômico da concessão do crédito. A aventada acessoriedade resumir-se-ia ao momento genético do vínculo – por depender da prestação principal – apenas para sua constituição, mas, uma vez estabelecidos os juros e a prestação principal, separar-se-iam de sua causa genética e assumiriam autonomia formal e substancial.[56]

A prestação de juros, nesse sentido, seria essencial para o mútuo feneratício e modificaria a causa do contrato ao instaurar nexo de correspectividade, correlacionando vantagens a serem usufruídas pelas partes.[57] Assim, defende-se ser possível verificar a interdependência funcional entre as prestações, tanto que se admite a resolução por inadimplemento da prestação de juros. Por outro lado, no mútuo em que não é fixada obrigação de pagamento de juros, não se configuraria a função de troca. Tratar-se-ia, portanto, de mútuo sem contraprestação. Isso porque a restituição de coisa do mesmo gênero, qualidade e quantidade, torna a relação de mera correspondência, não já de correspectividade.[58] No que tange especificamente ao aspecto da onerosidade, a autora ressalva que, no exemplo do mútuo, apesar de não ser a onerosidade ou gratuidade a característica determinante da causa, tal aspecto traduz a correspectividade existente no tipo oneroso e a ausência no tipo gratuito.[59]

---

55 MORAES, Maria Celina Bodin de. O procedimento de qualificação dos contratos e a dupla configuração do mútuo no direito civil brasileiro. *Revista Forense*, v. 309, p. 33-61, jan./mar. 1990. p. 42.

56 MORAES, Maria Celina Bodin de. O procedimento de qualificação dos contratos e a dupla configuração do mútuo no direito civil brasileiro. *Revista Forense*, v. 309, p. 33-61, jan./mar. 1990. p. 42.

57 Também nesse sentido, v. PENTEADO, Luciano de Camargo. *Doação com encargo e causa contratual*. Campinas: Millennium, 2004. p. 235.

58 MORAES, Maria Celina Bodin de. O procedimento de qualificação dos contratos e a dupla configuração do mútuo no direito civil brasileiro. *Revista Forense*, v. 309, p. 33-61, jan./mar. 1990. p. 42-43.

59 MORAES, Maria Celina Bodin de. O procedimento de qualificação dos contratos e a dupla configuração do mútuo no direito civil brasileiro. *Revista Forense*, v. 309, p. 33-61, jan./mar.1990.

Outros tipos contratuais ilustram as classificações ora em análise. O contrato de depósito, por exemplo, em regra é gratuito e, nesses casos, será unilateral por inexistir obrigação correspectiva a cargo do depositário. No entanto, é possível contratar-se depósito oneroso, conforme previsão do art. 628 do Código Civil, [60] caso em que se pode entender que os deveres contraídos pelo depositário decorrerão da remuneração a ser paga pelo depositante, e, nesses casos, haverá sinalagma.[61] De modo diverso, há quem defenda que, mesmo se oneroso, não haveria correspectividade em razão de o depósito se fundar na fidúcia e não no pagamento do preço.[62]

No mandato, sustenta-se que o tipo não se conciliaria com a correspectividade, ainda que oneroso. Sua natureza *intuitu personae* importa que a atuação do mandatário não se vincula à contraprestação, ainda que haja remuneração pactuada. Com efeito, não poderia o mandatário, mesmo sem ter recebido o valor ajustado, opor exceção

---

p. 43. No mesmo sentido: BISCONTINI, Guido. *Onerosità, corrispettività e qualificazione dei contratti*: il problemadella donazione mista. Napoli: Edizioni Scientifiche Italiane, 2005. p. 106; "Do mesmo modo, a classificação do mútuo como contrato bilateral ou unilateral dependerá da onerosidade ou gratuidade do empréstimo. Na hipótese de mútuo oneroso, o contrato revela-se bilateral, sendo certo que o pagamento de juros pelo mutuário consiste na contraprestação à transferência do capital pelo mutuante. De outra parte, em caso de mútuo gratuito, o negócio será unilateral, inexistindo correspectivo para o empréstimo do bem fungível" (TEPEDINO, Gustavo; KONDER, Carlos Nelson; BANDEIRA, Paula Greco. *In*: TEPEDINO, Gustavo (org.). *Fundamentos do direito civil*: contratos. 2. ed. Rio de Janeiro: Forense, 2021. p. 280).

60 "Art. 628. O contrato de depósito é gratuito, exceto se houver convenção em contrário, se resultante de atividade negocial ou se o depositário o praticar por profissão. Parágrafo único. Se o depósito for oneroso e a retribuição do depositário não constar de lei, nem resultar de ajuste, será determinada pelos usos do lugar, e, na falta destes, por arbitramento".

61 TEPEDINO, Gustavo; KONDER, Carlos Nelson; BANDEIRA, Paula Greco. *In*: TEPEDINO, Gustavo (org.). *Fundamentos do direito civil*: contratos. 2. ed. Rio de Janeiro: Forense, 2021. p. 330.

62 "Quando inexiste o sinalagma, não há bilateralidade. Pode haver obrigações a cargo de ambas as partes, mas se não há sinalagma, interdependência nas obrigações, não há bilateralidade. O depósito remunerado é contrato unilateral (oneroso), porque a atividade do depositário não encontra sua explicação no preço, mas na fidúcia, que é o elemento fundamental daquele contrato. Se falta a fidúcia, se está diante de motivo para a cessação da relação contratual; se falta o pagamento, não haverá motivo suficiente para a resolução contratual." (LIRA, Ricardo Pereira. A onerosidade excessiva nos contratos. *Revista de Direito Administrativo*, v. 159, p. 10-19, jan./mar. 1985. p. 11); "[...] a elevada responsabilidade conferida pelo legislador ao depositário – e a respectiva repugnância à sua infidelidade – obriga-o a específicas diligências, mesmo no caso de impossibilidade de guarda, não admitindo tampouco sua liberação por falta de pagamento. Vê-se, claramente, na espécie, a independência das duas prestações em jogo, as quais, tornado o negócio oneroso, não se mostram, contudo, suficientes a fazê-lo correspectivo" (MORAES, Maria Celina Bodin de. O procedimento de qualificação dos contratos e a dupla configuração do mútuo no direito civil brasileiro. *Revista Forense*, v. 309, p. 33-61, jan./mar. 1990. p. 48).

de contrato não cumprido.[63] Ademais, o fato de ser passível prever a revogação a qualquer tempo por simples manifestação de vontade, bem como estipular a irrevogabilidade, seriam aspectos que demonstrariam seu caráter unilateral.[64]

No âmbito da fiança, afirma-se que, em qualquer cenário, o contrato seria unilateral, dado que, ainda que existente remuneração do devedor ao fiador, não figuraria tal onerosidade como elemento essencial do contrato de garantia, que se entabula entre fiador e credor. E mesmo na hipótese de estipulação de retribuição correspectiva do credor ao fiador, inexistiria alteração da causa do negócio de garantia.[65] De modo diverso, existem apontamentos no sentido de a retribuição pecuniária em favor do fiador, tal como ocorre na fiança bancária, representar a razão pela qual o fiador assume o risco de ter seu patrimônio afetado, a tornar a fiança onerosa e sinalagmática.[66]

---

[63] "A despeito da controvérsia doutrinária existente quanto aos seus efeitos, entende-se que o contrato de mandato se afigura unilateral, de modo que não há sinalagma ou correspectividade entre as prestações do mandante e do mandatário. De fato, a ênfase à confiança mostra-se tão intensa que a atuação do mandatário não se vincula à contraprestação, ainda que remuneração seja devida por parte do mandante. À guisa de exemplo, no mandato oneroso, não é consentido ao mandatário, que não recebeu os honorários, alegar exceção de contrato não cumprido e deixar de executar o objeto do mandato. Daí a unilateralidade da relação contratual, mesmo quando onerosa." (TEPEDINO, Gustavo; KONDER, Carlos Nelson; BANDEIRA, Paula Greco. *In*: TEPEDINO, Gustavo (org.). *Fundamentos do direito civil*: contratos. 2. ed. Rio de Janeiro: Forense, 2021. p. 342).

[64] MORAES, Maria Celina Bodin de. O procedimento de qualificação dos contratos e a dupla configuração do mútuo no direito civil brasileiro. *Revista Forense*, v. 309, p. 33-61, jan./mar. 1990. p. 48. A autora explicita que se a retribuição for essencial à caracterização do contrato tratar-se-á, em realidade, de prestação de serviço, isto é, haverá a requalificação do tipo. Nessa esteira, a autora conclui serem possíveis três hipóteses: "[...] a prestação de cortesia efetuada sem qualquer retribuição, a prestação profissional efetuada em razão do correspectivo (locação de serviços) e a prestação mediante gratificação (mandato oneroso)". V. tb.: "Ove manchi il rapporto di reciproca dipendenza delle obbligazioni (sinallagma), non c'è vera corrispettività anche se dallo stesso contratto sorgono obbligazioni a carico di entrambe le parti. Pertanto, il deposito e il mandato rimangono contratti unilaterali anche quando sono a titolo oneroso, perché l'attività del depositario o del mandatario non trova la sua causa nel compenso, essendo piuttosto la fiducia l'elemento fondamentale per l'uno o per l'altro contratto" (TRABUCCHI, Alberto. *Istituzioni di diritto civile*. 46. ed. Milani: Cedam, 2013. p. 768).

[65] MORAES, Maria Celina Bodin de. O procedimento de qualificação dos contratos e a dupla configuração do mútuo no direito civil brasileiro. *Revista Forense*, v. 309, p. 33-61, jan./mar.1990. p. 48-49.

[66] TEPEDINO, Gustavo; KONDER, Carlos Nelson; BANDEIRA, Paula Greco. *In*: TEPEDINO, Gustavo (org.). *Fundamentos do direito civil*: contratos. 2. ed. Rio de Janeiro: Forense, 2021. p. 530. V. tb.: "A fiança, que se promete, ou presta, *para que* o fiador adquira crédito, ou entre em sociedade, ainda que a favor de terceiro, é elemento de adimplemento de contrato bilateral: fugiu ao tipo que lhe traçara a lei civil. *Aliter*, se a promessa não se faz ao fiador mesmo, e sim a terceiro" (PONTES DE MIRANDA, Francisco Cavalcanti. Tratado de direito privado. São Paulo: *Revista dos Tribunais*, 2012. t. 3. p. 285).

No caso da doação, trata-se, em regra, de contrato gratuito e unilateral quanto aos seus efeitos, por não haver transferência patrimonial por parte do donatário, tampouco contrapartida à liberalidade recebida. No caso das doações remuneratórias ou com encargo, entende-se que a doação se torna onerosa até o limite dos serviços prestados ou do encargo imposto, pois passa a haver sacrifício patrimonial atribuído ao donatário, ainda que sem natureza de correspectividade.[67]

O encargo, como elemento acidental do negócio, não corresponde à contraprestação.[68] Se o encargo for elevado pelas partes à função de contraprestação, entende-se necessária a requalificação do tipo, que deixa de consistir em doação.[69] Para a verificação da ocorrência de tal

---

[67] TEPEDINO, Gustavo; KONDER, Carlos Nelson; BANDEIRA, Paula Greco. *In*: TEPEDINO, Gustavo (org.). *Fundamentos do direito civil*: contratos. 2. ed. Rio de Janeiro: Forense, 2021. p. 208. V. tb.: "Vale lembrar que a doação onerosa, em nosso sentir, não perde a nota da unilateralidade, uma vez que o encargo imposto não se converte em contraprestação, não traduzindo, por conseguinte, vínculo sinalagmático algum" (GAGLIANO, Pablo Stolze. *O contrato de doação*: análise crítica do atual sistema jurídico e os seus efeitos no direito de família e das sucessões. 4. ed. São Paulo: Saraiva, 2014. p. 119-120).

[68] "A preocupação central da doutrina em lidar com a ideia de uma doação onerosa, verdadeira *contradictio in terminis*, tem obscurecido o problema da qualificação da situação jurídica passiva do donatário quanto ao cumprimento do encargo, circunscrevendo-se a questão à afirmativa de que, como elemento acidental do negócio, o encargo não poderia corresponder a contraprestação. Parte desse raciocínio é aparentemente corroborada pelo fato de que, via de regra, o descumprimento do *modus* não impede a aquisição imediata do direito e pela constatação de que não se aplica à hipótese (pelo menos por parte do doador) a exceção de contrato não cumprido" (SOUZA, Eduardo Nunes de. Situações jurídicas subjetivas: aspectos controversos. *Civilistica.com*, v. 4, n. 1, p. 1-26, 8 ago. 2015. p. 19); "[...] eventual encargo atribuído ao donatário terá a natureza jurídica de ônus, isto é, constituirá situação jurídica subjetiva cujo exercício se dá no interesse do próprio titular, que o assume voluntariamente ao aceitar a liberalidade. O ônus não se confunde, assim, com prestação, que pudesse integrar o sinalagma ou caracterizar a correspectividade obrigacional, tratando-se de 'situação instrumental para alcançar um resultado útil (interesse) do titular'". (TEPEDINO, Gustavo; KONDER, Carlos Nelson; BANDEIRA, Paula Greco. *In*: TEPEDINO, Gustavo (org.). *Fundamentos do direito civil*: contratos. 2. ed. Rio de Janeiro: Forense, 2021. p. 202); GOMES, Orlando. *Introdução ao direito civil*. 22. ed. Rio de Janeiro: Forense, 2019. p. 249.

[69] "[...] o encargo imposto sobre a doação não possui o condão de modificar a causa concreta do contrato. O modo permite entrever a existência de obrigação também atribuída ao donatário sem, contudo, consistir em dever sinalagmático à entrega do bem, o que atrai a disciplina jurídica dos contratos unilaterais. O fator nodal para a qualificação da doação onerosa propriamente dita, portanto, reside na essencialidade da obrigação imposta ao donatário para o programa contratual. Se correspectiva à transferência do bem, tratar-se-á de contrato bilateral, se ausente o sinalagma, poder-se-á aludir à doação com encargo" (CASTRO, Diana Loureiro Paiva de; FREITAS, Rodrigo. A qualificação do contrato de doação com encargo: proposta de delimitação de fronteiras entre modo e contraprestação à luz da metodologia civil-constitucional. *In:* TEPEDINO, Gustavo; TEIXEIRA, Ana Carolina Brochado; MATOS, Ana Carla Harmatiuk (coord.). *Direito civil, Constituição e Unidade do Sistema*: anais do Congresso Internacional de Direito Civil Constitucional – V Congresso IBDCIVIL. Belo Horizonte: Fórum, 2019. p. 421). V. tb.: "Contrato unilateral, porque cria obrigações para uma só das partes, o doador, já que a existência de encargo eventualmente

requalificação, controverte-se se a situação de revogação da doação por inexecução do encargo representaria a elevação do encargo à cláusula essencial – passando a figurar, portanto, como contraprestação e desnaturando a doação –, [70] de um lado, e, de outro, se consistiria em prerrogativa inerente à doação que não tornaria o contrato necessariamente bilateral.[71] Para essa linha de ideias, o encargo representaria obrigação acessória, sem contrariar o *animus donandi* – como ocorreria se entendido como contraprestação – mas reconhecer-se-ia ao dever de

determinado constitui simples *modus* [...], inconfundível com obrigação. Se o encargo assume o caráter de contraprestação, desfigura-se o contrato, que passará a constituir outra espécie, sem embargo de usarem as partes, impropriamente, o *nomen iuris* doação" (PEREIRA, Caio Mário da Silva. *Instituições de direito civil*: contratos. 24. ed. Rio de Janeiro: Forense, 2020. v. 3. p. 216); "A recondução ao tipo (quando a lei o preveja) é uma fase do procedimento interpretativo, mas não o exaure. Um elemento normalmente acessório (condição, termo e encargo), que em abstrato não desviaria do tipo o contrato que o preveja pode, no concreto regulamento de interesses, determinar um efeito sem o qual não se compreenderia a função do fato: não se tratará mais de um contrato típico com modalidades acessórias, mas de um contrato diverso" (PERLINGIERI, Pietro. *O direito civil na legalidade constitucional*. Rio de Janeiro: Renovar, 2008. p. 656).

70 "Se, como parece, a resolução aplica-se somente aos contratos com prestações correspectivas e se o *modus* é modalidade acessória, determinação anexa ao ato, podendo gerar apenas a exigência de seu cumprimento, problemática torna-se a justificativa para a revogação de doação (contrato sem prestação correspectiva) por inexecução do encargo (art. 1.101, parágrafo único, do Código Civil). Se, por outro lado, o encargo é efeito essencial do contrato que se examina na medida em que o seu descumprimento gera a resolução do contrato e sua nulidade gera a nulidade do inteiro contrato dever-se-á por força reconhecer que, *in casu*, tem o encargo outra configuração, pois, sendo prestação [...] Assim, ter-se-á doação onerosa apenas quando, na disciplina do regulamento contratual, a inexecução do encargo não puder levar à resolução. [...] ou se nega o caráter de determinação acessória porque influi sobre os efeitos do negócio quando o seu inadimplemento acarrete a resolução contratual, ou se reafirma o caráter anexo e, então, de difícil explicação resultará o parágrafo único do art. 1.181 do Código Civil. Mas se, ao contrário, se entende que mesmo uma cláusula geralmente acessória pode ser elevada, pelas partes, naquele determinado regulamento contratual, à condição de cláusula essencial, facilmente serão superados os obstáculos em tema. De fato, o *modus* tem, de regra, caráter acessório, mas pode ter caráter essencial, se assim as partes dispuserem. A essencialidade do encargo será verificada através da previsão contratual de resolução por sua inexecução. Se o *modus* não for essencial a doação subsistirá ao seu descumprimento, bem como à sua nulidade. O contrato, então, poderá ser oneroso e resguardado estará seu caráter unilateral" (MORAES, Maria Celina Bodin de. O procedimento de qualificação dos contratos e a dupla configuração do mútuo no direito civil brasileiro. *Revista Forense*, v. 309, p. 33-61, jan./mar. 1990, p. 46-47).

71 CASTRO, Diana Loureiro Paiva de; FREITAS, Rodrigo. A qualificação do contrato de doação com encargo: proposta de delimitação de fronteiras entre modo e contraprestação à luz da metodologia civil-constitucional. *In:* TEPEDINO, Gustavo; TEIXEIRA, Ana Carolina Brochado; MATOS, Ana Carla Harmatiuk (coord.). *Direito civil, Constituição e Unidade do Sistema*: anais do Congresso Internacional de Direito Civil Constitucional – V Congresso IBDCIVIL. Belo Horizonte: Fórum, 2019. p. 425.

executar o encargo natureza suficientemente vinculante para ensejar a revogação por descumprimento.[72]

Assim, reconhece-se a possibilidade de as partes, em concreto, atribuírem gradação da importância do encargo. Cogita-se de três cenários: (i) encargo como mera cláusula acessória, que, se descumprido, não poderia ensejar a revogação, por representar exercício abusivo de direito; (ii) estipulação de importância que supere a mera cláusula acessória, sem que, contudo, haja requalificação da doação, âmbito no qual o descumprimento do encargo poderia ensejar a revogação da doação; (iii) elevação do modo à qualidade de contraprestação, pelo que restaria desnaturada a doação modal.[73]

1.3 Fundamentos da exceção de contrato não cumprido

Como antecipado, a exceção de contrato não cumprido tem a função de proteção do sinalagma e, com efeito, é a presença do sinalagma em determinado arranjo que justifica, se preenchidos os requisitos, a invocação da *exceptio*. Portanto, o sinalagma figura como substrato

---

[72] SOUZA, Eduardo Nunes de. Situações jurídicas subjetivas: aspectos controversos. *Civilistica.com*, v. 4, n. 1, p. 1-26, 8 ago. 2015. p. 19; "A título exemplificativo, é o caso do sujeito que doa uma grande fazenda a outrem, impondo a este o encargo (não a contraprestação) de pagar determinada pensão a uma senhora idosa, tia do doador, até que ela complete 85 anos. Note-se que, nesse caso, o ônus assumido pelo donatário deverá ser cumprido em benefício dele mesmo, e não tem o matiz de uma contraprestação obrigacional, ou seja, ele (donatário) não está pagando a pensão como pressuposto para o recebimento da coisa (nota típica da bilateralidade sinalagmática). E tanto é assim que – a despeito de o doador poder revogar o negócio se o encargo for descumprido –, desde o dia da celebração do ato, o donatário já adquire a propriedade da coisa, ainda que não tenha efetivado o pagamento devido (art. 136 do CC)" (GAGLIANO, Pablo Stolze. *O contrato de doação*: análise crítica do atual sistema jurídico e os seus efeitos no direito de família e das sucessões. 4. ed. São Paulo: Saraiva, 2014. p. 36).

[73] "A partir do raciocínio desenvolvido, pode-se afirmar que (i) na doação onerosa em que o encargo aposto assume relevância acessória na individuação do programa contratual, não caberá a revogação uma vez descumprida a realização do modo, sob pena de exercício abusivo do direito previsto nos artigos 555 e 562 do Código Civil; (ii) na doação em que o encargo se eleva a motivo determinante, o doador poderá revogar a doação na hipótese de inexecução do modo; (iii) o suposto encargo que, na concreta regulamentação de interesses, assume tamanha relevância, a ponto de se tornar obrigação sinalagmática, desnatura a causa da doação onerosa, caso em que o descumprimento gerará (não já revogação, mas) resolução, que perfaz índice de correspectividade do contrato" (CASTRO, Diana Loureiro Paiva de; FREITAS, Rodrigo. A qualificação do contrato de doação com encargo: proposta de delimitação de fronteiras entre modo e contraprestação à luz da metodologia civil-constitucional. *In:* TEPEDINO, Gustavo; TEIXEIRA, Ana Carolina Brochado; MATOS, Ana Carla Harmatiuk (coord.). *Direito civil, Constituição e Unidade do Sistema*: anais do Congresso Internacional de Direito Civil Constitucional – V Congresso IBDCIVIL. Belo Horizonte: Fórum, 2019. p. 426-427).

sobre o qual a exceção irá agir – âmbito de sua incidência –, mas não como fundamento que lastreia sua legitimidade a partir dos valores consagrados pelo ordenamento jurídico.[74] Assim, mostra-se necessário incursionar pelos fundamentos jurídicos que a doutrina atribui à exceção de contrato não cumprido para identificar suas bases normativas, o que pautará a aplicação da *exceptio*.[75]

A análise dos fundamentos jurídicos da exceção de contrato não cumprido é feita no âmbito deste capítulo por guardar simbiótica relação com o conteúdo do sinalagma. Nesse sentido, Serpa Lopes chega a afirmar "serem idênticos os seus fundamentos [da exceção de contrato não cumprido] com os fundamentos do sinalagma".[76] A delimitação do sinalagma se beneficia, portanto, das conclusões que podem ser extraídas da pesquisa sobre o fundamento da *exceptio*, especialmente por ser matéria já amadurecida nas abordagens doutrinárias.

É relevante, nesse ponto, comentar a posição segundo a qual a pesquisa sobre os fundamentos jurídicos contribuiria pouco para o conhecimento da *exceptio*, pelo fato de a previsão do art. 476 do Código Civil já ser fundamento jurídico suficiente, esvaziando a utilidade de se embrenhar em pesquisas adicionais.[77] É inequívoca a relevância da

---

74 Em sentido análogo: "[...] tal nexo de correspectividade entre aquelas obrigações não é causa do nosso instituto, antes é seu efeito. A partir da consagração de certos institutos como a excepção e a resolução por incumprimento é que foi formulado o princípio geral da interdependência das obrigações sinalagmáticas, deles extraído, quanto antes era desconhecido. Portanto, é confundir causa e efeito afirmar que tal princípio é o fundamento daqueles institutos" (ABRANTES, José João. *A excepção de não cumprimento do contrato*. 2. ed. Coimbra: Almedina, 1955. p. 168).

75 Além do interesse doutrinário, José João Abrantes defende haver importância prática no estudo dos fundamentos da figura, pois "só essa resposta poderá servir de fio condutor no tornear de algumasdificuldades de aplicação do instituto, de que destacamos, entre outras, as respeitantes ao domínio de aplicação, às causas de incumprimento suscetíveis de legitimar o recurso à excepção, à importância da inexecução requerida, aos efeitos do exercício da excepção, à possibilidade ou impossibilidade de renúncia a tal exercício, etc." (ABRANTES, José João. *A excepção de não cumprimento do contrato*. 2. ed. Coimbra: Almedina, 1955. p. 153). V. Tb.: "Connaissant maintenant le fondement sur lequel repose l'exception n. a. c., nous pouvons tenter, en nous appuyant sur lui, de préoiser le champ d'application de cette exception et les règles qui la régissent" (CAPITANT, Henri. *De la cause des obligations*. 3. ed. Paris: Librairie Dalloz, 1927. p. 272).

76 SERPA LOPES, Miguel Maria de. *Exceções substanciais*: exceção de contrato não cumprido *(exceptio non adimpleti contractus)*. Rio de Janeiro: Freitas Bastos, 1959. p. 163.

77 BUTRUCE, Vitor Augusto José. *A exceção de contrato não cumprido no direito civil brasileiro contemporâneo:* funções, pressupostos e limites de um "direito a não cumprir". 2009. Dissertação (Mestrado em Direito) – Universidade do Estado do Rio de Janeiro, Rio de Janeiro, 2009. p. 41-43.

positivação da figura para sua ampla aplicação, o que, no entanto, não esgota sua fundamentação jurídica.

Como é cediço, a concretização da norma depende do processo interpretativo. Tomando-se a norma positivada, a interpretação é reconhecida como processo cognoscitivo sem o qual não existe direito. Critica-se, assim, o entendimento de que o direito positivo "está em si mesmo", sendo seu conteúdo imanente ao texto legal e decorrente do momento da produção do legislador.[78] Não se concebe de texto legal com sentido predeterminado, pois a interpretação não consiste em processo de mera análise linguística: "Não existe, portanto, um sentido imanente à palavra: este é a relação (e nada mais) entre o texto e um objeto ao qual se refere".[79]

Nesse processo de interpretação – de efetiva criação do direito –, cabe ao jurista considerar, de um lado, o fenômeno, dado concreto da realidade, e, de outro, a exigência axiológica, cumprindo-lhe o dever de adequação às normas superiores do ordenamento daquilo que é interpretado.[80] Significa dizer que a norma é fruto de sua colocação no âmbito do sistema, sendo a interpretação, por definição, "lógico-sistemática e teleológica-axiológica, isto é, finalizada à realização dos valores constitucionais".[81] Não à toa defende-se a superação do brocardo

---

78 PERLINGIERI, Pietro. *O direito civil na legalidade constitucional*. Rio de Janeiro: Renovar, 2008. p. 599-601. Arremata o autor: "Portanto, o direito é positivo se, e também apenas se, é interpretado, e é positivo somente na medida em que for interpretado: a positividade do direito é a sua interpretabilidade".

79 PERLINGIERI, Pietro. *O direito civil na legalidade constitucional*. Rio de Janeiro: Renovar, 2008. p. 603-604. Desenvolve o autor: "A interpretação deve levar em consideração essa referência necessariamente externa ao texto, resultado estéril qualquer interpretação limitada a um significado próprio das palavras [...] como se existisse um significado interno ao texto, a prescindir da relação com a realidade exterior. O sentido não é um atributo dos respectivos textos ou palavras: o sentido de um elemento é distinto do sentido da inteira estrutura. [...] A hermenêutica (a teoria da interpretação) revela a conexão fundamental entre realidade e interpretação" (p. 604).

80 "Toda compreensão tem as suas razões em uma disposição de fundo de quem compreende e que pode ser designada como 'asserção axiológica': de um lado, atenção ao fenômeno, ao dado concreto a ser colhido na mutável e complexa realidade; de outro, a exigência de afirmar os valores (afirmação, justamente, axiológica). Os juristas, se não são copiadores e repetidores, são autores que, alcançado o princípio do direito e trabalhando em torno das fontes do direito, garantem a adequação daquilo que é interpretado" (PERLINGIERI, Pietro. *O direito civil na legalidade constitucional*. Rio de Janeiro: Renovar, 2008. p. 608-609).

81 PERLINGIERI, Pietro. *O direito civil na legalidade constitucional*. Rio de Janeiro: Renovar, 2008. p. 618-619.

in claris non fit interpretatio, justamente por não ser a clareza da norma um *prius*, mas sim um *posterius*, isto é, resultado da interpretação.[82]

Colhidos esses elementos, pode-se afirmar que a exceção de contrato não cumprido não decorre exclusivamente da letra do art. 476 do Código Civil. E no processo de interpretação do dispositivo, é o seu fundamento jurídico que norteará o itinerário a ser percorrido pelo jurista, no sentido de precisar quais valores lhe situam em nosso sistema jurídico e, assim, devem ser perseguidos na sua aplicação.

1.3.1 Teoria da causa

A teoria da causa foi primeiramente apontada como fundamento da exceção de contrato não cumprido por autores franceses, [83-84] a partir de sua perspectiva da causa *da obrigação*.[85] Henri Capitant destacou, no âmbito dos contratos sinalagmáticos, que a causa residiria no objetivo de cada parte se obrigar visando a obter a prestação da contraparte.[86] Para o autor, seria essencial para a caracterização da causa o elemento de perseguição do fim jurídico que determina a assunção da obrigação.[87] Tal fim jurídico integraria a manifestação de vontade que origina

---

82 PERLINGIERI, Pietro. *O direito civil na legalidade constitucional*. Rio de Janeiro: Renovar, 2008. p. 616-617.

83 SERPA LOPES, Miguel Maria de. *Exceções substanciais*: exceção de contrato não cumprido *(exceptio non adimpleti contractus)*. Rio de Janeiro: Freitas Bastos, 1959. p. 163; ABRANTES, José João. *A excepção de não cumprimento do contrato*. 2. ed. Coimbra: Almedina, 1955. p. 159.

84 As formulações sobre a teoria da causa serão analisadas mais detidamente no item 2.4 *infra*.

85 MORAES, Maria Celina Bodin de. A causa do contrato. *Civilistica.com*, v. 2, n. 1, p. 1-24, 30 jan. 2013. p. 8. V. tb.: "Por lo tanto, el fundamento de la excepción puede encontrarse también en este caso en la causa de la obligación. Cuando la prestación quedase incumplida (aunque sea temporariamente) también contraprestación puede legítimamente no cumplirse. La excepción de incumplimiento atribuye, pues, un poder nacido ex lege de abstenerse provisoriamente de cumplir, que obra a modo de reconvención: uno cumplo porque tú no cumples" (MESSINEO, Francesco. *Doctrina general del contrato*. Buenos Aires: Ediciones Jurídicas Europa-América, 1986. t. 2. p. 433).

86 "Ainsi, dans un contrat synallagmatique, la cause qui détermine chaque partie à s'obliger est la volonté d'obtenir l'exécution de la prestation qui lui est promise en retour [...] La cause ou, en d'autres termes, le but poursuivi, c'est l'exécution do la prestation promise par l'autre contractant" (CAPITANT, Henri. *De la cause des obligations*. 3. ed. Paris: Librairie Dalloz, 1927. p. 43-48).

87 "En effet, comme nous l'avons montré, le consentement, c'est-à-dire le fait de s'obliger, ne se suffit pas à lui-même il ne constitue pas à lui seul tout l'acte de volition du contractant. Il y a, dans cet acte un autre élément qui est le fait essentiel, primordial, décisif, c'est le désir d'atteindre un but juridique déterminé. Do ces deux facteurs de la manifestation de volonté, c'est celui-ci qui est le principal. Car si le contractant consent à s'obliger, c'est seulement parce qu'il veut obtenir un résultat déterminé"(CAPITANT, Henri. *De la cause des obligations*. 3. ed. Paris: Librairie Dalloz, 1927. p. 43-49).

a obrigação.[88] Tratando especificamente do fundamento da exceção, o autor aponta o fim jurídico buscado pelas partes consistente na obtenção da prestação prometida *vis-à-vis* a obrigação contraída.[89]

A invocação da teoria da causa como fundamento da exceção de contrato não cumprido sofreu críticas. Algumas das críticas decorreram de uma concepção de causa pautada no momento inicial do contrato. Afirmou-se que, uma vez aperfeiçoada a causa, na medida em que as partes assumem as obrigações uma em virtude da outra, o negócio passa a existir validamente e, assim, não se poderia falar em momento superveniente de ausência de causa por ocasião do inadimplemento da obrigação correspectiva.[90]

Outra crítica formulada em relação à adoção da teoria da causa como fundamento da *exceptio* parte da premissa de que, se a causa do contrato fosse afetada em virtude do descumprimento do excepto, a consequência necessária seria a nulidade do pacto, por lhe faltar, nesse cenário, requisito essencial de validade do contrato. No entanto, se há opção para o credor de perseguir a execução do contrato, suspendê-lo ou resolvê-lo, tal prerrogativa não se coadunaria com a nulidade do

---

88 "Le but fait partie intégrante dé la manifestation de volonté créatrice de l'obligation. On peut même dire qu'il en est l'élément essentiel. En effet, le débiteur ne consentirait certainement pas à s'obliger s'il savait que le résultat qu'il se propose ne sera pas obtenu. L'acte de volonté se compose de deux éléments: d'abord, le consentement, qui est le fait de promettre, de s'engager, et ensuite la considération du but à attoindre au moyen de cette promesse. L'obligation n'est qu'un moyen pour arriver à un but [...] Dans la terminologie juridique, le but s'appelle la cause do l'obligation [...] En effet, pout-on dire, c'est la considération du but qui détermine le débiteur à s'obliger, qui est par conséquent la cause de son consentement" (CAPITANT, Henri. *De la cause des obligations.* 3. ed. Paris: Librairie Dalloz, 1927. p. 19-22); "Sendo a causa de alguém assumir uma obrigação a obtenção da prestação da outra parte contratante, toda vez que falte essa contraprestação, a devida pelo adimplente perde a razão, deixando de ser obrigatória. Pretende assim H. Capitant filiar a origem da *exc. n. ad. cont.* não só ao fato de alguém se haver obrigado, isto é, ao consentimento, como igualmente à intenção de atingir um determinado objetivo jurídico" (SERPA LOPES, Miguel Maria de. *Exceções substanciais*: exceção de contrato não cumprido (*exceptio non adimpleti contractus*). Rio de Janeiro: Freitas Bastos, 1959. p. 163-164).

89 CAPITANT, Henri. *De la cause des obligations.* 3. ed. Paris: Librairie Dalloz, 1927. p. 268.

90 "Nesta sua formulação primitiva, a concepção pode ser rechaçada facilmente: se a causa da obrigação é a obrigação correlativa da contraparte, a partir do momento em que as duas obrigações existiram validamente não se pode falar de ausência de causa, não sendo a posterior inexecução de uma das prestações que permite dizer que a outra tenha carecido de causa. Tal como esta formulação vê a causa, reduzida ao momento da formação do contrato, nunca ela poderia explicar o nosso instituto, pois que, tendo um alcance restrito ao período de formação do acordo, não seria possível sustentar com coerência que a inexecução de uma das prestações fizesse desaparecer a causa" (ABRANTES, José João. *A excepção de não cumprimento do contrato.* 2. ed. Coimbra: Almedina, 1955. p. 159). Em sentido análogo, v. SERPA LOPES, Miguel Maria de. *Exceções substanciais*: exceção de contrato não cumprido (*exceptio non adimpleti contractus*). Rio de Janeiro: Freitas Bastos, 1959. p. 164-165.

contrato, consequência da hipótese de se entender que o descumprimento da prestação viola a causa do contrato.[91]

Em relação à primeira crítica, a superação da causa como restrita ao momento inicial do contrato já a esvazia. Na própria doutrina francesa, Henri Capitant veio a defender que a causa não se esgotaria no momento da conclusão do contrato, mas acompanharia a execução do instrumento até a materialização de seus efeitos, de modo que o inadimplemento de uma parte inauguraria a prerrogativa de suspender a execução do contrato.[92] Quanto à segunda crítica, não parece vingar, no ordenamento jurídico brasileiro, a afirmativa de que a afetação da causa importaria a nulidade do pacto, dado que a causa não é erigida pelo diploma civil como requisito de validade do contrato.

Amadurecida a formulação do fundamento da causa para a exceção de contrato não cumprido, o que se deu sem vinculação específica com as diferentes vertentes da teoria da causa, esse foi acolhido no sentido de determinada obrigação ser assumida em virtude da contraprestação a ela correspondente. Assim, sem uma das prestações, deixaria de haver a causa da contraprestação.[93]

---

91 ABRANTES, José João. *A excepção de não cumprimento do contrato*. 2. ed. Coimbra: Almedina, 1955. p. 161-162.

92 ABRANTES, José João. *A excepção de não cumprimento do contrato*. 2. ed. Coimbra: Almedina, 1955. p. 160-161.

93 "Os doutrinadores apresentaram diversas razões para justificar a exceção. A primeira delas, e talvez a mais divulgada, é a dos defensores da teoria da causa. O contrato bilateral dá origem a obrigações em que uma é a causa da outra, de modo que, se uma não nasce, desaparece a causa. Tal orientação acentua o sinalagma genético" (AGUIAR JR., Ruy Rosado de. Comentários aos arts. 472 a 480. *In*: TEIXEIRA, Sálvio de Figueiredo (coord.). *Comentários ao novo Código Civil:* da extinção do contrato. Rio de Janeiro: Forense, 2011. v. 6. t. 2. p. 720); "Nos contratos bilaterais, o elemento categorial inderrogável consiste em se convencionar a prestação como causa da contraprestação e vice-versa (e a causa consiste, naturalmente, na dupla realização ao da prestação e da contraprestação). Segue-se daí que, uma vez formado o contrato bilateral (plano de existência)se for válido (plano de validade), o não cumprimento posterior da prestação (falta da causa referida na sua constituição) autoriza a resolução, evitando que a parte inocente seja obrigada a cumprir a sua prestação, que se tornou *sem causa*" (AZEVEDO, Antônio Junqueira de. *Negócio jurídico*: existência, validade e eficácia. São Paulo: Saraiva, 2002. p. 155). "O que é relevante considerar, no contrato bilateral, é que a prestação de cada uma das partes tem por razão de ser, e nexo lógico, a prestação do outro contratante. Melhor se diria que a obrigação de um contratante tem como causa a prestação do outro contratante" (RODRIGUES, Silvio. *Direito civil*: dos contratos e das declarações unilaterais da vontade. 28. ed. São Paulo: Saraiva, 2002. v. 3. p. 29); "No contrato bilateral, as obrigações dependem umas das outras, quer quanto à sua existência, quer quanto à sua execução. É o problema da interdependência que se apresenta, resolvendo-se segundo a ideia de que, nos contratos desse gênero, as obrigações se servem reciprocamente de *causa*. A execução unilateral acabar por romper o equilíbrio contratual, desde que um dos contratantes recebesse a prestação sem realizar a que lhe fosse correspondente" (BESSONE, Darcy. *Do contrato*: teoria geral. 4. ed. São Paulo:

Nesse sentido, a exceção de contrato não cumprido seria decorrência necessária do próprio ajuste, vez que o acordo é entabulado em razão das trocas correspectivas.[94] Ou seja, deixando de ser cumprida a obrigação que é a razão justificadora da contraprestação, a prerrogativa de não ter o excipiente de prestar até que seja sanado o inadimplemento seria consequência direta do próprio arranjo de interesses que compõem o contrato.[95]

Nessa esteira, o aspecto de, nos contratos sinalagmáticos, uma parte se obrigar em razão da contraprestação correspectiva que irá receber, parece indisputável. No entanto, tal causalidade se aproxima da própria essência da interdependência das prestações contrapostas,

---

Saraiva, 1997. p. 70-71); "o que importa averiguar é se a prestação, que se recusa, tem por contraprestação aquela cuja não realização se invoca para fundamentar a recusa. Se não tem, se não existe entre as duas prestações a relação causal que as torna interdependentes, a excepção carece de base" (SERRA, Adriano Paes da Silva Vaz. Excepção de Contrato não Cumprido, *Boletim do Ministério da Justiça,* n. 67, p. 5-169, 1957, p. 19); "Logo, se o devedor não cumpre, não quer cumprir ou não pode cumprir, ainda que não imputavelmente, o credor pode suspender o cumprimento da sua obrigação, dada a ausência de contrapartida e reciprocidade que liga causalmente a prestação debitória e a prestação creditória. Sendo as obrigações interdependentes, com uma a constituir a causa determinante da outra, o não cumprimento de uma (...) faz desparecer a sua contrapartida – causa e razão de ser da outra –, o que legitima a *exceptio,* meio de conservação do equilibro sinalagmático" (SILVA, João Calvão da. *Cumprimento e sanção pecuniária compulsória.* Coimbra: Almedina, 2002. p. 330); "As duas prestações estão entre si em conexão causal: cada um dos contratantes se obriga a prestar para obter a prestação da contraparte. Contrato bilateral é, em definitivo, contrato sinalagmático" (TERRA, Aline de Miranda Valverde. *Cláusula resolutiva expressa.* Belo Horizonte: Fórum, 2017. p. 40). V. tb. AGUIAR JR., Ruy Rosado de. Comentários aos arts. 472 a 480. *In*: TEIXEIRA, Sálvio de Figueiredo (coord.). *Comentários ao novo Código Civil:* da extinção do contrato. Rio de Janeiro: Forense, 2011. v. 6. t. 2. p. 720.

94 "A excepção de não cumprimento é, pois, a faculdade que, nos contratos bilaterais, tem por objetivo sancionar o dever de cumprimento simultâneo das obrigações compreendidas no sinalagma. É uma faculdade derivada do próprio contrato, da sua estrutura" (ABRANTES, José João. *A excepção de não cumprimento do contrato.* 2. ed. Coimbra: Almedina, 1955. p. 48); "Domat ne se contente donc pas d'enon-cer le principe de l'execution simultanée, il en indiquer la raison d'être qui est que l'engagement do l'un est le fondement (ou la cause) de celui de l'autre. De nos jours, Saleilles a, à son tour, affirmé cette filiation [...] 'Dans le contrat synallagmatique, dit-il, les deux obligations ne sont pas seulement des dettes connexes, ce sont des dettes dont chacune est la cause juridique de l'autre; si bien que ce n'est pas seulement par voie de faveur, et sous forme de mesure d'équité, que l'on permet au débituer, de l'une de ne pas s'exécuteur si le paiement de l'autre ne lui est pas offert, mais c'est en vertu d'un droit qu'il tient du contrat lui-même" (CAPITANT, Henri. *De la cause des obligations.* 3. ed. Paris: Librairie Dalloz, 1927. p. 268-269); GAGLIARDI, Rafael Villar. *Exceção de contrato não cumprido.* São Paulo: Saraiva, 2010. p. 38.

95 "Se um dos contratantes no cumpre sua obrigação, o outro não está obrigado, por sua vez, a cumprir a sua (*exceptio non adimpleti contractus*), isto é, que a execução de uma prestação dependa da execução da outra é o que resulta da própria definição do contrato bilateral sob cuja égide aqueles contratos hoje se colocam" (AZEVEDO, Antônio Junqueira de. *Negócio jurídico*: existência, validade e eficácia. São Paulo: Saraiva, 2002. p. 156).

em que uma é razão jurídica de ser da outra, [96] o que se relaciona mais ao caráter sinalagmático do contrato do que ao fundamento da exceção de contrato não cumprido no ordenamento jurídico brasileiro. Ao propósito, conforme item 2.2 *infra*, o aspecto de a prestação figurar como causa da contraprestação é entendido como decorrência do sinalagma genético.[97] Trata-se de característica própria da formulação do contrato bilateral, que, dogmaticamente, não consiste no valor que se busca tutelar. Assim, da mesma forma que não é o sinalagma o fundamento jurídico da exceção de contrato não cumprido – mas seu campo de incidência –, não parece sê-lo a causa.

1.3.2 Teoria da condição resolutiva tácita

A utilização da teoria da causa como fundamento da *exceptio* foi ainda criticada por sua alegada aproximação com a teoria da condição resolutiva tácita, segundo a qual as partes que assumem obrigações correspectivas prestam consentimento condicional, no sentido de o contratante apenas se obrigar sob a condição de a outra parte realizar sua prestação.[98] Para essa teoria, a resolução contratual e a aplicação da *exceptio* seriam efeitos de condição resolutiva tácita subentendida

---

[96] "Em contrapartida, importará indagar, para a aplicação das normas que dizem respeito à bilateralidade, como se verá, se entre as obrigações principais existe nexo de causalidade ou de funcionalidade, isto é, se uma é a razão jurídica da outra" (MORAES, Maria Celina Bodin de. O procedimento de qualificação dos contratos e a dupla configuração do mútuo no direito civil brasileiro. *Revista Forense*, v. 309, p. 33-61, jan./mar. 1990, p. 40); "O vínculo de sinalagmaticidade deve ser entendido como a relação de interdependência ou correspectividade existente entre as obrigações emergentes de um contrato bilateral. Efectivamente, cada obrigação tem por objecto uma prestação que constitui correspectivamente a causa, no sentido de razão de ser ou fim, da outra" (FONSECA, Ana Maria Taveira da. *Da recusa de cumprimento da obrigação para tutela do direito de crédito*: em especial na excepção de não cumprimento, no direito de retenção e na compensação. 2013. Tese (Doutorado em Direito) – Universidade Católica Portuguesa, Lisboa, 2013. p. 74).

[97] "La idea del 'sinalagma genético' significa que em la génesis de la relación obligatoria cada deber de prestación constituye para la outra parte la razón de ser o la causa por laque queda obligada a realizar o ejecutar su propria prestación. Por ello, um regular desenvolvimiento de la relación obligatoria sinalagmática exige la existência de ambas obligaciones". (DIEZ-PICAZO, Luis. *Fundamentos del derecho civil patrimonial:* las relaciones obligatorias. 5. ed. Madrid: Civitas, 1996. v. 2. p. 375).

[98] ABRANTES, José João. *A excepção de não cumprimento do contrato.* 2. ed. Coimbra: Almedina, 1955. p. 161. V. tb.: "É a principal sanção apontada contra o inadimplemento da obrigação nos contratos bilaterais, medida que assenta sobre a chamada condição resolutiva tácita. A designação de condição resolutiva tácita repousa sobre a ideia de que, atento o nexo de interdependência psicológica existente entre as prestações integradoras do contrato bilateral, cada uma das partes se reserva a faculdade de resolver o contrato (fazendo cessar a sua eficácia), se a outra não quiser ou não puder cumprir. Trata-se de uma fórmula tecnicamente imperfeita de exprimir uma realidade psicológica essencial (o sinalagma

nos contratos sinalagmáticos e passível de invocação diante do descumprimento por uma das partes.[99] Assim, a teoria concebe que os contratos bilaterais encerram condição, no sentido de que a execução da prestação está condicionada à execução da que lhe corresponde, [100] o que, no entanto, foi objeto de críticas pela equiparação realizada entre o adimplemento – curso natural da obrigação – e evento futuro incerto, como a condição.[101]

Diversas objeções foram formuladas: a consequência de serem todos os contratos bilaterais classificados como condicionais, tomando a condição como elemento natural do negócio e não acidental; a impertinência de se cogitar de vontade presumida das partes de estipular condição, quando os efeitos do negócio jurídico devem decorrer diretamente da vontade das partes (expressa ou tacitamente manifestada) ou da lei; a exclusão da opção de o contratante perseguir a execução do

---

funcional)" (VARELA, João de Matos Antunes. *Das obrigações em geral*.10. ed. Coimbra: Almedina, 2000. v. 1. p. 403).

99 "O art. 476 do Código Civil de 2002 encerra ainda o reconhecimento do inadimplemento contratual como condição resolutiva, o que é geralmente aceito e tido como justo e racional [...] Se a convenção estabelecer a revogação do contrato pelo inadimplemento, a cláusula resolutória ser expressa; se nada disser a respeito, a cláusula será tácita (Cód. Civil de 2002, art. 474). Em verdade, porém, todos os contratos bilaterais trazem, implícita ou explicitamente, a condição resolutiva, em razão da qual o pactuado entre os interessados pode ser desfeito por força de sua resolução" (MONTEIRO, Washington de Barros. *Curso de direito civil*: direito das obrigações. 35. ed. São Paulo: Saraiva, 2007. v. 5. p. 29-30); "Daí nasceu [do Direito Canônico] o princípio da resolução em decorrência do que seria a vontade presumida dos interessados, ou pelo descumprimento de qualquer de suas cláusulas, e generalizou-se, consagrada em numerosos sistemas legislativos, a *cláusula resolutiva tácita*, imaginando-se em todo negócio jurídico bilateral adoção de uma condição presumida, que opera a resolução do negócio, na falta de observância do obrigado (Código Civil, art. 476). Esta condição, presumida pela lei, não pode ser considerada verdadeira condição [...]" (PEREIRA, Caio Mário da Silva. *Instituições de direito civil*: introdução ao direito civil.33. ed. Rio de Janeiro: Forense, 2020. v. 1. p. 480).

100 "El principio fundamental del contrato bilateral es, pues, el antiquíssimo 'do ut des', conforme al cual cada uno se obliga a sua prestación unicamente bajo la condición de que el outro se obligue a la contraprestación. La nulidad de la obligación de un contratante tiene, por tanto, como consecuencia necessária la nulidad de la obligación correspondiente del outro" (LARENZ, Karl. Derecho de obligaciones. Madrid: *Revista de Derecho Privado*, 1958. t. 1. p. 266).

101 "Per qualificare la prestazione dell'eccipiente come inesigibile bisoenerebbe supporre che essa venga sottoposta a condizione. Ma questa supposizione non appare fondata, come non appare fondata l'idea che nei contratti a prestazioni corrispettive l'obbligazione di una parte sarebbe condizionata all'esecuzione dell'altra. In contrario è decisivo il rilievo che gli adempimenti delle parti non sono eventi futuri e incerti, ma atti di esecuzione del contratto" (BIANCA, Cesare Massimo. *Diritto civile*: la responsabilità. Milano: A. Giuffrè, 1994. v. 5. p. 340).

contrato em virtude do automatismo que se reconhece ao implemento da condição.[102-103]

De fato, a invocação de consentimento condicional leva à conclusão que o descumprimento de obrigação contratual teria de significar a resolução do instrumento – dado que a obrigação foi assumida de forma condicionada, a qual, se materializada, enseja o acionamento da cláusula resolutiva tácita –, o que não respaldaria, portanto, a aplicação da exceção de contrato não cumprido (que, como se viu, se destina à manutenção do contrato).[104] Ademais, devendo ser a condição estabe-

---

102 ABRANTES, José João. *A excepção de não cumprimento do contrato*. 2. ed. Coimbra: Almedina, 1955. p. 154-158; "A ideia, porém, não pode ser aceita porque o adimplemento das partes não surge como um fato futuro e incerto, mas como ato de execução do contrato" (AGUIAR JR., Ruy Rosado de. Comentários aos arts. 472 a 480. *In*: TEIXEIRA, Sálvio de Figueiredo (coord.). *Comentários ao novo Código Civil*: da extinção do contrato. Rio de Janeiro: Forense, 2011. v. 6. t. 2. p. 722). V. tb.: "Manifestação muito importante desta dependência [das prestações] está na possibilidade de uma parte resolver o contrato, em consequência do não cumprimento da outra parte. Temos então a chamada condição resolutiva tácita. É matéria que só posteriormente será estudada. Advertimos porém desde já que não é tecnicamente uma condição, porque é um efeito legal"(ASCENSÃO, José de Oliveira. *Direito civil*: teoria geral. Relações e situações jurídicas. 2. ed. São Paulo: Saraiva, 2010. v. 3. p. 255).

103 Também nesse sentido comenta Galvão Telles: "A rescisão não funciona segundo o mecanismo próprio da condição resolutiva. Esta determina a *resolução automática* ou *caducidade* do contrato: verificada a condição, o contrato fica sem efeito, independentemente de qualquer das partes manifestar a sua vontade nesse sentido. Ora, não seria justo nem razoável que a falta de cumprimento actuasse como condição resolutiva: o contratante que tivesse vantagem em se desvincular do contrato (embora sujeitando-se a indemnização de perdas e danos) consegui-lo-ia deixando de satisfazer o seu compromisso. A resolução, efeito cego e mecânico, poderia aproveitar à parte remissa, em prejuízo da outra. Não é assim que as coisas se passam, pois a resolução constitui um *direito* do estipulante agravado, que só se prevalece dele se lhe aprouver" (TELLES, Inocêncio Galvão. *Direito das obrigações*. 2. ed. Lisboa: Petrony, 1979. p. 460-461).

104 "Consideramos, antes de tudo, certas diferenças que medeiam entre a condição resolutória e a *exceptio n. ad. cont.* Enquanto a primeira produz o rompimento do vínculo contratual, dissolvendo-o, para atirar credor e devedor em uma nova situação jurídica mui diversa da contratual, a *exc. n. ad. cont.*, ao contrário, suspende pura e simplesmente a execução da prestação devida pelo devedor, até o adimplemento da prestação inerente ao autor, não produzindo, como a resolutória, o rompimento do contrato. Enquanto condição resolutória não se coaduna com o caráter de medida compulsória, pois não há mais prestação a ser realizada, a *exc. n. ad. cont.* é eminentemente um meio coercitivo, embora indireto, porque a parte inadimplente, tendo interesse na prestação da outra, sentir-se-á estimulada pelo próprio interesse a tornar-se adimplente" (SERPA LOPES, Miguel Maria de. *Exceções substanciais*: exceção de contrato não cumprido (*exceptio non adimpleti contractus*). Rio de Janeiro: Freitas Bastos, 1959. p. 185); "A condição resolutiva tácita supõe que a prestação de uma das partes se torna *impossível por facto a ela imputável*; a outra parte tem o direito de *resolver* o contrato, e de exigir *restituição* da sua prestação por inteiro se porventura já a realizou, além da indenização que no caso couber (art. 801, n. 2). A fórmula *condição resolutiva tácita* não é correcta. Não há aqui qualquer *condição*, sequer *tácita*, mas apenas um efeito do *sinalagma funcional*, inerente, por lei e por natureza, aos contratos sinalagmáticos. Na verdade, se a prestação de uma das partes se torna *impossível* por uma razão a ela *imputável* ao cumprimento (art. 801, n. 1), quebra-se o vínculo de reciprocidade *por sua causa*; portanto

lecida exclusivamente pela vontade das partes, conforme dicção do art. 121 do Código Civil, [105] sem figurar como decorrência da natureza do direito a que acede, [106] seria inadequado afirmar haver vontade presumida de resolução que respalde a *exceptio*.

Ademais, a invocação da teoria da causa não se aproxima da recuperação da teoria da cláusula resolutiva tácita (como exposto, a teoria da causa foi criticada por supostamente se aproximar da teoria da cláusula resolutiva tácita). Afirmar que a justificativa causal da prestação consiste na contraprestação não significa afirmar que a contraprestação figura como *condição* da assunção da obrigação. Ressalva-se, no entanto, que, apesar da correção das críticas quando se considera haver efetiva condição implícita no contrato bilateral, a *ratio* do conteúdo do consentimento condicional parece voltar-se à concepção de as obrigações sinalagmáticas serem assumidas uma em virtude da outra – aí sim em proximidade com a justificativa causal. Se o termo "condição" for entendido sem corresponder à concepção técnica da figura jurídica, poder-se-ia reconhecer a aproximação com a teoria da causa.

1.3.3 Equilíbrio contratual

O fundamento do equilíbrio contratual para a exceção de contrato não cumprido foi desenvolvido a partir da ideia de que as obrigações

---

o outro contraente tem *motivo justificado* para *dar sem efeito* o contrato, com as inerentes consequências legais" (TELLES, Inocêncio Galvão. *Manual dos contratos em geral*. 4. ed. Coimbra: Wolters Kluwer, 2010. p. 490). V. tb. AGUIAR JR., Ruy Rosado de. Comentários aos arts. 472 a 480. *In*: TEIXEIRA, Sálvio de Figueiredo (coord.). *Comentários ao novo Código Civil*: da extinção do contrato. Rio de Janeiro: Forense, 2011. v. 6. t. 2. p. 753; TERRA, Aline de Miranda Valverde; NANNI, Giovanni Ettore. Exceção de contrato não cumprido na coligação contratual. *Civilistica.com*, v. 10, n. 2, p. 1-26, 19 set. 2021. p. 24-25.

105 "Art. 121. Considera-se condição a cláusula que, derivando exclusivamente da vontade das partes, subordina o efeito do negócio jurídico a evento futuro e incerto".

106 "Os autores esclarecem, e o artigo 121 do Código deixou sublinhado, que somente se considera condição a cláusula que deriva 'exclusivamente da vontade das partes'. Não constitui, em suma, condição o requisito que provém da lei ou da própria natureza do direito a que acede" (PEREIRA, Caio Mário da Silva. *Instituições de direito civil*: introdução ao direito civil.33. ed. Rio de Janeiro: Forense, 2020. v. 1. p. 468). V. tb.: "O grande problema desta concepção [a exceção derivar da condição ou da cláusula resolutiva tácita] é a de que se utiliza da figura da condição para explicar algo que não deriva da vontade das partes, mas que é da natureza do contrato. A condição é um evento futuro e incerto. Admitir-se que todos os contratos contêm a condição referida é admitir que todos contratos são condicionais, nenhum podendo ser puro. Ademais, se se trata de operar uma condição, o que ocorre automaticamente, como explicar que, sobrevinda a condição, o credor tenha opção entre excepcionar ou resolver?" (SILVA, Luís Renato Ferreira da. *Reciprocidade e contrato*: a teoria da causa e a sua aplicação nos contratos a nas relações "paracontratuais". Porto Alegre: Livraria do Advogado, 2013. p. 86).

correlatas de um pacto se correspondem como equivalente jurídico. A violação da prestação que se contrapõe à outra romperia o equilíbrio e justificaria, assim, a aplicação da exceção de contrato não cumprido.[107] Tratar-se-ia, portanto, de consectário da natureza dos contratos bilaterais, [108] no âmbito do qual a exceção de contrato não cumprido funcionaria como proteção do equilíbrio econômico das posições contratuais das partes durante a fase executiva do contrato.[109]

O equilíbrio contratual é tradicionalmente entendido pelos vieses objetivo e subjetivo. Sob o aspecto objetivo, entende-se ser a correspondência econômica das prestações, isto é, a expressão pecuniária análoga. Esse aspecto, contudo, foi objeto de críticas por desconsiderar o valor atribuído pelas partes às prestações no âmbito do ajuste, superando a mera expressão econômica da obrigação. Não se disputa, atualmente, que o sinalagma não é composto pela busca por tal equiparação

---

107 GAGLIARDI, Rafael Villar. *Exceção de contrato não cumprido.* São Paulo: Saraiva, 2010. p. 39-40. V. tb.: "Realmente, no contrato bilateral, as obrigações são equivalentes uma da outra, de forma que a parte que exige a prestação da outra, sem ter cumprido a sua, desnatura o caráter da obrigação da qual reclama o pagamento, pois a encara como se fosse isolada, não levando em conta a equivalência" (CARVALHO SANTOS, J. M. de. *Código Civil brasileiro interpretado.* 3. ed. Rio de Janeiro: Freitas Bastos, 1945. v. 15. p. 237); "Il importe surtout d'observer que si l'*exe. n. a. c.* constitue un moyen d'assurer le respect de l'équilibre entre les parties (...) L'égalité *du résultat final* est certainement celle qu'il est le plus nécessaire de voir se réaliser. Il faut, quand on établit le bilan total d'une opération juridique, qu'on puisse inscrire la même valeur au « doit » et à 1' « avoir » de chaque contractant. C'est à cette seule condition que l'opération peut être considérée comme utile, efficace" (CASSIN, René. *De l'exception tirée de l'Inexécution dans les rapports synallagmatiques (exceptio non adimpleti contractus) et des ses relations avec le droit de rétention, la compensation et la résolution.* Paris: Sirey, 1914. p. 425).

108 "Trata-se, com efeito, de assegurar, mediante a *exceptio* assim entendida, o respeito do equilíbrio contratual traduzido na relação entre prestação e contraprestação – equilíbrio de que só nos contratos bilaterais propriamente ditos pode falar-se" (SERRA, Adriano Paes da Silva Vaz. Excepção de Contrato não Cumprido, *Boletim do Ministérioda Justiça*, n. 67, p. 5-169, 1957, p. 67).

109 TERRA, Aline de Miranda Valverde; NANNI, Giovanni Ettore. Exceção de contrato não cumprido na coligação contratual. *Civilistica.com*, v. 10, n. 2, p. 1-26, 19 set. 2021. p. 15. V. tb.: "Se um dos contraentes não cumpre a sua obrigação no momento em que o deve fazer, o outro pode recusar, suspendendo o cumprimento da sua, fim de se manter o equilíbrio jurídico-econômico, evidenciando a *exceptio* como remédio dos interesses do credor sem carácter sancionatório" (SILVA, João Calvão da. *Cumprimento e sanção pecuniária compulsória.* Coimbra: Almedina, 2002. p. 331); "Trata-se de uma forma de ser mantido o equilíbrio temporal das obrigações sinalagmáticas. Efeito da regra objectiva do sinalagma funcional, visa-se com ela proteger a manutenção do equilíbrio entre obrigações reciprocamente assumidas por ambos os contraentes" (ABRANTES, José João. *A excepção de não cumprimento do contrato.* 2. ed. Coimbra: Almedina, 1955. p. 76); "A *exceptio* tende a conservar um estado de igualdade entre os contratantes (...) representa igualmente um meio de conservação do equilíbrio jurídico-econômico pretendido pelos contratantes na conclusão do acordo" (SERPA LOPES, Miguel Maria de. *Exceções substanciais*: exceção de contrato não cumprido *(exceptio non adimpleti contractus).* Rio de Janeiro: Freitas Bastos, 1959. p. 285).

quantitativa das prestações. O aspecto subjetivo, a seu turno, considera a equivalência volitiva das prestações a partir da vontade das partes, que entabularam as obrigações por elas entendidas como correspectivas.[110] Trata-se da *equivalência querida das prestações*, [111] essa sim mais comumente associada ao vínculo sinalagmático.[112]

Nessa esteira, prestações de expressões pecuniárias diversas não violariam, *per se*, o equilíbrio do contrato.[113] Indo mais longe, a doutrina

---

110 LARENZ, Karl. Derecho de obligaciones. Madrid: *Revista de Derecho Privado*, 1958. t. 1. p. 267; "Per altri l'equivalenza soggettiva esprimerebbe semplicemente l'idea della insussistenza di una necessaria corrispondenza oggettiva di valori delle prestazioni o, senz'altro, l'ideia della libertà delle parti di fissare il corrispettivo della prestazione. Questa libertà constituisce in effetti la regola" (BIANCA, Cesare Massimo. *Diritto civile*: il contratto. Milano: Giuffrè, 1987. v. 3. p. 463); "Não é mister, para que seja bilateral o contrato, a equivalência segundo critério objetivo das prestações; o que importa é que cada um tenha a prestação do outro figurante como equivalente à sua" (PONTES DE MIRANDA, Francisco Cavalcanti. *Tratado de direito privado*. São Paulo: Bookseller, 2003. t. 26. p. 127); "[...] prepondera na correspectividade certa equivalência entre as obrigações – não sendo necessário, frise-se, que elas sejam economicamente equivalentes, sob o ponto de vista quantitativo; conforme pontua KARL LARENZ, 'basta que cada parte veja na prestação da outra uma compensação suficiente à sua própria prestação'" (BUTRUCE, Vitor Augusto José. *A exceção de contrato não cumprido no direito civil brasileiro contemporâneo*: funções, pressupostos e limites de um "direito a não cumprir". 2009. Dissertação (Mestrado em Direito) – Universidade do Estado do Rio de Janeiro, Rio de Janeiro, 2009. p. 88); "Advirta-se, por oportuno, que a configuração do sinalagma não depende da constatação de uma equivalência objetiva que leve em consideração o valor das prestações; desde que haja a correspectividade funcional entre as prestações, restará configurado o sinalagma e atraída, por conseguinte, a disciplina dispensada aos contratos bilaterais" (SILVA, Rodrigo da Guia. A renovada bilateralidade contratual: por uma releitura do sinalagma no paradigma da heterointegração dos contratos. *Revista da Faculdade de Direito de São Bernardo do Campo*, v. 25, n. 2, p. 1-24, 2019. p. 14).

111 A expressão é utilizada por Serpa Lopes, para quem a equivalência, nesses termos, em conjunto com a vedação ao enriquecimento sem causa, fundamenta a exceção de contrato não cumprido. V. SERPA LOPES, Miguel Maria de. *Exceções substanciais*: exceção de contrato não cumprido *(exceptio non adimpleti contractus)*. Rio de Janeiro: Freitas Bastos, 1959. p. 188-189.

112 "In senso soggettivo, invece, l'espressione 'equilibriocontrattuale' esprime semplicemente ilconcetto in fora del quale le parti sono libere di stabilire il valore delle prestazioni, per cui lo scambio può determinare anche attribuzioni patrimoniali diverse, non essendo necessaria la congruità economica fra valori scambiati, come presupposto per la liceità del contratto. Beninteso le parti, nella loro qualificazione soggettiva, pur prescindendo dalla consistenza della variazione patrimoniale di ciascuno, devono considerare una prestazione come corrispettivo dell'altra. Il rapporto sinallagmatico è quindi concepito come uno scambio di prestazioni, cui ciascun contraente può attribuire il significato economico che ritiene opportuno, e non come uno scambio di valori oggettivi" (CAMILLETTI, Francesco. *Profili del problema dell'equilibrio contrattuale*. Milano: Giuffrè, 2004. p. 42).

113 "L'equivalenza oggettiva indica che il valore economico di una prestazione corrisponde al valore dell'altra. Questa equivalenza non à um requisito necessario dei contratti di cambio né in generale dei contratti a titolo oneroso. Le parti sono infatti generalmente libere di determinare l'entità della prestazione e della controprestazione. A volte il prezzo può essere fissato imperativamente, ma ciò non vuol dire che esso corrisponda al valore reale della controprestazione, cioè al valore di mercato. Nel nostro sistema, comunque, prevale la regola dela libera determinazione contrattuale del corrispettivo. Di per sé lo squilibrio di

chegou a anotar que o equilíbrio decorreria da divergência de interesses dos contratantes[114] e que figuraria como conveniência subjetiva mútua das partes contratantes.[115]

O aspecto subjetivo do equilíbrio contratual prestigia a autonomia privada das partes e tutela a liberdade de os contratantes valorarem seus bens, direitos e interesses, sendo seu parâmetro de análise o próprio contrato.[116] Essa formulação foi objeto de críticas por visualizar-se nela reflexos do voluntarismo, no sentido de que equilibrado seria o que quer que fosse validamente ajustado pelas partes.[117]

---

valori tra prestazione e controprestazione non esclude pertanto il nesso di corrispettività. L'equivalenza soggettiva indica l'equilibrio iniziale di valori quale risulta fissato nei singoli contratti" (BIANCA, Cesare Massimo. *Diritto civile*: il contratto. Milano: Giuffrè, 1987. v. 3. p. 462). V. GAGLIARDI, Rafael Villar. *Exceção de contrato não cumprido.* São Paulo: Saraiva, 2010. pp. 44-47; MORAES, Maria Celina Bodin de. O procedimento de qualificação dos contratos e a dupla configuração do mútuo no direito civil brasileiro. *Revista Forense,* v. 309, p. 33-61, jan./mar. 1990, p. 46.

114 "Tão distante está o contrato da proporcionalidade aritmética objetiva que, bem pensados os termos, fosse aquela um parâmetro a observar, o impulso dos interessados antes se condenaria à estase do que se materializaria no acordo. Sim, porque, de fato, a consumação se dá quando cada contratante se convence de que sua prestação vale menos do que a da outra parte, e não tanto quanto. [...] Assim – pasme-se quem quiser –, mas a grande verdade é que o equilíbrio do contrato está no desequilíbrio dos interesses" (VILLELA, João Baptista. Equilíbrio do contrato: os números e a vontade. *In:* TEPEDINO, Gustavo; FACHIN, Luiz Edson (org.). Obrigações e contratos: contratos: princípios e limites. São Paulo: *Revista dos Tribunais,* 2011. v. 3. p. 780). V. tb.: "In realtà una più moderna lettura del concetto di sinalagma porta a ritenere che esso non si identifica esclusivamente col nesso di interdipendenza intercorrente tra le reciproche prestazioni, ma involge anche la fase del reciproco adempimento, in funzione del'interesse di ciascuno dei contraenti all'esecuzione del contratto, cosicché sembra potersi affermare, in ultima istanza, che la causa del contratto corrispettivo risieda nella divergenza degli interessi dei contraenti, che trovano attuazione nell'instaurarsi del nesso di interdipendenza, che viene così a costituire una parte, ma non l'intero nucleo, del rapporto di sinallagmaticità" (CAMILLETTI, Francesco. *Profili del problema dell'equilibrio contrattuale.* Milano: Giuffrè, 2004. p. 21-22).

115 "Occorre avvertire che l'equivalenza soggettiva è stata intesa in dottrina secondo vari significati. Si è ritenuto, così, che tale equivalenza esprima la corrispondenza di valori delle prestazioni secondo la valutazione delle parti. Questa opinione non può tuttavia essere condivisa poiché le parti sono spesso ben consapevoli che i valori delle loro prestazioni non sono corrispondenti. L'equivalenza soggettiva è stata intesa, ancora, nel senso della reciproca convenienza soggettiva di ciascuno dei contraenti" (BIANCA, Cesare Massimo. *Diritto civile*: il contratto. Milano: Giuffrè, 1987. v. 3. p. 463).

116 SILVA, Rodrigo da Guia. Um novo olhar sobre o princípio do equilíbrio contratual: o problema das vicissitudes supervenientes em perspectiva civil-constitucional. *Civilistica.com,* v. 10, n. 3, p. 1-40, 7 dez. 2021. p. 3.

117 "Tradicionalmente, sempre se entendeu que o equilíbrio contratual era aquele combinado entre as partes. Analisava-se a justiça do contrato sob aspecto meramente procedimental: bastava que a avença fosse fruto de consenso livre, suficientemente ponderado e adequadamente informado, para ser considerada justa. Nos dias atuais, todavia, passa-se a questionar referida concepção, exsurgindo entendimento segundo o qual a concreta aferição do equilíbrio requer o balanceamento entre dois princípios constitucionais igualmente relevantes: a livre-inciativa, fundamento constitucional da autonomia contratual,

Em resposta, parte da doutrina passou a atribuir ao equilíbrio contratual mecanismo de controle do conteúdo do contrato, a partir de critérios externos à vontade das partes, [118] notadamente a proporcionalidade entre os sacrifícios assumidos. Elaborado a partir de temperamento da livre iniciativa pela solidariedade, [119] a sua origem exclusivamente voluntarista teria de se conformar ao exame do merecimento de tutela do ajuste em concreto, de acordo com os valores do ordenamento.[120] Nessa direção, defende-se que o equilíbrio figuraria como parâmetro para a valoração da legitimidade da avença, associando-se à noção de justiça contratual.[121]

---

e a solidariedade social"(TERRA, Aline de Miranda Valverde; KONDER, Carlos Nelson; GUEDES, Gisela Sampaio da Cruz. Boa-fé, função social e equilíbrio contratual: reflexões a partir de alguns dados empíricos. *In*: TERRA, Aline de Miranda Valverde; KONDER, Carlos Nelson; GUEDES, Gisela Sampaio da Cruz (coord). *Princípios contratuais aplicados:* boa-fé, função social e equilíbrio contratual à luz da jurisprudência. Indaiatuba: Foco, 2019. p. 15-16); "Parece, hoje, uníssono o reconhecimento de que a tradicional fórmula de Alfred Fouillée, segundo a qual 'qui dit contractuel dit juste', não se conforma à ordem jurídica contemporânea, fazendo-se necessário perquirir as razões para o merecimento de tutela da liberdade contratual fora daquele esquema puramente formal no qual o contrato em si se bastava como tundamento de legitimidade". (SCHREIBER, Anderson. *Equilíbrio contratual e dever de renegociar*. São Paulo: Saraiva Educação, 2018. p. 49). V. tb.: MONTEIRO FILHO, Carlos Edison do Rêgo; RITO, Fernanda Paes Leme. Fontes e evolução do princípio do equilíbrio contratual. *Pensar*, v. 21, n. 2, p. 389-410, maio/ago. 2016. p. 401-402.

118 SILVA, Rodrigo da Guia. Um novo olhar sobre o princípio do equilíbrio contratual: o problema das vicissitudes supervenientes em perspectiva civil-constitucional. *Civilistica.com*, v. 10, n. 3, p. 1-40, 7 dez. 2021. p. 3.

119 "A Constituição de 1988, por possuir feição compromissória, a albergar zonas de tensão entre ideias antagônicas, fixou, a um lado, o princípio da livre iniciativa e, a outro, o da solidariedade social, de cuja compatibilidade se extrai a caracterização do equilíbrio econômico das avenças. Sem descuidar da autonomia das partes, a axiologia constitucional sugere a presença do equilíbrio entre as prestaçõespactuadas, eis que a solidariedade rejeita o desequilíbrio disfuncional" (MONTEIRO FILHO, Carlos Edison do Rêgo; RITO, Fernanda Paes Leme. Fontes e evolução do princípio do equilíbrio contratual. *Pensar*, v. 21, n. 2, p. 389-410, maio/ago. 2016. p. 391).

120 TERRA, Aline de Miranda Valverde; KONDER, Carlos Nelson; GUEDES, Gisela Sampaio da Cruz. Boa-fé, função social e equilíbrio contratual: reflexões a partir de alguns dados empíricos. *In*: TERRA, Aline de Miranda Valverde; KONDER, Carlos Nelson; GUEDES, Gisela Sampaio da Cruz (coord). *Princípioscontratuais aplicados:* boa-fé, função social e equilíbrio contratual à luz da jurisprudência. Indaiatuba: Foco, 2019. p. 15-16.

121 "A noção de justiça contratual é reformulada por força do solidarismo constitucional, de sorte que já não satisfaz a ideia de justiça contratual formal, baseada na noção de que o contrato pressuporia equivalência entre as prestações, visto ter sido celebrado por pessoas livres e iguais" (MONTEIRO FILHO, Carlos Edison do Rêgo; RITO, Fernanda Paes Leme. Fontes e evolução do princípio do equilíbrio contratual. *Pensar*, v. 21, n. 2, p. 389-410, maio/ago. 2016. p. 401); "Com efeito, a noção de equilíbrio no contrato traz para o seio da teoria contratual a preocupação com o justo, entendido tal valor sob a ótica acima definida, isto é, o justo como sendo um critério paritário de distribuição dos bens. Justo é o contrato cujas prestações de um e de outro contratante, supondo-se interdependentes, guardam entre si um nível razoável de proporcionalidade. Uma vez demonstrada a exagerada ou excessiva

O equilíbrio, nesse contexto, é percebido em acepção substancial.[122] Eventual disparidade entre as prestações de um contrato, para não macular o equilíbrio do instrumento, deveria contar com legítima razão material.[123] Não se trata, contudo, de entendimento segundo o qual o equilíbrio deve ser entendido em sua acepção objetiva – isto é, equivalência quantitativa das prestações –, mas sim de tutela que evite sacrifício econômico desproporcional do contratante.[124] O núcleo desse princípio, nessa esteira, consistiria em "controle de proporcionalidade de caráter interno e objetivo (econômico) do contrato".[125]

Tal controle é informado pela compreensão de que a proporcionalidade almejada seria não apenas quantitativa, mas, principalmente,

---

discrepância entre as obrigações assumidas por cada contratante, fica configurada a injustiça daquele ajuste, exatamente na medida em que configurada está a inexistência de paridade. O princípio do equilíbrio econômico do contrato remete, portanto, a uma dada definição filosófica de justiça, sintetizada na ideia de 'meio termo'." (NEGREIROS, Teresa. *Teoria do contrato*: novos paradigmas. 2. ed. Rio de Janeiro: Renovar, 2006. p. 168). A seu turno, Anderson Schreiber prefere evitar as expressões que façam alusão à justiça material para reforçar que o princípio do equilíbrio contratual não se trata de "mecanismo de redistribuição de riquezas que permita ao intérprete reordenar, de acordo com a sua própria concepção de justiça, as transferências patrimoniais que integram o contrato" (SCHREIBER, Anderson. *Equilíbrio contratual e dever de renegociar*. São Paulo: Saraiva Educação, 2018. p. 52).

122 SILVA, Rodrigo da Guia. Equilíbrio e vulnerabilidade nos contratos: marchas e contramarchas do dirigismo contratual. *Civilistica.com*, v. 9, n. 3, p. 1-35, 25 dez. 2020. p. 12; MONTEIRO FILHO, Carlos Edison do Rêgo; RITO, Fernanda Paes Leme. Fontes e evolução do princípio do equilíbrio contratual. *Pensar*, v. 21, n. 2, p. 389-410, maio/ago. 2016, p. 401.

123 "Uma ordem jurídica comprometida com uma autonomia privada que não seja um valor em si mesma [...] não pode se contentar com a mera ausência de vício ou falha da vontade. Tal ausência por si só não torna merecedor de tutela o concreto exercício de autonomia privada [...] Há que se perquirir a razão material que torna aquele contrato, ainda assim, merecedor de proteção à luz do ordenamento jurídico (*e.g.*, prática legítima de uma liberalidade, assunção legítima de risco)" (SCHREIBER, Anderson. *Equilíbrio contratual e dever de renegociar*. São Paulo: Saraiva Educação, 2018. p. 64).

124 SCHREIBER, Anderson. *Equilíbrio contratual e dever de renegociar*. São Paulo: Saraiva Educação, 2018. p. 58.

125 SCHREIBER, Anderson. *Equilíbrio contratual e dever de renegociar*. São Paulo: Saraiva Educação, 2018. p. 59. V. tb.: "De acordo com este princípio, a justiça contratual torna-se um dado relativo não somente ao processo de formação e manifestação da vontade dos declarantes, mas sobretudo relativo ao conteúdo e aos efeitos do contrato, que devem resguardar um patamar mínimo de equilíbrio entre as posições econômicas de ambos os contratantes" (NEGREIROS, Teresa. *Teoria do contrato*: novos paradigmas. 2. ed. Rio de Janeiro: Renovar, 2006. p. 159). Anota a doutrina que a coibição da desproporção, verificada por meio de comparação, consiste em valor eleito pelo legislador para o controle de conteúdo do contrato, como se verifica no art. 413 do Código Civil, que estabelece a redução equitativa da cláusula penal, e no art. 317 do mesmo diploma, que dispõe sobre a possibilidade de revisão quando sobrevier desproporção manifesta entre o valor da prestação devida e o do momento de sua execução. Nesse sentido, estaria justificada a adoção da proporção como valor eleito para a operacionalização do princípio do equilíbrio funcional dos contratos. V. MONTEIRO FILHO, Carlos Edison do Rêgo; RITO, Fernanda Paes Leme. Fontes e evolução do equilíbrio contratual. *Pensar*, v. 21, n. 2, p. 389-410, maio/ago. 2016. p. 402.

qualitativa.[126] Não se promoveria, portanto, busca de equivalência estritamente objetiva das prestações, o que engessaria as trocas econômicas e limitaria indesejavelmente a livre iniciativa.[127] O equilíbrio não seria afetado, assim, por desproporções diminutas, por circunstâncias legítimas que justificassem contrato com prestações de valores díspares ou por aspectos que não determinassem desequilíbrios macroscópicos.[128]

Nesse contexto, já houve apontamentos sobre a necessidade de intervenção judicial pautada na tutela da proporcionalidade "quando algum fator concreto vinculado às pessoas envolvidas assim demandar", [129] em atenção às vulnerabilidades contratuais. Para essa linha, a proporcionalidade entre prestações não seria valor *per se* agasalhado pelo ordenamento.[130] Pondera-se que a intervenção judicial no contrato desequilibrado deveria pautar-se, assim, na verificação concreta de prejuízo suportado em virtude da desproporção pela parte

---

126 "Não se resume, pois, ao equilíbrio das prestações principais apenas, na medida em que a proporcionalidade não é meramente quantitativa, mas, sobretudo, qualitativa. Assim, deve ser invocada, por exemplo, sempre que a uma das partes se reserva faculdades que são injustificadamente recusadas à outra, bem como quando uma das partes impõe a outra parte ônus, dos quais injustificadamente se exonera" (MONTEIRO FILHO, Carlos Edison do Rêgo; RITO, Fernanda Paes Leme. Fontes e evolução do equilíbrio contratual. *Pensar*, v. 21, n. 2, p. 389-410, maio/ago. 2016. p. 403).

127 SCHREIBER, Anderson. *Equilíbrio contratual e dever de renegociar*. São Paulo: Saraiva Educação, 2018. p. 58.

128 "Seja pela potencial irrelevância de desproporções de diminuta monta, seja pela insuficiência do exame apenas das prestações principais (e não do inteiro regulamento contratual), seja, enfim, pela possibilidade de circunstâncias legítimas justificarem a formação de um contrato – por assim dizer – desequilibrado, não faltaram razões para a acertada crítica às denominações *princípio da equivalência material* ou *princípio da equivalência das prestações*, as quais poderiam remontar mais diretamente à ideia de igualdade estrita. Para a operatividade do princípio do equilíbrio contratual, segundo essa apurada linha de raciocínio, 'a questão não é tanto de equivalência (igual valor), mas sim de equilibrar (do latim, *aequi librare*, sopesar) ou, mais precisamente, de prevenir manifestas desproporções ou desequilíbrios macroscópicos'." (SILVA, Rodrigo da Guia. Equilíbrio e vulnerabilidade nos contratos: marchas e contramarchas do dirigismo contratual. *Civilistica.com*, v. 9, n. 3, p. 1-35, 25 dez. 2020. p. 15).

129 SILVA, Rodrigo da Guia. Equilíbrio e vulnerabilidade nos contratos: marchas e contramarchas do dirigismo contratual. *Civilistica.com*, v. 9, n. 3, p. 1-35, 25 dez. 2020. p. 21. Em sentido análogo, v. NEGREIROS, Teresa. *Teoria do contrato*: novos paradigmas. 2. ed. Rio de Janeiro: Renovar, 2006. p. 159; CAMILLETTI, Francesco. *Profili del problema dell'equilibrio contrattuale*. Milano: Giuffrè, 2004. p. 58-66.

130 "A necessária correlação – a que já se pôde fazer menção – entre a intervenção corretiva e a tutela das vulnerabilidades revela que, em realidade, a proporcionalidade econômico-financeira entre as prestações não é um valor agasalhado *per se* pelo ordenamento – o que desaconselha, portanto, a enunciação de um princípio cujo conteúdo se resuma a tal medida que não constitui um valor jurídico propriamente dito" (SILVA, Rodrigo da Guia. Equilíbrio e vulnerabilidade nos contratos: marchas e contramarchas do dirigismo contratual. *Civilistica.com*, v. 9, n. 3, p. 1-35, 25 dez. 2020. p. 28).

socioeconomicamente menos favorecida da relação. Em outros termos, vantagens negociais obtidas legitimamente não seriam rechaçadas aprioristicamente pelo ordenamento.[131] O equilíbrio contratual, assim, funcionaria como mecanismo corretivo voltado à conclamação da regularidade do conteúdo do contrato à tábua axiológica constitucional, garantindo a legitimidade do exercício da liberdade contratual e das posições contratuais.[132]

De outro turno, sustenta-se que, para elaboração do equilíbrio contratual como princípio de direito, [133] seria necessário superar sua incidência como vetor de reequilíbrio de posições subjetivas. Isso porque a equiparação de posições subjetivas dependeria de critérios de distinção entre os sujeitos – como a faixa etária do idoso, ou a qualificação de destinatário final do consumidor – que não se coadunaria com o princípio do equilíbrio contratual, tanto por tal princípio não abarcar critério de distinção entre os contratantes, quanto por tal âmbito de aplicação reduzir seu espectro de incidência.[134] Assim, conclui-se que tal princípio "não consiste em uma proteção especial, dirigida apenas àquelas pessoas que se situem, permanente ou episodicamente, em situação de vulnerabilidade. Trata-se de um princípio aplicável a *todo*

---

131 O autor explica não ser a vulnerabilidade o único índice, mas que este deve desempenhar relevante papel na conformação da liberdade conferida pelo ordenamento em matéria contratual. V. SILVA, Rodrigo da Guia. Equilíbrio e vulnerabilidade nos contratos: marchas e contramarchas do dirigismo contratual. *Civilistica.com*, v. 9, n. 3, p. 1-35, 25 dez. 2020. p. 20 e 26.

132 SILVA, Rodrigo da Guia. Equilíbrio e vulnerabilidade nos contratos: marchas e contramarchas do dirigismo contratual. *Civilistica.com*, v. 9, n. 3, p. 1-35, 25 dez. 2020. p. 21 e 29. V. tb.: "[...] tampouco se mostra menos verdadeira a constatação de que o simples arbítrio das partes supostamente dotadas de liberdade de contratar não é capaz de garantir a justiça contratual. Isto porque raramente estão elas, as partes, em condições de perita igualdade. Como medida de justiça corretiva, devem ser coibidos os abusos cometidos sob a flâmula da autonomia da vontade, impedindo-se não o mau negócio, mas o negócio exploratório que subjuga um contratante ao outro e gera o enriquecimento sem causa de um, à custa do correspondente empobrecimento do outro" (GAGLIARDI, Rafael Villar. *Exceção de contrato não cumprido*. São Paulo: Saraiva, 2010. p. 47).

133 A dificuldade dogmática relacionada ao princípio do equilíbrio contratual, que perpassa inclusive sua caracterização como *princípio* de direito, é notória, como já anotou a doutrina. V. TERRA, Aline de Miranda Valverde; KONDER, Carlos Nelson; GUEDES, Gisela Sampaio da Cruz. Boa-fé, função social e equilíbrio contratual: reflexões a partir de alguns dados empíricos. *In*: TERRA, Aline de Miranda Valverde; KONDER, Carlos Nelson; GUEDES, Gisela Sampaio da Cruz (coord). *Princípios contratuais aplicados:* boa-fé, função social e equilíbrio contratual à luz da jurisprudência. Indaiatuba: Foco, 2019. p. 15. A matéria não se trata de ponto específico de análise do presente trabalho, não havendo, portanto, intenção de esgotar todas as nuances do tema.

134 SCHREIBER, Anderson. *Equilíbrio contratual e dever de renegociar*. São Paulo: Saraiva Educação, 2018. p. 52-54.

e *qualquer* contrato, ancorado na contínua avaliação de merecimento de tutela do seu objeto".[135]

Nessa linha, esclarece-se que o princípio não atuaria somente sobre as prestações do contrato, mas sobre suas consequências econômicas – entre sacrifícios suportados e benefícios auferidos – de modo que o equilíbrio, para tal perspectiva, não se limita aos contratos com obrigações correspectivas, incidindo, também, sobre os contratos unilaterais, posição que seria reforçada pela dicção do art. 480 do Código Civil.[136-137]

Em análise didática das formulações teóricas sobre o equilíbrio contratual, conclui a doutrina que tanto a linha segundo a qual o equilíbrio contratual corresponderia à própria vontade livremente manifestada por sujeitos capazes quanto a linha de o equilíbrio do contrato decorrer de análise pautada por critérios externos à vontade das partes serviriam para "evidenciar critérios para a formação de uma avença *legítima*".[138] Assim, seja pela declaração de vontade das partes, seja por um critério exterior de proporcionalidade econômica entre as prestações, o equilíbrio militaria pela higidez do programa contratual a ser tutelado.[139]

Despontando como vetor de *valoração* do programa contratual, não parece figurar o equilíbrio contratual como fundamento normativo da defesa instrumentalizada pela exceção de contrato não cumprido. Tal exceção não é imbuída de conotações valorativas sobre as prestações contratadas e seus requisitos de aplicação – estudados no capítulo 3

---

135 SCHREIBER, Anderson. *Equilíbrio contratual e dever de renegociar*. São Paulo: Saraiva Educação, 2018. p. 53-54.

136 SCHREIBER, Anderson. *Equilíbrio contratual e dever de renegociar*. São Paulo: Saraiva Educação, 2018. p. 55.

137 "Art. 480. Se no contrato as obrigações couberem a apenas uma das partes, poderá ela pleitear que a sua prestação seja reduzida, ou alterado o modo de executá-la, a fim de evitar a onerosidade excessiva".

138 SILVA, Rodrigo da Guia. Um novo olhar sobre o princípio do equilíbrio contratual: o problema das vicissitudes supervenientes em perspectiva civil-constitucional. *Civilistica.com*, v. 10, n. 3, p. 1-40, 7 dez. 2021. p. 5.

139 Em apertada síntese, o autor defende que, em qualquer dessas formulações, não se vislumbra maior utilidade no recurso ao equilíbrio como um princípio contratual autônomo. Assim, sugere-se como *locus* de atuação do princípio o tratamento das vicissitudes contratuais supervenientes à celebração da avença. V. SILVA, Rodrigo da Guia. Um novo olhar sobre o princípio do equilíbrio contratual: o problema das vicissitudes supervenientes em perspectiva civil-constitucional. *Civilistica.com*, v. 10, n. 3, p. 1-40, 7 dez. 2021.

infra – tampouco pressupõem qualquer exigência quanto ao conteúdo das obrigações correspectivas.[140]

O enunciado princípio do equilíbrio contratual, como se viu, objetiva promover controle valorativo do conteúdo do contrato, notadamente no que tange à sua proporcionalidade, e a oposição da *exceptio* figura como recurso do excipiente diante do inadimplemento da contraparte, qualquer que seja a valoração sobre a proporcionalidade das prestações. De mais a mais, como se viu, se formulado como princípio, o equilíbrio não se confunde com a equivalência das prestações correlatas dos contratos bilaterais, incidindo também no âmbito de instrumentos unilaterais.

Nesse sentido, Anderson Schreiber destaca que o princípio do equilíbrio contratual não estaria adstrito ao reforço que derivaria do vínculo correspectivo entre prestações.[141] Constrói, nessa esteira, que o princípio impediria não somente o desequilíbrio contratual vertical – aquele verificado do cotejo de direitos e obrigações recíprocos – mas também o horizontal – relacionado ao agravamento do sacrifício econômico ao longo da execução do contrato. Ao passo que o desequilíbrio vertical pressupõe contrato bilateral, o horizontal poderia ocorrer em contratos unilaterais.[142]

De outro giro, o equilíbrio contratual, em seu aspecto subjetivo, é resultado das valorações atribuídas pelas partes em virtude das obrigações assumidas. Para além de não ser a legitimidade da avença tutelada pela *exceptio* – mesmo segundo o critério do valor atribuído pelas partes –, o aspecto de as prestações figurarem como equivalentes jurídicos representa consequência da formação do contrato bilateral – paralelo ao próprio sinalagma, como se verá no capítulo 2 *infra* – e não valor que justifica a exceção de contrato não cumprido no ordenamento jurídico brasileiro. Tal como não é o sinalagma o fundamento da *exceptio*,

---

[140] "Nota-se que o sinalagma não é tutelado pelo direito privado por assumir uma eventual função econômico-social de equilíbrio objetivo. O sinalagma é, pelo contrário, um elemento plenamente interno da relação jurídica de atribuição patrimonial, responsável por dar a esta relação um específico sentido de conjunto e unidade. Ao tutelar o sinalagma, o sistema jurídico preserva a liberdade que as partes têm de construir, sob seus próprios critérios, relações de correspectividade e correspondência." (BIAZI, João Pedro de Oliveira de. *A exceção de contrato não cumprido no direito privado brasileiro*. 1. ed. Rio de Janeiro: LMJ Mundo Jurídico, 2019. p. 106).

[141] SCHREIBER, Anderson. *Equilíbrio contratual e dever de renegociar*. São Paulo: Saraiva Educação, 2018. p. 56.

[142] SCHREIBER, Anderson. *Equilíbrio contratual e dever de renegociar*. São Paulo: Saraiva Educação, 2018. p. 56.

também não o é a potencial proteção ao equilíbrio econômico estabelecido entre as prestações.[143]

Não se quer dizer, evidentemente, que o âmbito de aplicação da exceção foge à conformidade que os contratos devem guardar com a axiologia constitucional, mas sim que tal conformação é de outra qualidade, qual seja, o merecimento de tutela das posições contratuais – o que é anterior ao exercício de qualquer prerrogativa contratual e à própria persecução de seu objeto. Diante de contrato que não seja merecedor de tutela, a exceção de contrato não cumprido não é capaz de endereçar a solução jurídica adequada para retificar os vícios daquele instrumento. A discussão dogmática, nesse cenário, é prévia aos preenchimentos dos requisitos da *exceptio* porque se concentra no próprio cabimento de realizar quaisquer das prestações, isto é, no acolhimento das posições contratuais – e, com isso, da eficácia de suas obrigações – pela ordem jurídica.

Diante de instrumento desequilibrado, o remédio jurídico adequado consistirá na sua renegociação ou revisão judicial e não no exercício de exceção de contrato não cumprido. Veja-se que, se exercida a exceção de contrato não cumprido e, em virtude disso, o excepto sanasse seu descumprimento e realizasse sua prestação, o oferecimento da prestação não seria capaz de remediar a impossibilidade de tutela dos efeitos daquele contrato desequilibrado.

No entanto, reconhece-se que, na prática, pode ser útil a aplicação da exceção de contrato não cumprido em instrumento desequilibrado no qual ainda não tenha havido reconhecimento do desequilíbrio e renegociação ou revisão de seus termos. Nesse caso, estando presentes os requisitos para aplicação da *exceptio*, é do interesse do excipiente não ter de prestar. A utilidade da exceção de contrato não cumprido

---

143 Em sentido análogo: "É de se questionar, por fim, se a *exceptio* teria como finalidade primordial garantir equilíbrio entre os contratantes. A lógica do mecanismo é inegavelmente permeada por um sentimento de equilíbrio, por assim dizer, 'dinâmico' ou 'funcional'. É *também* para atender a fins de equilíbrio que se permite ao *excipiens* recusar o cumprimento se o excepto estiver inadimplente; seria pouco eqüânime que se permitisse a um contratante exigir as vantagens de um negócio sem lhe sofrer os ônus. No entanto, a fluidez da idéia pura de equilíbrio parece pouco frutífera para tê-la como *função primordial* a ser exercida por um instituto de efeitos tão concretos como a exceção de inadimplemento. Aqui, mais uma vez, repete-se a constatação de que o efeito prático do mecanismo não pode ser confundido com a função essencial que o move, o fim típico que ele busca atingir" (BUTRUCE, Vitor Augusto José. *A exceção de contrato não cumprido no direito civil brasileiro contemporâneo*: funções, pressupostos e limites de um "direito a não cumprir". 2009. Dissertação (Mestrado em Direito) – Universidade do Estado do Rio de Janeiro, Rio de Janeiro, 2009. p. 74).

poderia ser até maior, nesse caso, na hipótese de as prestações serem revistas posteriormente. Ou seja, não seria a posterior modificação da prestação o fundamento para a parte ter a prerrogativa de não prestar – e sim o preenchimento dos pressupostos da exceção de contrato não cumprido –, mas essa circunstância poderia reforçar o interesse daquele que se beneficia de sua invocação, para não realizar prestação que será, ainda, objeto de modificação.[144]

Apesar de a exceção não ter o condão de remediar as vicissitudes jurídicas do pacto desequilibrado e, portanto, garantir a sua manutenção, a figura tutelaria a posição do excipiente até o momento em que revistas as prestações. Em outras palavras, não se entende que no contexto de contrato desequilibrado – tal como no equilibrado – o excipiente deveria ser obrigado a prestar sem ter recebido a contraprestação. Mesmo no caso de o excepto ter deixado de prestar em razão de a prestação que lhe incumbe ser desproporcional, não poderia ser o excipiente obrigado a cumprir sua obrigação, pois, ainda assim, não caberia a uma das partes prestar sem receber a contraprestação – como se verá no capítulo 3 *infra*, qualquer espécie de inadimplemento enseja a invocação da exceção de contrato não cumprido.

1.3.4 Equidade

O fundamento da equidade, a seu turno, é invocado por ter sido o valor precursor da criação da figura[145] e, ainda, pela justiça promovida ao se desautorizar que o contratante inadimplente exija a prestação que originariamente lhe seria devida.[146] Pressuposto para sua caracterização

---

144 Veja-se que a doutrina defende a utilidade do exercício da exceção de contrato não cumprido até mesmo no âmbito de demanda que vise a resolução do contrato: "O mesmo pode ser dito quando o demandado se defende, com base no art. 476, numa ação de resolução. O único efeito que o direito de recusar o cumprimento lhe empresta nesses casos é o de evitar que sofra as conseqüências de um inadimplemento imputável, já que, se a contraparte não cumpriu o que devia anterior ou simultaneamente, o demandado não pode sofrer os efeitos da inadimplência, pois estava legitimado a não cumprir. Não há aí qualquer eficácia coativa. Simplesmente se assegura a posição jurídica passiva do contratante" (BUTRUCE, Vitor Augusto José. *A exceção de contrato não cumprido no Direito Civil brasileiro contemporâneo*: funções, pressupostos e limites de um "direito a não cumprir". 2009. Dissertação (Mestrado em Direito) – Universidade do Estado do Rio de Janeiro, Rio de Janeiro, 2009. p. 73).

145 SERPA LOPES, Miguel Maria de. *Exceções substanciais*: exceção de contrato não cumprido (*exceptio non adimpleti contractus*). Rio de Janeiro: Freitas Bastos, 1959. p. 162.

146 "Querem alguns tratadistas que se trata de uma medida de equidade, que se impõe, por isso mesmo, sem necessidade de maiores explicações [...] Que autoridade tem uma parte para exigir da outra respeito e execução do contrato, se foi ela quem primeiro lhe violou as disposições?" (CARVALHO SANTOS, J. M. *Código Civil brasileiro Interpretado*. 3. ed.

consiste na dedução da equidade a partir das diretrizes do ordenamento jurídico e não do arbítrio de determinados indivíduos.[147]

Pondera a doutrina que a equidade estaria na base de qualquer exceção, não podendo figurar como fundamento exclusivo da exceção de contrato não cumprido.[148] Anota-se, ainda, que o recurso exclusivo à noção vaga de equidade não seria suficiente para justificar o exercício legítimo da exceção, dado que a equidade, por sua amplitude conceitual, poderia ser utilizada para basear soluções opostas para um mesmo problema jurídico.[149]

Rio de Janeiro: Freitas Bastos, 1945, v. 15. p. 237). V. tb.: FARIAS, Cristiano Chaves de; ROSENVALD, Nelson. *Curso de direito civil*.10. ed. Salvador: JusPodivm, 2020. v. 4. p. 701. Em sentido análogo: "O fundamento desse nexo não reside, porém, na convenção tácita das partes, mas antes numa exigência de justiça comutativa que veda o desequilíbrio que seria gerado pela realização apenas de uma das prestações, sem que a outra fosse igualmente realizada" (LEITÃO, Luís Manuel Teles de Menezes. *Direito das obrigações*. Coimbra: Almedina, 2002. v. 1. p. 194).

147 "Equidade e razoabilidade só podem ser deduzidas em relação ao ordenamento. A contraposição entre uma equidade não jurídica e uma jurídica pressupõe uma concepção formalista do ordenamento, o qual, ao contrário, não é separável da cultura definida extrajudicial. Toda equidade, e a própria história ensina, tem sua noção e seu papel em um determinado sistema jurídico entendido como experiência na sua totalidade [...] Se equidade não significa arbítrio do juiz, todos os valores do ordenamento devem ser considerados parâmetros que concorrem à sua determinação. Isto não significa que dessa forma a equidade se torne integrativa ou corretiva. A equidade e a razoabilidade, às vezes, representam a própria razão justificadora da norma escrita, especialmente se lida à luz da Constituição e das normas hierarquicamente superiores. [...] A equidade frequentemente é a síntese de vários princípios normativos, ela representa de qualquer forma uma ponderação de valores, que tem função de instrumento de proporção e de razoabilidade [...] Se a equidade no nosso sistema não pode ser arbitrária e, portanto, lesiva ao princípio fundamental da igualdade, não se pode excluir que de uma série de juízos equitativos motivados não se possam extrair critérios gerais sobre os quais exprimir um valoração de conformidade com o ordenamento na sua unidade" (PERLINGIERI, Pietro. *O direito civil na legalidade constitucional*. Rio de Janeiro: Renovar, 2008. p. 223-228).

148 GAGLIARDI, Rafael Villar. *Exceção de contrato não cumprido*. São Paulo: Saraiva, 2010. p. 38. Serpa Lopes anota ser a equidade lastro comum de qualquer espécie de *exceptio*, embora não seja elemento suficiente para ministrar todas as bases sobre as quais se funda a exceção de contrato não cumprido. V. SERPA LOPES, Miguel Maria de. *Exceções substanciais*: exceção de contrato não cumprido *(exceptio non adimpleti contractus)*. Rio de Janeiro: Freitas Bastos, 1959. p. 163.

149 "Il est vrai que la notion de la pure équité est à raison de sa largeur et de sa souplesse, trop imprécise, trop vague pour qu'on puisse en se basant sur elle seule déterminer avec précision à quelles conditions et sous quelle forme la résistance du défendeur sera réputée légitime. Une fois que l'on a prévu pour l'écarter l'éventualité de manoeuvres frauduleuses trop grossières ou d'une trop criante injustice, il arrive toujours un moment où des considérations d'un poids à peu près équivalent militent en faveur de solutions opposées. Et c'est pourquoi il n'y a guère d'institutions plus discutées et plus diversement réglementées que celles qui reposent exclusivement sur l'équité"(CASSIN, René. *De l'exception tirée de l'Inexécution dans les rapports synallagmatiques (exceptio non adimpleti contractus) et des ses relations avec le droit de rétention, la compensation et la résolution*. Paris: Sirey, 1914. p. 423).

Com efeito, embora haja o reconhecimento de que a noção de equidade permeia a figura da exceção de contrato não cumprido, [150] surgindo intuitivamente como motivação para resguardar o contratante prejudicado pelo inadimplemento da contraparte, [151] a doutrina defende a necessidade de parâmetros específicos que reduzam o grau de abstração desse fundamento.[152]

De fato, reconhece-se a importância da equidade como elemento precursor da figura em suas origens – como se verá no capítulo 3 *infra*. No entanto, por ser conceito amplo, que se ressente de maior grau de objetividade, não se visualiza nele carga normativa suficiente para estabelecer o fundamento jurídico ora investigado.[153]

1.3.5 Vedação ao enriquecimento sem causa

Sob esse fundamento, captura-se o aspecto de um deslocamento patrimonial ensejar outro deslocamento patrimonial, que se baseia na causalidade entabulada entre a recíproca transferência de bens ou serviços.[154] Tal construção se aproxima da causa como justificativa de

---

150 Washington de Barros, ao comentar as diversas teorias suscitadas como fundamentos da *exceptio*, anota: "O que subsiste é um resíduo impregnado de equidade e bom senso; se um dos contratantes se furta ao cumprimento da convenção, intervém a *lex comissoria*, a fim de permitir que o outro, por sua vez, se esquive das obrigações que, de sua parte, havia contraído" (MONTEIRO, Washington de Barros. *Curso de direito civil*: direito das obrigações. 35. ed. São Paulo: Saraiva, 2007. v. 5. p. 30).

151 SERPA LOPES, Miguel Maria de. *Exceções substanciais*: exceção de contrato não cumprido (*exceptio non adimpleti contractus*). Rio de Janeiro: Freitas Bastos, 1959. p. 167.

152 "Il faut remarquer d'ailleurs que l'idée de l'équilibre ne se superpose pas simplement à celle de l'équité, mais qu'elle se combine avec elle pour la rendre à la fois plus précise et plus large" (CASSIN, René. *De l'exception tirée de l'Inexécution dans les rapports synallagmatiques (exceptio non adimpleti contractus) et des ses relations avec le droit de rétention, la compensation et la résolution.* Paris: Sirey, 1914. p. 424); "Fondement Juridique de L'exceptio n. a. c. – Ordinairement, les civilistes ne se posent os la question; ils affirment tout simplement le principe, sans en indiquer la raison d'être, ou bien, ils se contentent de faire valoir de vagues considérations d'équité évidemment insuffisantes, car l'équité est le fonds commun dans lequel toutes les institutions juridiques plongent leurs racines, et ce fonds commun ne peut permettre de les différencier" (CAPITANT, Henri. *De la cause des obligations.* 3. ed. Paris: Librairie Dalloz, 1927. p. 267). Em sentido análogo: CARVALHO SANTOS, J. M. *Código Civil brasileiro Interpretado.* 3. ed. Rio de Janeiro: Livraria Editora Freitas Bastos, 1945, v. 15, p. 237.

153 "(...) a noção de equidade, em razão de sua amplitude e fluidez, é muito imprecisa, muito vaga, para se poder tomá-la como base única no sentido de determinar com precisão quais as condições e sob que forma se legitimará a resistência do réu. São precisamente as instituições mais discutidas e mais diversamente regulamentadas as que se fundam na equidade" (SERPA LOPES, Miguel Maria de. *Exceções substanciais*: exceção de contrato não cumprido (*exceptio non adimpleti contractus*). Rio de Janeiro: Freitas Bastos, 1959. p. 167).

154 "Entretanto, não somente os contratos de troca (com ou sem equivalência) que são sinalagmáticos. O que, de fato, os caracteriza é que são causais, isto é, exigem

atribuição patrimonial, cuja ausência conclama o princípio da vedação ao enriquecimento sem causa.[155] Assim, a exceção de contrato não cumprido endereçaria o risco de a parte ser obrigada a realizar uma atribuição patrimonial sem receber a contrapartida devida.[156] Portanto, haveria autorização para o excipiente não cumprir a sua parte da avença em razão de o inadimplemento da contraparte extinguir a fonte justificadora do enriquecimento do seu beneficiário.

---

causa – que, para distinguir de outros significados da palavra, *causa*, seria melhor se pudéssemos escrever kausa. A *causa*, no sentido próprio (*causa naturalis*) é o deslocamento patrimonial que justifica outro deslocamento patrimonial. Uma obrigação é, então, *causa* da outra; por exemplo, na compra e venda, a obrigação de pagar o preço justifica a obrigação de entrega da coisa. A *causa*, no sentido fundamental (*causa naturalis*), é, pois, consubstancial aos contratos onerosos." (AZEVEDO, Antonio Junqueira de. Natureza jurídica do contrato de consórcio. Classificação dos atos jurídicos quanto ao número de partes e quanto aos efeitos. Os contratos relacionais. A boa-fé nos contratos relacionais. Contratos de duração. Alteração das circunstâncias e onerosidade excessiva. Sinalagma e resolução contratual. Resolução parcial do contrato. Função social do Contrato. *In*: *Novos estudos e pareceres de direito privado*. São Paulo: Saraiva, 2009. p. 363). V. tb.: "O conceito de correspectividade, insista-se, refere-se ao particular nexo que liga indissoluvelmente entre si as prestações contratuais de modo que cada uma é causa da outra. Foi definida como '*scambio in senso giuridico*'e revela a recíproca transferência de bens ou serviços em um único engenho negocial" (MORAES, Maria Celina Bodin de. O procedimento de qualificação dos contratos e a dupla configuração do mútuo no direito civil brasileiro. *Revista Forense*, v. 309, p. 33-61, jan./mar. 1990. p. 41).

155 "Entre as fontes das obrigações conta-se o *enriquecimento sem causa*, ou locupletamento à custa alheia (art. 473 e segs.). Explica a doutrina que aqui se versa a causa da atribuição patrimonial ou enriquecimento, que seria acepção diversa. Atende-se a situações em que o funcionamento normal dos institutos jurídicos leva a um enriquecimento causal de um sujeito a expensas doutro. O enriquecimento é instituto destinado à correção dessa anomalia" (ASCENSÃO, José de Oliveira. *Direito civil*: teoria geral. Relações e situações jurídicas. 2. ed. São Paulo: Saraiva, 2010. v. 3. p. 127); "[...] reputa-se que o enriquecimento carece de causa, quando o direito o não aprova ou consente, porque não existe uma relação ou um facto que, de acordo com os princípios do sistema jurídico, justifique a deslocação patrimonial sempre que aproveita, em suma, a pessoa diversa daquela a que, segundo a lei, deveria beneficiar" (COSTA, Mario Júlio de Almeida. *Direito das obrigações*. 9. ed. Coimbra: Almedina, 2006. p. 457);"O enriquecimento é injusto porque, segundo a ordenação substancial dos bens aprovada pelo Direito, ele deve pertencer a outro [...] Quando o enriquecimento criado está de harmonia com a ordenação jurídica dos bens aceita pelo sistema, pode asseverar-se que a deslocação patrimonial tem causa justificativa; se, pelo contrário, por força dessa ordenação positiva, ele houver de pertencer a outrem, o enriquecimento carece de causa" (VARELA, João de Matos Antunes. *Das obrigações em geral*. 10. ed. Coimbra: Almedina, 2000. p. 487); V. tb.: KONDER, Carlos Nelson. Enriquecimento sem causa e pagamento indevido. *In*: TEPEDINO, Gustavo (coord.). *Obrigações:* estudos na perspectiva civil-constitucional. Rio de Janeiro: Renovar, 2005. p. 390.

156 "A exceção prevista no art. 476 constitui um importante mecanismo de defesa do obrigado de boa-fé contra os riscos de realizar uma atribuição patrimonial sem receber a contrapartida à qual ela se encontra associada nos termos do programa contratual" (ASSIS, Araken de. *In*: ALVIM, Arruda; ALVIM, Thereza (Coords.). *Comentários ao Código Civil brasileiro*. Rio de Janeiro: Forense, 2007. v. 5. p. 656).

A causa do enriquecimento é identificada sob dois aspectos: mecânica e estática. A causa mecânica seria o meio jurídico que justifica a transferência patrimonial e a estática seria afeta à existência do "contraenriquecimento" ou enriquecimento comutativo, que lastreia em definitivo tal transferência.[157] Enquanto na causa mecânica se sobressaem as questões relativas à validade do negócio, na causa estática se verifica o efetivo deslocamento patrimonial, aproximando-se esse último aspecto da causa de deslocamento patrimonial ora em foco.

A elaboração da vedação ao enriquecimento sem causa como fundamento da *exceptio* buscou recusar a teoria da causa, sob a justificativa de que a conexidade entre as prestações não justificaria, dogmaticamente, o inadimplemento justificado do excepto. O efetivo fundamento jurídico, defende-se, residiria na falta de "justificação estática do enriquecimento produzido no patrimônio de um dos contraentes".[158]

Tal construção foi primeiramente concebida no bojo da chamada teoria da conexão entre os enriquecimentos patrimoniais, segundo a qual o fundamento da exceção de contrato não cumprido residiria na necessidade de justificar o enriquecimento produzido pela prestação da contraparte, de modo que o enriquecimento de um deve ter a contrapartida no enriquecimento do outro. Assim, sem a prestação desapareceria a justificativa do enriquecimento que seria auferido em razão dela.[159] No âmbito dessa teoria, seriam exigidos como requisitos: "(1º) legitimidade do meio de enriquecimento; (2º) ausência da razão justificativa do estado de enriquecimento (lado negativo do problema); razão que deve ser jurídica, baseada no princípio da comutatividade (lado positivo do problema)".[160]

Apesar da tentativa de distanciamento entre esse fundamento e a teoria da causa, a doutrina anotou a aproximação das proposições: na vedação ao enriquecimento sem causa, parte-se da premissa de que o enriquecimento do qual se beneficia um contratante tem de ser amparado na contraprestação a ser recebida pelo outro contratante, ao passo que na teoria da causa têm-se as correspectivas prestações como

---

157 GAGLIARDI, Rafael Villar. *Exceção de contrato não cumprido*. São Paulo: Saraiva, 2010. p. 40.

158 SERPA LOPES, Miguel Maria de. *Exceções substanciais*: exceção de contrato não cumprido (*exceptio non adimpleti contractus*). Rio de Janeiro: Freitas Bastos, 1959. p. 171.

159 AGUIAR JR., Ruy Rosado de. Comentários aos arts. 472 a 480. *In*: TEIXEIRA, Sálvio de Figueiredo (coord.). *Comentários ao novo Código Civil*: da extinção do contrato. Rio de Janeiro: Forense, 2011. v. 6. t. 2. p. 721.

160 SERPA LOPES, Miguel Maria de. *Exceções substanciais*: exceção de contrato não cumprido (*exceptio non adimpleti contractus*). Rio de Janeiro: Freitas Bastos, 1959. p. 172.

justificativa causal uma da outra.[161] A diferença residiria, no caso da vedação ao enriquecimento sem causa, no enfoque dado à fonte juridicamente legítima da atribuição patrimonial, e, no caso da teoria da causa, no destaque ao fim jurídico perseguido pelas partes.[162]

A teoria da vedação ao enriquecimento sem causa, de fato, concilia importantes aspectos tutelados pelo exercício da *exceptio*. É acertado visualizar nas prestações correspectivas justificativa de atribuição patrimonial, cuja ausência conclama o princípio da vedação ao enriquecimento sem causa. Se a parte fosse obrigada a prestar sem ter ela recebido, em primeiro lugar, a contraprestação que fundamenta o deslocamento patrimonial com o qual se comprometeu, estaria o contratante inadimplente se enriquecendo sem justificativa jurídica legítima. Nesse viés, a exceção de contrato não cumprido resolveria essa indesejável situação, preservando o excipiente do enriquecimento sem causa que se configuraria, não fosse o exercício da *exceptio*. Adicionalmente, tal fundamento se concilia com o aspecto estudado no item 1.2 *supra* de os contratos bilaterais serem também onerosos, demarcando a permanente importância dos deslocamentos patrimoniais recíprocos.

Ademais, apesar da mencionada proximidade com a teoria da causa, como se verá no item 2.3 *infra*, esta se relaciona com a mínima unidade de efeitos jurídicos do negócio concretamente tomados, ao passo que o fundamento da vedação ao enriquecimento sem causa se relaciona ao nexo interprestacional, em perfeita conciliação com o sinalagma. Em outro sentido, o entendimento segundo o qual as prestações justificam reciprocamente os respectivos deslocamentos patrimoniais captura a contribuição da causalidade que as obrigações correspectivas guardam entre si – aspecto central da invocação da teoria da causa como fundamento da exceção de contrato não cumprido.

Serpa Lopes visualiza como fundamentos da exceção de contrato não cumprido a teoria da equivalência das prestações aliada à vedação

---

161 GAGLIARDI, Rafael Villar. *Exceção de contrato não cumprido*. São Paulo: Saraiva, 2010. p. 40.

162 BUTRUCE, Vitor Augusto José. *A exceção de contrato não cumprido no direito civil brasileiro contemporâneo*: funções, pressupostos e limites de um "direito a não cumprir". 2009. Dissertação (Mestrado em Direito) – Universidade do Estado do Rio de Janeiro, Rio de Janeiro, 2009. p. 35. V. tb.: "Concludendo, esiste un vincolo che lega le due obbligazioni al loro adempim ento, o meglio, l'esecuzione delle due prestazioni e checonsiste in un rapporto particolare d'interdipendenza inerente ala natura stessa del contratto bilaterale avvicinabile al concetto di causa soltanto nel significato particolare di causa dele attribuzioni patrimoniali, ben diverso comunque dalla causa del contratto e dalla causa delle obbligazioni" (PERSICO, Giovanni. *L'eccezione d'inadempimento*. Milano: Giufrè, 1955. p. 55).

ao enriquecimento indevido.[163] Para ele, a ideia da equivalência querida pelas partes não seria, por si só, suficiente para fundamentar a *exceptio*, dado que apenas as duas ideias, lidas conjuntamente, justificam a necessidade de contratar:

> Contrata-se por que e para que? Em sua grande maioria, o contrato é feito de prestação e contra-prestação. Quando alguém se obriga visa substancialmente à obtenção de uma vantagem. Só assim o equilíbrio patrimonial de cada um pode ser mantido: um enriquecimento por outro enriquecimento.[164]

O autor visualiza "no enriquecimento sem causa a mais imponente manifestação do princípio jurídico da equivalência", [165] que fundamentaria a *exceptio* por assegurar o equilíbrio patrimonial.

Acredita-se que a correção da elaboração poderia ser igualmente mantida sem o recurso à ideia de equivalência. Isso porque o ajuste de troca das atribuições patrimoniais já carrega em seu bojo o arranjo entabulado pelas prestações, prestigiando o equilíbrio patrimonial referido pelo autor. O equilíbrio contratual que escapa a essa direta vinculação das prestações – relacionado à legitimidade da avença, como se viu no item 1.3.3 *supra* – supera a concentrada apreensão de um deslocamento patrimonial *vis-à-vis* do outro. No entanto, não há efetiva divergência em relação à posição de Serpa Lopes, que, em sua fundamentação, se concilia com o entendimento ora defendido ao esclarecer que a equivalência é decorrência lógica do contrato bilateral; que há intrínseca relação entre enriquecimento indevido e equivalência; e, em especial, que o fundamento da *exceptio* consiste em direito lógico para assegurar o equilíbrio patrimonial.[166]

---

163 SERPA LOPES, Miguel Maria de. *Exceções substanciais*: exceção de contrato não cumprido *(exceptio non adimpleti contractus)*. Rio de Janeiro: Freitas Bastos, 1959. p. 187-192.

164 SERPA LOPES, Miguel Maria de. *Exceções substanciais*: exceção de contrato não cumprido *(exceptio non adimpleti contractus)*. Rio de Janeiro: Freitas Bastos, 1959. p. 190.

165 SERPA LOPES, Miguel Maria de. *Exceções substanciais*: exceção de contrato não cumprido *(exceptio non adimpleti contractus)*. Rio de Janeiro: Freitas Bastos, 1959. p. 191.

166 "Por conseguinte, a noção de equivalência é uma noção normal, natural, pressuposto lógico de todo o Direito contratual. O desequilíbrio nesse *do ut des* representa, então, uma anormalidade que não se pode presumir. A gratuidade é uma exceção; o enriquecimento de um lado e o empobrecimento de outro representam uma fuga à normalidade [...] Conseqüentemente, a noção de equivalência, de par geminadamente com a de enriquecimento sem causa, estão ambas formando a conseqüência natural, lógica jurídica, de que o não podermos bastar a nós mesmos força-nos, na grande maioria dos casos, a estabelecermos pactos, mediante prestação e contra-prestação [...] A estreita conexão entre a ideia de equivalência e a de

Assim, na tutela dos recíprocos deslocamentos patrimoniais, já se encontra abarcado o nexo construído entre tais obrigações – que representam as obrigações que as partes consensualmente assumiram e o valor que conferiram às prestações em jogo. Olhando-se a fundo, chega-se à conclusão que digressões sobre o valor atribuído pelas partes às obrigações correspectivas não contribuem, objetivamente, para precisar o fundamento jurídico da defesa instrumentalizada pela exceção de contrato não cumprido, [167] quando a efetiva troca patrimonial contratada já sintetiza o arranjo entabulado, em toda sua complexidade.

Destaca-se, por fim, que, na linha da conciliação de fundamentos promovida por Serpa Lopes, outros autores defendem sua complementariedade.[168] Rafael Gagliardi aduz que o fundamento da figura repousa na associação entre equidade, equivalência das prestações e eliminação do enriquecimento sem causa.[169] Vitor Butruce ressalta as contribuições agregadas por diversas teorias: a teoria da causa ressaltaria ser cada prestação a razão de ser da contraprestação, em atenção à vontade das partes e ao fim do negócio; a equivalência, no mesmo itinerário, também prestigiaria o programa contratual; a equidade seria fundamento intuitivo e histórico da figura.[170]

---

enriquecimento indevido é, por isso, irrecusável [...] Por conseguinte, o fundamento por força do qual se justifica a *exc. n. ad. contr.* consiste num direito lógico, natural, que assegura isto que é elemento básico da própria vida: o equilíbro patrimonial" (SERPA LOPES, Miguel Maria de. *Exceções substanciais*: exceção de contrato não cumprido (*exceptio non adimpleti contractus*). Rio de Janeiro: Freitas Bastos, 1959. p. 190).

167 Não se recusa a íntima relação entre a equivalência das prestações e o conceito de sinalagma, como se verá no item 2.2 *infra*.

168 Em sentido análogo: "Esta última orientação (respeito à equidade e à equivalência) é a que talvez melhor explique o instituto da exceção, sem necessidade de rejeitar as demais teses que, de algum modo, também servem para a compreensão do fenômeno" (AGUIAR JR., Ruy Rosado de. Comentários aos arts. 472 a 480. *In*: TEIXEIRA, Sálvio de Figueiredo (Coord.). *Comentários ao novo Código Civil:* da extinção do contrato. Rio de Janeiro: Forense, 2011. v. 6. t. 2. p. 722);

169 "Sem dúvida, a equidade está na base do instituto, pois contém a ideia de justiça e tratamento isonômico [...] Em uma posição concêntrica à equidade, mas como uma latitude menor em termos de abstração, segue-se a noção de equivalência entre as prestações.[...] Por outro lado, essa equivalência pode ser qualificada segundo o conceito de eliminação do enriquecimento, concêntrico aos dois anteriores, mas ainda mais estreito e, por isso, mais concreto. [...] A associação desses fatores oferece, com suficiente precisão, o fundamento que se pretende identificar, mesmo naqueles ordenamentos jurídicos carentes de regra específica de regência, como o direito francês" (GAGLIARDI, Rafael Villar. *Exceção de contrato não cumprido*. São Paulo: Saraiva, 2010. p. 42-43).

170 BUTRUCE, Vitor Augusto José. *A exceção de contrato não cumprido no Direito Civil brasileiro contemporâneo*: funções, pressupostos e limites de um "direito a não cumprir". 2009. Dissertação (Mestrado em Direito) – Universidade do Estado do Rio de Janeiro, Rio de Janeiro, 2009. p. 38-39.

Aplaude-se as conciliações realizadas entre os diversos fundamentos já apontados pela doutrina, entendendo, no entanto, em virtude de todas as ponderações expostas, ser a vedação ao enriquecimento sem causa o único fundamento que, autonomamente, justifica a exceção de contrato não cumprido no ordenamento jurídico brasileiro.

1.4 Características atribuídas ao sinalagma

Serpa Lopes relata que a doutrina se divide em relação à determinação do elemento caracterizador do sinalagma. Para os adeptos das teorias objetivas, sinalagmáticos seriam os instrumentos a título oneroso, embora nem todos os contratos onerosos sejam sinalagmáticos. Seu traço distintivo residiria na relação de troca equivalente tal como estabelecida pelos contratantes.[171] As teorias subjetivas, a seu turno, prestigiam a finalidade do pacto instrumentalizada pelas partes por meio das obrigações conexas pelas quais se vinculam.[172] Os principais aspectos das teorias subjetivas, segundo o autor, seriam (a) a distinção entre a causa e o motivo, sendo no contrato sinalagmático a causa determinadora da vontade das partes de obter a execução da prestação prometida em troca; (b) a distinção entre obrigações principais e acessórias; (c) a conexidade entre prestações, fundada na vontade das partes, que possuiria efeitos circunscritos às relações contratuais; (d) a consideração das obrigações visadas pelas partes no momento do acordo de vontades, que seriam as únicas aptas a servir de fim às obrigações contratadas.[173]

Para René Cassin, seria legítima a recusa provisória da execução da prestação desde que as obrigações recíprocas encontrem o seu fundamento comum em vínculo de conexidade "intelectual, jurídico,

171 SERPA LOPES, Miguel Maria de. *Exceções substanciais*: exceção de contrato não cumprido (*exceptio non adimpleti contractus*). Rio de Janeiro: Freitas Bastos, 1959. p. 235.

172 "A teoria subjetiva encontra em CAPITANT o seu principal defensor. A ideia de causa, na obra de CAPITANT, é calcada na causa finalista e não nos motivos do contrato. A causa, na sua concepção, é, num contrato sinalagmático, a vontade de obter a execução da prestação prometida em troca" (SERPA LOPES, Miguel Maria de. *Exceções substanciais*: exceção de contrato não cumprido (*exceptio non adimpleti contractus*). Rio de Janeiro: Freitas Bastos, 1959. p. 236).

173 SERPA LOPES, Miguel Maria de. *Exceções substanciais*: exceção de contrato não cumprido (*exceptio non adimpleti contractus*). Rio de Janeiro: Freitas Bastos, 1959. p. 237. Destaca-se que o autor inclui nesse rol "ser a conexidade um fenômeno contratual", o que entendemos estar contemplado no aspecto (c) da listagem.

natural ou querido especialmente pela lei ou pelas partes".[174] Para o autor, o sinalagma residiria, então, em dois pressupostos: comunidade de origem e reciprocidade.[175] A vontade, como interpreta Serpa Lopes, não seria considerada como elemento que integra a sinalagmaticidade, a não ser que essa vontade reúna obrigações nascidas em relações jurídicas distintas.[176]

Na doutrina italiana, relata-se que o sinalagma estabeleceria relação de correspectividade (i) imediata; (ii) teleológica; (iii) temporal; (iv) econômica. O primeiro aspecto consiste na utilidade alcançada por uma parte com a execução da prestação pela outra; o segundo, em cada parte pretender oferecer a outra uma atribuição patrimonial com a finalidade de obter da contraparte a atribuição correspondente; o terceiro, no fato de as partes pretenderem obter vantagens patrimoniais e cumprir as obrigações relacionadas contemporaneamente ou de forma sucessiva, se assim consensualmente ajustado; o quarto, na avaliação das partes acerca dos valores das prestações das quais são respectivamente credores, a partir da apreciação do custo-benefício relacionado à prestação a ser desempenhada em face da prestação a ser obtida, os quais tendem a ser homogêneos, no sentido de serem estabelecidos a partir dos interesses em jogo.[177]

Na doutrina portuguesa, Maria de Lurdes Pereira e Pedro Múrias enunciaram o que seria a principal querela em relação ao conteúdo do sinalagma: de um lado, defende-se haver limitação no contrato sinalagmático no sentido de uma prestação ser apenas devida em troca da contraprestação e, de outro lado, não haver restrição ínsita à prestação,

---

174 CASSIN, René. *De l'exception tirée de l'Inexécution dans les rapports synallagmatiques (exceptio non adimpleti contractus) et des ses relations avec le droit de rétention, la compensation et la résolution*. Paris: Sirey, 1914. p. 445. Tradução livre. No original: "Mais en dehors de ces hypothèses on ne peut *en principe* autoriser une personne à refuser l'accomplissement d'une prestation jusqu'à ce que la contre-prestation à elle due soit effectuée, *qu'autant que les obligations réciproques trouvent leur fondement commun dans un même rapport synallagmatique, qu'elles sont rattachées l'une à l'autre par un lien de connexité intellectuel, juridique, naturel ou voulu spécialement par la loi ou les parties*".

175 CASSIN, René. *De l'exception tirée de l'Inexécution dans les rapports synallagmatiques (exceptio non adimpleti contractus) et des ses relations avec le droit de rétention, la compensation et la résolution*. Paris: Sirey, 1914. p. 469.

176 CASSIN, René. *De l'exception tirée de l'Inexécution dans les rapports synallagmatiques (exceptio non adimpleti contractus) et des ses relations avec le droit de rétention, la compensation et la résolution*. Paris: Sirey, 1914. p. 471. V. tb.: SERPA LOPES. Miguel Maria de. *Exceções substanciais*: exceção de contrato não cumprido (*exceptio non adimpleti contractus*). Rio de Janeiro: Freitas Bastos, 1959. p. 239.

177 CAMILLETTI, Francesco. *Profili del problema dell'equilibrio contrattuale*. Milano: Giuffrè, 2004. p. 22-23.

sendo a particularidade do contrato sinalagmático a "estrutura final imanente ao instrumento, constituída pelo acordo quanto ao fim de troca".[178]

Anota-se que, apesar da expressão "estrutura final" adotada, em atenção à função das figuras jurídicas –[179] que, a um só tempo, se contrapõe e se conjuga com o conceito de estrutura –, [180] a denominação da teoria segundo "estrutura final" não se revela a mais adequada. Além da ressalva dogmática, a própria definição de que o contrato sinalagmático decorre do "acordo quanto ao fim da troca" já ilustra que, muito além da estrutura, importa a função objetivada pelas partes com aquele ajuste.

Retomando a análise da anunciada querela, afirma-se que a efetiva diferença das duas correntes residiria no fato de a chamada "estrutura final" colher fórmula menos direta de dependência das prestações. Diz-se "menos direta" em razão da tese de a estrutura final pressupor uma relação de interdependência entre as declarações que formam o negócio, de modo que o fim se torna, pelo acordo das partes, parte integrante do conteúdo negocial. Essa vertente aceitaria a redução do sinalagma ao fim da vinculação. Em outro sentido, pondera-se que, apesar da correção acerca do fim da troca captado por essa vertente, não se poderia ignorar estar o sinalagma vinculado à prestação de algo em troca de outra coisa, no sentido de substituição. A teoria da estrutura final pecaria, portanto, por adotar fórmula vaga que não imprime conteúdo específico ao sinalagma.[181]

---

178 PEREIRA, Maria de Lurdes; MÚRIAS, Pedro. Sobre o conceito e a extensão do sinalagma. *In*: CORDEIRO, António Menezes; VASCONCELOS, Pedro Pias de; COSTA E SILVA, Paula (org.). *Estudos em honra do Professor Doutor José de Oliveira Ascensão*. Coimbra: Almedina, 2008. v. 1. p. 409-410.

179 "[...] a doutrina mais moderna, reconhecendo a insuficiência da análise exclusivamente estrutural, destaca que a disciplina da relação obrigacional deve partir prioritariamente da investigação das finalidades que as partes perseguem como o cumprimento da obrigação" (KONDER, Carlos Nelson; RENTERÍA, Pablo. A funcionalização das relações obrigacionais: interesse do credor e patrimonialdiade da prestação. *In*: TEPEDINO, Gustavo; FACHIN, Luiz Edson (org.). *Diálogos sobre direito civil. Rio de Janeiro*: Renovar, 2008. v. 2. p. 266). V. tb.: "[...] a prioridade agora deve ser do exame da função dos institutos – o chamado 'perfil funcional'. O olhar do jurista passa a compreender as repercussões da aplicação de uma norma, os interesses jurídicos em jogo, os fins que ela visa atingir, a *ratio* que a alimenta" (KONDER, Carlos Nelson. Para além da 'principialização' da função social do contrato. *Revista Brasileira de Direito Civil*, v. 13, p. 39-59, 2017. p. 41).

180 KONDER, Carlos Nelson. Para além da 'principialização' da função social do contrato. *Revista Brasileira de Direito Civil*, v. 13, p. 39-59, 2017. p. 40.

181 "As fórmulas de finalidade são excessivamente vagas, com pouco conteúdo, pois se é certo que expressam algo mais do que o recíproco conhecimento de ambas as partes acerca da

A seu turno, a ideia de limitação imanente da vinculação não endereça o fato de o sinalagma pressupor a relação de finalidade entre as duas atribuições: "Cada parte vincula-se *para que* a vinculação da outra se concretize".[182] Exemplifica-se situação em que duas empresas membros de consórcio participante de concurso se comprometem a realizar apresentação conjunta perante o avaliador do concurso, estipulando-se que, "dada a conveniência de dar uma imagem de unidade, cada uma das partes obriga-se a fazer a apresentação estritamente na medida em que a outra parte também a fizer, e ficará desobrigada em caso de incumprimento pela outra parte".[183] Nesse caso, apesar das vinculações estarem imanentemente limitadas pelo cumprimento da outra parte, conforme teor da cláusula, não se trata de instrumento sinalagmático pela ausência da finalidade. Com efeito, nenhuma das partes presta para obter a prestação da outra parte, mas sim para obtenção de um terceiro efeito, eventual vitória no concurso, de modo que não seria um contrato de troca.[184]

Apesar da aparente divergência das teses, para Maria de Lurdes Pereira e Pedro Múrias, a resposta residiria em uma leitura conjunta de seus principais aspectos. Embora a tese da chamada estrutura final não esgote o conteúdo do sinalagma, para os autores, há de se reconhecer que ele se integra ao fim recíproco de obter a prestação. Assim, a tese da limitação imanente estaria incompleta por não abarcar a finalidade que reside entre as atribuições de parte a parte, mas faria contribuição

---

finalidade subjectiva com que foram assumidas as respectivas vinculações, acabam por não dizer em que consistem precisamente esse acordo ou estrutura imanentes ao contrato. O vício da tese da estrutura final não está em o sinalagma nada ter que ver com o fim da vinculação, mas em escolher uma fórmula algo indeterminada e pouco intensa, não cumprindo cabalmente a função de permitir a fundamentação de certas soluções legais" (PEREIRA, Maria de Lurdes; MÚRIAS, Pedro. Sobre o conceito e a extensão do sinalagma. *In*: CORDEIRO, António Menezes; VASCONCELOS, Pedro Pias de; COSTA E SILVA, Paula (org.). *Estudos em honra do Professor Doutor José de Oliveira Ascensão*. Coimbra: Almedina, 2008. v. 1. p. 411-412).

182 PEREIRA, Maria de Lurdes; MÚRIAS, Pedro. Sobre o conceito e a extensão do sinalagma. *In*: CORDEIRO, António Menezes; VASCONCELOS, Pedro Pias de; COSTA E SILVA, Paula (org.). *Estudos em honra do Professor Doutor José de Oliveira Ascensão*. Coimbra: Almedina, 2008. v. 1. p. 413.

183 PEREIRA, Maria de Lurdes; MÚRIAS, Pedro. Sobre o conceito e a extensão do sinalagma. *In*: CORDEIRO, António Menezes; VASCONCELOS, Pedro Pias de; COSTA E SILVA, Paula (org.). *Estudos em honra do Professor Doutor José de Oliveira Ascensão*. Coimbra: Almedina, 2008. v. 1. p. 413.

184 PEREIRA, Maria de Lurdes; MÚRIAS, Pedro. Sobre o conceito e a extensão do sinalagma. *In*: CORDEIRO, António Menezes; VASCONCELOS, Pedro Pias de; COSTA E SILVA, Paula (org.). *Estudos em honra do Professor Doutor José de Oliveira Ascensão*. Coimbra: Almedina, 2008. v. 1. p. 413-414.

relevante ao destacar a reciprocidade dos deveres dos contratantes. Conclui-se: "A verdade é que a estipulação sinalagmática reúne os elementos de finalidade e de dupla dependência".[185]

Apontam, assim, três elementos do sinalagma: (i) cada parte vincula-se perante a outra parte, surgindo, desse vínculo, direito ao recebimento da prestação; (ii) cada parte vincula-se *se* e *só se* a outra prestação se concretizar e (iii) cada uma das prestações é estabelecida *para que* a outra se concretize.[186]

É importante registrar o esclarecimento feito pelos autores de não se visualizar no sinalagma um fim do negócio no seu todo. A finalidade seria aquela que decorre da atribuição recíproca das partes, não do próprio negócio. Afirma-se que o sinalagma "dá unidade e autonomia, dá sentido *de conjunto* à relação atributiva [...] Contudo, não dá uma finalidade *ao conjunto* nem ao negócio, o que seria um passo a mais".[187]

Colhidos esses elementos já enunciados pela doutrina, bem como as demais características próprias do sinalagma, avaliaremos, no item 2.5 *infra*, sua coerência com os critérios que distinguem o vínculo sinalagmático.

---

185 PEREIRA, Maria de Lurdes; MÚRIAS, Pedro. Sobre o conceito e a extensão do sinalagma. *In*: CORDEIRO, António Menezes; VASCONCELOS, Pedro Pias de; COSTA E SILVA, Paula (org.). *Estudos em honra do Professor Doutor José de Oliveira Ascensão*. Coimbra: Almedina, 2008. v. 1. p. 411. Os autores fazem, no entanto, duas ressalvas no que tange à ideia de limitação. Adverte-se, em primeiro lugar, que a limitação defendida consiste na limitação da vinculação, não já na limitação da prestação, apesar da possível confusão entre ambas. Exemplifica-se que, em matéria de impossibilidade da prestação, a ideia de limitação imanente da prestação significaria que, ao não ser realizada uma das prestações, o dever de contraprestar estaria extinto automaticamente. E se a contraprestação já tivesse sido efetuada, haveria direito à restituição da prestação com fundamento na repetição do indébito. Tal sistemática, para os autores, não representaria solução jurídica adequada para todas as hipóteses. Com efeito, há situações em que a contraprestação deveria subsistir, apesar de não ser possível obter a prestação originalmente pactuada, como em casos de compensação e confusão. A segunda ressalva consistiria no fato de a limitação em questão não se confundir com a teoria do sinalagma como dupla condição. A uma porque esta não captura a referência ao fim do ajuste. A duas porque o sinalagma não tem de ocorrer entre atribuições futuras e incertas, sendo distinto o regime jurídico das condições e o do sinalagma.

186 PEREIRA, Maria de Lurdes; MÚRIAS, Pedro. Sobre o conceito e a extensão do sinalagma. *In*: CORDEIRO, António Menezes; VASCONCELOS, Pedro Pias de; COSTA E SILVA, Paula (org.). *Estudos em honra do Professor Doutor José de Oliveira Ascensão*. Coimbra: Almedina, 2008. v. 1. p. 414.

187 PEREIRA, Maria de Lurdes; MÚRIAS, Pedro. Sobre o conceito e a extensão do sinalagma. *In*: CORDEIRO, António Menezes; VASCONCELOS, Pedro Pias de; COSTA E SILVA, Paula (org.). *Estudos em honra do Professor Doutor José de Oliveira Ascensão*. Coimbra: Almedina, 2008. v. 1. p. 425.

CAPÍTULO 2

DELIMITAÇÃO DO SINALAGMA

2.1 Obrigações que compõem o sinalagma

A bilateralidade dos contratos também se relaciona com a ideia de que as obrigações correlatas são as principais, [188] razão pela qual a inexecução das prestações correspectivas de contratos bilaterais gera intolerável rompimento do programa estabelecido pelas partes. Nessa esteira, Darcy Bessone defende não bastar indicar que os contratantes se obrigam para com o outro nos instrumentos bilaterais – é também necessário que não se trate de obrigação secundária ou sem correlação com a prestação contraposta.[189]

---

188 "No contrato sinalagmático existe assim um nexo final entre as duas prestações principais do contrato, derivada da estipulação comum do fim de troca das prestações, nexo esse que se designa precisamente por sinalagma e que constitui uma específica estrutura final imanente ao contrato, que integra o seu conteúdo, e ao qual a lei atribui o conteúdo normativo específico que referimos" (LEITÃO, Luís Manuel Teles de Menezes. *Direito das obrigações*. Coimbra: Almedina, 2002. v. 1. p. 194); "O *sinalagma* liga entre si as prestações *essenciais* de cada contrato bilateral, mas não todos os *deveres de prestação* dele nascidos" (VARELA, João de Matos Antunes. *Das obrigações em geral*.10. ed. Coimbra: Almedina, 2000. v. 1. p. 398); "Não é preciso que todas as prestações sejam estabelecidas com esse nexo de reciprocidade, bastando que o sejam as obrigações principais, podendo haver obrigações acessórias (devolver as coisas ao término do comodato) ou deveres de conduta (dar informações) apenas de uma das partes" (AGUIAR JR., Ruy Rosado de. *Extinção dos contratos por incumprimento do devedor*. Rio de Janeiro: Aide, 2004. p. 82).

189 BESSONE, Darcy. *Do contrato*: teoria geral. 4. ed. São Paulo: Saraiva, 1997. p. 71; MORAES, Maria Celina Bodin de. O procedimento de qualificação dos contratos e a dupla configuração do mútuo no direito civil brasileiro. *Revista Forense*, v. 309, p. 33-61, jan./mar. 1990. p. 40; "É a ideia de relação sinalagmática que limita também o domínio de aplicação da *exceptio non adimpleti contractus* aos contratos bilaterais. Só eles geram, com efeito, obrigações para ambas as partes, ligadas entre si por um nexo de causalidade ou de correspectividade. Por isso, a excepção de não cumprimento do contrato é exclusiva destes contratos e, dentro

É de se destacar que o nexo correspectividade dos contratos bilaterais se estabelece entre obrigações específicas, e não sobre todas as obrigações de um contrato bilateral.[190] Aponta-se a possibilidade de atendimento do resultado útil programado como critério para verificação do pertencimento de dada obrigação ao sinalagma, [191] ponto que será retomado no item 2.4 *infra.*

A questão ganha especial relevo diante da remodelação pela qual o objeto da obrigação passou. Tradicionalmente, a obrigação era examinada sob a perspectiva voluntarista, definida, então, a partir de sua análise estrutural, sendo seus elementos caracterizadores as partes contratantes e o objeto da prestação. Considerada um fim em si mesmo, a obrigação era tutelada para atingir a satisfação do credor. A análise da obrigação sob seu viés funcional, contudo, volta sua atenção à finalidade perseguida pelo negócio jurídico, a qual deve ser tida como merecedora de tutela à luz dos valores centrais do ordenamento.[192]

---

destes, exclusiva das obrigações – em regra obrigações principais e essenciaisligadas por um vínculo de reciprocidade e interdependência"(SILVA, João Calvão da. *Cumprimento e sanção pecuniária compulsória.* Coimbra: Almedina, 2002. p. 333).

190 "Por outro lado, nem todas as dívidas e obrigações que se originam dos contratos bilaterais são dívidas e obrigações bilaterais, em sentido estrito, isto é, em relação de reciprocidade. A contraprestação do locatário é o aluguel; porém não há sinalagma no dever de devolução do bem locado, ao cessar a locação, nem na dívida do locatário por indenização de danos à coisa, ou na dívida do locador por despesas feitas pela locatário. A bilateralidade – prestação, contraprestação – faz ser bilateral o contrato; mas o ser bilateral ocontrato não implica que todas as dívidas obrigações que dele se irradiam sejam bilaterais" (PONTES DE MIRANDA, Francisco Cavalcanti. *Tratado de direito privado.* São Paulo: Bookseller, 2003. t. 26. p. 127-128). No mesmo sentido: VARELA, João de Matos Antunes. *Das obrigações em geral.*10. ed. Coimbra: Almedina, 2000. v. 1. p. 397.

191 "É importante ter presente, outrossim, que, mesmo sendo o contrato dotado de correspectividade, ainda que seja esta concebida numa perspectiva ampla, nem todas as prestações e deveres a ele correlatos são correspectivos. Tomando por exemplo ainda a locação, afirma-se inexistir correspectividade entre a obrigação do locatário, ante o vencimento do prazo contratual, de devolver o bem locado no estado em que o recebeu e qualquer obrigação do locador, tal como a de indenizar danos sofridos em decorrência de defeitos da coisa [...] Diversa seria a solução dada caso o locatário, no curso da locação, tivesse sofrido danos à sua pessoa ou bens em decorrência de defeito da coisa locada (e.g. danos a mobiliário devido a infiltrações antigas, no caso de locação de imóvel; avarias em veículo, em razão de vícios estruturais na vaga de garagem locada), restando prejudicado total ou parcialmente o resultado útil programado. Em tal caso, tem-se o descumprimento de um dever de proteção que, apesar de não constituir a prestação principal, dirige-se ao resultado útil programado, podendo ensejar a *exceptio,* autorizando o locatário a suspender o pagamento dos aluguéis" (SALLES, Raquel Bellini de Oliveira. *A autotutela pelo inadimplemento nas relações contratuais.* 2011. Tese (Doutorado em Direito) – Universidade do Estado do Rio de Janeiro, Rio de Janeiro, 2011. p. 113-114).

192 "A relação obrigacional somente pode ser corretamente compreendida quando examinada sob seu perfil estrutural e sob o funcional. A doutrina tradicional, dentro de uma perspectiva voluntarista, definia a tutela da obrigação a partir de uma análise estritamente estrutural,

Sob esse viés, a compreensão da "relação jurídica como uma totalidade, realmente orgânica, veio do conceito do vínculo como uma ordem de cooperação, formadora de uma unidade que não se esgota na soma dos elementos que a compõem".[193] Assim, a partir dos influxos da boa-fé no conceito tradicional de obrigação, superou-se a ideia de obrigação como mera contraposição entre direito subjetivo *versus* dever jurídico.[194]

Os deveres anexos passam a integrar o objeto da obrigação, que não é mais concebida como prestação que se encerra em seu objeto principal.[195] Conjugam-se, assim, diversas situações jurídicas, todas merecedoras de tutela, que compõem a obrigação. Nesse sentido é que se afirma que as obrigações se tornam objetivamente complexas, o que pode ter impacto direto na compreensão do sinalagma estabelecido no âmbito de uma relação contratual, que pode ser informado por uma

---

ou seja, mediante a identificação dos sujeitos (quem) e daquilo que se prometeu (o quê). Neste contexto, a análise da função jurídica teria uma importância secundária, surgindo pontualmente naquelas hipóteses em que a lei expressamente chamasse o intérprete a considerar o interesse do credor, como, por exemplo, na apreciação da legitimidade do pagamento realizado por terceiro ou da possibilidade de o devedor purgar a mora, realizando a prestação depois de vencida a dívida" (KONDER, Carlos Nelson; RENTERÍA, Pablo. A funcionalização das relações obrigacionais: interesse do credor e patrimonialidade da prestação. *Civilistica.com*. Rio de Janeiro, a. 1, n. 2, jul./dez., 2012. p. 1-2).

193 COUTO E SILVA, Clóvis V. *A obrigação como processo*. São Paulo: Bushatsky, 1976. p. 8.

194 "Dentro dessa ordem de cooperação, credor e devedor não ocupam mais posições antagônicas, dialéticas e polêmicas. Transformando o 'status' em que se encontravam, tradicionalmente, devedor e credor, abriu-se espaço ao tratamento da relação obrigacional como um todo [...] mesmo adimplido o dever principal, ainda assim pode a relação jurídica perdurar como fundamento da aquisição (dever de garantia), ou em razão de outro dever secundário independente" (COUTO E SILVA, Clóvis V. *A obrigação como processo*. São Paulo: Bushatsky, 1976. p. 8); "A complexidade intra-obrigacional traduz a ideia de que o vínculo obrigacional abriga, no seu seio, não um simples dever de prestar, simétrico a uma pretensão creditícia, mas antes vários elementos jurídicos dotados de autonomia bastante para, de um conteúdo unitário, fazerem uma realidade composta [...] a complexidade intra-obrigacional não se queda pela posição do devedor. Ela atinge a do credor" (MENEZES CORDEIRO, António Manuel da Rocha e. *Da boa-fé no Direito Civil*. Coimbra: Almedina, 2001. p. 586 e 593).

195 "[...] numa compreensão globalizante da situação jurídica creditícia, apontam-se, ao lado dos deveres de prestação – tanto deveres principais de prestação, como deveres secundários –, os deveres laterais («Nebenpflichten»), além de direitos potestativos, sujeições, ónus jurídicos, expectativas jurídicas etc. Todos os referidos elementos se coligam em atenção a uma identidade de fim e constituem o conteúdo de uma relação de caráter unitário e funcional: a relação obrigacional complexa, ainda designada relação obrigacional em sentido amplo ou, nos contratos, relação contratual" (COSTA, Mário Júlio de Almeida. *Direito das obrigações*. 9. ed. Coimbra: Almedina, 2006. p. 74). No mesmo sentido, v. ABRANTES, José João. *A excepção de não cumprimento do contrato*. 2. ed. Coimbra: Almedina, 1955. p. 38.

maior gama de atribuições a cargo das partes, abarcando condutas que, a princípio, não comporiam o objeto da obrigação vista como principal.[196]

Nessa direção, a análise meramente estrutural das obrigações tidas como principais não se mostra suficiente para apreender a verdadeira regulação de determinado instrumento. É possível cogitar de dever lateral de conduta – que, *a priori*, não figuraria como obrigação principal e, assim, não comporia o sinalagma –, que, funcionalmente, se revela essencial para a consecução do objeto contratual, de modo que, se entabulado correspectivamente, compõe as obrigações que estabelecem o vínculo sinalagmático. Ao propósito, a doutrina anota que a recolocação funcional da prestação poderia ser compreendida a partir da expressão *prestação devida*, para capturar a amplitude de seu sentido.[197]

Assim, a afirmação de que o sinalagma se relaciona às obrigações principais do contrato não deve ser interpretada conforme seu aspecto meramente estrutural, mas sim de acordo com a regulação concreta de interesses, por meio de incursão nas prestações que, funcionalmente, são a razão jurídica de ser uma da outra e materializam a essência do contrato bilateral. A questão é da maior importância, pois enquadra o vínculo sinalagmático ao especificar a abrangência de seus polos contrapostos, já tendo a doutrina indicado, nessa esteira, que a noção de correspectividade "absorve a noção de interdependência entre todos e quaisquer deveres cujo descumprimento possa, direta ou indiretamente, prejudicar o resultado útil programado".[198]

---

196 "[A] incidência de deveres anexos – que são variados e variáveis de acordo com a relação em particular – torna qualquer obrigação objetivamente complexa, no sentido de que seu objeto passa a ser composto por inúmeros deveres (de cooperação, de informação, de sigilo) que se somam à prestação principal para compor o rico tecido de qualquer relação obrigacional" (TEPEDINO, Gustavo; SCHREIBER, Anderson. Direito das obrigações. *In*: AZEVEDO, Álvaro Villaça (coord.). *Código Civil comentado*. São Paulo: Atlas, 2008. v. 4. p. 20); "Se é verdade que a boa-fé objetiva impõe o reconhecimento da complexidade obrigacional, por força da integração de deveres laterais de conduta ao regulamento contratual (fenômeno reconhecido sob a alcunha de heterointegração), é igualmente verdade que esse novo paradigma de complexidade impacta a configuração dos polos objetivos e da sua inter-relação no desenvolvimento do vínculo obrigacional" (SILVA, Rodrigo da Guia. A renovada bilateralidade contratual: por uma releitura do sinalagma no paradigma da heterointegração dos contratos. *Revista da Faculdade de Direito de São Bernardo do Campo*, v. 25, n. 2, p. 1-24, 2019. p. 2).

197 SALLES, Raquel Bellini de Oliveira. *A autotutela pelo inadimplemento nas relações contratuais*. 2011. Tese (Doutorado em Direito) – Universidade do Estado do Rio de Janeiro, Rio de Janeiro, 2011. p. 105-106.

198 SALLES, Raquel Bellini de Oliveira. *A autotutela pelo inadimplemento nas relações contratuais*. 2011. Tese (Doutorado em Direito) – Universidade do Estado do Rio de Janeiro, Rio de Janeiro, 2011. p. 108.

A rigor, independe a classificação aprioristicamente conferida às obrigações – acessórias, secundárias, principais –, mas importa que, concretamente, elas sejam correspectivas no pacto em exame.[199] Nessa esteira, a investigação em cada caso sobre as prestações que compõem o sinalagma se revela indispensável, no contexto das relações jurídicas complexas.[200] Perde o sentido, portanto, cogitar aprioristicamente de obrigações principais e acessórias, bem como entender que o sinalagma recai somente sobre as obrigações supostamente principais.[201] Assim, ainda que adimplida a obrigação alegadamente principal, se o contratante descumpre deveres laterais que possuem função relevante a ponto de integrarem a própria obrigação principal, pode-se estar diante de situação que impacte o sinalagma do contrato.[202]

199 "O nexo de sinalagmaticidade não se coloca, portanto, exclusivamente entre prestações principais, ou entre prestações acessórias, ou entre prestações secundárias; muitas vezes, ele se estabelece entre um conjunto indissociável de prestações, que requer tratamento unitário, o que impõe a análise do requisito em tela sempre à luz das especificidades do caso concreto. O importante, em definitivo, é que entre as prestações exista uma relação de interdependência ou correspectividade" (TERRA, Aline de Miranda Valverde; NANNI, Giovanni Ettore. Exceção de contrato não cumprido na coligação contratual. *Civilistica.com*, v. 10, n. 2, p. 1-26, 19 set. 2021. p. 9).

200 Os termos "prestação" e "contraprestação" são utilizados no presente estudo por serem amplamente referenciados em trabalhos que tratam dos temas ora em análise, sem que haja pretensão de afastar o reconhecimento da remodulação pela qual a obrigação passou. A partir dessa preocupação, a doutrina já indicou a adequação da expressão "polo prestacional": "Em mais breves palavras, impõe-se o reconhecimento do sinalagma como nexo funcional entre polos prestacionais. Assim como a relação jurídica tem polos do ponto de vista subjetivo (os centros de interesse), o centro de imputação objetiva deve ser analisado de modo global, como núcleo agregador de prestações das mais diversas naturezas. O recurso à expressão polos prestacionais pretende, portanto, destacar que o objeto (ou elemento objetivo) da obrigação, tal como o elemento subjetivo, assume contornos mais complexos do que normalmente se afirma, sem os quais não se pode compreender o fenômeno obrigacional em sua plenitude" (SILVA, Rodrigo da Guia. Novas perspectivas da exceção de contrato não cumprido: repercussões da boa-fé objetiva sobre o sinalagma contratual. *Revista de Direito Privado*, v. 78, p. 43-83, jun. 2017. p. 66).

201 "Qualificar os deveres como principais de prestação, secundários de prestação ou de conduta não releva para fins de identificação dos efeitos que o inadimplemento de cada um deles produz na concreta relação obrigacional. O que importa é investigar a repercussão do inadimplemento sobre a prestação devida, sobre o resultado útil programado, sobre o interesse do credor na prestação" (TERRA, Aline de Miranda Valverde. Cláusula resolutiva expressa e resolução extrajudicial. *Civilistica.com*. Rio de Janeiro, a. 2, n. 3, p. 1-19, jul.-set./2013. p. 6). V. tb. BIANCA, C. Massimo. *Diritto civile*: la responsabilità. Milano: Giuffrè, 1994. v. 5. p. 332.

202 "O reconhecimento, portanto, de uma função ao objeto da obrigação, aliado à incidência da boa-fé objetiva e ao imperativo da confiança negocial, impacta na noção de bilateralidade, ampliando o sinalagma contratual [...] Tal entendimento permite sustentar que uma renovada concepção de correspectividade, ao mesmo tempo em que considera fundamental o nexo de interdependência, funcionalidade, sinalagmaticidade ou de causalidade entre as prestações principais, acaba por 'equiparar' a estas outras prestações e deveres necessários à consecução

O que se defende não é a inclusão sem critérios de obrigações para o alargamento da caracterização do sinalagma. Ao revés, conclama-se efetiva análise das obrigações correspectivas que formem o núcleo duro do negócio jurídico entabulado, evitando-se leitura simplista na qual a partir da verificação do tipo contratual se determine de antemão quais obrigações compõem o sinalagma e quais lhe são alheias.[203]

2.2 Sinalagma genético e funcional

O sinalagma genético é engendrado no momento da constituição das obrigações contrapostas, isto é, aquele inicialmente concebido pelas partes, que se manifesta quando da celebração do contrato[204] e estabelece a justificativa causal das obrigações correspectivas.[205] Materializa, portanto, a projeção de reciprocidade que enseja a celebração do instrumento.[206]

O sinalagma funcional, por outro lado, é observado no curso da relação contratual.[207] Representa o desdobramento do nexo inicial das

---

do resultado útil, autorizando, portanto, uma aplicação bem mais ampla das exceções de contrato não cumprido e de outros remédios sinalagmáticos" (SALLES, Raquel Bellini de Oliveira. *A autotutela pelo inadimplemento nas relações contratuais.* 2011. Tese (Doutorado em Direito) – Universidade do Estado do Rio de Janeiro, Rio de Janeiro, 2011. p. 106 e 109).

203 Nesse sentido, v. SILVA, Rodrigo da Guia. Novas perspectivas da exceção de contrato não cumprido: repercussões da boa-fé objetiva sobre o sinalagma contratual. *Revista de Direito Privado*, v. 78, p. 43-83, jun. 2017, p. 64-65; DAL PIZZOL, Ricardo. *Exceção de contrato não cumprido*: sinalagma, causa e boa-fé objetiva. Uma releitura à luz dos novos temas contratuais. 2020. Tese (Doutorado em Direito) – Faculdade de Direito da Universidade de São Paulo, São Paulo, 2020. p. 202.

204 "A existência de obrigações recíprocas para ambas as partes implica que o surgimento de cada prestação apareça ligado ao surgimento da outra, que se apresenta assim como sua contraprestação. O surgimento deste nexo entre as duas prestações no momento da celebração do contrato (*do ut des*) denomina-se de sinalagma genético" (LEITÃO, Luís Manuel Teles de Menezes. *Direito das obrigações.* Coimbra: Almedina, 2002. v. 1. p. 193).

205 "Sinallagma genetico sta a significare il reciproco rapporto di giustificazione causale che deve intercorrere tra le contrapposte obbligazioni nascenti dal contratto nel momento della sua stipulazione" (TRABUCCHI, Alberto. *Istituzioni di diritto civile.* 46. ed. Milani: Cedam, 2013. p. 767-768).

206 CORDEIRO, António Menezes. *Tratado de direito civil português:* direito das obrigações. Coimbra: Almedina, 2010. v. 2. t. 2. p. 198.

207 "Fala-se em sinalagma genético para significar que, na génese ou raiz do contrato, a obrigação assumida por cada um dos contraentes constitui a razão de ser da obrigação contraída pelo outro. O sinalagma funcional aponta essencialmente para a ideia de que as obrigações têm de ser exercidas em paralelo (visto que a execução de cada uma delas constitui, na intenção dos contraentes, o pressuposto lógico do cumprimento da outra)" (VARELA, João de Matos Antunes. *Das obrigações em geral.* 10. ed. Coimbra: Almedina, 2000. v. 1. p. 397); "O sinalagma pode ser genético ou funcional, segundo se considere, no primeiro caso, o momento da formação do contrato, no segundo caso, a vida de relação nascida do

prestações – tomado no sinalagma genético – durante toda a existência do instrumento, a justificar não ser uma prestação executada sem a outra.[208] Alcança, com efeito, o nexo mantido pelas prestações durante a vida do contrato.[209] Nesse sentido, há na doutrina quem utilize a expressão "sinalagma condicional", ilustrando que se uma prestação se

---

contrato. Prestação e contraprestação nascem, na origem, coligadas pela interdependência e devem seguir assim, durante a execução contratual, durante a fase estática da relação. As obrigações recíprocas das partes não se autonomizam após o nascimento. Se assim fosse, o comprador estaria obrigado a pagar o preço pelo simples fato de havê-lo prometido, independentemente da satisfação pelo vendedor da contraprestação correspondente: a entrega da coisa vendida" (LIRA, Ricardo Pereira. A onerosidade excessiva nos contratos. *Revista de Direito Administrativo*, v. 159, p. 10-19, jan./mar. 1985. p. 10-11). V. tb.: SERPA LOPES, Miguel Maria de. *Exceções substanciais*: exceção de contrato não cumprido (*exceptio non adimpleti contractus*). Rio de Janeiro: Freitas Bastos, 1959. p. 247.

208 "Do surgimento deste nexo entre as duas obrigações retira a lei como consequência a imposição de uma interdependência entre as duas prestações, que se deve manter durante toda a vida do contrato, estabelecendo-se por isso que uma prestação não deve ser executada sem a outra e que, se uma das obrigações se impossibilitar, a outra deve também extinguir. Esta situação é denominada de *sinalagma funcional*" (LEITÃO, Luís Manuel Teles de Menezes. *Direito das obrigações*. Coimbra: Almedina, 2002. v. 1. p. 193); "Non basta la presenza orginaria delle contrapposte obbilgazioni avente per contenuto una diversa prestazione e controprestazione collegate tra loro da una ragione di giustificazione genética [...] il diritto segue anche la vita del rapporto, e pertanto il contratto può venri risolto e se in seguito una delle due obbligzioni viene a mancare o non può essere eseguita [...] La prestazione di una parte rimane legata non solo all'esistenza orginaria, ma anche al perdurara dell obbligazione corrispondente della contropare, e quindi all'adempimento o allla possiblità di adempimento (sinallagma funzionale)" (TRABUCCHI, Alberto. *Istituzioni di diritto civile*. 46. ed. Milani: Cedam, 2013. p. 768); CORDEIRO, António Menezes. *Tratado de direito civil português:* direito das obrigações. Coimbra: Almedina, 2010. v. 2. t. 2. p. 198.

209 "O nexo ou sinalagma que liga as obrigações das duas partes, mantendo-as numa relação de correspectividade e interdependência, deve estar presente na celebração do contrato (sinalagma genético), de sorte que a nulidade da obrigação de uma delas implica a nulidade da obrigação da outra, e também durante a sua execução, no momento das prestações correspectivas (sinalagma funcional). É de repelir-se o entendimento de que a interdependência das obrigações deve estar presente apenas na gênese, pois a *exceptio* e a resolução se explicam exatamente porque o sinalagma não desaparece após a celebração, mas continua a qualificar a conduta dos contratantes durante todo processo obrigacional" (AGUIAR JR., Ruy Rosado de. *Extinção dos contratos por incumprimentodo devedor*. Rio de Janeiro: Aide, 2004. p. 82);"Se apenas o sinalagma genético fosse observado, as obrigações recíprocas que nascem dos contratos bilaterais teriam, após a celebração, vidas independentes entre si, não sofrendo os reflexos das ocorrências que viessem a atingir as obrigações correlatas [...]. Isso seria uma afronta à essência dos contratos bilaterais, por ignorar duas realidades muito claras. A primeira, de que as partes contratam pensando fundamentalmente nas atribuições patrimoniais decorrentes do cumprimento do contrato (e não em uma troca abstrata de direitos de crédito, como ocorre no momento da celebração). A segunda, de que nenhuma das partes, via de regra, está disposta a assumir o risco de cumprir integralmente em favor da outra, em troca apenas da possibilidade de exigir judicialmente, em momento posterior, o cumprimento da prestação correlata ou a restituição do que adiantou (mormente quando se considera o tempo necessário para tanto e o risco de que a contraparte sequer tenha condições econômicas de, após ser condenada nesse sentido, satisfazer a obrigação ou promover a restituição)" (DAL PIZZOL, Ricardo. *Exceção de contrato não cumprido*: sinalagma, causa e boa-fé objetiva. Uma releitura à luz dos novos temas contratuais. 2020.

tornar impossível, o credor dessa prestação tem o direito de se liberar do dever de contraprestar.[210] Além disso, visualiza-se no sinalagma funcional a origem da exigência que prestações correspectivas tenham de ser realizadas em momentos coetâneos – como se verá no item 3.3.1 *infra*, trata-se de um dos requisitos para o exercício da exceção de contrato não cumprido –, de modo que, se uma das obrigações não é realizada tempestivamente, o sinalagma funcional é afetado.[211]

Ao passo que o sinalagma genético se relaciona de forma mais direta ao aspecto de uma parte se obrigar *porque* a contraparte também o faz, como justificativa causal que uma prestação representa para a outra, o sinalagma funcional captura o liame observado quando da efetiva realização das prestações.[212] Nesse sentido, a doutrina já relacionou o sinalagma genético à formação do negócio jurídico e o sinalagma funcional à sua eficácia.[213]

O recorte pauta-se no momento da relação contratual, o que não significa, contudo, que os sinalagmas genético e funcional sejam enfoques estanques. Assim, mostra-se acertado o entendimento segundo o qual os sinalagmas genético e funcional seriam dois aspectos de um

---

Tese (Doutorado em Direito) – Faculdade de Direito da Universidade de São Paulo, São Paulo, 2020. p. 190).

210 FONSECA, Ana Maria Taveira da. *Da recusa de cumprimento da obrigação para tutela do direito de crédito*: em especial na excepção de não cumprimento, no direito de retenção e na compensação. 2013. Tese (Doutorado em Direito) – Universidade Católica Portuguesa, Lisboa, 2013. p. 73. O conceito do sinalagma condicional é criticado na doutrina nacional por se entender que ele estaria contido no aspecto funcional do sinalagma. V. GAGLIARDI, Rafael Villar. *Exceção de contrato não cumprido*. São Paulo: Saraiva, 2010. p. 85-88. Ademais, entende-se ser possível aplicar à expressão "sinalagma condicional" as mesmas críticas tecidas em relação à teoria da condição resolutiva tácita como fundamento da exceção de contrato não cumprido, como se viu no item 1.3.2 *supra*.

211 "Se o sinalagma indica, como é bem verdade, a existência e a configuração dos deveres contrapostos, que devem manter posição de relativo equilíbrio entre si, a violação a uma das prestações nele implicadas caracteriza justamente uma violação ao sinalagma que está na estrutura essencial dos contratos bilaterais. Se assim ocorrer, os deveres contrapostos revelados pelo sinalagma nos contratos bilaterais 'perderiam a identidade e o sentido que os definem'." (MARTINS-COSTA, Judith. *A boa-fé no direito privado*: critérios para a sua aplicação. 2. ed. São Paulo: Saraiva Educação, 2018. p. 707-708).

212 "Distingue-se ainda o sinalagma em: – genético – funcional. O primeiro aponta para a ligação das prestações pela sua origem. A obrigação de cada parte representaria a causa (no sentido clássico, de causa da obrigação) da obrigação da outra parte. O sinalagma funcional assenta na conexão que se estabelece entre as obrigações na sua coexistência no tempo" (ASCENSÃO, José de Oliveira. *Direito civil*: teoria geral. Relações e situações jurídicas. 2. ed. São Paulo: Saraiva, 2010. v. 3. p. 255).

213 "O sinalagma é quanto à estrutura, à construção mesma do negócio jurídico, e quanto à eficácia (sinalagma funcional)" (PONTES DE MIRANDA, Francisco Cavalcanti. *Tratado de direito privado*. São Paulo: Bookseller, 2003. t. 26. p. 127).

mesmo vínculo, sendo a classificação necessária para a percepção do seu caráter dinâmico, que deve ser analisado a partir da interdependência das relações ao longo da execução contratual, não se limitando à análise do momento da celebração do contrato.[214] Trata-se, a rigor, de distinção "meramente didática, uma vez que o sinalagma é uno e sofre os influxos do dinamismo da relação negocial".[215] João Calvão da Silva bem sintetiza ser a mesma realidade sinalagmática, vista em momentos diferentes:

> o momento genético e estrutural, com a ordem jurídica a conferir ao credor o direito à prestação e a impor ao devedor o correlato dever de prestar; o momento funcional e final da realização (prática) do direto, com a lei a conferir ao credor o poder de exigir o cumprimento da prestação e a impor ao devedor o dever de cumprir a prestação a que se encontra adstrito e vinculado.[216]

Portanto, o sinalagma pode ser entendido na qualidade em que é concebido pelas partes em sua gênese, bem como no vínculo de correspectividade efetivamente observado ao longo da relação, [217] poroso à realidade contratual. A *exceptio*, dessa forma, tutela o sinalagma nas duas vertentes, tendo em vista que o sinalagma genético inaugura as obrigações correspectivas e o sinalagma funcional demanda meio de

---

214 BUTRUCE, Vitor. *A exceção de contrato não cumprido no direito civil brasileiro contemporâneo*: funções, pressupostos e limites de um "direito a não cumprir". 2009. Dissertação (Mestrado em Direito) – Universidade do Estado do Rio de Janeiro, Rio de Janeiro, 2009. p. 93; TELLES, Inocêncio Galvão. *Manual dos contratos em geral*. 4. ed. Coimbra: Wolters Kluwer, 2010. p. 485.

215 TERRA, Aline de Miranda Valverde. *Cláusula Resolutiva Expressa*. Belo Horizonte: Fórum, 2017. p. 40.

216 SILVA, João Calvão da. *Cumprimento e sanção pecuniária compulsória*. Coimbra: Almedina, 2002. p. 112.

217 "Este vínculo surge logo no momento da celebração do contrato, como ligação entre as suas obrigações típicas (sinalagma *genético*) e perdura ao longo da existência do contrato, acompanhando-o nas suas vicissitudes (sinalagma *funcional*). O sinalagma *genético* significa que, na *génese* do contrato, a obrigação assumida por uma das partes encontra a sua *razão de ser* nas obrigações assumidas pela outra. O sinalagma *funcional*, por sua vez, que as obrigações de ambos os contraentes *permanecem unidas* e, nomeadamente, têm de ser cumpridas *ao mesmo tempo*, visto o cumprimento de cada uma constituir *pressuposto* do cumprimento da outra" (TELLES, Inocêncio Galvão. *Manual dos contratos em geral*. 4. ed. Coimbra: Wolters Kluwer, 2010. p. 485); "Consabidamente, o sinalagma configura a dependência recíproca entre as respectivas prestações, acompanhando as vicissitudes provocadas pelo tempo (sinalagma funcional), revestindo-se, pois, 'de dimensão dinâmica, compreendendo a equivalência permanente no curso da relação'". (MARTINS-COSTA, Judith. *A boa-fé no direito privado*: critérios para a sua aplicação. 2. ed. São Paulo: Saraiva Educação, 2018. p. 706).

defesa que acompanhe a execução do contrato para manutenção do nexo estabelecido pelas partes.[218]

2.3 Sinalagma e equilíbrio contratual

A correspectividade ínsita ao sinalagma já foi vinculada ao equilíbrio contratual, [219] havendo indicação acerca da sobreposição de ambas as figuras.[220] Sintomático dessa próxima relação é o fato de a exceção de contrato não cumprido, na prática, proteger o desequilíbrio que seria desencadeado pela prestação unilateral de obrigação correspectiva.[221]

---

218 "Em síntese, o sinalagma genético evidencia o caráter de correspectividade e interdependência das prestações de relações contratuais sinalagmáticas. No entanto, apoiar-se unicamente nesta característica não é suficiente para explicar o fenômeno do instituto da exceção de contrato não cumprido de maneira completa. Isso porque a exceção de contrato não cumprido se ocupa primordialmente da manutenção da bilateralidade que implica o cumprimento simultâneo das obrigações, assegurando, neste sentido, a sustentação do equilíbrio das posições contratuais durante a fase executiva do contrato. É por isso que tanto o sinalagma genético quanto o funcional contribuem, em pé de igualdade, na compreensão dos fundamentos da exceção de contrato não cumprido" (BIAZI, João Pedro de Oliveira de. *A exceção de contrato não cumprido no direito privado brasileiro.* 1. ed. Rio de Janeiro: LMJ Mundo Jurídico, 2019. p. 109-110).

219 "A exceção desempenha a função de manter essa característica da bilateralidade e assegura o equilíbrio da relação contratual durante a sua fase executiva, impedindo a desigualdade que decorreria se houvesse o constrangimento forçado de uma das partes a cumprir, sem que houvesse o cumprimento da que deveria prestar antes ou simultaneamente, e com isso garante o respeito aos princípios que regem o direito contratual" (AGUIAR JR., Ruy Rosado de. *In*: TEIXEIRA, Sálvio de Figueiredo (coord.). *Comentários ao novo Código Civil*: da extinção do contrato. Rio de Janeiro: Forense, 2011. v. 6. t. 2. p. 749).

220 "O princípio do equilíbrio econômico do contrato, ou do sinalagma, por seu turno, leva à admissão, especialmente, de duas figuras, a lesão e a excessiva onerosidade" (AZEVEDO, Antônio Junqueira de. Os princípios do atual direito contratual e a desregulamentação do mercado. Direito de exclusividade nas relações contratuais de fornecimento. Função social do contrato e responsabilidade aquiliana do terceiro que contribui para inadimplemento contratual. *In*: *Estudos e pareceres de direito privado.* São Paulo: Saraiva, 2004. p. 141). João Calvão da Silva fala em "equilíbrio sinalagmático": "Logo, se o devedor não cumpre, não quer cumprir ou não pode cumprir, ainda que não imputavelmente, o credor pode suspender o cumprimento da sua obrigação, dada a ausência de contrapartida e reciprocidade que liga causalmente a prestação debitória e a prestação creditória. Sendo as obrigações interdependentes, com uma a constituir a causa determinante da outra, o não cumprimento de uma [...] faz desparecer a sua contrapartida – causa e razão de ser da outra –, o que legitima a *exceptio,* meio de conservação do equilíbrio sinalagmático" (SILVA, João Calvão da. *Cumprimento e sanção pecuniária compulsória.* Coimbra: Almedina, 2002. p. 330).

221 SERPA LOPES, Miguel Maria de. *Exceções substanciais*: exceção de contrato não cumprido *(exceptio non adimpleti contractus).* Rio de Janeiro: Freitas Bastos, 1959. p. 191-192; "Funzione dell'eccezione d' inadempimento è dunque quella di garante l'eguaglianza delle posizioni delle parti nell'esecuzione dei contrato" (BIANCA, C. Massimo. *Diritto civile*: la responsabilità. Milano: Giuffrè, 1994. v. 5. p. 345); "A noção de sinalagma está no centro do Direito Contratual indicando a existência, nos contratos bilaterais, 'de uma estrutura final imanente ao contrato, com dependência genética, condicional e funcional (pelo menos) de dois deveres de prestar

Esclarece a doutrina que o conceito da equivalência, que aproxima tanto as figuras do sinalagma e do equilíbrio contratual, não se confunde com o aspecto objetivo do equilíbrio contratual anteriormente analisado – de paridade quantitativa do valor das prestações –, mas consiste no equilíbrio normativo, que abarca a atribuição de valor que aquele ajuste representa para as partes envolvidas.[222] A equivalência

---

primários interligados', os quais, justamente por estarem interligados, compõem determinado conjunto de equilíbrios recíprocos que deve ser mantido, não permitindo, por isso, a tolerância em relação a atos ou a situações que o firam. [...] a característica da bilateralidade que implica o cumprimento simultâneo das obrigações, assegurando o equilíbrio das posições contratuais durante a fase executiva do contrato, impedindo a desigualdade que decorreria se houvesse o constrangimento forçado de uma das partes a cumprir, sem que houvesse o cumprimento da que deveria prestar antes ou simultaneamente" (MARTINS-COSTA, Judith. *A boa-fé no direito privado*: critérios para a sua aplicação. 2. ed. São Paulo: Saraiva Educação, 2018. p. 706); "Como conclusão parcial, pode-se afirmar que a função da exceção de inseguridade, assim como da exceção de contrato não cumprido, consiste na proteção, do excipiente, contra o desequilíbrio disfuncional decorrente do incumprimento, pelo excepto, de sua obrigação" (MONTEIRO FILHO, Carlos Edison do Rêgo; AZEVEDO, Gustavo Souza de. Exceção de inseguridade e sua efetividade no direito brasileiro. *In*: TERRA, Aline de Miranda Valverde; GUEDES, Gisela Sampaio da Cruz (coord.). *Inexecução das obrigações*: pressupostos, evolução e remédios. Rio de Janeiro: Processo, 2021. v. 2. p. 474).

222 "Portanto, dever e contradever, obrigação e contra-obrigação, a que correspondem direito e contradireito, pretensão e contrapretensão. Não se exige que a contraprestação equivalha, exatamente, no mundo fáctico, à prestação; basta que se haja estabelecido, no mundo jurídico, segundo os fatos da vida e a intenção dos contraentes, a equivalência (princípio da equivalência intencional)" (PONTES DE MIRANDA, Francisco Cavalcanti. Tratado de direito privado. São Paulo: *Revista dos Tribunais*, 2012. t. 3. p. 281); "[...] assinalando-se a impossibilidade de se subordinar a validade de um contrato sinalagmático a essa equivalência objetiva do valor das prestações, pois que, muitas vezes, as próprias partes ignoram, em face de a circunstância dos elementos subjetivos, psicológicos ou pessoais não serem suscetíveis de ter um valor econômico [...] Se cada uma das partes considera o objeto recebido igual em valor ao por ele oferecido, a lei da equivalência está satisfeita. Assim, a equivalência toma um aspecto subjetivo, pessoal. Esta reside na ideia de identidade ou de igualdade que cada parte faz no momento da conclusão do contrato. Então as partes podem considerar como equivalentes objetos cujo valor econômico é desigual" (SERPA LOPES, Miguel Maria de. *Exceções substanciais*: exceção de contrato não cumprido (*exceptio non adimpleti contractus*). Rio de Janeiro: Freitas Bastos, 1959. p. 188); "[...] no inteiro da economia contratual, a obrigação de cada um dos contratantes funciona como *contrapartida* ou como *contrapeso* da outra. A obrigação de cada um dos contratantes aparece como *equivalente* da assumida pelo outro: as prestações trocadas têm igual valor, de tal modo que um e outro (dos contratantes) recebem pela sua própria prestação o valor correspondente da contraprestação contrária. O vínculo sinalagmático produz-se, aliás, independentemente de entre essas obrigações haver ou não uma equivalência real, isto é, uma absoluta igualdade de valor objetivo" (ABRANTES, José João. *A excepção de não cumprimento do contrato*. 2. ed. Coimbra: Almedina, 1955. p. 36-37); "O facto de cada uma das prestações ser considerada a causa da outra não implica que estas tenham de possuir um valor patrimonial idêntico, mas tão só que cada uma delas deve constituir a contrapartida da outra. O essencial é que cada uma das prestações seja reciprocamente encarada como o correspectivo ou equivalente da outra. O sinalagma pode ser definido como o vínculo que, em conformidade com a vontade das partes, une prestações, tornando-as interdependentes. Dessa união resulta uma relação de troca entre prestações que deve ser entendida em sentido jurídico e não em sentido económico. Assim, o facto

enxergada nas prestações pelas partes, subjetiva e distinta para cada uma delas, compõe a essência do contrato bilateral.[223]

Nessa esteira, afirma-se que o instrumento perde sua característica principal quando a relação de equivalência é afetada por alterações supervenientes a ponto de não ser mais possível cogitar de prestação e contraprestação.[224] Encontra-se obstada, nesse sentido, a finalidade

---

de o valor objectivo das prestações não ser equivalente não exclui, *de per si*, a qualificação do contrato como bilateral ou sinalagmático, muito menos determina a invalidade do negócio" (FONSECA, Ana Maria Taveira da. *Da recusa de cumprimento da obrigação para tutela do direito de crédito*: em especial na excepção de não cumprimento, no direito de retenção e na compensação. 2013. Tese (Doutorado em Direito) – Universidade Católica Portuguesa, Lisboa, 2013. p. 77).

223 "En el contrato bilateral, cada parte se obliga frente a la outra a una prestación, y lo hace precisamente para obtener la contraprestación fijada en el contrato. La contraprestación es, a juicio de cada parte, el exacto equivalente de su própria prestación, en lo que siempre es decisiva su propria valoración. La escala en la que se mide la equivalencia presupuesta, es, por ende, subjetiva y distinta para cada parte; no es outra que la de sus propias necesidades" (LARENZ, Karl. Base del negocio jurídico y cumplimiento de los contratos. Madrid: *Revista de Derecho Privado*, 1956. p. 130); "Entrambi i contraenti sono perciò liberi di assegnare alla propria, come ala altrui prestazione, il valore (utilità soggettiva) che più ritengono oportuno, senza che ciò influisca sulla validità dello scambio, in quanto se i contraenti, nella mediazione di interessi confliggenti, hanno raggiunto un punto di acordo, è perché hanno ritenuto che la propria prestazione si giustificasse in quella altrui, con salvezza del requisito della causa. Il legislatore si è quindi astenuto dal considerare la validità del contratto sulla base di valutazioni quantitative del sinallagma, avendo invece spostato la propria valutazione sulla tunzione teleologica della corrispettività, che è quella di soddistare gli interessi di entrambe le parti, alle quali sole spetta di stabilire quale valore economico attribuire alle prestazioni che quegli interessi soddisfano" (CAMILLETTI, Francesco. *Profili del problema dell'equilibrio contrattuale*. Milano: Giuffrè, 2004. p. 44);"A visualização do contrato bilateral ainda hoje oferece divergências. A teoria subjetiva tem em Capitant o seu arauto, o qual vê o contrato sinalagmático como uma conexão de obrigações, fundada no fim voluntariamente perseguido pelas partes, sendo a causa do contrato a vontade de obter a execução da prestação prometida em troca. Predomina, porém – e parece melhor –, a orientação objetiva, que percebe na bilateralidade, preponderantemente, a equivalência das prestações, em que uma é prometida como equivalente da outra, em 'contrapartida ou retribuição pela prestação da outra'. Para caracterizar a bilateralidade, no entanto, não é necessário que essas prestações sejam equivalentes, segundo um critério objetivo, 'basta que cada parte veja na prestação da outra uma compensação suficiente à sua própria prestação'."(AGUIAR JR., Ruy Rosado de. *Extinção dos contratos por incumprimentodo devedor*. Rio de Janeiro: Aide, 2004. p. 81).

224 "Un contrato 'bilateral' presupone siempre que cada uno obtenga por su prestación un equivalente, el cual, objetivamente considerado, puede ser notablemente inferior al valor de la prestación, pero ha de poder considerarse como tal equivalente por el que realiza la prestación. Si esto pertence a la 'esencia' del contrato bilateral em sí, constituyendo su peculiaridad específica y, por tanto, su 'naturaleza' jurídica, un contrato celebrado como 'bilateral' perde su sentido y carácter originarios cuando, a consecuencia de una transformación de las circunstancias, la relación de equivalencia se modifica tanto, que ya no puede hablarse de 'contraprestación', de un equivalente que pude considerarse como tal. En semejante supuesto ha de afirmarse que 'la base' de todo el contrato ha desaparecido" (LARENZ, Karl. *Base* del negocio jurídico y cumplimiento de los contratos. Madrid: *Revista de Derecho Privado*, 1956. p. 131).

perseguida pelas partes: o intercâmbio de suas prestações tidas como equivalentes, que compõem o sinalagma.[225]

Larenz adverte, contudo, que eventual pretensão de revisão do contrato em razão de alteração da relação de equivalência deve se limitar ao absolutamente imprescindível para satisfazer as exigências de justiça. E tal pretensão apenas teria respaldo jurídico se a alteração for tamanha a ponto de retirar o sentido do câmbio das prestações, de modo que tal alteração se colocasse como única medida possível para a manutenção da bilateralidade do contrato. Nesse sentido, exemplificam-se situações em que um contrato se torna economicamente desfavorável – como o aumento inesperado de preços, salários, frete, impostos, queda repentina na demanda – em virtude de risco contratual normal que não se pode afastar, sob pena de sacrificar por completo a segurança contratual.[226] O autor afirma que a alteração circunstancial que torne a prestação mais onerosa que a remuneração pactuada, no âmbito de riscos contratuais habituais, não daria azo ao rompimento da equivalência. A mudança capaz de desnaturar a bilateralidade do contrato seria aquela que tornaria a prestação tão onerosa que já não haveria, no contrato, contraprestação correspondente, como ocorreria com despesas adicionais necessárias para prestar serviço contratual acessório que superassem a remuneração total.[227]Em regra, a circuns-

---

225 LARENZ, Karl. Base del negocio jurídico y cumplimiento de los contratos. Madrid: *Revista de Derecho Privado,* 1956. p. 132 e 134.

226 "[...] tal pretensión [de reajuste cuando se trata de perturbaciones de la equivalencia] no puede admitirse en mayor medida que la absolutamente imprescindible para satisfacer las exigencias de la justicia. Es justificable y necessária la consideración de una perturbación de la relación de equivalencia única y exclusivamente cuando por la modificacíon de las bases de valoración el contrato perda por completo su sentido de negocio de cambio [...] Un contrato que en principio parecia ventajoso, puede luego resultar económicamente desfavorable para una de las partes por una elevacion impresvista de los percios o de los salarios, de los fletes o de los impuestos, a consecuencia de una repentina disminucion de la demanda u otro suceso analogo. De este reisgo contractual, que pudeiramos llamar normal, no pudese dispensarse a nadie sino a costa de la desaparición de toda seguridad contractual. Las pertubaciones importantes de la relacione de equivalencia sólo deben tenrese en cuentacuanto no haya otro medio de mantener el caracter bilateral del contrato" (LARENZ, Karl. Base del negocio jurídico y cumplimiento de los contratos. Madrid: *Revista de Derecho Privado,* 1956. p. 143-144).

227 "Para admitir la destrucción de la relación de equivalencia y la desaparición de la base del contrato en los casos de prestaciones únicas o temporalmente limitadas no basta, como ya se expuso, que los gastos necesarios para realizar las prestaciones contractuales posteriormente sobrepasen, incluso de modo considerable, la remuneración convenida. Esto que pude facilmente realizarse, por ejemplo, mediante una imprevisible elevación de los gastos de adquisición o de fabricación, forma parte del normal riesgo contractual. Aunque sea posible que la contraprestación resulte notablemente inferior al valor de la prestación, ello no afeta al carácter que el contrato tiene como bilateral. Antes bien, la relación de equivalencia se

tância de alguém vender por preço muito barato ou comprar por preço muito caro não concorre com a configuração do sinalagma.[228]

A questão tem impactos dramáticos na arquitetura contratual, pois possui íntima relação com a repartição de riscos efetuada pelos contratantes. Isto é, o sinalagma plasma, em relação às obrigações correspectivas, o arranjo de alocação de riscos – tanto em relação aos riscos referentes às prestações com as quais se comprometem, quanto em relação aos riscos das prestações que visam a receber. Dessa reflexão germina a dúvida sobre a relação entre o equilíbrio contratual, o sinalagma e o caráter comutativo dos contratos onerosos.[229]

Em regra, os contratos onerosos são classificados como comutativos ou aleatórios. Os contratos comutativos são definidos como aqueles em que as prestações são conhecidas desde o momento da contratação – determinadas ou determináveis –, de modo que há certeza e equivalência sobre as obrigações contratadas. Já nos contratos aleatórios, uma das prestações não é, de antemão, definida – pode variar em grau,

---

destruye tan sólo cuando el desequilibro de las prestaciones sea tan grande que no pueda hablarse de una 'contraprestación', de un 'equivalente'. Así sucede cuando los gastos que adicionalmente han resultado necesarios par una prestación contractual accesoria [...] son tan elevados que absorben o superan la retribución total, de modo tal que ya no subsite una auténtica contraprestación de la prestación principal. Por lo demás, siempre habrá que preguntarse si un idéntico contrato celebrado en las actuales circunstancias podría consdierarse como un contrato bilateral, dirigido a una prestación onerosa" (LARENZ, Karl. Base del negocio jurídico y cumplimiento de los contratos. Madrid: *Revista de Derecho Privado*, 1956. p. 146-147).

228 "En la relación obligatoria sinalagmática cada deber de prestación funciona como equivalente y como contravalor del deber de prestación reciproco. Ello no quiere decir, sin embargo, que tenga que existir necesariamenteuna absoluta igualdad del valor objetivo de las prestaciones medido con arreglo a módulos exteriores. Aunque el vendedor venda muy barato o el comprador compre muy caro, el sinalagma existe". (DIEZ-PICAZO, Luis. *Fundamentos del derecho civil patrimonial:* las relaciones obligatorias. 5. ed. Madrid: Civitas, 1996. v. 2. p. 374)

229 "Do ponto de vista técnico, pode-se enunciar o equilíbrio contratual como princípio que objetiva garantir a equivalência entre as prestações assumidas pelos contratantes, preservando a correspectividade ou o sinalagma pactuado no decorrer da inteira execução do contrato, de modo a satisfazer os interesses pretendidos por ambos os contratantes com o negócio. [...] Por outras palavras, o princípio do equilibro contratual tem por escopo preservar equação econômica entre as prestações, estabelecida pela autonomia privada a partir dos mecanismos de alocação de riscos. O respeito à repartição de riscos efetuada pelos contratantes, em uma palavra, preserva o equilíbrio contratual, desde que essa alocação de riscos observe os demais valores e princípios que integram o sistema jurídico – complexo e unitário. Aludida alocação de riscos verifica-se, nos contratos comutativos, ao se distribuir entre os contratantes as perdas e os ganhos econômicos decorrentes da oscilação de sua álea normal, e nos contratos aleatórios, nos quais a autonomia privada efetua repartição do risco jurídico que qualifica o negócio como aleatório e dos riscos econômicos que também afetam sua execução" (BANDEIRA, Paulo Greco. *Contrato Incompleto*. São Paulo: Atlas, 2016. p. 174-175).

nos termos do art. 459 do Código Civil, [230] ou quanto à sua existência, conforme dispõe o art. 458 do Código Civil.[231-232]

Apesar de haver nos contratos comutativos equivalência cognoscível das prestações em toda sua extensão, também se caracteriza nos contratos aleatórios a interdependência das obrigações, que não se estabelece sobre o objeto da obrigação, mas sobre a chance de obtê-lo – o que compõe o arranjo entabulado pelas partes, valorado em seu risco e em sua importância para os contratantes. Configura-se, portanto, em ambos os casos, a função de troca.[233]

---

230 "Art. 459. Se for aleatório, por serem objeto dele coisas futuras, tomando o adquirente a si o risco de virem a existir em qualquer quantidade, terá também direito o alienante a todo o preço, desde que de sua parte não tiver concorrido culpa, ainda que a coisa venha a existir em quantidade inferior à esperada".

231 "Art. 458. Se o contrato for aleatório, por dizer respeito a coisas ou fatos futuros, cujo risco de não virem a existir um dos contratantes assuma, terá o outro direito de receber integralmente o que lhe foi prometido, desde que de sua parte não tenha havido dolo ou culpa, ainda que nada do avençado venha a existir."

232 "Os contratos bilaterais e onerosos podem ser comutativos ou aleatórios (de risco). Nos comutativos, existe equivalência de prestações, ou seja, as partes contratantes, logo ao nascer do contrato, sabem o que vão ganhar e o que vão perder, têm a previsibilidade de seus interesses contratuais; nos aleatórios (o próprio nome está dizendo), a álea está presente, a sorte está lançada no contrato." (AZEVEDO, Álvaro Villaça. *Teoria geral dos contratos típicos e atípicos*, 3. ed. São Paulo: Atlas, 2009. p. 75); "Commutativos serão os onerosos, quando houver equivalência, approximada ou exacta, entre as prestações das duas partes contractantes; aleatorios, se as vantagens a obter são incertas e vacillantes, podendo ser maiores, eguaes ou menores do que as prestações realizadas para obte-las ou, até, absolutamente nullas." (BEVILAQUA, Clovis. *Direito das obrigações*, 5. ed. Rio de Janeiro: Freitas Bastos, 1940. p. 188); "Os contratos ainda se diferenciam em comutativos e aleatórios. Diz-se que um contrato é comutativo, quando a obrigação que vem beneficiar uma das partes equivale à obrigação que vai beneficiar a outra. Comutatividade encontra-se na compra e venda, na locação, etc." (DANTAS, Francisco Clementino de San Tiago. *Programa de direito civil*. Rio de Janeiro: Editora Rio, 1978. v. 2. p. 161); "Comutativo é o contrato quando os contratantes celebram uma relação em que recebem a vantagem e prestam a obrigação, consistente em coisa certa e determinada, embora sem escapar aos riscos relativos à mesma, nem à oscilação sobre o seu valor. Jefferson Daibert dá com simplicidade a definição: 'São os contratos em que há certeza da prestação de ambas as partes e, mesmo subjetivamente, há equivalência entre a prestação e a contraprestação, podendo as partes apreciar, imediatamente, essa equivalência'. O requisito primordial é a equivalência das prestações." (RIZZARDO, Arnaldo. *Contratos*, 6. ed. Rio de Janeiro: Forense, 2006. p. 76); "Nos contratos comutativos, as prestações de ambas as partes são de antemão conhecidas – determinadas ou determináveis – de modo que não há incerteza originária quanto ao lucro e prejuízo das partes cujo desfecho dependeria de evento incerto. Por isso mesmo, as prestações dos contratos comutativos, ao contrário dos contratos aleatórios, guardariam entre si equivalência" (BANDEIRA, Paula Greco. *Contratos aleatórios no Direito brasileiro*. Rio de Janeiro: Renovar, 2010. p. 79-81).

233 "I contratti aleatori si contrappongono ai contratti commutativi, quali contratti in cui l'entità delle reciproche prestazioni non dipende da fattori casuali. I contrati aleatori non si contrappongono, invece, ai contratti corrispettivi in quanto l'aleatorietà non esclude la corrispettività delle prestazioni. L'alea si traduce nella incertezza totale o parziale di una delle prestazioni ma il diritto ad una prestazione incerta costituice pur sempre termine di scambio verso la controprestazione." (BIANCA, Cesare Massimo. *Diritto Civile*: il contratto. Milano:

Assim, o equilíbrio no bojo dos contratos aleatórios é igualmente informado pelas posições que as partes consensualmente assumiram, tal qual se observa nos contratos comutativos, sendo, naquele tipo, o risco computado internamente ao contrato.[234] Ademais, em nenhuma das espécies demanda-se equivalência quantitativa das prestações, [235]

Giuffrè, 1987. v. 3. p. 464); "Como subdivisão dos contratos onerosos, formula-se a distinção entre os contratos em que a extensão das prestações é certa e avaliável, desde o momento de sua formação, e aqueles em que, por depender de um acontecimento desconhecido ao celebrar-se o ajuste, tal extensão é inicialmente incerta, em relação às duas partes ou, pelo menos, a uma delas. O correspectivo da prestação, é, então, uma *chance* de ganhar ou perder." (BESSONE, Darcy. *Do contrato*: teoria geral, 4. ed. São Paulo: Saraiva, 1997. p. 78); "Aleatorios o de suerte son todos aquellos contratos en que cada una de las partes tiene en cuenta la adquisicion de un equivalente de su prestacion, pecuniariamente apreciable, pero este no esta bien determinado en el momento del contrato y depende de un acontecimiento incierto, por lo que los contratantes corren un riesgo de ganancia o de perdida. [...] Ambos son contratos onerosos y entranan por ello permutacion de valores. Lo que caracteriza a los contratos aleatorios en oposicion al conmutativo es que en ellos la certidumbre puede afectar a la extincion de las reciprocas prestaciones. Los contratos son, pues, conmutativos cuando la relacion de equivalencia de las prestaciones a cargo de ambas partes se encuentra de antemano fijada por ellas de una manera inmodificable" (DIEZ-PICAZO, Luis. *Fundamentos del Derecho Civil patrimonial*: introduccion y teoria del contrato. Madrid: Civitas, 1996. v. 1. p. 85-86). V. tb: "O que os distingue [os contratos comutativos e aleatórios] não é tanto a correspondência das vantagens procuradas, mas a *certeza objetiva* das prestações, obtida no ato de conclusão do negócio jurídico. Assim, ao celebrar, por exemplo, um contrato de compra e venda, o vendedor sabe que deverá receber o preço ajustado na medida de sua conveniência, e o comprador, que lhe será transferida a propriedade do bem que quis adquirir." (GOMES, Orlando. *Contratos*, 27 ed. Rio de Janeiro: Forense, 2019. p. 72); "No contrato de seguro, a existir sinalagma, a relação de correspectividade estabelecer-se-á entre a obrigação de pagamento do prémio e a assunção de determinados riscos do tomador ou de outrem e não entre a obrigação de pagamento do prêmio e a prestação condicionada à verificação do sinistro, que é um evento incerto" (FONSECA, Ana Maria Taveira da. *Da recusa de cumprimento da obrigação para tutela do direito de crédito*: em especial na excepção de não cumprimento, no direito de retenção e na compensação. 2013. Tese (Doutorado em Direito) – Universidade Católica Portuguesa, Lisboa, 2013. p. 80).

[234] "Os contratos onerosos costumam ser subdivididos em comutativos e aleatórios. A comutatividade se caracteriza pela equivalência entre prestação e contraprestação, ambas definidas quanto à sua existência e extensão, de modo proporcional e de prévio conhecimento das partes. Já na aleatoriedade uma das prestações é incerta quanto à sua existência ou extensão, de maneira que o resultado econômico do contrato torna-se incerto e não sujeito a prévia determinação pelas partes, já que condicionado a evento incerto (obrigação aleatória). Estabelece-se, portanto, relação entre o resultado econômico buscado por uma parte e a possibilidade de resultado econômico para a outra parte, de maneira a internalizar, no próprio equilíbrio contratual, o risco, que no contrato comutativo lhe é externo." (TEPEDINO, Gustavo; KONDER, Carlos Nelson; BANDEIRA, Paula Greco. *In*: TEPEDINO, Gustavo (org.). *Fundamentos do direito civil*: contratos. 2. ed. Rio de Janeiro: Forense, 2021. p. 75). Nesse sentido, os contratos aleatórios também podem sofrer onerosidade excessiva, quando "o desequilíbrio imprevisível decorrer de evento não alcançado pelo risco assumido pelas partes". V. TEPEDINO, Gustavo; KONDER, Carlos Nelson; BANDEIRA, Paula Greco. *In*: TEPEDINO, Gustavo (org.). *Fundamentos do direito civil*: contratos. 2. ed. Rio de Janeiro: Forense, 2021. p. 139.

[235] "São comutativos os contratos em que as prestações de ambas as partes são de antemão conhecidas e guardam entre si uma relativa equivalência de valores. Não se exige a igualdade

de modo que há caracterização de obrigações correspectivas tanto nos contratos comutativos quanto nos contratos aleatórios.[236] Não à toa, reconhece-se a possibilidade de aplicação da exceção de contrato não cumprido nos contratos aleatórios.[237] Assim, como leciona a doutrina, em qualquer configuração, os contratos sinalagmáticos são informados, em alguma medida, pelo risco e pela equivalência:

> Ao propósito, convém observar que em todo contrato sinalagmático encontram-se presentes, em alguma medida, a álea (risco normal) e a comutatividade (proporcionalidade entre os interesses). No contrato aleatório, predomina a álea em detrimento da comutatividade, enquanto

---

rigorosa destes, porque os bens que são objeto do contrato não têm valoração precisa. Podendo ser, portanto, estimadas desde a origem, os contratantes estipulam a avença, e fixam prestações que aproximadamente se correspondem." (PEREIRA, Caio Mário da Silva. *Instituições de direito civil*: contratos. 24. ed. Rio de Janeiro: Forense, 2020. v. 3. p. 62); "Os *contratos onerosos* subdividem-se em *comutativos* e *aleatórios*. Nos *contratos comutativos*, a relação entre *vantagem* e *sacrifício* é subjetivamente equivalente, havendo certeza quanto às prestações. [...] Nos *contratos comutativos* pode não haver *equivalência objetiva* das prestações, exigível, tão-só, nos que podem ser rescindidos por lesão. Basta *equivalência subjetiva*. Cada qual é juiz de suas conveniências e interesses" (GOMES, Orlando. *Contratos*, 27. ed. Rio de Janeiro: Forense, 2019. p. 72).

236 "El contrato aleatorio, dice LAURENT, es tambien un contrato conmutativo o, como decia POTHIER, un contrato interesado para una y otra parte. La unica diferencia que existe es que en el contrato aleatorio cada una de las partes recibe una *chance* y es la *chance* lo que es el objeto de contrato, mientras que en el contrato estrictamente conmutativo cada una de las partes recibe siempre algo real y efectivo" (DIEZ-PICAZO, Luis. *Fundamentos del Derecho Civil patrimonial: Introduccion y teoria del contrato*. Madrid: Civitas, 1996. v. 1. p. 85); "Dá-se aos primeiros a denominação de *comutativos* e aos últimos a de *aleatórios* ou *de sorte*. A verdade é que uns e outros são *comutativos*, isto é, comutam vantagens, desde que a *chance* é também uma vantagem. A rigor, a contraposição deve ser entre os contratos *aleatórios* e os *não aleatórios*, como simples variedades ou modalidades dos *comutativos*." (BESSONE, Darcy. *Do contrato*: teoria geral, 4. ed. São Paulo: Saraiva, 1997. p. 78). No mesmo sentido: ROPPO, Vicenzo. *Il contratto*. Milano: Giuffrè, 2001. p. 445. Interessante, ainda, a digressão sobre o sinalagma funcional e o equilíbrio econômico no âmbito de contratos de seguros: "Associado ao mutualismo, encontra-se o princípio do equilíbrio econômico do contrato de seguro, segundo o qual as prestações assumidas pelo segurador e segurado hão de guardar entre si certo equilíbrio econômico, a traduzir o sinalagma funcional. Vale dizer: para além do equilíbrio da rede de contratos propiciado pelo mutualismo, o equilíbrio econômico do contrato individual é garantido por prestações correspectivas assumidas por segurador e segurado, que atendam aos interesses perseguidos pelos contratantes no concreto regulamento contratual" (TEPEDINO, Gustavo; KONDER, Carlos Nelson; BANDEIRA, Paula Greco. *In*: TEPEDINO, Gustavo (org.). *Fundamentos do direito civil*: contratos. 2. ed. Rio de Janeiro: Forense, 2021. p. 472).

237 BUTRUCE, Vitor Augusto José. *A exceção de contrato não cumprido no direito civil brasileiro contemporâneo*: funções, pressupostos e limites de um "direito a não cumprir". 2009. Dissertação (Mestrado em Direito) – Universidade do Estado do Rio de Janeiro, Rio de Janeiro, 2009. p. 139.

no contrato comutativo ocorre o inverso, compreendendo-se, por isso mesmo, a distinção classificatória.[238]

Parece tangível a relação entre o sinalagma, nexo funcional entre prestações correspectivas, e o equilíbrio decorrente das posições contratuais assumidas pelas partes e, em grande medida, informado por tal nexo de suas prestações principais.[239] Provável, ainda, que suas perturbações caminhem juntas: o rompimento do sinalagma deveria coincidir com a alteração do equilíbrio das posições contratuais; a alteração superveniente relevante a ponto de alterar tal equilíbrio possivelmente implicaria abalo das obrigações correspectivas. A rigor, se tomado no sentido de equivalência jurídica visada pelas partes na contratação das obrigações correspectivas, haveria verdadeira interseção dos conceitos.

No entanto, o equilíbrio contratual é informado por outros aspectos do contrato que não somente as obrigações correspectivas, como direitos, interesses, faculdades, razão pela qual não há efetiva sobreposição das definições.[240] Ou seja, o equilíbrio contratual é infor-

---

238 TEPEDINO, Gustavo; KONDER, Carlos Nelson; BANDEIRA, Paula Greco. *In*: TEPEDINO, Gustavo (org.). *Fundamentos do direito civil*: contratos. 2. ed. Rio de Janeiro: Forense, 2021. p. 139.

239 "Do ponto de vista técnico, pode-se enunciar o equilíbrio contratual como princípio que objetiva garantir a equivalência entre as prestações assumidas pelos contratantes, preservando a correspectividade ou o sinalagma pactuado no decorrer da inteira execução do contrato, de modo a satisfazer os interesses pretendidos por ambos os contratantes com o negócio. A equivalência – repita-se – não quer significar correspondência objetiva de valores, mas a correspectividade entre as prestações que satisfaz os interesses concretos das partes contratantes. Dito diversamente, o princípio do equilíbrio contratual tem por escopo preservar a equação econômica entre as prestações, estabelecida pela autonomia privada a partir dos mecanismos de alocação de riscos." (BANDEIRA, Paula Greco. O contrato como instrumento de gestão de riscos e o princípio do equilíbrio contratual. *Revista de Direito Privado*, vol. 65, p. 195-208, 2016. p. 203).

240 "Embora a igualdade substancial, de raiz constitucional, não possa impor a equivalência de prestações, ela veda desproporções excessivas e injustificadas, demandando uma proporcionalidade entre as obrigações assumidas pelos contratantes que é não apenas quantitativa, quando entre elementos homogêneos e quantificáveis, mas também qualitativa, diante de interesses não quantificáveis. A justiça contratual manifesta-se, assim, na imposição de um equilíbrio entre prestações, direitos e interesses que não se pauta pela igualdade formal, mas pela adequada proporção entre posições jurídicas livremente negociadas entre as partes e merecedoras de tutela. Nesse sentido, costuma-se falar do princípio de equilíbrio contratual, que garante uma mínima correspectividade entre as prestações, especialmente por meio de institutos como a lesão, a revisão judicial e a resolução por onerosidade excessiva." (TEPEDINO, Gustavo; KONDER, Carlos Nelson; BANDEIRA, Paula Greco. *In*: TEPEDINO, Gustavo (org.). *Fundamentos do direito civil*: contratos. 2. ed. Rio de Janeiro: Forense, 2021. p. 54); "Em outras palavras, o princípio em estudo dirige-se ao equilíbrio do objeto do contrato. Por objeto do contrato não se deve compreender tão somente as suas prestações principais. Ao intérprete cumprirá observar não apenas o somatório das prestações principais e acessórias, mas todo o complexo conjunto de direitos, faculdades, obrigações,

mado por aspectos do contrato distintos das obrigações sinalagmáticas, residindo nesse ponto a diferença de abrangência das figuras. Nesse sentido, para aqueles que compreendem haver desequilíbrio originário do contrato para além das figuras da lesão e do estado de perigo, [241] a diferença em relação ao sinalagma fica ainda mais demarcada, dado que não se cogita de desequilíbrio originário que se comunique com o sinalagma, [242] porque o vínculo sinalagmático se estabelece tal qual o arranjo querido pelas partes de acordo com as obrigações contratadas, se validamente assumidas.[243] Como se teve oportunidade de analisar no item 1.3.3 *supra*, não há tangência entre o sinalagma e predicados de justiça material ou valoração do conteúdo do contrato relacionada ao princípio do equilíbrio contratual.

Nessa esteira, em estudo dedicado à análise do conceito e da extensão do sinalagma de Maria de Lurdes Pereira e Pedro Múrias, os autores se embrenharam em investigar (a) se os contratos bilaterais são permeados por uma justiça material que se manifesta como princípio da equivalência e interfere no conteúdo do instrumento; (b) a ligação específica entre tal equivalência e os contratos sinalagmáticos e (c) se a

---

ônus e outras situações jurídicas derivadas do contrato – direitos e obrigações em sentido *lato*, com vistas a identificar o seu reflexo concreto sobre os contratantes" (SCHREIBER, Anderson. *Equilíbrio contratual e dever de renegociar*. São Paulo: Saraiva Educação, 2018. p. 54-55). V. tb.: LÔBO, Paulo. *Direito Civil*: contratos. São Paulo: Saraiva, 2011. p. 70-71.

241 SCHREIBER, Anderson. *Equilíbrio contratual e dever de renegociar*. São Paulo: Saraiva Educação, 2018. p. 128.

242 Veja-se que o desequilíbrio superveniente justamente é tutelado na medida em que há índice de racionalidade econômica originário para qual o ordenamento pode se reportar: "Por incidir sobre o desequilíbrio superveniente à celebração do pacto, a onerosidade excessiva pressupõe a existência de intervalo de tempo entre a formação do negócio e a sua execução, razão pela qual é próprio de contratos de duração, como aqueles de execução continuada ou diferida. Aplicam-se especialmente aos contratos bilaterais comutativos, já que a exigência de preservação da comutatividade, como índice de aferição da racionalidade econômica engendrada pelas partes, mostra-se o núcleo justificador do princípio do equilíbrio das prestações" (TEPEDINO, Gustavo; KONDER, Carlos Nelson; BANDEIRA, Paula Greco. *In*: TEPEDINO, Gustavo (org.). *Fundamentos do direito civil*: contratos. 2. ed. Rio de Janeiro: Forense, 2021. p. 138-139).

243 Nessa direção, destaca-se que as reflexões sobre o sinalagma e a *exceptio* pressupõem contrato validamente celebrado: "A exceção tampouco busca apontar a ausência de um requisito de validade, alegando qualquer nulidade ou anulabilidade. Pelo contrário, a *exceptio* partia de um pressuposto em que se reconhecia que o ato excetuado era amparado pelo *ius civile*. Nos casos de invalidade, é necessário acionar, e não excepcionar. O conceito estrito de exceção não pode vislumbrá-la no campo da validade" (BIAZI, João Pedro de Oliveira de. *A exceção de contrato não cumprido no direito privado brasileiro*. 1. ed. Rio de Janeiro: LMJ Mundo Jurídico, 2019. p. 14).

equivalência compõe o sinalagma – tomando os autores a equivalência como "igualdade de valor entre atribuições".[244]

No que tange à primeira questão, defende-se já estar assentada a necessidade de controle de conteúdo que represente concretização de valores caros ao ordenamento.[245] Sobre a segunda indagação, indica-se que a busca de equivalência não seria característica específica dos contratos sinalagmáticos, mas comum aos contratos onerosos e tutelada até mesmo em relações gratuitas, razão pela qual "não se vê que a equivalência ou a igualdade tenham manifestações distintas no sinalagma".[246] Além disso, nos remédios sinalagmáticos, como a *exceptio*, o conceito de interdependência das prestações dispensaria o recurso à equivalência.[247] Defende-se, nessa esteira, que o sinalagma não pressupõe a equivalência das prestações, considerando que as partes podem atribuir preço que lhes convier. Como elemento reforçativo, ressaltam a plena possibilidade de as partes reconhecerem um valor maior ao objeto do contrato do que o preço que uma delas está disposta a pagar.[248] No que tange à terceira pergunta – se a equivalência compõe o sinalagma –, apontam os autores ser negativa a resposta.

---

244 PEREIRA, Maria de Lurdes; MÚRIAS, Pedro. Sobre o conceito e a extensão do sinalagma. *In*: CORDEIRO, António Menezes; VASCONCELOS, Pedro Pias de; COSTA E SILVA, Paula (org.). *Estudos em honra do Professor Doutor José de Oliveira Ascensão*. Coimbra: Almedina, 2008. v. 1. p. 419.

245 PEREIRA, Maria de Lurdes; MÚRIAS, Pedro. Sobre o conceito e a extensão do sinalagma. *In*: CORDEIRO, António Menezes; VASCONCELOS, Pedro Pias de; COSTA E SILVA, Paula (org.). *Estudos em honra do Professor Doutor José de Oliveira Ascensão*. Coimbra: Almedina, 2008. v. 1. p. 419. "

246 PEREIRA, Maria de Lurdes; MÚRIAS, Pedro. Sobre o conceito e a extensão do sinalagma. *In*: CORDEIRO, António Menezes; VASCONCELOS, Pedro Pias de; COSTA E SILVA, Paula (org.). *Estudos em honra do Professor Doutor José de Oliveira Ascensão*. Coimbra: Almedina, 2008. v. 1. p. 421. Prosseguem os autores: "Uma alteração das circunstâncias por acréscimo ou, porventura, decréscimo de custos poderá chamar-se «perturbação da equivalência» quer em contratos sinalagmáticos, quer em relações de sociedade ou associação, quer em doações remuneratórias. E a responsabilidade diminuída do donatário modal (cf. artigo 962º/2) não andará longe de um princípio da «equivalência como limite». O problema é a dificuldade de ver uma distinção entre a equivalência desejada para o sinalagma e a equivalência querida noutras relações ou, bem vistas as coisas, a igualdade como sentido paradigmático da justiça. A equivalência só precisa de termos a que se aplique".

247 PEREIRA, Maria de Lurdes; MÚRIAS, Pedro. Sobre o conceito e a extensão do sinalagma. *In*: CORDEIRO, António Menezes; VASCONCELOS, Pedro Pias de; COSTA E SILVA, Paula (org.). *Estudos em honra do Professor Doutor José de Oliveira Ascensão*. Coimbra: Almedina, 2008. v. 1. p. 420-421.

248 PEREIRA, Maria de Lurdes; MÚRIAS, Pedro. Sobre o conceito e a extensão do sinalagma. *In*: CORDEIRO, António Menezes; VASCONCELOS, Pedro Pias de; COSTA E SILVA, Paula (org.). *Estudos em honra do Professor Doutor José de Oliveira Ascensão*. Coimbra: Almedina, 2008. v. 1. p. 421-422.

Exemplificam ser comum para a parte ter custos próprios associados à sua prestação – como custos fiscais – e, de outro turno, esperar obter vantagens com aquele contrato estranhas à outra parte. Assim, "sobra muito pouco como equivalência *entre prestações* e o que se perde e o que se ganha não corresponde àquilo que se presta e recebe nem tem de ser conhecimento partilhado, e muito menos conteúdo das estipulações das partes".[249] Concluem que, embora seja possível identificar em diversos tipos contratuais a intenção normativa de equivalência, esta não seria específica dos contratos sinalagmáticos, nem possuiria ligação juridicamente determinante.[250]

Algumas das respostas sugeridas parecem decorrer da aproximação da noção de equivalência, para os autores, e de equilíbrio das prestações sob o viés objetivo, o que, como já se viu, não corresponde à equivalência cara ao sinalagma no enfoque em análise.[251] Nesta sede, entende-se que o fato de as partes reconhecerem que o objeto de aquisição possui valor maior, mas contratarem valor menor e vice-versa, não confronta a equivalência, mas justamente confirma seu caráter subjetivo, descompromissado do aspecto objetivo. Tais diferenças de premissa justificam o entendimento dos autores no sentido de a equivalência não compor o sinalagma – o que não se revela verdadeiro para o ordenamento jurídico brasileiro. Como se viu, a equivalência jurídica visada pelas partes na contratação das obrigações correspectivas é indissociável do sinalagma.

---

[249] PEREIRA, Maria de Lurdes; MÚRIAS, Pedro. Sobre o conceito e a extensão do sinalagma. *In*: CORDEIRO, António Menezes; VASCONCELOS, Pedro Pias de; COSTA E SILVA, Paula (org.). *Estudos em honra do Professor Doutor José de Oliveira Ascensão*. Coimbra: Almedina, 2008. v. 1. p. 422. Prosseguem os autores: "Para mais, estas estipulações são imunes a todo o estado subjectivo que não chegue ao texto negocial nem gere invalidade, de modo que o sinalagma pode concorrer com quaisquer intenções e motivos".

[250] PEREIRA, Maria de Lurdes; MÚRIAS, Pedro. Sobre o conceito e a extensão do sinalagma. *In*: CORDEIRO, António Menezes; VASCONCELOS, Pedro Pias de; COSTA E SILVA, Paula (org.). *Estudos em honra do Professor Doutor José de Oliveira Ascensão*. Coimbra: Almedina, 2008. v. 1. p. 422.

[251] "Nozione distinta rispetto alla corrispettività è quella dell'equivalenza delle prestazioni. L'equivalenza oggettiva indica che il valore economico di una prestazione corrisponde al valore dell'altra. Questa equivalenza non è un requisito necessario dei contrratti di scambio né in generale dei contratti a titolo oneroso. Le parti sono infatti generalmente libere di determinare l'entità della prestazione e della controprestazione. (...) L'equivalenza soggettiva indica l'equilibrio iniziale di valore quale risulta fissado nei singoli contratti. Questa concreta equivalenza delle prestazioni è rilevante soprattutto quando una prestazioni deve essere ridimensionata in relazione alle parziale inesattezza o impossibilità della controprestazione." (BIANCA, Cesare Massimo. *Diritto Civile*: il contratto. Milano: Giuffrè, 1987. v. 3. p. 462).

Não concorre com esse entendimento a circunstância destacada pelos autores de haver custos próprios associados à prestação e vantagens visadas que não são de conhecimento comum dos contratantes. Isso porque importa que as partes, cientes de todos os ônus e bônus relacionados à efetuação da prestação obrigada e ao recebimento da prestação prometida, tenham concordado em se vincular contratualmente para receber a contraprestação ajustada – engendrando, assim, a correspectividade entre as obrigações, ou seja, estabelecendo que a prestação visada *vale*, do ponto de vista de cada uma das partes, a prestação a ser executada. Assim, não sobra pouco como equivalência *entre prestações*, como aduzem os autores, mas justamente entende-se que esse nexo estabelecido entre as prestações sintetiza a atribuição valorativa conferida pelas partes, já informada pelas circunstâncias relacionadas à concretização do objeto contratual.[252]

Tomando-se a equivalência pelo aspecto subjetivo do equilíbrio contratual há irrecusável relação com o conteúdo do sinalagma, como já antecipado, dado que, nesse contexto, a equivalência se confunde com a noção de correspectividade. Sob esse viés, revisitando as três perguntas anteriormente colocadas – a) se os contratos bilaterais são permeados por uma justiça material que se manifesta como princípio da equivalência e interfere no conteúdo do instrumento; (b) a ligação específica entre tal equivalência e os contratos sinalagmáticos e (c) se a equivalência compõe o sinalagma – responde-se: (a) os contratos são tutelados pelo sistema se materializam os valores constitucionais, e, nesse sentido, todo e qualquer contrato é permeado pela justiça material.[253]

---

252 Nesse sentido: "Carlo Castronovo analisa o sinalagma sob outra perspectiva – a da equivalência de custos assumidos e de vantagens projetadas pelas partes no momento da contratação – chegando, porém, a resultados análogos. Afirma, nessa linha, que o sinalagma é o liame que exprime essa equivalência de custos assumidos e de vantagens que as partes pretendem obter por meio do contrato, sendo que obrigações secundárias, deveres anexos e de proteção também integram esse cálculo. Em outras palavras: todos os deveres assumidos, independentemente de sua natureza, têm um custo e compõem a equivalência calculada e aceita no momento da celebração" (DAL PIZZOL, Ricardo. *Exceção de contrato não cumprido*: sinalagma, causa e boa-fé objetiva. Uma releitura à luz dos novos temas contratuais. 2020. Tese (Doutorado em Direito) – Faculdade de Direito da Universidade de São Paulo, São Paulo, 2020. p. 203).

253 "A escolha é, assim, entre deter-se no controle de não ilicitude ou efetuar o controle de valor [...] quando a liberdade negocial e contratual tem justificação não em si, mas em outros princípios e valores do sistema, quando o próprio sistema não é mais apenas Estado de Direito, mas Estado Social de Direito, caracterizado por princípios fortes como a solidariedade e o personalismo, a escolha não pode deixar de ser axiologicamente conforme o ordenamento. O ato negocial é valido não tanto porque desejado, mas se, e apenas se, destinado a realizar, segundo um ordenamento fundado no personalismo e no solidarismo, um interesse

No entanto, o sinalagma não é responsável por imprimir proporcionalidade ou incutir outros parâmetros de justiça nas prestações; (b) existe íntima relação entre a equivalência subjetiva e o sinalagma, mas não entre o sinalagma e a equivalência objetiva; (c) a equivalência subjetiva compõe o sinalagma, por materializar o elemento da correspectividade.

2.4 Sinalagma e causa do contrato

Ponto de maior importância consiste na relação entre o sinalagma e a causa do contrato. Já se afirmou que a função de troca dos contratos bilaterais consistira na causa do contrato[254] em virtude de a execução das prestações conexas proporcionar o fim almejado pelo instrumento.[255] Associa-se, nesse sentido, a interdependência das prestações e a concretização do fim do contrato, definindo-se o sinalagma como relação imanente que conecta as prestações correspectivas de um contrato, plasmando, assim, o programa contratual.[256] Com efeito, para além da correspectividade entabulada pelas partes ao estabelecerem suas obrigações, nessa apreensão, o sinalagma também se comunicaria com o fim almejado pelo pacto.[257]

---

merecedor de tutela" (PERLINGIERI, Pietro. *O direito civil na legalidade constitucional*. Rio de Janeiro: Renovar, 2008. p. 371).

254 "È quanto accade nei contratti di scambio (18.11), dove ciascuna parte attribuisce diritti o assume obblighi a favore dell'altra perché l'altra attribuisce diritti o assume obblighi a suo favore (...) Prestazione e controprestazione si giustificano a vicenda, in quanto scambiate fra loro; lo scambio fra essa giustifica il contratto, ne è la causa [...] La causa dei contratti sinalagmatici è dunque lo scambio giuridico fra le prestazioni: i problemi che colpiscono una prestazione, colpendo un termine dello scambio, colpiscono per ciò stesso, direttamente, la causa del contratto" (ROPPO, Vicenzo. *Il contratto*. Milano: Giuffrè, 2001. p. 369 e 439).

255 SERPA LOPES, Miguel Maria de. *Exceções substanciais*: exceção de contrato não cumprido (*exceptio non adimpleti contractus*). Rio de Janeiro: Freitas Bastos, 1959. p. 240-241. V. tb.: GOMES, Orlando. *Obrigações*. 19. ed. Rio de Janeiro: Forense, 2019. p. 222.

256 "O sinalagma dos contratos bilaterais é uma espécie de estrutura imanente ao contrato que liga prestação e contraprestação; ele estabelece um 'programa' para as partes, que é tanto mais evidente quanto mais prolongada no tempo for sua execução. Cada parte assume, no contrato, determinados riscos – riscos contrapostos e projetados no futuro" (AZEVEDO, Antonio Junqueira de. Interpretação do contrato pelo exame da vontade contratual. O comportamento das partes posterior à celebração. Interpretação e efeitos do contrato conforme o princípio da boa-fé objetiva. Impossibilidade de *venire contra factum proprium* e de utilização de dois pesos e duas medidas (*tu quoque*). Efeitos do contrato e sinalagma. A assunção pelos contratantes de riscos específicos e a impossibilidade de fugir do 'programa contratual' estabelecido. *In*: *Estudos e pareceres de direito privado*. São Paulo: Saraiva, 2004. p. 170).

257 "A expressão 'fim do negócio jurídico' designa justamente a causa (função) concreta que objetivamente resulta do negócio jurídico, individualmente considerado" (AZEVEDO, Antônio Junqueira de. Remissão interessada de dívida. Erro sobre o motivo determinante. Análise do negócio jurídico por suas bases subjetiva e objetiva. Frustração do fim do negócio

Cumpre-nos diferenciar o ponto em análise – que se relaciona com a vinculação entre o sinalagma e o fim do contrato, tomado como um todo – e o entendimento, já exposto, de que nos contratos sinalagmáticos a obrigação de uma das partes tem por causa a obrigação da outra. O vínculo finalístico que une as obrigações correspectivas não se confunde, conceitualmente, com a causa do contrato.[258]

Segundo a teoria da causa do contrato, na sua concepção atualmente mais difundida, a causa é informada pelos interesses plasmados no contrato – sem confundir-se com os motivos dos contratantes – que estabelecem os efeitos jurídicos que o instrumento produzirá em concreto.[259] Nessa esteira, a doutrina já identificou a causa contratual concreta[260] como a razão de ser das prestações a cargo dos contratantes, de modo que, para invocar a *exceptio*, se verificará "sob a análise relacional, no

---

jurídico e consequente enriquecimento sem causa. *In*: AZEVEDO, Antônio Junqueira de. *Novos ensaios e pareceres de direito privado*. São Paulo: Saraiva, 2009. p. 56).

258 Em sentido análogo: "È necessario al riguardo discriminare i concetti: I° causa del contratto (come contenuto); 2° causa del nascere delle obbligazioni (come fonte delle stesse) (3º), 3° vincolo d'interdipendenza tra le attribuzioni patrimoniali. La distinzione facilita la risoluzione di molti problemi e serve a meglio comprendere l'istituto dell'eccezione di inadempimento contrattuale. In caso di inadempimento non può pertanto dirsi che manchi la causa del contratto, neppure che manchi la causa del sorgere o dell'esistere dell'obbligazione (...)" (PERSICO, Giovanni. *L'eccezione d'inadempimento*. Milano: Giufrè, 1955. p. 52).

259 SERPA LOPES, Miguel Maria de. *Exceções substanciais*: exceção de contrato não cumprido (*exceptio non adimpleti contractus*). Rio de Janeiro: Freitas Bastos, 1959. p. 163; "O critério, segundo o autor [Vincenzo Roppo], não é se o interesse da parte é conhecido pela contraparte, nem se ela o externalizou apropriadamente a outra parte – este dado subjetivo, embora relevante, não é decisivo – mas deve ser qualquer outro dado que dê dimensão objetiva ao interesse invocado pela parte e a relevância que este tem para a posição contratual dela própria" (KONDER, Carlos Nelson. *Causa e tipo*: a qualificação dos contratos sob a perspectiva civil-constitucional. Rio de Janeiro: [s.n.], 2014. p. 122); "Não se trata de retorno à investigação dos motivos, já que são essencialmente subjetivos e internos [...] a finalidade específica das partes pode ter o condão de se objetivar e se tornar relevante para a determinação da norma aplicável" (TEPEDINO, Gustavo; KONDER, Carlos Nelson; BANDEIRA, Paula Greco. *In*: TEPEDINO, Gustavo (org.). *Fundamentos do direito civil*: contratos. 2. ed. Rio de Janeiro: Forense, 2021. p. 65); "Na caracterização da *causa*, portanto, é preciso expurgá-la do que sejam meros *motivos*, e isolar o que constitui a *razão jurídica* do fenômeno, para abandonar aqueles e atentar nesta. Na causa há, pois, um fim econômico ou social reconhecido e garantido pelo direito, uma finalidade objetiva e determinante do negócio que o agente busca além da realização do ato em si mesmo. Como este fim se vincula ao elemento psíquico motivador da declaração de vontade, pode ser caracterizado, sob outro aspecto, como a intenção dirigida no sentido de realizar as consequências jurídicas do negócio. Mas sempre haverá distinguir da *causa* a *motivação*, pois que esta, mesmo ilícita, não chega a afetar o ato, desde que àquela não se possa irrogar a mesma falha" (PEREIRA, Caio Mário da Silva. *Instituições de direito civil*: introdução ao direito civil.33. ed. Rio de Janeiro: Forense, 2020. v. 1. p. 429).

260 Sobre a distinção entre causa abstrata e causa concreta, v. MORAES, Maria Celina Bodin de. A causa do contrato. *Civilistica.com*, v. 2, n. 1, p. 1-24, 30 jan. 2013. p. 13-14.

bojo da concreta relação de interesses" seu espectro de incidência.[261] O descumprimento de obrigação correspectiva, dado que essencial para o negócio, potencialmente afetaria a sua justificativa causal ao impedir a consecução dos seus efeitos.[262]

Não se ignora que, no ordenamento jurídico brasileiro, rejeitou-se a inclusão da causa como requisito de validade do negócio jurídico.[263-264] Contudo, diante das contribuições hermenêuticas da figura para o direito brasileiro[265] e da positivação da função social como essencial a qualquer instrumento no art. 421 do Código Civil, [266-267] a doutrina não se furtou em apontar a inadequação da posição anticausalista.[268] Entende-se, assim, que a ausência da causa como elemento do negócio no Código Civil não representa a derrogação de seu papel para o direito civil brasileiro.[269] Aliás, a doutrina já destacou que andou bem o

---

261 FREITAS, Rodrigo Lima e Silva de. *O locus de atuação da exceção de contrato não cumprido no ordenamento jurídico brasileiro*. 2019. Dissertação (Mestrado em Direito) – Universidade do Estado do Rio de Janeiro, Rio de Janeiro, 2019. p. 62-63.

262 "[...] parece desnecessário justificar com o princípio da conservação do negócio (no plano da eficácia) o fato de que seja indispensável que a inexecução atinja obrigação correspectiva para acarretar a resolução, sendo suficiente afirmar que o seu descumprimento, porque essencial para o negócio o adequado cumprimento, rompe o vínculo de correspectividade, tirando a 'justificativa causal' do negócio ao impedir a realização dos efeitos dele decorrentes" (MORAES, Maria Celina Bodin de. O procedimento de qualificação dos contratos e a dupla configuração do mútuo no direito civil brasileiro. *Revista Forense*, v. 309, p. 33-61, jan./mar. 1990. p. 40).

263 Anota a doutrina que o legislador brasileiro conferiu solução diante da previsão da causa como requisito do contrato ao cominar nulidade ao contrato em decorrência da ilicitude do objeto ou do motivo determinante comum a ambas as partes. V. NUNES DE SOUZA, Eduardo. De volta à causa contratual: aplicações da função negocial nas invalidades e nas vicissitudes supervenientes do contrato. *Civilistica.com*, v. 8, n. 2, p. 1-53, 17 set. 2019. p. 8.

264 É interessante a anotação de Caio Mário de que o direito brasileiro tomou partido na fileira anticausalista, afastando a sistemática da causa, mas aplicando-a em circunstâncias especiais, como na exceção de contrato não cumprido. V. PEREIRA, Caio Mário da Silva. *Instituições de direito civil*: introdução ao direito civil.33. ed. Rio de Janeiro: Forense, 2020. v. 1. p. 431.

265 TEPEDINO, Gustavo; KONDER, Carlos Nelson; BANDEIRA, Paula Greco. *In*: TEPEDINO, Gustavo (org.). *Fundamentos do direito civil*: contratos. 2. ed. Rio de Janeiro: Forense, 2021. p. 65.

266 "Art. 421. A liberdade contratual será exercida nos limites da função social do contrato".

267 Sobre as similaridades funcionais entre o papel da causa em outros ordenamentos e a função social do contrato no ordenamento brasileiro, v. KONDER, Carlos Nelson. Causa do contrato x função social do contrato: estudo comparativo sobre o controle da autonomia negocial. *Revista Trimestral de Direito Civil*, v. 43, p. 33-75, jul./set. 2010.

268 MORAES, Maria Celina Bodin de. A causa do contrato. *Civilistica.com*, v. 2, n. 1, p. 1-24, 30 jan. 2013. p. 3. V. tb.: "Hoje, pode-se dizer que o anticausalismo está em franco declínio" (AZEVEDO, Antônio Junqueira de. *Negócio jurídico*: existência, validade e eficácia. São Paulo: Saraiva, 2002. p. 153).

269 Pontes de Miranda entende ser inoperante a extirpação do elemento causal do Código Civil de 1916, cujo sistema já se fundava na noção de causa: v. PONTES DE MIRANDA, Francisco

legislador brasileiro ao não incluir a causa como elemento do negócio, uma vez que a causa remete ao perfil funcional dos contratos e não deve figurar, assim, como elemento de sua estrutura.[270]

Houve, no entanto, inegável resistência ao reconhecimento do papel da causa no direito contratual brasileiro, [271] o que se deve, em grande medida, à aproximação feita entre essa figura e os motivos dos contratantes segundo a concepção subjetiva adotada inicialmente no ordenamento jurídico francês.[272] Como se viu no item 1.3.1 *supra*, Henri Capitant vinculou a causa ao fim jurídico objetivado pelas partes com a celebração do contrato, fim esse que estaria plasmado nas manifestações de vontades de parte a parte, concepção que, apesar de contar com aspecto objetivo, não superou o paradigma voluntarista.[273] Em outro sentido, a experiência italiana oferece concepção objetiva da causa, estabelecendo-a como um dos requisitos de validade do negócio jurídico e diferenciando a causa ilícita do motivo ilícito.[274] Assim, identifica-se

---

Cavalcanti. Tratado de direito privado. São Paulo: *Revista dos Tribunais*, 2012. t. 3. p. 162; "A causa, no nosso direito, não está na lei, mas está, porque é inevitável, no ordenamento como um todo" (AZEVEDO, Antônio Junqueira de. *Negócio jurídico*: existência, validade e eficácia. São Paulo: Saraiva, 2002. p. 76).

270 NUNES DE SOUZA, Eduardo. De volta à causa contratual: aplicações da função negocial nas invalidades e nas vicissitudes supervenientes do contrato. *Civilistica.com*, v. 8, n. 2, p. 1-53, 17 set. 2019. p. 15.

271 "A noção de causa é perfeitamente inútil para a teoria dos atos jurídicos" (BEVILAQUA, Clovis. *Código Civil dos Estados Unidos do Brasil*. Rio de Janeiro: Francisco Alves, 1956. v. 1. p. 271).

272 "Sem dúvida, no entanto, a maior crítica à manutenção deste viés subjetivo reside na eventual confusão entre causa e motivos. A concepção de causa expressa na doutrina francesa, de maneira geral, é *subjetiva*, uma vez que a causa acaba por remeter ao escopo que movimenta as partes, à razão psíquica que fundamenta a constituição da obrigação, a uma finalidade que integra a manifestação de vontade" (KONDER, Carlos Nelson. *Causa e tipo*: a qualificação dos contratos sob a perspectiva civil-constitucional. Rio de Janeiro: [s.n.], 2014. p. 50). A figura foi objeto de tamanhas controvérsias que, na última reforma do Código Civil francês, optou-se por sua exclusão. Sobre o tema, v. WICKER, Guillaume. La suppression de la cause et les solutions alternatives. *In*: SCHULZE, Reiner *et al*. *Droit comparé et européen*: La réforme du droit des obligations en France. Paris: Societé de Législation Comparée, 2015. v. 20.

273 Sobre a concepção da causa para Henri Capitant, anota a doutrina: "Neste modelo, a causa não chega a tornar-se puramente subjetiva, ela mantém um caráter objetivo, ao se referir à integração do elemento motivacional no campo contratual. Mas é inevitável a constatação de que, embora tempere a concepção tradicional – ainda que de forma ambígua –, a formulação de Capitant ainda se ressente da influência do paradigma individualista e voluntarista" (KONDER, Carlos Nelson. Causa do contrato x função social do contrato: estudo comparativo sobre o controle da autonomia negocial. *Revista Trimestral de Direito Civil*, v. 43, p. 33-75, jul./set. 2010. p. 39).

274 Confira-se a redação dos arts. 1.343 e 1.345 do Código Civil italiano: "Art. 1.343. Causa illecita. La causa è illecita quando è contraria a norme imperative, all'ordine pubblico o al

a causa como "a função objetiva, a razão justificadora ou a finalidade prática que o contrato persegue".[275] Ressalva-se que o tema da teoria da causa não é objeto de pesquisa do presente trabalho, matéria que, ante sua complexidade ímpar, não poderia ser profundamente tratada nesta sede. Colhem-se, entretanto, pontuais destaques para o estudo do sinalagma, sem qualquer pretensão de esgotamento do tema.

Assim, em apertada síntese, dentre as concepções objetivas italianas, consagrou-se a de Emilio Betti, [276] segundo a qual a causa representa a "função econômico-social do negócio jurídico, síntese de seus elementos essenciais, com totalidade e unidade funcional".[277] As críticas sobre a consideração de elementos metajurídicos na definição da causa – em desatenção aos interesses individuais em jogo e, portanto, ao papel da causa no escopo prático perseguido pelas partes –[278] e, ainda,

---

buon costume"; "Art. 1.345. Motivo illecito. Il contratto è illecito quando le parti si sono determinate a concluderlo esclusivamente per un motivo illecito comune ad entrambe".

[275] KONDER, Carlos Nelson. Causa do contrato x função social do contrato: estudo comparativo sobre o controle da autonomia negocial. *Revista Trimestral de Direito Civil*, v. 43, p. 33-75, jul./set. 2010. p. 43.

[276] "A despeito das críticas, foi a concepção da causa como função socioeconômica do contrato que se difundiu de forma mais ampla como representativa da objetivação da causa" (KONDER, Carlos Nelson. *Causa e tipo*: a qualificação dos contratos sob a perspectiva civil-constitucional. Rio de Janeiro: [s.n.], 2014. p. 67).

[277] KONDER, Carlos Nelson. *Causa e tipo*: a qualificação dos contratos sob a perspectiva civil-constitucional. Rio de Janeiro: [s.n.], 2014. p. 64. "[...] a causa ou razão do negócio se identifica com a função econômico-social de todo o negócio, considerado despojado da tutela jurídica, na síntese dos seus elementos essenciais, como totalidade e unidade funcional, em que se manifesta a autonomia privada" (BETTI, Emilio. *Teoria geral do negócio jurídico*. Campinas: Servanda, 2008. p. 263-264). V. tb.: TEPEDINO, Gustavo; KONDER, Carlos Nelson; BANDEIRA, Paula Greco. *In*: TEPEDINO, Gustavo (org.). *Fundamentos do direito civil*: contratos. 2. ed. Rio de Janeiro: Forense, 2021. p. 63.

[278] "Ao ser concebida abstratamente, a causa acaba por achatar-se ao tipo, deixando de fora tudo aquilo que excede as suas linhas mestras e que individualizam e especificam a operação perseguida e gerando o empobrecimento e enrijecimento da avaliação do contrato. A defesa da juridicidade e objetividade da concepção da causa não pode desprezar o papel que desempenha o escopo prático perseguido pelas partes no sentido de identificar o negócio concreto em exame – em comparação com a tipicidade abstrata do ordenamento" (KONDER, Carlos Nelson. Causa do contrato x função social do contrato: estudo comparativo sobre o controle da autonomia negocial. *Revista Trimestral de Direito Civil*, v. 43, p. 33-75, jul./set. 2010. p. 47); TEPEDINO, Gustavo; KONDER, Carlos Nelson; BANDEIRA, Paula Greco. *In*: TEPEDINO, Gustavo (org.). *Fundamentos do direito civil*: contratos. 2. ed. Rio de Janeiro: Forense, 2021. p. 63; "La nozione di causa quale funzione economico-sociale è risultata insoddisfacente in quanto il riferimento alla causa tipica porta a trascurare la realità di ogni singolo contratto, e cioè gli interessi reali che di volta in volta il contratto è diretto a realizzare al di là del modello tipico adoperato. [...] In tal senso è decisivo osservare che la nozione di causa quale funzione pratica del contratto può avere una sua rilevanza in quanto si accerti la funzione che il singolo contratto è diretto ad attuare" (BIANCA, C. Massimo. *Istituzioni di diritto privato*. Milano: Giuffrè, 2014. p. 434).

acerca da equiparação da causa ao tipo contratual, foram endereçadas pela interpretação conferida por Salvatore Pugliatti, que enxergou na causa a função do negócio, síntese de seus efeitos essenciais.[279] Em outra vertente, Pietro Perlingeri rechaça a causa em abstrato ou como elemento estrutural do contrato, definindo-a como *função econômico-individual* do negócio, a indicar o valor e o alcance que as próprias partes deram ao contrato.[280]

A grande contribuição das teorias objetivas italianas consistiu na compreensão de que o contrato, uma vez celebrado, passa a consistir

---

279 "D'altra parte – come sè rilevato – nel negozio giuridico la volontà dei soggetti non può che costituire l'elemento materiale, mentre la fonte imediata degli effetti giuridici è la norma. E quindi la causa del negozio, anziché l'intento típico del soggetto, o il complesso degli intenti tipici dei vari soggetti, è la sintesi unitaria degli effetti tipici di un dato negozio giuridico, quali risultano predisposti dalla norma [...] La causa, però, è bene avvertirlo, non può vivere unicamente come astratto schema legale; ma anzi, allo stesso modo di ogni altro elemento del negozio, ha bisogno di trovare rispondenza in um substrato di fatto che deve venir apprestato dai soggetti che pongono in essere il negozio. Sicché la causa nella sua concreta determinazione resulta insieme costituita dalla funzione tipica descritta nella norma e dall'apporto soggettivo dell'agente, apporto consistente nella effettiva destinazione del negozio ai fini posti nella funzione típica. È evidente che, nella predisposizione degli elementi di fatto, gioca l'attività, e quindi la volontà dei soggetti del negozio: ed è questa la ragione per la quale la dottrina, nel costruire il concetto di causa, non sa rinunciare al profilo soggettivo" (PUGLIATTI, Salvatore. *I fatti giuridici.* Milano: Giuffrè, 1996. p. 110-111); "A causa do contrato tornou-se objeto de grande refinamento no direito italiano, de modo a superar as críticas decorrentes de sua fundamentação em elementos metajurídicos: a partir de Salvatore Pugliatti, o dado normativo torna-se prioritário e a causa passa a ser entendida como função jurídica do negócio, expressa pela síntese de seus efeitos jurídicos essenciais. Para Salvatore Pugliatti, definir a causa como função econômico-social é apenas uma arbitrária redução, um empobrecimento do esquema jurídico, pois ele designaria um *quid* de todo estranho ao Direito. Por conta disso, propõe outra interpretação, na qual a causa seria a função jurídica do negócio, expressa pela síntese de seus efeitos jurídicos essenciais. A concepção de Pugliatti, portanto, retira a causa da consciência social e a localiza dentro do ordenamento, na própria norma" (TEPEDINO, Gustavo; KONDER, Carlos Nelson; BANDEIRA, Paula Greco. *In*: TEPEDINO, Gustavo (org.). *Fundamentos do direito civil*: contratos. 2. ed. Rio de Janeiro: Forense, 2021. p. 6); "[...] ao atentar para os efeitos produzidos pelo negócio, o autor deslocou a discussão do campo (estático) dos elementos típicos para o aspecto (dinâmico) da eficácia concreta, permitindo uma análise verdadeiramente funcional" (NUNES DE SOUZA, Eduardo. De volta à causa contratual: aplicações da função negocial nas invalidades e nas vicissitudes supervenientes do contrato. *Civilistica.com*, v. 8, n. 2, p. 1-53, 17 set. 2019. p. 16).

280 PERLINGIERI, *Pietro. Manuale di diritto civile.* 5. ed. Napoli: ESI, 1997. p. 370. Sobre a concepção de Pietro Perlingieri sobre a causa, leciona a doutrina: "[...] na constituição da causa, [há confluência] entre o interesse concreto e os efeitos essenciais do contrato. Isto não significa desprezar as definições anteriores – ao contrário, ele destaca a importância das concepções bettiana e pugliattiana no sentido de reconhecer que o regulamento de interesses constituído pela autonomia da vontade só é protegido porque reconhecido digno de tutela pelo ordenamento –, mas critica a identificação da causa com o esquema regulamentar abstrato a que ela conduz" (KONDER, Carlos Nelson. Causa do contrato x função social do contrato: estudo comparativo sobre o controle da autonomia negocial. *Revista Trimestral de Direito Civil*, v. 43, p. 33-75, jul./set. 2010. p. 52).

em síntese de interesses que se autonomizam das vontades individuais dos contratantes, [281] o que permite atrair efeitos jurídicos adequados para a função negocial do caso concreto. Ao propósito, a síntese dos efeitos de determinado negócio pode decorrer de instrumento que não contemple obrigações correspectivas.[282]

A causa, portanto, seria produto do encontro entre a vontade das partes materializada no contrato e da norma jurídica, [283] desempenhando

---

[281] "Em termos gerais, o que caracteriza as definições mais notórias sobre a causa na doutrina italiana é justamente a compreensão de que, uma vez celebrado, o contrato passa a revelar uma síntese de interesses, um programa objetivamente perceptível por qualquer pessoa que tomar conhecimento dele e de suas circunstâncias – que se autonomiza, após o aperfeiçoamento do ato, da vontade individual das partes" (NUNES DE SOUZA, Eduardo. De volta à causa contratual: aplicações da função negocial nas invalidades e nas vicissitudes supervenientes do contrato. *Civilistica.com*, v. 8, n. 2, p. 1-53, 17 set. 2019. p. 11).

[282] "Utilizando a noção de causa como a síntese dos efeitos essenciais do negócio, deve-se ressaltar que tal síntese abrange a maneira – correspectiva ou não – como se interligam aqueles efeitos. Na compra e venda, por exemplo, considera-se como efeito essencial a obrigação de transferir um direito por um determinado preço. Não obstante, será possível imaginar, por hipótese, um negócio que, em concreto, produza o pagamento de uma soma e a obrigação de transferência de um direito sem que, contudo, deva ser definido como compra e venda, porque tais efeitos não estão incindivelmente ligados entre si, em forma correspectiva, e são o resultado, portanto, de uma diversa função prático-jurídica" (MORAES, Maria Celina Bodin de. A causa do contrato. *Civilistica.com*, v. 2, n. 1, p. 1-24, 30 jan. 2013. p. 18); "A *causa*, na lição desse doutor [Domat], é, pois, o *fundamento* da obrigação, no sentido de que, sempre que alguém se obriga, o vínculo se funda em algo oriundo do credor da obrigação. Pode não haver uma *contrapartida* ou *contraprestação*, mas haverá a entrega de uma coisa (contratos unilaterais) ou, quando menos, um mérito do donatário (contratos gratuitos) a fundamentar a vinculação de quem assume a obrigação" (BESSONE, Darcy. *Do contrato*. 4. ed. São Paulo: Saraiva, 1997. p. 99); "Assim caracterizada, a causa tanto pode ser investigada nos negócios jurídicos bilaterais, e neles o é bilateralmente (na compra e venda, a causa da declaração de vontade do vendedor é trocar a coisa pela prestação pecuniária do comprador e, vice-versa, a deste receber do vendedor a coisa), quanto o pode ser unilateralmente, nos negócios jurídicos unilaterais (no testamento a causa da declaração de vontade do testador é a liberalidade ou o benefício para o legatário)." (PEREIRA, Caio Mário da Silva. *Instituições de direito civil*: introdução ao direito civil.33. ed. Rio de Janeiro: Forense, 2020. v. 1. p. 429).

[283] "[A função social e a causa dos contratos] [s]ão conceitosque traduzem o esforço para a convergência entre a perspectiva individual, própria do ato, e a geral, própria do ordenamento, culminando num ponto decisivo: a regra criada pelos particulares com seu ato de vontade busca obter a eficácia jurídica própria das normas do ordenamento. Assim, as controvérsias são reflexos de um embate mais profundo, que diz respeito ao modo de entender a autonomia negocial e a sua relação com o ordenamento jurídico, a relação entre a liberdade dos privados e a autoridade do direito" (KONDER, Carlos Nelson. Causa do contrato x função social do contrato: estudo comparativo sobre o controle da autonomia negocial. *Revista Trimestral de Direito Civil*, v. 43, p. 33-75, jul./set. 2010. p. 34-35); "[...] a causa é a função que o sistema jurídico reconhece a determinado tipo de ato jurídico, função que o situa no mundo jurídico, traçando-lhe e precisando-lhe a eficácia. A causa fixa, na vida jurídica, o ato"; (PONTES DE MIRANDA, Francisco Cavalcanti. Tratado de direito privado. São Paulo: *Revista dos Tribunais*, 2012. t. 3. p. 128); "Embora continuando a reputar, acertadamente, o negócio como ato da autonomia privada, no qual o sujeito regula seu próprio comportamento e seus interesses, passou-se a sustentar que o ordenamento o

papel "coordenador de toda a operação econômica".[284] O sinalagma, por sua vez, é vínculo interprestacional dos contratos bilaterais.[285] Aliás, como visto no item 2.1 *supra*, nem todas as obrigações de um contrato bilateral são sinalagmáticas. Uma vez estabelecido o vínculo sinalagmático, este é sintetizado na direta conexão de tais prestações, sendo-lhe intrínseco tão somente as características próprias desse nexo.

---

toma em consideração não porque emanante da vontade privada, mas por pertencer ao mundo jurídico" (MORAES, Maria Celina Bodin de. A causa do contrato. *Civilistica.com*, v. 2, n. 1, p. 1-24, 30 jan. 2013. p. 6); "De fato, ao mesmo tempo em que não se confunde com a vontade das partes, a causa tampouco coincide com os efeitos jurídicos, os quais são previstos pela norma [...] Em elegante formulação, já se afirmou que a causa deve ser o *tratto d'unione* entre a norma e a vontade" (NUNES DE SOUZA, Eduardo. De volta à causa contratual: aplicações da função negocial nas invalidades e nas vicissitudes supervenientes do contrato. *Civilistica.com*, v. 8, n. 2, p. 1-53, 17 set. 2019. p. 14),

284 "A individualização do objeto [do contrato] é independente da orientação ou da utilização que as partes lhe possam destinar, a causa, por sua vez, é mais sensível porque desempenha um papel coordenador de toda a operação econômica, é o elemento de coesão entre o acordo das partes e o objeto, exprime a tensão da vontade sobre um bem, o interesse que através do negócio se quer realizar" (KONDER, Carlos Nelson. *Causa e tipo*: a qualificação dos contratos sob a perspectiva civil-constitucional. Rio de Janeiro: [s.n.], 2014. p. 61). V. tb.: "Allo scopo di evitare l'identificazione com il tipo contrattuale e qualsiasi 'funzionalizzazione' ala realizzazione dei valori dell'ordinamento, si è preferito ravvisare nella causa la funzione econômico-individuale, indicando com tale espressione il valore e la portata che all'operazione nella sua globalitá le parti stesse hanno dato, cioè il valore individuale che uma determinata operazione negoziale, considerata nel suo concreto atteggiarsi, assume per le parti" (PERLINGIERI, *Pietro. Manuale di diritto civile*. 5. ed. Napoli: ESI, 1997. p. 370).

285 "Recorrendo a um exemplo ilustrativo: num contrato de compra e venda, a relação de sinalagmaticidade existente entre a obrigação de entrega da coisa e a obrigação de pagamento do preço não se confunde com qualquer das acepções em que a expressão causa do contrato pode ser empregue. Do ponto de vista estrito da relação sinalagmática, é indiferente se o contrato de compra e venda visa proporcionar ao comprador todos os poderes de gozo que integram o conteúdo do direito de propriedade ou constituir uma garantia a seu favor (causa em sentido objetivo)" (FONSECA, Ana Maria Taveira da. *Da recusa de cumprimento da obrigação para tutela do direito de crédito*: em especial na excepção de não cumprimento, no direito de retenção e na compensação. 2013. Tese (Doutorado em Direito) – Universidade Católica Portuguesa, Lisboa, 2013. p. 76); "O sinalagma não é uma função económico-social nem uma função prática do contrato. É apenas a estipulação pelas partes de que cada atribuição jurídica fica dependente de se realizar a outra atribuição e tem por finalidade essa realização. O sinalagma é, pois, um elemento do negócio, do seu texto ou do seu conteúdo [...] O sinalagma cria um conjunto, mas não lhe dá um sentido que não seja esse mesmo conjunto, com sua lógica interna" (PEREIRA, Maria de Lurdes; MÚRIAS, Pedro. Sobre o conceito e a extensão do sinalagma. *In*: CORDEIRO, António Menezes; VASCONCELOS, Pedro Pias de; COSTA E SILVA, Paula. (org.). *Estudos em honra do Professor Doutor José de Oliveira Ascensão*. Coimbra: Almedina, 2008. v. 1. p. 423-425); "La interdependencia funcional entre los deberes de prestación se produce cualquiera que sean las finalidades perseguidas por las partes o sus motivaciones internas. Tampoco es necesario que en la economía subjetiva de las partes la relación de equivalencia se hava producido. Aunque el comprador contrate sin propósito de servirse de la cosa y lo haga unicamente para favorecer al vendedor, no por ello el sinalagma deja de existir" (DIEZ-PICAZO, Luis. *Fundamentos del derecho civil patrimonial:* las relaciones obligatorias. 5. ed. Madrid: Civitas, 1996. v. 2. p. 374).

Assim, a partir da causa do contrato se apuram as balizas que delimitam o sinalagma (as obrigações correspectivas, em extremidades opostas) que, a seu turno, se resume a essa interligação.

Estando o jurista diante de análise de contrato bilateral, como já visto no item 2.1 *supra*, a causa concreta serve como índice que norteia a investigação do sinalagma (especificando as obrigações principais do pacto) e, em sentido convergente, o sinalagma contribui para a definição dos efeitos do negócio.[286] Com efeito, a doutrina já apontou consistir a correspectividade na análise qualitativa da relevância de determinadas prestações para a promoção da causa do contrato, [287] bem como servir para a sua individualização.[288] Nessa esteira, defende-se a identifica-

---

[286] "Sustenta-se, a propósito, a relevância do sinalagma para a própria determinação da causa contratual, de modo que a correspectividade entre prestações desempenharia papel relevante para a individualização da função exercida por um dado contrato. Avançando-se mais um passo nessa análise eminentemente funcional, talvez seja o caso de se reconhecer, em complementação (frise-se, não sobreposição) a essa formulação, que a causa concreta – enquanto mínima unidade de efeitos essenciais e interesses tangenciados pelo contrato (MARASCO, 2006, p. 29-30) – tem o condão de servir como ponto de referência para a determinação do sinalagma" (SILVA, Rodrigo da Guia. A renovada bilateralidade contratual: por uma releitura do sinalagma no paradigma da heterointegração dos contratos. *Revista da Faculdade de Direito de São Bernardo do Campo*, v. 25, n. 2, p. 1-24, 2019. p. 13). V. tb.: "Maggior interesse, per gli interpreti, ha suscitato l'individuazione e la definizione della causa dei contratti corrispettivi. In proposito si osserva come, in dottrina, si sia da più parti sottolineato come nel contratto a prestazioni corrispettive si stabilisca fra le due prestazioni un nesso di interdipendenza (che Messineo definisce di consensualità reciproca), per cui ciascun contraente non è tenuto alla propria prestazione, se non sia dovuta ed adempiuta la prestazione dell'altro. Consegue che la causa del contratto va individuata nell'esistenza e nell'esecuzione delle reciproche controprestazioni, poiché solo in questo modo viene realizzata la funzione econômica e sociale del contratto stesso, ossia il soddisfacimento dei diversi interessi dei contraenti" (CAMILLETTI, Francesco. *Profili del problema dell'equilibrio contrattuale.* Milano: Giuffrè, 2004. p. 25).

[287] SILVA, Rodrigo da Guia. A renovada bilateralidade contratual: por uma releitura do sinalagma no paradigma da heterointegração dos contratos. *Revista da Faculdade de Direito de São Bernardo do Campo*, v. 25, n. 2, p. 1-24, 2019. p. 13-14.

[288] "A interdependência funcional, também chamada de nexo de correspectividade, entre os efeitos essenciais serve, de modo especial, a determinar a função negocial. De fato, observou-se que o nexo de sinalagmaticidade, isto é, o particular coligamento jurídico entre os efeitos do contrato, indica o nexo funcional existente entre os recíprocos interesses dos contraentes. A correspectividade, se não é critério suficiente para a especificação dos contratos ditos unilaterais (porque, nesse caso, o que releva é, exatamente, a sua ausência), coloca-se, nos contratos com prestações correspectivas, como elemento indicador da causa do contrato, na medida em que indica entre quais prestações corre o nexo de sinalagmaticidade, permitindo, desta forma, que se identifiquem os efeitos essenciais em cada tipo" (MORAES, Maria Celina Bodin de. A causa do contrato. *Civilistica.com*, v. 2, n. 1, p. 1-24, 30 jan. 2013. p. 18 e 41); "O sinalagma, como já se adiantou, possui íntima conexão com a causa do negócio, sendo, por essa razão, considerado o nexo funcional entre prestações. A partir da observância da mínima unidade de efeitos do negócio, identifica-se como se interligam as obrigações incidentes sobre cada um dos distintos centros de interesses – se de maneira correspectiva ou não. A individuação da função do negócio perpassa a análise de modo pelo qual se ligam

ção de descumprimentos que ensejam o manejo da *exceptio* a partir da averiguação "se a prestação descumprida assume relevância tal apta a abalar a mínima unidade de efeitos do contrato".[289]

Como se vê, os conceitos mutuamente auxiliam na especificação um do outro, o que é de todo natural por se relacionarem com a essência do contrato – de um lado, o âmago das suas obrigações principais; de outro, a unidade mínima dos efeitos que o contrato desempenhará, indissociável das obrigações que compõem o sinalagma.[290]

2.5 Proposta dos elementos do sinalagma

O sinalagma consiste em figura jurídica a que muito se recorre no estudo do direito dos contratos, apesar de não ser tarefa simples defini-la. Sua enunciação vem acompanhada das noções de equivalência, reciprocidade, correspectividade, interdependência e, como se viu no item 1.4 *supra*, já foram sugeridas pela doutrina suas principais características. A partir desse espectro, propõe-se quais seriam seus elementos distintivos no intuito de delimitar seu conteúdo específico, o que é feito a partir de todas as conclusões e dados levantados acerca do sinalagma até aqui.

---

as obrigações a cargo das partes" (CASTRO, Diana Loureiro Paiva de; FREITAS, Rodrigo. A qualificação do contrato de doação com encargo: proposta de delimitação de fronteiras entre modo e contraprestação à luz da metodologia civil-constitucional. *In*: TEPEDINO, Gustavo; TEIXEIRA, Ana Carolina Brochado; MATOS, Ana Carla Harmatiuk (coord.). *Direito civil, Constituição e Unidade do Sistema*: anais do Congresso Internacional de Direito Civil Constitucional – V Congresso IBDCIVIL. Belo Horizonte: Fórum, 2019. p. 420); "Secondo l'opinione prevalente, sia pure con varietà di formulazioni, la corrispettività è caratterizzata dal nesso di reciprocità tra le prestazioni o le attribuzioni patrimoniali. Sebbene sia stato rilevato che essa non può essere utilizzata per individuare i singoli tipi perché afferisce à molteplici contratti, pare che non si debba, solo per questa ragione, escludere che tale carattere fornisca elementi utili per determinare la causa del singolo contratto intesa quale minima unità efettuale, quale sintesi degli effetti essenziali" (BISCONTINI, Guido. *Onerosità, corrispettività e qualificazione dei contratti:* il problema della donazione mista. Napoli: Edizioni Scientifiche Italiane, 2005. p. 75-76). V. tb. SALLES, Raquel Bellini de Oliveira. *A autotutela pelo inadimplemento nas relações contratuais*. 2011. Tese (Doutorado em Direito) – Universidade do Estado do Rio de Janeiro, Rio de Janeiro, 2011. p. 110.

289 FREITAS, Rodrigo Lima e Silva de. *O locus de atuação da exceção de contrato não cumprido no ordenamento jurídico brasileiro*. 2019. Dissertação (Mestrado em Direito) – Universidade do Estado do Rio de Janeiro, Rio de Janeiro, 2019. p. 62.

290 "Riassumendo, la causa del contratto è il contenuto del medesimo cioè il fine obbiettivo economico-giuridico perseguito dalle parti; nei contratti a prestazioni corrispettive (bilaterali) tale contenuto consiste nel sorgere di reciproche obbligazioni" (PERSICO, Giovanni. *L'eccezione d'inadempimento*. Milano: Giufrè, 1955. p. 48); "A reciprocidade constitui a causa, que não pode ser vista atomisticamente como se cada prestação tivesse causa distinta" (PENTEADO, Luciano de Camargo. *Doação com encargo e causa contratual*. Campinas: Millennium, 2004. p. 91-92).

O ponto de partida de sua análise perpassa a captura dos efeitos que decorrem de um sujeito vincular-se juridicamente a um instrumento *porque* a outra parte também o faz – e, mais ainda, obrigar-se a prestar *para que* possa obter o que o outro tem a oferecer e vice-versa. Tal enquadramento já ambienta a direção de enfoque para identificação das obrigações que compõem o sinalagma: o resultado útil objetivado por determinado contrato, que ensejou sua celebração com vistas à troca das correspectivas prestações. Como se viu no item 2.1 *supra*, é a partir dos concretos efeitos objetivados pelas partes que se pode identificar as obrigações essenciais para sua consecução, que delimitam o vínculo sinalagmático. O critério é relevante, pois, nem todas as obrigações de um contrato bilateral se caracterizam como sinalagmáticas. Nessa esteira, mais do que a existência de posições correlatas, busca-se a identificação desse específico nexo entre as obrigações principais, o que é discriminado pela causa do contrato.

O ajuste, portanto, baseia-se na assunção de posições, por ambas as partes, que impliquem, a um só tempo, o dever de cumprir sua prestação e no direito a receber a contraprestação da parte contrária. E o sinalagma é justamente o produto desse arranjo de interesses contrapostos de parte a parte em um contrato. Informado por tais centros de interesse, ele não se confunde, exclusivamente, com nenhum deles, mas exsurge como nexo funcional[291] decorrente dessa tensão entre os polos prestacionais.[292]

---

[291] "Esta característica da bilateralidade coincide com a etimologia da palavra (*bis latus*) e restringe-se, sendo desta forma insatisfatória, à indicação da existência de obrigações recíprocas. [...] Não era, pois, bastante a bilateralidade definida pelo *Code* para a atribuição das consequências que, em contraposição à disciplina dos contratos unilaterais, o ordenamento necessitava impor e que são a própria justificativa da distinção. Esta, de fato, perde valor se nada altera em um contrato apenas a presença de obrigações recíprocas entre as partes. Em contrapartida, importará indagar, para a aplicação das normas que dizem respeito à bilateralidade, como se verá, se entre as obrigações principais existe nexo de causalidade ou de funcionalidade, isto é, se uma é a razão jurídica da outra" (MORAES, Maria Celina Bodin de. O procedimento de qualificação dos contratos e a dupla configuração do mútuo no direito civil brasileiro. *Revista Forense*, v. 309, p. 33-61, jan./mar. 1990. p. 40). V. tb.: SILVA, Rodrigo da Guia. A renovada bilateralidade contratual: por uma releitura do sinalagma no paradigma da heterointegração dos contratos. *Revista da Faculdade de Direito de São Bernardo do Campo*, v. 25, n. 2, p. 1-24, 2019. p. 18-19. A doutrina também já fez alusão à expressão "nexo finalístico": "As prestações estão coligadas entre si pelo vínculo da finalidade (uma é feita em função da outra), e a equivalência que a expressa está nas duas fases. Estas, por sua vez, em planos diversos, também estão unidas pelo nexo finalístico, cada uma existindo em função da outra, evidenciando um processo obrigacional dinâmico" (AGUIAR JR., Ruy Rosado de. *Extinção dos contratos por incumprimentodo devedor*. Rio de Janeiro: Aide, 2004. p. 82).

[292] "Nos contratos sinalagmáticos, o Direito valora uma estrutura ôntica disfarçada pelo contracenar de duas prestações de sentido contrário" (MENEZES CORDEIRO, António Manuel da Rocha e. *Da boa fé no direito civil*. Coimbra: Almedina, 2001. p. 847).

Nessa esteira, por tudo visto até aqui, despontam três características distintivas do sinalagma: (i) reciprocidade; (ii) interdependência e (iii) correspectividade. A reciprocidade relaciona-se ao aspecto de estarem as duas partes vinculadas perante o contrato de modo equiparado. Captura, assim, objetivamente, o aspecto macroscópico dos contratos bilaterais. A interdependência, a seu turno, é composta por dois vieses, um relacionado à causalidade e outro à finalidade, dois lados da mesma moeda: a parte se obriga em razão da obrigação correspondente, tanto no sentido de apenas assumir tal posição *porque* a outra parte assumiu dever correspondente, quanto no sentido de aceitar o dever de prestar *para* receber a contraprestação. Por fim, a correspectividade representa a qualidade de equivalência jurídica das prestações interdependentes, no sentido de as partes valorarem de modo paritário as suas obrigações.[293]

Assim, a reciprocidade representa o contexto das obrigações contrapostas surgidas a partir de instrumento pelo qual duas partes se vinculam, uma perante a outra. A interdependência é sua essência, formada pelos aspectos indissociáveis de vincular-se em razão de a outra parte também ter se obrigado e para receber a contraprestação. A correspectividade, enfim, decorre da interdependência das prestações tal como engendrada pelas partes, despontando como a equivalência atribuída aos polos prestacionais. Apenas quando conjugados esses três elementos se estará diante de vínculo sinalagmático.

A sistematização proposta não pretende se contrapor à doutrina que tenha definido diferentemente os aspectos da reciprocidade, interdependência e correspectividade ou mesmo que tenha tratado deles conjuntamente.[294] É cediço que todos os termos pertencem ao mesmo

---

293 "Dans le contrat synallagmatique, l'obligation de chaque partie est actuelle, *nécessaire;* chaque partie recherchant dans la prestation qu'on lui promet un *équivalent* à la sienne, et n›assumant d›obligation que pour avoir l›engagement de l›autre"(CASSIN, René. *De l'exception tirée de l'Inexécution dans les rapports synallagmatiques (exceptio non adimpleti contractus) et des ses relations avec le droit de rétention, la compensation et la résolution.* Paris: Sirey, 1914. p. 449); "Sono contratti sinallagmatici, o - come dice il codice a prestazioni corrispettive quei contratti dai quali nell'ambito di uno stesso strumento negozile sorgono contemporaneamente nell'una e nell'altra parte obblighi e diritti a prestazionireciproche collegate tra loro da un rapporto di interdipendenza" (TRABUCCHI, Alberto. *Istituzioni di diritto civile.* 46. ed. Milani: Cedam, 2013. p. 767).

294 Veja-se, a título exemplificativo: "Ove manchi il rapporto di reciproca dipendenza dele obbligazioni (*sinallagma*), non c'è vera corrispettività anche se dallo stesso contrattosorgonoobbligazioni a carico di entrambe le parti" (TRABUCCHI, Alberto. *Istituzioni di diritto civile.* 46. ed. Milani: Cedam, 2013. p. 768); "Secondo l'opinione prevalente, sia pure con varietà di formulazioni, la corrispettivitàè caratterizzata dal nesso di reciprocità tra le prestazioni o le attribuzioni patrimoniali" (BISCONTINI, Guido. *Onerosità,*

campo semântico e, em alguma medida, possuem significados que podem se sobrepor. O que se pretende, tão somente, é destrinchar esses diferentes caracteres do sinalagma de acordo com suas especificidades mais marcantes, na tentativa de tornar a aferição do sinalagma mais objetiva.

Cotejando-se os elementos delineados com as características do sinalagma já apontadas pela doutrina, expostas no item 1.4 *supra*, chega-se à conclusão de que as teorias objetivas e subjetivas, nos termos enunciados por Serpa Lopes, fizeram importantes contribuições para delimitação do sinalagma, especialmente se associadas.[295] As teorias objetivas acertam ao aproximar os contratos sinalagmáticos e instrumentos onerosos, tendo em vista que os contratos bilaterais são onerosos – apesar de não haver sobreposição conceitual, como se viu no item 1.2 *supra* – e andam bem ao destacar o traço distintivo da relação de troca equivalente tal como estabelecida pelos contratantes, capturado pelo aspecto da correspectividade. As teorias subjetivas, a seu turno, prestigiam a finalidade do pacto instrumentalizada pelas partes por meio das obrigações conexas pelas quais se vinculam. É benfazejo o enfoque dado ao resultado útil do contrato como índice para definição do vínculo sinalagmático, tendo em vista que, como se viu no item 2.1 *supra*, as obrigações serão reputadas como principais na medida em que essenciais para promover os efeitos perseguidos pelas partes. Também é verdadeira a vinculação entre a função do contrato e o vínculo sinalagmático. Destaca-se, no entanto, como se viu no item 2.4 *supra*, que a partir da causa do contrato se apuram as balizas que delimitam o sinalagma (as obrigações correspectivas) que, a seu turno, se resume a interligação interprestacional.

No que tange aos tradicionais pressupostos da comunidade de origem das obrigações (fundadas em vínculo comum) e da reciprocidade[296] ou conexidade, [297] entende-se que eles estão abarcados nos critérios ora sugeridos, estando a comunidade de origem materializada

corrispettività e qualificazione dei contratti: il problemadella donazione mista. Napoli: Edizioni ScientificheItaliane, 2005. p. 75).

295 SERPA LOPES, Miguel Maria de. *Exceções substanciais*: exceção de contrato não cumprido (*exceptio non adimpleti contractus*). Rio de Janeiro: Freitas Bastos, 1959. p. 235-237.

296 CASSIN, René. *De l'exception tirée de l'Inexécution dans les rapports synallagmatiques (exceptio non adimpleti contractus) et des ses relations avec le droit de rétention, la compensation et la résolution.* Paris: Sirey, 1914. p. 469.

297 SERPA LOPES, Miguel Maria de. *Exceções substanciais*: exceção de contrato não cumprido (*exceptio non adimpleti contractus*). Rio de Janeiro: Freitas Bastos, 1959. p. 244.

na reciprocidade; e a reciprocidade ou conexidade abarcadas nos elementos da interdependência e correspectividade. Ressalva-se, no entanto, a importância visualizada nesta sede de que haja a conjugação dos elementos do sinalagma indicados, nos termos definidos, para a efetiva caracterização do vínculo sinalagmático. Veja-se que, valendo-se apenas dos critérios da comunidade de origem e reciprocidade, René Cassin entende ser possível a aplicação da exceção de contrato não cumprido nos contratos bilaterais imperfeitos, [298] posição da qual não se compartilha, como se verá no item 2.6 *infra.*

Em relação aos aspectos da relação correspectiva do sinalagma indicados por Francesco Camilletti, [299] entende-se que o aspecto imediato, da utilidade alcançada por uma parte com a execução da prestação pela outra, é o que fomenta a vinculação das partes ao contrato bilateral, relacionado, portanto, nesse viés, ao elemento da reciprocidade. Ademais, considerando o intuito de recebimento da contraprestação, também se tangencia o viés da causalidade da interdependência. O aspecto teleológico, segundo o qual cada parte pretender atribuir a outra uma atribuição patrimonial com a finalidade de obter da contraparte a atribuição correspondente, espelha o viés da finalidade da interdependência. O aspecto temporal, relacionado à coesão temporal da realização das prestações, como se verá no item 3.3.1 *infra,* é fruto do sinalagma funcional, isto é, da exigência de observância durante a execução do contrato do nexo estabelecido entre as obrigações sinalagmáticas. Decorre, portanto, da leitura conjunta dos três aspectos indicados. E, por fim, o aspecto econômico, avaliação do valor das prestações feitas pelas partes a partir da comparação do que se presta e o que se recebe, é plasmado pelo elemento da correspectividade.

No âmbito da doutrina portuguesa, como se viu no item 1.4 *supra,* sugere-se que o conteúdo do sinalagma decorreria de uma leitura conjunta das principais teses sobre o assunto, quais sejam, de um lado, a limitação no sentido de uma prestação ser apenas devida em troca da contraprestação e, de outro lado, o resultado decorrente das

---

298 CASSIN, René. *De l'exception tirée de l'Inexécution dans les rapports synallagmatiques (exceptio non adimpleti contractus) et des ses relations avec le droit de rétention, la compensation et la résolution.* Paris: Sirey, 1914. p. 452-453.

299 CAMILLETTI, Francesco. *Profili del problema dell'equilibrio contrattuale.* Milano: Giuffrè, 2004. p. 22-23.

prestações ajustadas relacionadas ao fim objetivado pelo contrato.[300] Para os autores, há de se reconhecer que o sinalagma se integra ao fim recíproco de obter a prestação e que se vinculada à reciprocidade dos deveres dos contratantes, destacando que o vínculo reúne elementos de finalidade e dupla dependência. É acertada a identificação do escopo da finalidade objetivada de parte a parte de obter a contraprestação, plasmada no viés de finalidade do elemento da interdependência, [301] bem como da dupla dependência, que se conecta diretamente com o aspecto aqui denominado de interdependência.

No bojo dessa análise, os autores portugueses indicam a existência de três elementos do sinalagma: (i) cada parte vincula-se perante a outra parte, surgindo, desse vínculo, direito ao recebimento da prestação; (ii) cada parte vincula-se *se* e *só se* a outra prestação se concretizar e (iii) cada uma das prestações é estabelecida *para que* a outra se concretize.[302] No que tange ao primeiro elemento, ele se equipara ao critério da reciprocidade. No que tange ao segundo elemento, concordamos que cada parte se vincula *se* e *só se* a outra parte também se obrigar a prestar, mas não se revela adequado condicionar a eficácia do vínculo contratual à concretização da prestação. As críticas formuladas à teoria da condição resolutiva tácita como fundamento da *exceptio*, vistas no item 1.3.2 *supra*, podem ser aqui aplicadas. Se, segundo o sinalagma, deixasse de subsistir o vínculo jurídico do excipiente quando a contraprestação não se concretizasse, sequer seria necessária a figura da *exceptio*, tendo em vista que o excipiente estaria automaticamente desobrigado. No entanto, existe a previsão da exceção de contrato não

---

300 PEREIRA, Maria de Lurdes; MÚRIAS, Pedro. Sobre o conceito e a extensão do sinalagma. *In*: CORDEIRO, António Menezes; VASCONCELOS, Pedro Pias de; COSTA E SILVA, Paula (org.). *Estudos em honra do Professor Doutor José de Oliveira Ascensão*. Coimbra: Almedina, 2008. v. 1. p. 411.

301 Nessa esteira, os autores afirmam que o sinalagma "dá unidade e autonomia, dá sentido *de conjunto* à relação atributiva [...] Contudo, não dá uma finalidade *ao conjunto* nem ao negócio, o que seria um passo a mais" (PEREIRA, Maria de Lurdes; MÚRIAS, Pedro. Sobre o conceito e a extensão do sinalagma. *In*: CORDEIRO, António Menezes; VASCONCELOS, Pedro Pias de; COSTA E SILVA, Paula (org.). *Estudos em honra do Professor Doutor José de Oliveira Ascensão*. Coimbra: Almedina, 2008. v. 1. p. 425).

302 PEREIRA, Maria de Lurdes; MÚRIAS, Pedro. Sobre o conceito e a extensão do sinalagma. *In*: CORDEIRO, António Menezes; VASCONCELOS, Pedro Pias de; COSTA E SILVA, Paula (org.). *Estudos em honra do Professor Doutor José de Oliveira Ascensão*. Coimbra: Almedina, 2008. v. 1. p. 414. No mesmo sentido: DAL PIZZOL, Ricardo. *Exceção de contrato não cumprido*: sinalagma, causa e boa-fé objetiva. Uma releitura à luz dos novos temas contratuais. 2020. Tese (Doutorado em Direito) – Faculdade de Direito da Universidade de São Paulo, São Paulo, 2020. p. 187.

cumprido justamente porque é necessário endereçar situação em que, não fosse a regra, a parte lesada pelo inadimplemento da contraparte poderia ter sua prestação demandada. Seu exercício, nessa esteira, afasta os efeitos do inadimplemento, como veremos no capítulo 3 *infra*, mas não extingue o vínculo jurídico. Tanto que, sanada a mora do excepto, fica reestabelecida a exigibilidade da obrigação do excipiente.[303] Por fim, no que tange ao terceiro elemento, ele se equipara ao critério da interdependência, no viés da finalidade.

2.6 Os ditos contratos bilaterais imperfeitos

Colhidos esses elementos, interessante se faz a análise dos ditos contratos bilaterais imperfeitos, aqueles em que a obrigação principal está a cargo de apenas um dos contratantes, mas que, em situações específicas, pode-se vincular dever para a parte que, a princípio, não seria obrigada pela prestação principal.[304]

Há quem defenda não serem os contratos bilaterais imperfeitos instrumentos sinalagmáticos, dado que os deveres acidentalmente criados não são a razão de ser da obrigação principal.[305] Tais contratos

---

303 MESSINEO, Francesco. *Doctrina general del contrato*. Buenos Aires: Ediciones Jurídicas Europa-América, 1986. t. 2. p. 436.

304 PEREIRA, Caio Mário da Silva. *Instituições de direito civil*: contratos. 24. ed. Rio de Janeiro: Forense, 2020. v. 3. p. 61. Ruy Rosado afirma haver duas espécies de contratos bilaterais imperfeitos: "(a) aqueles que já na sua celebração atribuem prestações às suas partes, mas não em reciprocidade (o comodante tem a obrigação de propiciar ao comodatário o gozo da coisa, e este a de restituí-la – art. 579 e ss. do Código Civil); (b) os contratos que ensejam, eventualmente, depois de sua celebração, o surgimento de obrigações de prestar pela parte até ali não obrigada – depósito gratuito, em que a obrigação do depositante só surge depois do contrato, para pagamento das despesas feitas com a coisa (arts. 643/644 do Código Civil" (AGUIAR JR., Ruy Rosado de. *Extinção dos contratos por incumprimentodo devedor*. Rio de Janeiro: Aide, 2004. p. 84). António Menezes Cordeiro alude a "sinalagma imperfeito": "Como figura intermédia entre o sinalagma e o não sinalagma, temos o sinalagma imperfeito. Trata-se de contratos geneticamente não sinalagmáticos mas nos quais, no seu funcionamento, podem vir a surgir prestações recíprocas" (CORDEIRO, António Menezes. *Tratado de direito civil português*: direito das obrigações. Coimbra: Almedina, 2010. v. 2. t. 2. p. 199).

305 "Fala-se também de contratos sinalagmáticos *imperfeitos* para designar as convenções de que só derivam, *em princípio*, obrigações para uma das partes, mas das quais também podem resultar, *acidentalmente*, obrigações para a outra. Em bom rigor, *não se trata de contratos sinalagmáticos*, por *faltar neles o nexo próprio do sinalagma*. Os deveres a que *eventualmente* fica sujeito um dos contraentes não estão verdadeiramente unidos ou ligados aos que pesam, *institucionalmente*, sobre o outro. Por exemplo, do mandato não remunerado brotam apenas, *em princípio*, obrigações para o *mandatário* (art. 1.161); mas, se o *mandatário* fizer, na execução do mandato, *despesas* justificadas, ou sofrer *prejuízo* em consequência dessa execução, o *mandante* tem de *reembolsá-lo* ou *indemnizá-lo* [art. 1.167, alíneas c) e d)]. Não há, todavia, nestes casos *nem sinalagma genético nem sinalagma funcional*, porque os deveres de

seriam, na realidade, unilaterais, dado que um evento acidental não teria o condão de alterar a essência do contrato, a qual é estabelecida no momento da sua formação e "inalterável por efeitos de fatos ulteriores, puramente acidentais ou eventuais e sem correlação com as obrigações principais", anotando-se, contudo, nada impedir que "em um contrato em princípio unilateral, as partes insiram cláusulas que o desfigurem, tornando-o bilateral".[306]

Nessa direção, diferenciam-se o contrato sinalagmático, no qual são criadas obrigações recíprocas em virtude do consentimento das partes, e os contratos bilaterais imperfeitos, em que a obrigação surgida posteriormente não teria como fonte o contrato, mas "fato acidental, posterior e independente da convenção".[307] Haveria, nesse contexto,

---

uma das partes não constituem *razão de ser* dos deveres da outra, nem têm de ser cumpridos *ao mesmo tempo* que eles" (TELLES, Inocêncio Galvão. *Manual dos contratos em geral*. 4. ed. Coimbra: Wolters Kluwer, 2010. p. 486). Outros autores também classificam os contratos bilaterais imperfeitos como instrumentos não sinalagmáticos. V. LEITÃO, Luís Manuel Teles de Menezes. *Direito das obrigações*. Coimbra: Almedina, 2002. v. 1. p. 193; VARELA, João de Matos Antunes. *Das obrigações em geral*.10. ed. Coimbra: Almedina, 2000. v. 1. p. 398; PEREIRA, Caio Mário da Silva. *Instituições de direito civil*: contratos. 24. ed. Rio de Janeiro: Forense, 2020. v. 3. p. 59; SILVA, João Calvão da. *Cumprimento e sanção pecuniária compulsória*. Coimbra: Almedina, 2002. p. 334.

306 BESSONE, Darcy. *Do contrato*: teoria geral. 4. ed. São Paulo: Saraiva, 1997. p. 72; AGUIAR JR., Ruy Rosado de. *Extinção dos contratos por incumprimentodo devedor*. Rio de Janeiro: Aide, 2004. p. 84; "Se a prestação, que, de ordinário, é prometida em contrato unilateral, passa a ser contra outra prestação, bilateraliza-se o contrato" (PONTES DE MIRANDA, Francisco Cavalcanti. Tratado de direito privado. São Paulo: *Revista dos Tribunais*, 2012. t. 3. p. 285). V. tb.: "Compreendido que a bilateralidade se refere a prestações correspectivas e, sobretudo, que o procedimento de qualificação se desenvolve a partir da causa concreta do negócio, cabe afirmar que a bilateralidade imperfeita não goza de autonomia. Isso por duas razões principais. Em primeiro lugar, considerando-se que a presença ou ausência de sinalagma resulta na mudança dos efeitos essenciais do contrato, a obrigação *não correspectiva* surgida durante a sua execução não modifica a causa concreta da avença nascida unilateral. Em segundo lugar, se é a partir da função concreta que se extrai a mínima unidade de efeitos essenciais do contrato, a bilateralidade dita imperfeita, ao promover uma cisão entre o momento estático (relativo à formação do contrato) e o momento dinâmico (referente à sua execução), não se prestaria a tal intento. Desse modo ou bem o contrato será bilateral – se no momento da execução do contrato se encontrar presente a correspectividade – ou bem unilateral – se ausente o sinalagma independentemente dos efeitos queridos pelas partes no momento da celebração do negócio" (CASTRO, Diana Loureiro Paiva de; FREITAS, Rodrigo. A qualificação do contrato de doação com encargo: proposta de delimitação de fronteiras entre modo e contraprestação à luz da metodologia civil-constitucional. *In:* TEPEDINO, Gustavo; TEIXEIRA, Ana Carolina Brochado; MATOS, Ana Carla Harmatiuk (coord.). *Direito civil, Constituição e Unidade do Sistema*: anais do Congresso Internacional de Direito Civil Constitucional – V Congresso IBDCIVIL. Belo Horizonte: Fórum, 2019. p. 423).

307 SERPA LOPES, Miguel Maria de. *Exceções substanciais*: exceção de contrato não cumprido (*exceptio non adimpleti contractus*). Rio de Janeiro: Freitas Bastos, 1959. p. 252. Exemplifica o autor, relatando a posição dos doutrinadores sobre o tema: "A despesa feita no interesse da coisa alheia ou o prejuízo sofrido por efeito desta coisa, e esse fato gera uma ação de reembolso ou de indenização, mesmo que o fato ocorresse entre pessoas não interligadas

uma aparência de bilateralidade, que não seria, no entanto, essencialmente sinalagmática, porque embora possa se identificar prestação e contraprestação, essas não representariam o correspectivo uma da outra – consequência da natureza eventual da segunda prestação.[308] Para os adeptos dessa linha, a exceção de contrato não cumprido não poderia ser invocada no âmbito dos contratos bilaterais imperfeitos.[309]

Em outro sentido, parte da doutrina reconhece que, embora um contrato bilateral imperfeito não possa se transmutar em perfeito em razão da ausência, quando de sua formação, de obrigações

---

por qualquer contrato". Em sentido diverso, Cassin identifica diferenças entre uma ação relacionada a responsabilidade decorrente de um contrato e uma ação baseada em responsabilidade extracontratual: "Il n'est pas vrai tout d'abord que dans ces derniers contrats, une seule des obligations ait sa source dans la convention, et que la seconde soit indépendante de la convention parce qu'elle dérive d'un fait accidentel, postérieur à la convention: la dépense faite dans l'intérêt de la chose d'autrui par le mandataire par exemple. Car si ce fait engendre une action en remboursement, même lorsqu'il se produit entre personnes non liées par un contrat, l'action en remboursement qui existe en ce cas au profit de l'auteur des impenses n'est pas la même que celle qui appartient au mandataire ou au gérant d'affaires. Dans le premier cas le propriétaire ne peut être poursuivi qu'à concurrence du montant de son enrichissement, de la plus-value donnée à la chose par les impenses. Par l'action de mandat au contraire, on peut lui réclamer le remboursement de tout ce qui a été dépensé, même si la plus-value de la chose est inférieure aux frais faits, même si un événement fortuit est venu après coup détruire l'efficacité des soins et des impenses du mandataire. Un tel résultat serait absolument inexplicable si l'obligation du mandant n'avait pas sa source dans le contrat de mandat et naissait exclusivement en vertu du principe que nul ne peut s'enrichir injustement aux dépens d'autrui" (CASSIN, René. *De l'exception tirée de l'Inexécution dans les rapports synallagmatiques (exceptio non adimpleti contractus) et des ses relations avec le droit de rétention, la compensation et la résolution*. Paris: Sirey, 1914. p. 451).

308 DE RUGGIERO, Roberto. *Instituições de Direito Civil*. 6. ed. São Paulo: Saraiva, 1937. v. 3. p. 216; "Al momento della conclusione di questi contratti sorgono obbligazioni a carico di un solo contraente ed attribuzioni patrimoniali equalmente unilaterali; nel corso del contratto possono sorgere delle obbligazioni reciproche, che tuttavia non sono legate da un vincolo di corrispettività (sinallagma funzionale) con quelle nate al momento della sua conclusione (...) Tutte queste obbligazioni eventuali non mutano la natura giuridica dei contratti in esame che restano unilaterali e gratuiti. In caso di inadempimento no sarà perciò applicabile nessuno dei rimedi previsti per i contratti a prestazioni corrispettive (risoluzione, eccezione d'inadempimento) (si)" (PERSICO, Giovanni. *L'eccezione d'inadempimento*. Milano: Giufrè, 1955. p. 57). V. tb.: "O comodato é contrato unilateral: pretensão à restituição e, até, à ação, pelo mau uso, não o fazem bilateral; não as prometeu a restituição, nem o uso regular, para que fôsse concedido o uso, nem se concedeu o uso para que se restituísse a coisa comodada" (PONTES DE MIRANDA, Francisco Cavalcanti. Tratado de direito privado. São Paulo: *Revista dos Tribunais*, 2012. t. 3. p. 285).

309 DE RUGGIERO, Roberto. *Instituições de direito civil*. 6. ed. São Paulo: Saraiva, 1937. v. 3. p. 217; CAPITANT, Henri. *De la cause des obligations*. 3. ed. Paris: Librairie Dalloz, 1927. p. 279-280. Serpa Lopes esclarece que Capitant se fundou na regulação conferida pelo direito germânico, no qual há expressa regulação no sentido da *exceptio* apenas se aplicar a relação sinalagmática perfeita. V. SERPA LOPES, Miguel Maria de. *Exceções substanciais*: exceção de contrato não cumprido (*exceptio non adimpleti contractus*). Rio de Janeiro: Freitas Bastos, 1959. p. 256-257.

correspectivamente assumidas pelas partes, [310] e, ainda, apesar de o liame de equivalência ser menos estreito em comparação ao dos contratos bilaterais perfeitos, dever-se-ia ampliar o espectro de incidência da *exceptio* para abarcar essa espécie de instrumento.[311] Nesse sentido, reconhece-se a conexão entre o fato superveniente – que deu origem a obrigações posteriormente criadas – e a obrigação originária.[312] Tomando-se o exemplo do mandato, a doutrina explica que, embora o mandante não se comprometa com nenhum sacrifício inicialmente no momento da conclusão do contrato, existe desde sua celebração a premissa de que o mandatário será mantido indene de eventuais danos que suportar em virtude do cumprimento do contrato.[313]

De outro giro, há posição segundo a qual, tomando-se a bilateralidade como correspectividade funcional entre prestações – superando-se a bilateralidade como existência de obrigações a cargo de ambos os contratantes no momento da celebração do negócio –, a categoria dos contratos bilaterais imperfeitos seria despicienda: "ou

---

310 "Des faits postérieurs pourront faire naître une obligation à la charge de l'autre contractant, donner au contrat unilatéral à l'origine un caractère synallagmatique. Cependant le contrat reste toujours synallagmatique imparfait à cause de l'absence au jour de sa formation, de deux obligations actuelles" (CASSIN, René. *De l'exception tirée de l'Inexécution dans les rapports synallagmatiques (exceptio non adimpleti contractus) et des ses relations avec le droit de rétention, la compensation et la résolution*. Paris: Sirey, 1914. p. 447).

311 "Sans doute le lien de connexité juridique qui existe ici entre l'obligalion actuelle du mandataire et l'obligation éventuelle du mandant est moins étroit que le lien qui existe entre deux promesses simultanées et réciproques de prestations équivalentes [...] Notre conclusion sera donc très nette: dès lors que dans les contrats synallagmatiques imparfaits comme dans les contrats synallagmatiques parfaits, il existe avant tout entre les obligations réciproques des parties, une communauté réelle d'origine, un lien de connexité intellectuel, subjectif, le type de rétention qu'il y a lieu d'admettre doit être identiquement le même pour les deux catégories de rapports: ce doit être l'exception *non adimplite contractus*" (CASSIN, René. *De l'exception tirée de l'Inexécution dans les rapports synallagmatiques (exceptio non adimpleti contractus) et des ses relations avec le droit de rétention, la compensation et la résolution*. Paris: Sirey, 1914. p. 452-453).

312 SERPA LOPES, Miguel Maria de. *Exceções substanciais*: exceção de contrato não cumprido (*exceptio non adimpleti contractus*). Rio de Janeiro: Freitas Bastos, 1959. p. 255.

313 "[...] on ne peut nier que lorsque le mandataire accepte d'accomplir gracieusement la mission qui lui est confiée, il ne songe à rester indemne de tout dommage. Le mandant de son côté n'escompte pas seulement les bons résultats de la gestion de son mandataire. S'il ne consent actuellement aucun sacrifice, il s'engage du moins à garantir le mandataire contre toutes les suites que pourra comporter l'accomplissement de sa mission. On peut dire que le contenu de son obligation n'est pas encore fixé au jour de la conclusion du contrat, mais que le principe même de cette obligation existe dès ce moment" (CASSIN, René. *De l'exception tirée de l'Inexécution dans les rapports synallagmatiques (exceptio non adimpleti contractus) et des ses relations avec le droit de rétention, la compensation et la résolution*. Paris: Sirey, 1914. p. 452). V. tb.: SERRA, Adriano Paes da Silva Vaz. Excepção de Contrato não Cumprido, *Boletim do Ministérioda Justiça*, n. 67, p. 5-169, 1957, p. 65.

bem há correspectividade funcional (independentemente da fonte ou do momento de surgimento das obrigações) e é o contrato bilateral/sinalagmático, ou falta correspectividade e o contrato é unilateral/não sinalagmático".[314] Tal posição parece acertada por sintetizar que, se, em concreto, houver sinalagma pelo preenchimento de seus predicados, não se revela necessária a categoria dos contratos bilaterais imperfeitos.

Analisando os exemplos comumente fornecidos para esses casos, como as despesas assumidas pelo depositário, a princípio, parece não haver a configuração dos elementos que seriam necessários para a caracterização do sinalagma, a afastar, portanto, a possibilidade de aplicação da exceção. No momento de celebração do contrato, não se reputa caracterizada a reciprocidade, por não assumirem as partes posições contratuais equiparadas. Ainda que superada a ausência desse elemento pelo surgimento de obrigação para a parte que, usualmente, não estaria obrigada, a nova obrigação não poderia ser reputada como interdependente: o depositário não se vincula porque o depositante irá reembolsar-lhe as despesas, tampouco o depositário assume a posição contratual com a finalidade de ser reembolsado. O reembolso, com efeito, não se configura como contraprestação da obrigação principal assumida pelo depositário. Como decorrência, também não se alcança

[314] SILVA, Rodrigo da Guia. A renovada bilateralidade contratual: por uma releitura do sinalagma no paradigma da heterointegração dos contratos. *Revista da Faculdade de Direito de São Bernardo do Campo*, v. 25, n. 2, p. 1-24, 2019. p. 16; "Isso conduziu a doutrina a referir a contratos bilaterais imperfeitos, deixando dúvidas quanto à especificidade da disciplina jurídica justificadora da classificação. Por tal circunstância, mostra-se mais consentâneo com o sistema considerar como bilaterais os contratos em que há nexo de reciprocidade entre as obrigações de ambas as partes, criando vínculo funcional entre as prestações correspectivas. A esse nexo denomina-se sinalagma, e por isso os contratos bilaterais são referidos como sinalagmáticos, com significativas repercussões jurídicas, como a possibilidade de o credor vítima de inadimplemento reter sua própria prestação (exceção de contrato não cumprido) e resolver o contrato (cláusula resolutiva tácita)" (TEPEDINO, Gustavo; KONDER, Carlos Nelson; BANDEIRA, Paula Greco. *In*: TEPEDINO, Gustavo (org.). *Fundamentos do direito civil*: contratos. 2. ed. Rio de Janeiro: Forense, 2021. p. 73); "A prescindere da qualsiasi riferimento all'equivalenza tra le attribuzioni patrimoniali, il nesso sinallagmatico pone le attribuzioni necessariamente l'una in funzione dell'altra, sicché resulta improprio il ricorso alla categoria dei contratti sinallagmatici imperfetti per classificare quelli in cui le obbligazioni, pur presenti a carico di entrambe le parti, non sono corrispettive. In queste ipotesi si hanno contratti bilaterali dai quali, come per la generalità, conseguono effetti anche obbligutori per i contraenti; la corrispettivitá, poiché indica un particolare modo di essere del regolamento, non può mai essere imperfetta perché può soltanto o esservi o no" (BISCONTINI, Guido. *Onerosità, corrispettività e qualificazione dei contratti:* il problema della donazione mista. Napoli: Edizioni Scientifiche Italiane, 2005. p. 77-78). Em sentido análogo, Carvalho Mendonça entende que a categoria não possui nenhum valor doutrinário. V. CARVALHO DE MENDONÇA, Manoel Ignacio. *Doutrina e prática das obrigações*. 2. ed., Rio de Janeiro: Francisco Alves, 1938. t. 2. p. 330.

a correspectividade das prestações, no sentido de as partes celebrarem contrato por visualizarem nas prestações o equivalente jurídico uma da outra – não se trata, a rigor, de relação de troca. O fato de eventual reembolso ser proporcional às despesas incorridas não altera essa conclusão. Como se viu, a equivalência jurídica a que se alude não decorre de correspondência monetária entre as obrigações, mas sim na atribuição de valor equiparável no sistema de intercâmbio das obrigações que motivaram a avença.

Vale ainda destacar que, para esses casos, o legislador previu a possibilidade de retenção da coisa até o pagamento do que é devido para tutela do depositário, conforme art. 644 do Código Civil.[315] Em sentido análogo, no mandato, também há previsão de teor semelhante no art. 664 do mesmo diploma.[316] Como é cediço, existem diferenças entre

---

315 "Art. 644. O depositário poderá reter o depósito até que se lhe pague a retribuição devida, o líquido valor das despesas, ou dos prejuízos a que se refere o artigo anterior, provando imediatamente esses prejuízos ou essas despesas". A doutrina comenta: "Cuida-se de aplicação específica do direito geral de retenção coibidor do injusto enriquecimento, possível em várias situações no ordenamento. Caso não tenha o depositário prova suficiente do valor dessas despesas, ou se ilíquido, o depositário poderá exigir caução idônea do depositante e, na falta desta, poderá pedir a remoção da coisa para depósito oficial até a respectiva liquidação. Tendo em vista o caráter unilateral, ou bilateral imperfeito do depósito, o legislador procura minimizar as possibilidades e o depositário sofrer prejuízos com o negócio" (VENOSA, Sílvio de Salvo. *Código Civil Interpretado.* São Paulo: Atlas, 2010. p. 628); "O direito de retenção se justificará não só como modo coercitivo para o depositário reaver as despesas descritas no art. 643, como ainda para obter a própria 'retribuição devida', nos casos em que o depósito for oneroso, por terem as partes avençado uma remuneração em favor do depositário, que não é paga pelo depositante" (DE GODOY, Claudio Luiz Bueno *et al. Código Civil comentado. In*: PELUSO, Cezar (coord.). 15. ed. Barueri: Manole, 2021. p. 629).

316 "Art. 664. O mandatário tem o direito de reter, do objeto da operação que lhe foi cometida, quanto baste para pagamento de tudo que lhe for devido em consequência do mandato". A doutrina comenta: "Como o mandatário é possuidor de boa-fé, diante do justo título que fundamenta o contrato (posse de boa-fé presumida), tem ele o direito de reter do objeto da operação que lhe foi cometida tudo quanto baste para pagamento do que lhe for devido em consequência do negócio. Isso, desde que, logicamente, o mandato seja oneroso. Segundo o Enunciado n. 184 do Conselho da Justiça Federal, aprovado na III Jornada de Direito Civil, esse dispositivo deve ser interpretado em conjunto com o art. 681 do mesmo Código Civil, segundo o qual o mandatário tem sobre a coisa de que tenha a posse em virtude do mandato direito de retenção, até se reembolsar do que no desempenho do encargo despendeu. Na literalidade, preconiza o citado enunciado doutrinário que 'da interpretação conjunta desses dispositivos, extrai-se que o mandatário tem o direito de reter, do objeto da operação que lhe foi cometida, tudo o que lhe for devido em virtude do mandato, incluindo-se a remuneração ajustada e o reembolso de despesas'. A ementa doutrinária visa a demonstrar que os dois comandos legais se complementam, elucidando quais são os valores devidos a título de retenção" (SCHREIBER, Anderson *et al. Código Civil comentado*: doutrina e jurisprudência. 3. ed. Rio de Janeiro: Forense, 2021. p. 468). V. tb. VENOSA, Sílvio de Salvo. *Código Civil Interpretado.* São Paulo: Atlas, 2010. p. 644.

a *exceptio* e o direito de retenção, [317] mas há registro de os dois meios tutelarem idêntico objetivo de recusa provisória de atender ao pedido da contraparte, [318] de modo que as previsões destacadas suprem, nessa direção, a ausência de aplicação da exceção de contrato não cumprido. Nesse exato sentido, a doutrina já afirmou que "a tutela do figurante de boa-fé, nos contratos bilaterais imperfeitos, se realiza através do direito de retenção", [319] dado que, nesses casos, há dívidas recíprocas e conexas, mas independentes – independência essa que exclui a aplicação da exceção de contrato não cumprido. Para aplicação da *exceptio* não basta a coexistência de dívidas originadas do mesmo negócio, o que impede sua invocação no âmbito dos ditos contratos bilaterais imperfeitos.[320] Assim, pode-se entender que o legislador conferiu solução jurídica para tutelar esses casos nos quais, pela ausência do sinalagma, a exceção de contrato não cumprido não poderia ser invocada.[321]

---

317 Tais distinções não são objeto deste trabalho. Sobre a matéria, v., DA FONSECA, Arnoldo Medeiros. *Direito de retenção*. 3. ed. Rio de Janeiro: Forense, 1957; CASSIN, René. *De l'exception tirée de l'Inexécution dans les rapports synallagmatiques (exceptio non adimpleti contractus) et des ses relations avec le droit de rétention, la compensation et la résolution*. Paris: Sirey, 1914. p. 180 e ss; GAGLIARDI, Rafael Villar. *Exceção de contrato não cumprido*. São Paulo: Saraiva, 2010. p. 50 e ss; BIAZI, João Pedro de Oliveira de. *A exceção de contrato não cumprido no direito privado brasileiro*. 1. ed. Rio de Janeiro: LMJ Mundo Jurídico, 2019. p. 127 e ss.

318 SERPA LOPES, Miguel Maria de. *Exceções substanciais*: exceção de contrato não cumprido (*exceptio non adimpleti contractus*). Rio de Janeiro: Freitas Bastos, 1959. p. 210.

319 ASSIS, Araken de. *In*: ALVIM, Arruda; ALVIM, Thereza (Coords.). *Comentários ao Código Civil brasileiro*. Rio de Janeiro: Forense, 2007. v.5. p. 668. V. tb.: SERRA, Adriano Paes da Silva Vaz. Excepção de Contrato não Cumprido, *Boletim do Ministérioda Justiça*, n. 67, p. 5-169, 1957, p. 69.

320 "Na verdade, não basta que as obrigações tenham todas a sua fonte no contrato e que mesmo as obrigações eventuais do mandante (como as do comodante ou do depositante) existam, em princípio, desde a realização do contrato – para que a *exceptio* esteja legitimada (...) Nos chamados contratos bilaterais imperfeitos, há obrigações para ambas as partes, mas estas obrigações não são a causa uma da outra, não são a atribuição ou a compensação uma da outra, e, por isso, não há que pensar neles em equilibro ou equivalência a manter com a *exceptio* (...)" (SERRA, Adriano Paes da Silva Vaz. Excepção de Contrato não Cumprido, *Boletim do Ministérioda Justiça*, n. 67, p. 5-169, 1957, p. 66-67).

321 Nesse sentido, a doutrina exemplifica que no contrato de aluguel a obrigação de restituição das benfeitorias não compõem o sinalagma – de modo que não autoriza a aplicação da exceção – mas, em contrapartida, o ordenamento prevê a possibilidade de retenção, conforme art. 578 do Código Civil. V. TERRA, Aline de Miranda Valverde; NANNI, Giovanni Ettore. Exceção de contrato não cumprido na coligação contratual. *Civilistica.com*, v. 10, n. 2, p. 1-26, 19 set. 2021. p. 7-8. V. tb.: "É possível generalizar, a esta altura, a admissibilidade da *exceptio*. Ela se limita aos contratos bilaterais por uma razão profunda e sólida. Nesta espécie de contrato, há interdependência de prestações (...) Ao invés, em outros similares, em que há um interesse legítimo de um figurante em recusar sua prestação à vista do inadimplemento do parceiro, 'a hipótese não é já de *exceptio non adimpleti contractus*'. Além dos exemplos retirados dos contratos bilaterais 'imperfeitos', há pouco recordados, ilustra tal orientação o direito do devedor à quitação regular e, se for o caso, à devolução do título que representa

2.7 Contratos plurilaterais

Vale analisar, ainda, a configuração do sinalagma no caso dos contratos associativos, de natureza plurilateral, nos quais as diversas partes se reúnem e se organizam perante contrato, visando ao produto da congregação de todos os esforços. Há quem repute, nesses casos, haver configuração de "sinalagma indireto".[322] Diferentemente dos contratos bilaterais, em que uma parte objetiva somente a contraprestação da outra, nesses instrumentos a parte se vincula com vistas a participar do resultado maior que, em conjunto, poderá ser alcançado.

A individuação do que se busca, nesse sentido, é de outra qualidade, mais difusa e menos especificamente vinculada às contribuições das partes singularmente tomadas. Ademais, não se trata de contrato reputado como *de troca*, já que o objetivo final – embora perpasse a contribuição materializada por cada prestação – reside no fim comum.[323-324]

---

a dívida, e as relações do condomínio horizontal. Nessas situações, não cabe a *exceptio*, realizando-se a tutela do interesse do obrigado através da retenção do pagamento (artigos 319 e 321)" (ASSIS, Araken de. *In*: ALVIM, Arruda; ALVIM, Thereza (Coords.). *Comentários ao Código Civil brasileiro*. Rio de Janeiro: Forense, 2007. v. 5. p. 670).

322 AZEVEDO, Antonio Junqueira de. Natureza jurídica do contrato de consórcio (sinalagma indireto). Onerosidade excessiva em contrato de consórcio. Resolução parcial do contrato. *In*: *Novos estudos e pareceres de direito privado*. São Paulo: Saraiva, 2009. p. 363.

323 "O conflito de interesses – evidente na constituição e subsistente durante a vida da sociedade – permite falar de contrato e excluir o ato complexo; a comunhão de objetivo, por sua vez, distingue esse contrato dos de permuta" (ASCARELLI, Tullio. O contrato plurilateral. *In*: *Problemas das sociedades anônimas e direito comparado*. São Paulo: Saraiva, 1945. p. 278).

324 "A dicotomia entre contratos unilaterais e contratos bilaterais reputa-se insuficiente por parte da doutrina diante dos contratos de viés associativo, como o contrato de sociedades, o acordo de voto entre acionista e o consórcio, por exemplo. Nesses contratos, ditos plurilaterais, diversas partes se reúnem em torno de um mesmo e único objetivo e o contrato desempenha uma função instrumental, organizadora, normativa, disciplinando a conjugação de esforços para atingir esse objetivo. Não há apenas a troca de prestações, já que os diversos centros de interesses, no contrato de sociedade, se encontram reunidos para a persecução do fim comum, razão pela qual são referidos como contratos plurilaterais. Essas peculiaridades conduzem a efeitos normativos próprios, como, por exemplo: a abertura para o ingresso de novas partes no curso da relação contratual, com o prolongamento da formação do contrato; a orientação das obrigações de uma parte não perante outra específica, mas perante todos os demais; a fixação do prazo não para o cumprimento de determinadas obrigações, mas para o desenvolvimento da organização no seu conjunto" (TEPEDINO, Gustavo; KONDER, Carlos Nelson; BANDEIRA, Paula Greco. *In*: TEPEDINO, Gustavo (org.). *Fundamentos do direito civil*: contratos. 2. ed. Rio de Janeiro: Forense, 2021. p. 73); "Cabe indicar, ainda, a figura dos contratos plurilaterais, que são aqueles em que entram mais de duas partes, resultando todas obrigadas. Não se confundem com aqueles em que há simplesmente pluralidade de pessoas, já que, para nós, parte do negócio jurídico tem sentido direcional [...]. A pluralidade de partes, como centros autônomos, ocorre nos casos (como na constituição de uma sociedade) em que vários contratantes emitem suas vontades, cada uma representando seus próprios interesses. O contrato plurilateral produz efeitos que se podem diversificar em relação a cada parte, podendo ser gratuito para uma,

Por esse motivo, há muito se analisa a possibilidade de aplicação de remédios tradicionalmente previstos para os contratos sinalagmáticos aos contratos plurilaterais, notadamente a exceção de contrato não cumprido.[325]

É interessante observar que, no exemplo da sociedade, contrato plurilateral por excelência, embora, uma vez formado, o instrumento favoreça a todos os sócios e tenha como vetor finalidade comum, no momento de sua constituição se observam interesses antagônicos, na medida em que cada participante pretende tirar de sua contribuição o maior lucro possível, em contraposição aos demais interesses em jogo. Além disso, durante a execução do contrato, cada parte é movida por objetivos individuais e retira proveito da sociedade em medida diversa.[326]

---

oneroso para outra etc." (PEREIRA, Caio Mário da Silva. *Instituições de direito civil*: contratos. 24. ed. Rio de Janeiro: Forense, 2020. v. 3. p. 61); "Os que se desviam da noção clássica de bilateralidade partem do ponto de vista do próprio mecanismo da sociedade, porquanto nêle não se observa uma diversidade de interesses, interesses opostos só reguláveis por meio do contrato. Enquanto nos contratos sinalagmáticos são prestações e contraprestações opostas, duas somas de interesses que se pacificam pela regulamentação a contratual, sendo diversos os objetivos das duas partes contratantes, no contrato plurilateral, ao contrário, são interesses que convergem para um objetivo comum" (SERPA LOPES, Miguel Maria de. *Exceções substanciais*: exceção de contrato não cumprido (*exceptio non adimpleti contractus*). Rio de Janeiro: Freitas Bastos, 1959. p. 258).

325 "Na realidade, pode dizer-se tradicional a sensação da diferença entre o contrato de sociedade e os contratos que poderíamos dizer, genericamente, de permuta, e, realmente, a doutrina sempre examinou alguns problemas (por ex., o da *exceptio inadimpleti contractus*) em relação aos quais algumas regras gerais dos contratos pareciam de difícil aplicação ao contrato de sociedade" (ASCARELLI, Tullio. O contrato plurilateral. *In*: *Problemas das sociedades anônimas e direito comparado*. São Paulo: Saraiva, 1945. p. 274). O autor esclarece que a referência a contratos de permuta ocorre no alcance mais amplo da expressão, e exemplifica contratos de "venda, troca, locação, mútuo, etc.".

326 A observação foi feita por Tullio Ascarelli: "Por um lado, parece-me inegável que, *na constituição da sociedade*, as várias partes têm interesses antagônicos, exatamente como nos contratos de escambo; por exemplo, no que respeita à avaliação das respectivas contribuições; à determinação da respectiva ingerência na administração; à distribuição dos lucros e das perdas. Cada sócio visa tirar da própria contribuição o máximo lucro, pondo-se, destarte, em conflito com os demais. No contrato de sociedade o direito é tão consciente desse contrato que intervém (com as normas sobre a sociedade leonina) para limitar equitativamente as possíveis desproporções entre sócios. De outro lado, no entanto, a constituição de uma sociedade representa apenas um primeiro passo: a sociedade, uma vez constituída, visa a uma finalidade comum a todos os sócios, todos interessados na melhor realização dela; constitui um instrumento que, uma vez constituído, favorece a todos os sócios. Por conseguinte, oposição de interesses, na constituição da sociedade; coincidência, porém, no que concerne à realização daquela comum finalidade social, que redunda em proveito de todos os sócios, embora em medida diversa, o que, por sua vez, explica o contraste na constituição; embora em relação a objetivos individuais, diversos, visados por cada sócio; embora sem excluir, portanto, um real conflito de interesses, também *durante* a vida da sociedade" (ASCARELLI, Tullio. O contrato plurilateral. *In*: *Problemas das sociedades anônimas e direito comparado*. São Paulo: Saraiva, 1945. p. 277).

Nessa esteira, as obrigações assumidas no momento da constituição da sociedade o são perante os demais sócios, as quais se tornam, uma vez constituída, obrigações perante a sociedade, unificada por meio da personalidade jurídica. Disso decorrem consequências jurídicas, como a distinção entre o patrimônio social e o dos sócios e os interesses individuais dos sócios e os interesses da sociedade.[327]

Vale destacar que não se pretende, neste trabalho, investigar tipos societários específicos, tampouco tratar das diversas manifestações dos contratos plurilaterais. A presente análise parte da premissa de que nos contratos plurilaterais em geral as partes se vinculam objetivando o fim comum. As diferenças existentes entre os diversos contratos plurilaterais não é objeto do presente trabalho e, embora múltiplas as formas de organização, acredita-se que a premissa indicada se revela verdadeira.

Nessa esteira, Tullio Ascarelli enuncia características próprias dos contratos plurilaterais, que os distinguem dos contratos bilaterais, dentre as quais destacamos as seguintes: (i) é possível a participação de mais de duas partes, ao passo que, nos ditos contrato de permuta, apesar de ser possível a participação de mais de dois sujeitos, há, somente, duas partes; (ii) todas as partes de um contrato plurilateral são titulares de direitos e obrigações, ao passo que, nos contratos de permuta, "decorrem obrigações recíprocas quanto a todas as (duas) partes";[328] (iii) cada parte tem obrigações não para com uma outra parte, mas para com todas e, portanto, adquire direitos para com todas as partes; (iv) os interesses contrastantes das várias partes são unificados por meio de uma finalidade comum, sendo instrumentos com comunhão de fim;[329] (v) tais contratos possuem, portanto, função instrumental, de modo que a execução das obrigações das partes não exaure seu objeto, mas consiste em premissa para atividade ulterior. Nessa esteira, ao passo que os contratos plurilaterais visam a disciplinar a utilização dos bens

---

327 ASCARELLI, Tullio. O contrato plurilateral. *In*: *Problemas das sociedades anônimas e direito comparado*. São Paulo: Saraiva, 1945. p. 282-283.

328 ASCARELLI, Tullio. O contrato plurilateral. *In*: *Problemas das sociedades anônimas e direito comparado*. São Paulo: Saraiva, 1945. p. 286.

329 Afirma o autor que nos contratos plurilaterais o conceito de "fim ou escopo" adquire autonomia. Nos demais contratos, segundo ele, há identificação com a função típica do próprio contrato, que "permanece, em princípio, no campo dos motivos, quanto entendido em relação a uma atividade ulterior das partes, para cuja realização seja concluído o contrato" (ASCARELLI, Tullio. O contrato plurilateral. *In*: *Problemas das sociedades anônimas e direito comparado*. São Paulo: Saraiva, 1945. p. 290). Como se vê, o autor relaciona a função dos contratos bilaterais aos motivos das partes, o que se diferencia conceitualmente de nossa análise acerca da causa dos contratos bilaterais.

a que se referem, nos contratos de permuta objetiva-se a distribuição de bens, não importando, para a configuração desse contrato, a sua sucessiva utilização. Com efeito, nos plurilaterais, o direito regula não só a formação do contrato, mas também o preenchimento de sua função instrumental; (vi) o prazo nos contratos plurilaterais tem alcance diverso, pois não se refere ao momento em que devem ser cumpridas as obrigações, mas ao momento até o qual deve perdurar a organização no seu conjunto; (vii) as partes do contrato plurilateral possuem direitos do mesmo tipo, podendo haver diferenciação quantitativa, mas não qualitativa, ao passo que, nos demais contratos, o direito de cada parte é tipicamente distinto do direito da contraparte; (viii) no contrato plurilateral, cada obrigação pode ter objeto diverso – o sócio pode aportar dinheiro, um imóvel, conceder o uso de um bem, assumir o compromisso de trabalhar – e nos demais contratos a obrigação de cada parte tem objeto típico constante – o vendedor de transferir a coisa, o comprador de pagar o preço, por exemplo; (ix) os contratos plurilaterais apresentam-se como contratos abertos, sendo comuns a permanente oferta de adesão a novas partes e a possibilidade de desistência, sem que seja necessária uma reforma do contrato, o que seria inconcebível nos contratos de permuta; (x) o vício de manifestação de vontade não importa na nulidade ou anulabilidade de todo o contrato plurilateral, o que se relaciona com o princípio da conservação que limita as consequências do vício à manifestação de vontade; (xi) a impossibilidade da execução da obrigação de uma das partes ou sua mera inexecução nos contratos bilaterais importam na resolubilidade do contrato, ao passo que nos contratos plurilaterais esses eventos concernem somente à adesão da parte a cuja obrigação se referem, permanecendo vigente o contrato se seu objetivo ainda é alcançável; (xii) a posição de quem participa de um contrato plurilateral é bem mais complexa do que a de um contrato de permuta, por adquirirem-se direitos e deveres de natureza profundamente diversa – desde direitos patrimoniais a obrigações de administração e gestão – submetidos a disciplinas próprias.[330]

Ressalta-se, em particular, as anotações do autor sobre equivalência, aplicabilidade da exceção de contrato não cumprido e caracterização

---

330 ASCARELLI, Tullio. O contrato plurilateral. *In*: *Problemas das sociedades anônimas e direito comparado*. São Paulo: Saraiva, 1945. p. 285-311. V. tb.: SERPA LOPES, Miguel Maria de. *Exceções substanciais*: exceção de contrato não cumprido (*exceptio non adimpleti contractus*). Rio de Janeiro: Freitas Bastos, 1959. p. 259-260.

de sinalagma nos contratos plurilaterais. No que tange à equivalência, leciona Tullio Ascarelli:

> nos contratos bilaterais, as prestações de cada parte se apresentam em uma relação jurídica de equivalência, substituindo-se reciprocamente no patrimônio de cada uma. Nos plurilaterais, ao contrário, as prestações de cada parte não se apresentam, consideradas isoladamente, numa relação de equivalência; essa relação existe, porém, entre as obrigações e os direitos de cada parte e as de todas as demais, ou seja, levando em conta obrigações e direitos de cada parte, perante todas as demais.[331]

Nessa esteira, defende o autor que o inadimplemento de um participante não autorizaria, *per se*, a inexecução das obrigações dos outros sócios, caso o objetivo do contrato ainda pudesse ser perseguido; por outro lado, não seria aceitável requerer o adimplemento de um sócio sem pedir simultaneamente o dos demais. Ademais, não haveria nos contratos plurilaterais relação de caráter direto e imediato do sinalagma no sentido de a obrigação de uma parte depender da existência da obrigação da parte contrária ou a inexecução de uma prestação autorizar a inexecução da contraparte: "Nos contratos plurilaterais, essa relação, em lugar de ter um caráter direto e imediato, como nos contratos de permuta, adquire um caráter indireto e mediato". Assim, a invalidade ou inexecução das obrigações de uma parte não exclui, por si só, a permanência do contrato entre as demais – a não ser que torne impossível a consecução do objetivo comum. Tais diferenças possuem raízes na comunhão de objetivos e no caráter instrumental desses contratos, que, por se voltarem a ulterior atividade, não se concentram nas relações *entre* os que participam do contrato plurilateral, mas sim nas relações estabelecidas pela organização.[332]

---

331 ASCARELLI, Tullio. O contrato plurilateral. *In*: *Problemas das sociedades anônimas e direito comparado*. São Paulo: Saraiva, 1945. p. 296.

332 ASCARELLI, Tullio. O contrato plurilateral. *In*: *Problemas das sociedades anônimas e direito comparado*. São Paulo: Saraiva, 1945. p. 308-309. No mesmo sentido: "Tutti i contratti con prestazioni corrispettive sono onerosi, ma non tutti i contratti onerosi sono con prestazioni corrispettive: non lo sono i contratti con comunione di scopo, il cui prototipo è rappresentato dai contratti associativi. Nel contratto di società ciascun socio s'impegna alla sua prestazione (il conferimento) in vista del vantaggio giuridico della partecipazione alla società, reso possiibile dalle prestazioni (dai conferimenti) degli altri soci: dunque il contratto è oneroso. Ma le prestazioni dei diversi soci non sono fra loro corrispettive: ciascun socio esegue il proprio conferimento non per ottenere in cambio un'utilità diretta dagli altri soci; bensì per ottenere che, attraverso i conferimenti di tutti i soci, si realizzi la struttura comune destinata

No mesmo sentido, a doutrina confirma que, além de efeitos normativos próprios, nos contratos plurilaterais, não prevalece o interesse individual que predomina no contrato sinalagmático, razão pela qual o inadimplemento de uma das partes não autoriza a invocação de exceção do contrato não cumprido.[333] A rigor, uma vez personificada a sociedade, o inadimplemento de qualquer dos sócios não autorizaria o inadimplemento dos demais, já que a dívida se estabelece com a sociedade, [334] o que sinaliza a ausência de correspectividade *entre* as prestações dos sócios.[335] Nessa esteira, o Código Civil oferece como remédios para o

---

a soddisfarne gli interessi (svolgere l'attività economica, capace di dare profitti)." (ROPPO, Vicenzo. *Il contratto*. Milano: Giuffrè, 2001. p. 434).

333 "Além disso, em tais contratos plurilaterais, o vício da declaração de vontade de uma das partes não invalida o contrato como um todo, e se reconhece que a impossibilidade da prestação ou a resolução ocasionadas por uma parte não compromete a continuidade do contrato em relação aos demais contratantes. Ainda no contrato plurilateral, o inadimplemento de uma das partes não autoriza, *de per si*, a invocação de exceção do contrato não cumprido pelos demais participantes, já que o fim comum afasta a prevalência do interesse individual que predomina no contrato sinalagmático" (TEPEDINO, Gustavo; KONDER, Carlos Nelson; BANDEIRA, Paula Greco. *In*: TEPEDINO, Gustavo (org.). *Fundamentos do direito civil*: contratos. 2. ed. Rio de Janeiro: Forense, 2021. p. 73). V. tb.: "A bilateralidade, o sinalagma, é que determina a solução técnica da exceção *non adimpleti contractus* e da exceção *non rite adimpleti contractus*. Não há pensar-se em tais exceções se o contrato não é bilateral, como o de sociedade e o de fidúcia" (PONTES DE MIRANDA, Francisco Cavalcanti. *Tratado de direito privado*. São Paulo: Bookseller, 2003. t. 26. p. 123). Em sentido contrário, v. DAL PIZZOL, Ricardo. *Exceção de contrato não cumprido*: sinalagma, causa e boa-fé objetiva. Uma releitura à luz dos novos temas contratuais. 2020. Tese (Doutorado em Direito) – Faculdade de Direito da Universidade de São Paulo, São Paulo, 2020. p. 361.

334 "O crédito, se a sociedade se personificou, é dela, e não dos sócios. [...] Cada sócio tem de prestar ainda que nenhum outro haja prestado; se houve impossibilidade de prestar por parte de alguém, já escapa à nulidade o contrato social" (PONTES DE MIRANDA, Francisco Cavalcanti. Tratado de direito privado. São Paulo: *Revista dos Tribunais*, 2012. t. 3. p. 292). Nessa linha de ideias, o autor entende que antes da personificação da sociedade, seria possível o exercício da *exceptio*: "O crédito de entradas dos sócios compete ao conjunto dêles, antes da personificação da sociedade. Se a sociedade é de dois sócios só, seria absurdo pré-excluir-se a legitimação à exceção *non adimpleti contractus*; bem assim, do restante ou dos restantes contra os faltosos. Se um dêles, ou alguns dêles foram incumbidos da cobrança, não se pode, *a priori*, negar a exceção se o incumbido prestou e os outros ou alguns não prestaram (sem razão, P. KNOKE, *Dos Recht der Gesellschaft*, 42 s.). Depois da personificação, a exceção teria de ir contra a sociedade, o que não se explicaria" (p. 292). Entende-se que a investigação de possibilidade da aplicação da *exceptio* em instrumento que visa a formação de sociedade, antes de sua personificação – objetivo central da congregação de esforços – contribui pouco para a investigação do sinalagma nesses arranjos, como ora se pretende.

335 "Depois da personificação, o crédito que resulta do contrato é da sociedade, e somente ela teria, em princípio (salvo disposição legal ou contratual), legitimidade para executar a contribuição devida pelo sócio. Nesse caso, se a sociedade cobra do sócio sua contribuição, não cabe a este excepcionar pela falta de outras contribuições, pois não há correspectividade entre as prestações" (AGUIAR JR., Ruy Rosado de. Comentários aos arts. 472 a 480. *In*: TEIXEIRA, Sálvio de Figueiredo (coord.). *Comentários ao novo Código Civil*: da extinção do contrato. Rio de Janeiro: Forense, 2011. v. 6. t. 2. p. 739).

caso de inadimplemento dos sócios a possibilidade de a sociedade exigir o cumprimento, pleiteando, se cabível, os danos decorrentes da mora ou, se deliberado por maioria, promover a exclusão do sócio remisso, ou reduzir-lhe a quota ao montante já realizado, conforme art. 1.004, *caput* e parágrafo único.[336] O fato de os sócios contarem com a prestação dos demais sócios não torna o contrato, por isso, correspectivo.[337] Nesse sentido, entende-se que, ausente a função de troca, o vínculo que se estabelece não pode ser entendido como sinalagmático.[338]

---

336 "Art. 1.004. Os sócios são obrigados, na forma e prazo previstos, às contribuições estabelecidas no contrato social, e aquele que deixar de fazê-lo, nos trinta dias seguintes ao da notificação pela sociedade, responderá perante esta pelo dano emergente da mora. Parágrafo único. Verificada a mora, poderá a maioria dos demais sócios preferir, à indenização, a exclusão do sócio remisso, ou reduzir-lhe a quota ao montante já realizado, aplicando-se, em ambos os casos, o disposto no § 1º do art. 1.031".

337 "Inoltre, l'interdipendenza non è uma regola esclusiva dei contratti a prestazioni corrispettive e non può quindi servire a identificare il concetto di corrispettività. Quale vincolo di reciproco condizionamento l'interdipendenza si riscontra infatti in tutti i contratti in cui la prestazioine di ciauscuna parte assume un'importanza determinante per la realizzazione dela causa del contratto. Così, ad es., nel contratto di società, che certamente non è a prestazioini corrispettive, la prestazione di ciascuno dei soci può esse talmente importante per l'economia del contratto da condizionare l'attuazione del programma sociale e, pertanto, da condizionare le prestazioni degli altri" (BIANCA, Cesare Massimo. *Diritto Civile*: il contratto. Milano: Giuffrè, 1987. v. 3. p. 462); "Vale lo stesso per quei contratti onerosi (18.9) che non sono propriamente di scambio, perché la prestazione di una parte non è rivolta direttaemnte a favore dell'altra, in vista di una controprestazione che quest'ultima direttamente renda alla prima; bensí si dicono associatvi, perchè la prestazione di ciascuna parte concorre alla creazione e al funzionamento di una struttura comune, che risponde all'interesse di tutte (contratti constitutivi di associazoni, società, consorzi: 18.11). Ciascuna parte soppora un sacrifico giuridico per avere il vantaggio della struttura comune, resa possible dai sacrifici giuridici di tutte le altre patri. Vantaggi e sacrifici delle parti non sono fra loro in relazione diretta, come nei contratti di scambio, bensì in relazione mediata (dalla struttura comune)" (ROPPO, Vicenzo. *Il contratto*. Milano: Giuffrè, 2001. p. 369); "Nos negócios associativos, *todas as obrigações* e *todos os direitos* conferidos em favor dos contratantes *se justificam globalmente*, não havendo essa correspondência entre uma e outra, como no modelo *do ut des*" (BUTRUCE, Vitor Augusto José. *A exceção de contrato não cumprido no direito civil brasileiro contemporâneo*: funções, pressupostos e limites de um "direito a não cumprir". 2009. Dissertação (Mestrado em Direito) – Universidade do Estado do Rio de Janeiro, Rio de Janeiro, 2009. p. 117).

338 Nesse sentido, v. BIAZI, João Pedro de Oliveira de. *A exceção de contrato não cumprido no direito privado brasileiro*. 1. ed. Rio de Janeiro: LMJ Mundo Jurídico, 2019. p. 173-174. A reciprocidade destacada no âmbito do chamado sinalagma indireto não é, a nosso ver, suficiente para efetiva configuração do sinalagma. V. "Embora nos contratos plurilaterais ou de colaboração nenhuma troca direta de bens ou serviços entre os patrimônios das partes se observe – essas trocas são intermediadas pela sociedade e as prestações se colocam a serviço da atividade a ser desenvolvida – e certo que cada prestação só se justifica em função da existência das outras. Todas elas estão inequivocamente unidas em torno e para a efetivação da causa do contrato – que se confunde com o desenvolvimento da própria atividade – havendo entre elas um liame de reciprocidade que, se não e direto e imediato, é indireto e mediato" (DAL PIZZOL, Ricardo. *Exceção de contrato não cumprido*: sinalagma, causa e boa-fé objetiva. Uma releitura à luz dos novos temas contratuais. 2020. Tese (Doutorado em Direito) – Faculdade de Direito da Universidade de São Paulo, São Paulo, 2020. p. 360).

Assim, como se viu, há aspectos fundamentalmente diversos entre os contratos plurilaterais e os contratos bilaterais, que impedem a configuração do sinalagma. Em especial, não há equivalência entre as obrigações decorrentes do contrato que institui a sociedade. As obrigações assumidas pelos sócios não são a causa jurídica uma da outra: o que unifica as partes perante o mesmo contrato, justificando a assunção das respectivas obrigações, é a perspectiva do fim comum a ser alcançado. Disso decorre que a vinculação das partes se dá perante todas as demais partes e não perante o credor da prestação – como ocorre nos contratos bilaterais. Assim, sua função instrumental destoa, estrutural e funcionalmente, dos contratos sinalagmáticos, uma vez que a contribuição com a qual se comprometeu cada sócio é apenas o pressuposto para perseguir o fim comum, sem encerrar o objeto do contrato.[339] Ademais, o aspecto do alcance do prazo também tem impactos práticos, especialmente no âmbito da exceção de contrato não cumprido, já que não se coloca a exigência de prazos coetâneos para o cumprimento das prestações (como se verá no capítulo 3 *infra*).[340]

Na hipótese de o inadimplemento de um sócio afetar a consecução do objetivo comum da sociedade, de modo que, em tese, os demais sócios tenham argumento para defender a não execução de sua

---

[339] "Riguardo a questo elemento si può osservare che nei contratti associativi plurilaterali, come in generale per i contratti di cambio, si ha uno scopo comune che si identifica con la causa del contratto (come risultato obbiettivo economico giuridico), ma nei primi il contenuto tipico principale sorto dalla composizione degli opposti interessi, appare solo nella conclusione del contratto e non rappresenta che un mezzo per raggiungere quel risultato complessivo utile (scopo sociale) costituente la vera caratteristica dei c.d. contratti plurilaterali. Il conflitto d'interessi, che può ancora concepirsi nella fase dell'esecuzione, consiste nell'aspirazione di ciascun contraente di ottenere il massimo utile nella ripartizione del guadagno (ossia dell'utile comune)" (PERSICO, Giovanni. *L'eccezione d'inadempimento*. Milano: Giufrè, 1955. p. 62); "Ma la vera differenza, che rende i due contratti tra loro antitetici, è teleologica, poiché nel contratto associativo le parti perseguono interessi identici e convergenti; mentre nel contratto a prestazioni corrispettive perseguono interessi diversi e (spesso) antagonisti. Conseguentemente lo scopo che i contraenti si prefiggono di raggiungere con il contratto associativo è comune, mentre, nel contrato caratterizzato dalla corrispettività, ciascun contraente persegue uno scopo proprio ed esclusivo. E questa differenza si reverbera anche sulla formazione del consenso contrattuale. In quanto, nel contratto di scambio, la necessità di mediare tra interessi contrapposti determina un incontro delle dichiarazioni di volonta, mentre nel contratto associativo, 'remando' tutti i contraenti nella medesima direzione, le volontà negoziali sono 'parallele e si sommano' tra loro" (CAMILLETTI, Francesco. *Profili del problema dell'equilibrio contrattuale*. Milano: Giuffrè, 2004. p. 27-28).

[340] Ricardo Dal Pizzol também analisa as diferenças fundamentais entre contratos bilaterais e plurilaterais. V. DAL PIZZOL, Ricardo. *Exceção de contrato não cumprido*: sinalagma, causa e boa-fé objetiva. Uma releitura à luz dos novos temas contratuais. 2020. Tese (Doutorado em Direito) – Faculdade de Direito da Universidade de São Paulo, São Paulo, 2020. p. 357 e ss.

prestação, a racionalidade dessa recusa parece residir justamente na impossibilidade de perseguição do fim da sociedade, não propriamente na inexecução de prestação que deu causa à contraprestação.[341] Nessa esteira, como se viu anteriormente, o sinalagma não se confunde com o fim do contrato, de modo que para o exercício da *exceptio*, demanda-se o inadimplemento justificante do excepto, não a impossibilidade de materialização do fim do contrato – o que pode ocorrer, mas não é, juridicamente, o fundamento para acolher-se a ausência da prestação pelo excipiente.

Assim, mesmo testando-se a situação da inexecução da obrigação que afete a consecução do fim comum do contrato, na linha sugerida por Tullio Ascarelli, [342] chega-se à conclusão de que eventual recusa não poderia se basear na exceção de contrato não cumprido.[343] Portanto,

---

341 "La mancata prestazione di una parte, soltanto se rende non più perseguibile il risultato stesso, può influire sulla prestazione delle altre parti e sul negozio nel suo complesso. L'inadempimento di una delle parti nei contratti plurilaterali (art. I459 c.c.) produce la risoluzione del contratto rispetto alle altre parti soltanto quando la prestazione mancata può considerarsi essenziale per il raggiungimento dello scopo comune" (PERSICO, Giovanni. *L'eccezione d'inadempimento*. Milano: Giufrè, 1955. p. 63). Ademais, a construção realizada por aqueles que defendem a aplicação da *exceptio* mesmo após a personificação da sociedade parece reforçar o argumento, confira-se: "E indubitável que, após a personificação, o crédito é da pessoa jurídica, de forma que só ela tem legitimidade, a princípio, para persegui-lo. Todavia, mesmo nessas condições, persiste – ainda que não formalmente – o sinalagma indireto entre as prestações referentes aos bens que devem ser aportados pelos sócios para a formação da sociedade. Não se pode ignorar a realidade de que a prestação de um sócio encontra justificativa na prestação de todos os outros apenas porque, a partir de uma formalidade (a personificação), a titularidade dos créditos referentes aos ingressos passou a sociedade. Do contrário, chegar-se-ia a conclusão absurda de que um sócio que se obrigou, hipoteticamente, a ingressar com parcela irrelevante do capital social (1%, por exemplo) não poderia invocar a exceção quando demandado pela pessoa jurídica, após a personificação, mesmo diante da falta de outras prestações, devidas por terceiros, quantitativamente relevantes para a efetivação do escopo comum (90%, por exemplo). Isso significaria, em última análise, obriga-lo a aceitar o risco de uma perda financeira ou de um dispêndio inútil, pois, em não ingressando os tais 90% faltantes, a sociedade precisara ser desconstituída ou estará fadada na pratica ao insucesso" (DAL PIZZOL, Ricardo. *Exceção de contrato não cumprido*: sinalagma, causa e boa-fé objetiva. Uma releitura à luz dos novos temas contratuais. 2020. Tese (Doutorado em Direito) – Faculdade de Direito da Universidade de São Paulo, São Paulo, 2020. p. 362).

342 "Ora, nos contratos plurilaterais, essa relação, em lugar de ter um caráter direto e imediato, como nos contratos de permuta, adquire um caráter indireto e mediato; a invalidade ou inexecução das obrigações de uma parte não exclui, só por si, a permanência do contrato entre as demais, a não ser quando torne impossível a consecução do objetivo comum" (ASCARELLI, Tullio. O contrato plurilateral. *In*: *Problemas das sociedades anônimas e direito comparado*. São Paulo: Saraiva, 1945. p. 309).

343 Em sentido análogo: "[...] não se pode igualar, para todos os efeitos, a *impossibilidade* de atingirem-se os fins sociais ao *inadimplemento* de uma obrigação correspectiva; os fenômenos são distintos e, por isso, nem sempre merecerão o mesmo tratamento jurídico" (BUTRUCE, Vitor Augusto José. *A exceção de contrato não cumprido no direito civil brasileiro contemporâneo*:

avaliando-se a presença dos três requisitos antes sugeridos para a configuração do sinalagma no âmbito geral de contratos plurilaterais: (i) não há, no contrato plurilateral, reciprocidade, no sentido de as duas partes se vincularem uma perante a outra, de modo equiparado. Não se trata de aspecto estrutural, mas sim de característica que se relaciona com a essência do contrato plurilateral de instrumentalidade para congregação de forças na qual não se precisa, necessariamente, quem está prestando o que nem em que medida. A rigor, seria possível drástica alteração no quadro de sócios de uma sociedade, desde que, com a entrada de novos sócios, o instrumento continuasse vigente e nada se alterasse para os sócios originários remanescentes; (ii) a interdependência não se configura em seus dois vieses. Apesar de haver o aspecto da causalidade, no sentido de os sócios se vincularem porque os demais também o fazem – sem o que inexistiria a própria pluralidade característica desse instrumento –, não é possível afirmar que os sócios fazem seus aportes objetivando a realização dos aportes dos demais sócios. Como se viu, o que unifica os diversos interesses individuais é o fim comum da sociedade, e não a obtenção de prestação da parte. A rigor, as obrigações dos sócios beneficiam, em primeiro lugar, a sociedade, de modo que não figuram como atribuição patrimonial que faz um sócio ao outro (fundamento da exceção de contrato não cumprido, como se viu no item 1.3.5 *supra*); (iii) também não há correspectividade, tendo em vista que as partes não tomam os aportes de cada sócio como equivalente jurídico, justamente por não ser contrato de troca. Aliás, é corriqueiro que os sócios ingressem com participações diversas entre si. Dessa forma, a medida que cada sócio se beneficia da sociedade é proporcional à sua participação, o que se aproxima do aspecto objetivo do valor da prestação, que, como se viu, não é o critério considerado para aferir a correspectividade nos contratos bilaterais.

Contudo, importante registrar os apontamentos na doutrina no sentido de ser possível haver sinalagma em contratos plurilaterais, nos seus aspectos genético e funcional.[344] Argumenta-se que nos contratos

---

funções, pressupostos e limites de um "direito a não cumprir". 2009. Dissertação (Mestrado em Direito) – Universidade do Estado do Rio de Janeiro, Rio de Janeiro, 2009. p. 122).

344 Serpa Lopes relata as posições de Giovanni Persico e Giuseppe Auletta: "Na formação do contrato, o sinalagma (genético) pode também se apresentar diretamente entre as prestações dos contratantes; na execução da própria relação de correspectividade (sinalagma funcional) intercorre sempre entre cada contraente e todos os demais, isto é, toda prestação tem a sua contraprestação na proporção do resultado útil ao qual tende o contrato" (SERPA LOPES, Miguel Maria de. *Exceções substanciais*: exceção de contrato não cumprido (*exceptio*

de sociedade o correspectivo da prestação de cada uma das partes é constituído pela participação na obtenção do objetivo social e que, consequentemente, é da obtenção de tal finalidade que dependem genética e funcionalmente as prestações dos sócios. Nesse sentido, haveria sinalagma mediato "quer no caso em que o desaparecimento de uma prestação importa só no rompimento parcial, quer no que importa o rompimento total da relação social".[345]

À luz dessas ponderações, Serpa Lopes tempera sua posição sobre haver nos contratos plurilaterais "resíduo de percentagem mínima" do caráter sinalagmático, o que imporia o afastamento da aplicação da exceção de contrato não cumprido.[346] Defende que, apesar de, em regra, não se aplicar a *exceptio*, em dadas circunstâncias, seria possível sua invocação:

> desde que o inadimplemento da prestação de uma das partes torne inexequível o objetivo comum da sociedade, influindo sobre as prestações das outras partes, desde que se observe a presença de um vínculo sinalagmático, desde que a prestação não cumprida pode ser considerada essencial à obtenção do objetivo comum, quer porque a sua finalidade não possa objetivamente realizar-se, quer porque as partes não considerem exequível, de conformidade com o estabelecido no contrato, se nos afigura possível o emprego da exc. n ad. cont.[347]

Como já enfrentado, não nos parece que a impossibilidade de consecução do objetivo comum do contrato plurilateral ou de sua finalidade forneça, por si só, o substrato necessário para aplicação da exceção de contrato não cumprido.[348] Se houver, no entanto, em con-

---

non adimpleti contractus). Rio de Janeiro: Freitas Bastos, 1959. p. 261); "Quanto al vincolo sinallagmatico, può osservarsi che nel contratto plurilaterale, mentre nella formazione del contratto, il sinallagma (genetico) può anche presentarsi diretamente tra le prestazioni dei contraenti, nell'esecuzione dello stesso il rapporto di corrispettività (sinallagma funzionale) intercorre sempre tra il singolo contraente e tutti gli altri; ossia ogni prestazione ha la sua controprestazione nella porzione del risultato utile cui tende il contratto" (PERSICO, Giovanni. *L'eccezione d'inadempimento*. Milano: Giufrè, 1955. p. 62-63).

345 SERPA LOPES, Miguel Maria de. *Exceções substanciais*: exceção de contrato não cumprido (*exceptio non adimpleti contractus*). Rio de Janeiro: Freitas Bastos, 1959. p. 261-262.

346 SERPA LOPES, Miguel Maria de. *Exceções substanciais*: exceção de contrato não cumprido (*exceptio non adimpleti contractus*). Rio de Janeiro: Freitas Bastos, 1959. p. 260.

347 SERPA LOPES, Miguel Maria de. *Exceções substanciais*: exceção de contrato não cumprido (*exceptio non adimpleti contractus*). Rio de Janeiro: Freitas Bastos, 1959. p. 262-263.

348 Em sentido análogo, Araken de Assis se opõe à conclusão defendida por Serpa Lopes: "No tocante aos contratos plurilaterais, a exemplo da sociedade, Serpa Lopes admite a exceção quando a prestação que incumbe a um dos sócios se afigura essencial ao objetivo comum e,

creto, a configuração de sinalagma no âmbito de contrato plurilateral, é possível a aplicação da *exceptio*.[349]

Contudo, eventual situação nesses moldes parece se descolar dos aspectos que tornam o contrato plurilateral singular e representaria apenas um ajuste bilateral que coexiste com o instrumento plurilateral e não propriamente um sinalagma dos contratos plurilaterais. Como analisado, de todas as características do sinalagma, a única que poderia reputar-se presente nos contratos plurilaterais seria a interdependência das obrigações assumidas pelas partes, no viés da causalidade, no sentido de os sócios apenas se vincularem em razão de os outros sócios também o fazerem. As demais, reciprocidade, viés finalístico da interdependência e correspectividade não se materializam. E a consideração do fim comum como causa que motiva as partes a se vincularem ao contrato plurilateral não supre tais lacunas. A circunstância de as partes se vincularem, ao fim e ao cabo, à sociedade – órgão que supera a individualidade dos demais sujeitos, e, nesse sentido, a singularização das respectivas prestações – obstrui o itinerário do vínculo sinalagmático. Em síntese: inexiste *prestação* em oposição à *contraprestação*; as partes não buscam receber a obrigação assumida pela contraparte, mas o fim comum que escapa às obrigações individuais dos participantes, aspectos que sepultam a configuração do sinalagma.

Veja-se que mesmo no exemplo da sociedade composta por dois sócios não se afasta a caracterização do caráter plurilateral do instrumento.[350] Com efeito, se um descumprisse suas obrigações, o outro

---

portanto, o respectivo inadimplemento influi na prestação dos demais figurantes, tornando-a inútil. Acontece que não há interpendência das prestações e, a respeito da dívida do sócio, não cabe invocar o art. 476. Remedeia-se a situação – inadimplemento idôneo a frustrar a finidade do contrato – através da dissolução o vínculo" (ASSIS, Araken de. *In*: ALVIM, Arruda; ALVIM, Thereza (Coords.). *Comentários ao Código Civil brasileiro*. Rio de Janeiro: Forense, 2007. v. 5. p. 669-670).

349 No mesmo sentido: BUTRUCE, Vitor Augusto José. *A exceção de contrato não cumprido no direito civil brasileiro contemporâneo*: funções, pressupostos e limites de um "direito a não cumprir". 2009. Dissertação (Mestrado em Direito) – Universidade do Estado do Rio de Janeiro, Rio de Janeiro, 2009. p. 121.

350 "[...] nada obstante reconhecermos a ausência de sinalagmaticidade nos contratos plurilaterais, isto sob um aspecto geral, todavia reconhecemos a possibilidade de, excepcionalmente, poder surgir uma obrigação sinalagmática, precipuamente nas sociedades compostas pura e simplesmente de dois sócios, dando lugar à oposição da *exc. n. ad. contr.*" (SERPA LOPES, Miguel Maria de. *Exceções substanciais*: exceção de contrato não cumprido (*exceptio non adimpleti contractus*). Rio de Janeiro: Freitas Bastos, 1959. p. 260). O autor esclarece, pautando-se em Tullio Ascarelli, ser plenamente possível um contrato plurilateral formado por apenas duas pessoas tendo em vista que tal tipo relaciona-se à possibilidade de existência de mais de dois interesses e não de duas pessoas propriamente ditas (p. 258-259). No mesmo sentido,

sócio não possuiria, sozinho, legitimidade para judicialmente pleitear a indenização cabível em face do outro sócio. A jurisprudência do STJ entende ser necessário que a própria sociedade integre o polo ativo de demandas que busquem preservar o patrimônio da empresa.[351] Isso denota que a pretensão em jogo não diz respeito – diretamente – ao sócio, mas sim à sociedade.

Não prospera, portanto, a categoria do dito sinalagma indireto, atribuída aos contratos plurilaterais. A ausência da função de troca impõe barreiras à caracterização do sinalagma e, assim, na análise dos contratos plurilaterais, sobra muito pouco do vínculo entabulado entre os contratantes para a configuração da correspectividade.

---

a doutrina reconhece que a circunstância de haver apenas dois sócios não desntaura o caráter plurilateral do contrato. V. DAL PIZZOL, Ricardo. *Exceção de contrato não cumprido*: sinalagma, causa e boa-fé objetiva. Uma releitura à luz dos novos temas contratuais. 2020. Tese (Doutorado em Direito) – Faculdade de Direito da Universidade de São Paulo, São Paulo, 2020. p. 357. V. tb. "Mesmo na situação em que há somente dois sócios, as obrigações de integralização de cada socio não são correspectivas entre si – pelo contrário: visam à realização de um objetivo comum, de tal sorte que os sócios não são sequer reciprocamente credores e devedores. O crédito da obrigação de integralização é da sociedade, formada em contrato, contra os sócios remissos" (BIAZI, João Pedro de Oliveira de. *A exceção de contrato não cumprido no direito privado brasileiro*. 1. ed. Rio de Janeiro: LMJ Mundo Jurídico, 2019. p. 174).

351 "Processual civil. Agravo interno no agravo em recurso especial. [...]. 1. O recorrente, na qualidade de sócio de pessoa jurídica empresária, não tem legitimidade para pleitear, em nome próprio, indenização pelos prejuízos (danos morais) eventualmente causados à sociedade de que participa por lhe faltar interesse jurídico" (STJ, 4ª Turma, AgInt no AREsp 1401641/MG, Rel. Min. Luis Felipe Salomão, j. 25.6.2019); "Recurso especial. Processual civil. Legitimidade ativa. Artigo 6º do código de processo civil. Vedação legal para postular em nome próprio direito alheio. [...] 1. Demanda indenizatória proposta em nome próprio pelo sócio-gerente pleiteando a reparação dos danos sofridos por sociedade limitada decorrentes de ato ilícito imputada ao réu. 2. Impugnação pelo réu, desde a contestação, da ilegitimidade ativa do sócio. [...] Ninguém pode pleitear em nome próprio a defesa de direito alheio, salvo quando autorizado por lei (art. 6º do CPC). 5. A Primeira Seção do STJ, em julgamento submetido ao rito do artigo 543-C do CPC, firmou a tese de que a pessoa jurídica não tem legitimidade para interpor recurso no interesse do sócio (REsp 1347627/SP, Rel. Ministro ARI PARGENDLER, PRIMEIRA SEÇÃO, julgado em 09/10/2013, DJe 21/10/2013). 6. 'Contrario sensu', o sócio não tem legitimidade para propor ação, em nome próprio, em defesa de direito da sociedade." (STJ, 3ª Turma, REsp1.317.111/SC, Rel. Min. Paulo de Tarso Sanseverino, j. 9.12.2014); "[...] ninguém pode pleitear em nome próprio direito alheio, salvo quando autorizado por lei. Por isso, o sócio não tem legitimidade para figurar no polo ativo de demanda em que se busca indenização por prejuízos eventualmente causados à sociedade de que participa" (STJ, 4ª Turma, REsp 1.188.151/AM, Rel. Min. João Otávio de Noronha, j. 14.06.2011). V. tb. STJ, 4ª Turma, EDcl no REsp 1.188.151/AM, Rel. Min. Marco Buzzi, j. 27/09/2016; STJ, 4ª Turma, REsp 1.327.357/RS, Rel. para acórdão Min. Maria Isabel Gallotti, j. 20/04/2017; STJ, 4ª Turma, AgRg 935.206/RJ, Rel. Min. Fernando Gonçalves, j. 12.02.2018.

2.8 Contratos conexos

O fenômeno da conexão contratual[352] se faz cada vez mais presente no tráfego jurídico diante da complexidade agregada às operações econômicas, que recorrentemente se aproveitam da celebração de mais de um contrato para o atingimento dos efeitos pretendidos pelas partes, seja por aspectos estratégicos de alocação de riscos, [353] seja pela conveniência de atrair a regulação conferida a determinados tipos contratuais.

Nessa direção, merece destaque o Enunciado nº 24 da I Jornada de Direito Comercial promovida pelo Conselho da Justiça Federal, que consignou a possibilidade de aplicação da exceção de contrato não cumprido, prevista no art. 476 do Código Civil de 2002, [354] no âmbito de contratos coligados.[355] Com efeito, sendo a exceção de contrato não cumprido considerada o remédio sinalagmático por excelência, defender a possibilidade de sua aplicação nesse contexto significa pressupor a possibilidade de configuração de vínculo sinalagmático no âmbito de instrumentos coligados, de modo que o inadimplemento observado em um instrumento enseje, preenchidos os demais requisitos, a invocação da *exceptio non adimpleti contractus* de modo a obstar o cumprimento de obrigação assumida em outro contrato coligado.

Assim, se faz necessário refletir sobre a possibilidade de transposição do sinalagma, vínculo próprio dos contratos bilaterais, para contexto no qual convivem diversos instrumentos que preservam sua autonomia, mas encontram-se funcionalmente vinculados por se inserirem em regulamento de interesses que supera individualmente cada um deles.[356]

---

352 A matéria de notável importância e complexidade não é objeto de estudo específico neste trabalho. Para maior aprofundamento, v.: KONDER, Carlos Nelson. *Contratos conexos*: grupos de contratos, redes contratuais e contratos coligados, Rio de Janeiro: Renovar, 2006; MARINO, Francisco Paulo de Crescenzo. *Contratos coligados no direito brasileiro*. São Paulo: Saraiva, 2009; KATAOKA, Eduardo Takemi. *A coligação contratual*, Rio de Janeiro: Lumen Juris, 2008.

353 KATAOKA, Eduardo Takemi. *A coligação contratual*. Rio de Janeiro: Lumen Juris, 2008. p. 174.

354 "Art. 476. Nos contratos bilaterais, nenhum dos contratantes, antes de cumprida a sua obrigação, pode exigir o implemento da do outro".

355 Enunciado nº 24 da I Jornada de Direito Comercial – CEJ/CJF: "Os contratos empresariais coligados, concretamente formados por unidade de interesses econômicos, permitem a arguição da exceção de contrato não cumprido, salvo quando a obrigação inadimplida for de escassa importância".

356 KATAOKA, Eduardo Takemi. *A coligação contratual*. Rio de Janeiro: Lumen Juris, 2008. p. 64

A conexidade contratual, para ser estabelecida, depende da presença de coligação juridicamente relevante entre os instrumentos. Esse nexo funcional entre os diversos instrumentos pode ser unilateral, quando há um contrato principal – como, a princípio, contratos de garantia (fiança, penhor, hipoteca) e contratos derivados (subcontrato) – ou, por outro lado, pode se formar entre instrumentos com vínculo de dependência recíproca.[357] É a função plurinegocial que identificará a predominância ou não de um dos contratos.[358]

Nos casos em que concretamente se verifica a dependência bilateral, a doutrina majoritária reconhece a possibilidade de invocação da exceção de contrato não cumprido no âmbito de contratos coligados quando se observa nexo de correspectividade entre distintos negócios, notadamente nos contratos coligados em permutação. Diz-se que o equilíbrio contratual nesses casos não se forma exclusivamente no interior dos contratos individualmente tomados, mas entre os instrumentos "reunidos pela função comum".[359] Assim, em cenário de invalidade de um dos contratos conexos, haverá, via de regra, afetação do equilíbrio das prestações.[360]

Contudo, é necessário não descurar da análise concreta do ajuste para verificar a natureza da coligação em jogo. No âmbito de contratos coligados em que se possa identificar o instrumento principal e seus acessórios, adota-se recorrentemente como critério o vínculo de dependência entre os contratos, de modo a reputar que o contrato considerado acessório deve acompanhar o destino daquele entendido como principal, em conformidade com o princípio da gravitação jurídica. Assim,

---

357 "Com base nessa noção de fim contratual, é válido afirmar que o vínculo entre os contratos coligados possui índole *funcional* (normalmente) e finalística. Na coligação unilateral, este fim tem como principal ponto de referência o contrato principal, ao qual o acessório se liga. Na coligação com dependência recíproca, o fim tende a ser equidistante em relação aos contratos coligados" (MARINO, Francisco Paulo De Crescenzo. *Contratos coligados no direito brasileiro*. São Paulo: Saraiva, 2009. p.133). V. tb. KATAOKA, Eduardo Takemi. *A coligação contratual*. Rio de Janeiro: Lumen Juris, 2008. p. 81.

358 KONDER, Carlos Nelson. *Contratos conexos*: grupos de contratos, redes contratuais e contratos coligados. Rio de Janeiro: Renovar, 2006. 217.

359 KONDER, Carlos Nelson. *Contratos conexos*: grupos de contratos, redes contratuais e contratos coligados. Rio de Janeiro: Renovar, 2006. pp. 240-241. O autor registra que a posição minoritária daqueles que entendem não ser possível a invocação da exceção de contrato não cumprido no âmbito de contratos coligados tem por fundamento o fato de não se tratar de mesmo contrato, de modo que os efeitos das obrigações de diversos contratos não seriam automáticos, obstando a invocação da *exceptio*.

360 MARINO, Francisco Paulo de Crescenzo. *Contratos coligados no direito brasileiro*. São Paulo: Saraiva, 2009. p. 194.

deve-se ter cuidado para que a simplicidade da regra da acessoriedade não despreze as complexidades que podem estar envolvidas no arranjo de interesses composto pelas partes, no qual, muitas vezes, o vínculo de dependência entre os contratos é bilateral.[361]

Em precedente italiano já comentado pela doutrina, a análise concreta dos instrumentos coligados e a forma de vinculação de suas obrigações permitem constatar a presença de sinalagma entre diferentes contratos.[362] Trata-se de contrato de compra e venda de uma fábrica coligada a contrato de fornecimento de produtos, no qual a venda ocorreu a um preço vantajoso para o comprador porque no outro contrato ele se obrigara a fornecer produtos a baixo custo. Declarado nulo o contrato de fornecimento, reputou-se inexistente a causa da compra e venda em razão da unidade de equilíbrio econômico.

---

361 Ressalta Carlos Nelson Konder: "O exemplo dos perigos da generalização do esquema principal-acessório nas coligações pode ser identificado em julgado do STJ acerca de efeitos da resolução por inadimplemento. Tratava-se de dois contratos, um de cessão de direitos e outro de compra e venda de imóvel, voltados à transferência de três lotes formalmente apartados (posto na prática serem casa, piscina e área de lazer) em que o segundo e terceiro já eram de propriedade do contratante, mas o terceiro ainda estava em financiamento, razão pela qual a transferência desse terceiro não pôde ser objeto de compra e venda, recorrendo-se à cessão de direitos. Inadimplido o pagamento somente da compra e venda, o entendimento que predominou foi pela resolução somente daquele contrato, sem a extinção também da cessão de direitos, ao argumento de que a extinção do acessório (transferência dos lotes com a piscina e área de lazer) não atinge o principal (transferência do lote com a casa). Isso, contudo, gerou a situação inusitada em que, ao final, a piscina e a área de lazer retornariam ao vendedor, enquanto o comprador manteria consigo o lote onde estava a casa. Cumpre, portanto, evitar a simplificação que, reduzindo toda coligação ao modelo "principal-acessório", desconsidere a unidade funcional da operação como um todo. O mesmo cuidado deve-se ter no exame da cláusula compromissória nas coligações, pois quando o vínculo entre os contratos não se subsume à unilateralidade da relação de acessoriedade, a situação é mais complexa, impondo-se investigar se o silêncio no outro instrumento é representativo de opção pelo Judiciário ou simples dispensa de nova manifestação ante o exposto pela preexistente. Imagine-se, analogicamente ao caso descrito, que os contratos de compra e venda contivessem cláusula compromissória e contrato de cessão de direitos tivesse apenas cláusula de eleição de foro: entender que os conflitos decorrentes da cessão de direitos sobre a casa não estão abarcados pela arbitragem, prevista em cláusula de contrato supostamente acessório, seria incompatível com a confiança criada pela unidade da operação negocial" (KONDER, Carlos Nelson. O alcance da cláusula compromissória em contratos coligados: leitura a partir da tutela da confiança. *Revista de Arbitragem e Mediação*, vol. 63, p. 295- 331, out/dez 2019, p. 311-312). A matéria foi mais detidamente analisada em outra sede: TEPEDINO, Gustavo. CAVALCANTI, Laís. Acesso à justiça e extensão da convenção de arbitragem em contratos coligados. *In*: FUX, Luiz. ÁVILA, Henrique. CABRAL, Trícia Navarro Xavier (coord.). *Tecnologia e justiça multiportas*. Indaiatuba, SP: Foco, 2021. pp. 217-234.

362 O exemplo é de Carlos Nelson Konder: Cass., 8.8.1995, nº. 8689, *inForo it.*, Rep. 1995, *voce Contratto in genere*, n. 307. V. KONDER, Carlos Nelson. *Contratos conexos*: grupos de contratos, redes contratuais e contratos coligados. Rio de Janeiro: Renovar, 2006. p. 226

No ordenamento brasileiro, defende-se que a solução poderia ser alcançada em virtude do artigo 421 do Código Civil para reputar inválido um dos negócios que compõe o arranjo plurinegocial, dado que "a função comum a ser desempenhada pela conexão é destruída e, portanto, a função social do outro contrato que também integrava aquele grupo pode restar prejudicada, danificando assim o fundamento de sua proteção jurídica".[363]

Como se vê, o desconto recebido pelo comprador para a aquisição da fábrica ensejou o desconto que ele concedeu no fornecimento de produtos e vice-versa. Ao que tudo indica, o contrato de compra e venda e o contrato de fornecimento dependiam reciprocamente um do outro para existir, no âmbito daquela operação econômica. Há, portanto, conexidade que vincula umbilicalmente esses instrumentos de modo bilateral, sem que um exerça predominância sobre outro para a função plurinegocial. Especialmente no que tange aos compromissos recíprocos de descontos, delineiam-se obrigações correspectivas, recíprocas e dependentes, ou seja, sinalagmáticas. Pode-se visualizar, com efeito, nova formatação de sinalagma que se estabelece entre prestações de contratos diversos, na qual a função de troca é capturada a partir do arranjo plurinegocial, isto é, há sinalagma internegocial.[364]

Ressalve-se que tal vínculo não se expande a ponto de tornar sinalagmáticas obrigações diversas dos instrumentos, que não guardem entre si correspectividade, isto é, tal qual no contrato bilateral, nem todas as obrigações entabuladas nos contratos conexos serão sinalagmáticas.[365] Assim, por exemplo, no caso de inadimplemento no fornecimento do produto, poder-se-ia cogitar do exercício de exceção de contrato não cumprido para obstar a transferência da propriedade da fábrica – se preenchidos os demais requisitos da figura – não porque se tornaram sinalagmáticas as prestações de fornecimento do produto e transferência da propriedade, mas porque houve inadimplemento contingente ao desconto fornecido (qual seja, entrega de produtos pelo

---

363 KONDER, Carlos Nelson. *Contratos conexos*: grupos de contratos, redes contratuais e contratos coligados. Rio de Janeiro: Renovar, 2006. p. 228.

364 A expressão sinalagma internegocial é utilizada por Carlos Nelson Konder para tratar do sinalagma formado entre contratos distintos, diverso do sinalagma intranegocial, observado no contrato bilateral individualizado. V. KONDER, Carlos Nelson. *Contratos conexos*: grupos de contratos, redes contratuais e contratos coligados. Rio de Janeiro: Renovar, 2006. p. 202

365 PONTES DE MIRANDA, Francisco Cavalcanti. *Tratado de direito privado*. São Paulo: Bookseller, 2003. t. 26. p. 127-128; VARELA, João de Matos Antunes. *Das obrigações em geral*.10. ed. Coimbra: Almedina, 2000. v. 1. p. 397.

preço ajustado) que ensejara, em primeiro lugar, a fixação de preço reduzido para a venda da fábrica.

Significa dizer que a ausência de fornecimento de produtos vulnera não apenas o sinalagma interno do instrumento de fornecimento de produtos, mas também a correspectividade originariamente delineada entre a entrega da fábrica e o preço de venda reduzido. Não fosse o desconto pelo produto objeto do fornecimento, o preço reduzido estipulado em troca da fábrica não figuraria como equivalente da transferência da propriedade.

Em outras palavras, o sinalagma intrínseco de cada um dos contratos – de um lado, preço com desconto *versus* transferência da propriedade da fábrica e, de outro, preço com desconto *versus* fornecimento dos produtos – é estabelecido a partir de elemento que não pertence exclusivamente a nenhum dos instrumentos, qual seja, o vínculo estabelecido pelos descontos fornecidos em ambos os contratos: um novo e qualificado sinalagma internegocial. Nessa direção, o equilíbrio contratual não só dos dois contratos, mas também da operação fruto de sua execução concatenada se mantém apenas e tão somente se ambos os sinalagmas intrínsecos dos instrumentos bilaterais forem respeitados, pois somente assim restará preservado o vínculo sinalagmático estabelecido entre os contratos.

Em outro exemplo, o Tribunal de Justiça do Estado do Rio Grande do Sul analisou operação envolvendo a venda de uma fazenda, de B para A, e a promessa de venda de um abatedouro de aves, de A para B. O preço dos dois contratos era idêntico e foi pago mediante de emissão de cheques, de mesmo valor, simultaneamente descontados.[366] Em acórdão relatado pelo então Desembargador Ruy Rosado de Aguiar Júnior, entendeu-se ter havido permuta dos imóveis, dado que os cheques emitidos se compensaram reciprocamente. Analisando esse precedente, Francisco Marino entendeu haver contratos recíprocos "caracterizados pelo fato de a prestação de uma das partes ser objeto de um contrato e a contraprestação ser objeto de outro contrato, coligado ao primeiro", de modo que o respeito ao sinalagma residiria no adimplemento das prestações de ambos os instrumentos.[367] Entendeu-se que a causa de cada venda era a compra objeto do contrato coligado,

---

366 TJRS, Ap. Cív. 5900782242, 5ª CC., Rel. Des. Ruy Rosado de Aguiar Júnior, julg. 22.11.1990.

367 MARINO, Francisco Paulo de Crescenzo. *Contratos coligados no direito brasileiro*. São Paulo: Saraiva, 2009. p. 155.

a compor o sinalagma global da operação.[368] De fato, se a função de troca em concreto residia na permuta dos imóveis, cuja transferência de propriedade estava materializada em contratos diversos, tudo indicaria haver sinalagma internegocial.

Um outro exemplo de precedente relatado pelo Ministro Ruy Rosado de Aguiar Júnior, no âmbito do Superior Tribunal de Justiça, teve como pano de fundo a celebração de duas escrituras públicas assinadas na mesma data pelas quais A cedeu a B direitos sobre terreno e casa residencial nele construída, bem como prometeu à venda dois terrenos contíguos ao primeiro. Em tais terrenos contíguos, existiam piscina e campo de futebol, cuja finalidade era servir de área de lazer da casa, estando todos os lotes em questão confinados dentro de um muro de alvenaria. B não pagou o preço relativo aos lotes contíguos, e, diante do inadimplemento, A pleiteou a resolução de ambos os contratos, alegando tratar-se de "um único negócio".[369]

Analisou o STJ que se tratava-se de coligação de dependência unilateral ou recíproca, entendendo, ao final, não ser o caso de coligação recíproca, pois o terreno com a casa de moradia seria o principal, em virtude da função de lazer desempenhada pelos demais. Assim, concluiu:

> Como há nitidamente um contrato principal, tendo por objeto o terreno com a casa de moradia, o pagamento do preço nele ajustado leva necessariamente à sua manutenção, ainda que o outro, secundário e tendo por objeto apenas terrenos contíguos, venha a ser objeto de resolução. Quando se cuida de contratos coligados, as circunstâncias do negócio é que determinarão quais as relações entre eles, e quando um não pode permanecer sem o outro (...) Na espécie, é fácil perceber que o interesse jurídico e econômico das partes residiu no contrato de transferência do lote em que está construída a casa de moradia, pois os dois lotes contíguos apenas servem como área de lazer, com piscina e campo de futebol. O primeiro contrato pode permanecer, ainda que seja desfeito o segundo.[370]

Em análise crítica, Francisco Marino defende que não haveria elementos para determinar a acessoriedade dos lotes contíguos, pois todos os terrenos, na prática, formavam uma só área, presumidamente

---

368 MARINO, Francisco Paulo de Crescenzo. *Contratos coligados no direito brasileiro*. São Paulo: Saraiva, 2009. p. 156.

369 STJ, RESp 337.040, 4ª T., Rel. Min. Ruy Rosado de Aguiar Júnior, julg. 2.5.2002.

370 STJ, RESp 337.040, 4ª T., Rel. Min. Ruy Rosado, julg. 2.5.2002.

de igual relevância. Nesse sentido, destaca que o preço pago pelos lotes contíguos era próximo daquele estipulado para a venda da casa. Assim, entende o autor que seria mais correto reputar haver coligação bilateral, de modo que eventualmente teria sido possível determinar a resolução de ambos os contratos.[371]

O exemplo foi usado pelo autor para ilustrar que a diversidade de contraprestações, por si só, não significa que cada um dos contratos tenha um sinalagma independente.[372] Concorda-se com a premissa de que a diversidade de contraprestações não impõe, necessariamente, a existência de sinalagmas estanques. Isto é, a existência de sinalagmas de contratos bilaterais coligados não concorre com a formação de sinalagma internegocial. Ao revés, a formação do sinalagma internegocial é engendrada a partir da relação entre os vínculos sinalagmáticos internos dos instrumentos coligados.

No relatado precedente do STJ, no entanto, sem maiores elementos para determinar em que medida o sinalagma de cada contrato de compra e venda foi formulado a partir de obrigações contidas nos demais instrumentos, a tendência seria não reputar configurado sinalagma internegocial. Tal conclusão não desafia a eventual caracterização da dependência recíproca de ambos os contratos, isto é, sua coligação bilateral, mas pauta-se na ausência de elementos que demonstrem haver correspectividade entre obrigações de ambos os instrumentos, de modo que a solução de resolução dos dois contratos teria de ser formulada a partir de fundamentos jurídicos diversos.

---

371 MARINO, Francisco Paulo de Crescenzo. *Contratos coligados no direito brasileiro*. São Paulo: Saraiva, 2009. p. 194.

372 MARINO, Francisco Paulo de Crescenzo. *Contratos coligados no direito brasileiro*. São Paulo: Saraiva, 2009. p. 194.

CAPÍTULO 3

EXCEÇÃO DE CONTRATO NÃO CUMPRIDO COMO REMÉDIO SINALAGMÁTICO

3.1 Previsão da exceção de contrato não cumprido no ordenamento jurídico brasileiro

A exceção de contrato não cumprido autoriza que um contratante, em razão do descumprimento da prestação correspectiva que incumbe à contraparte, suspenda legitimamente o oferecimento da sua prestação. Sua invocação ocorre em situação na qual uma das partes deixa de adimplir obrigação assumida no âmbito de contrato bilateral, isentando a contraparte de fornecer a contraprestação enquanto perdurar o inadimplemento.[373] Tem-se, assim, o inadimplemento justificante – aquele que justifica a invocação da exceção – e o inadimplemento justificado – aquele respaldado juridicamente pela exceção de contrato não cumprido.[374] A *exceptio* é entendida, portanto, como meio de defesa de que dispõem os contratantes do contrato bilateral de, sem

373 DANTAS, Francisco Clementino de San Tiago. *Programa de direito civil.* Rio de Janeiro: Editora Rio, 1978. v. 2, p. 190.

374 ROPPO, Vincenzo. *Il contratto.* Milano: Giuffré, 2001. p. 986. V. tb. "La excepción de incumplimiento - que puede hacerse valer solamente en el contrato con prestaciones reciprocas [...]consiste en la posibilidad de que un contratante se abstenga (legitimamente) de cumplir (es decir, suspenda) la prestación, si el otro no cumpliese (o no ofreciese cumplir) simultáneamente la suya, salvo que para el cumplimiento de ambas prestaciones las partes hubiesen establecido términos distintos o que éstos resultaran de la naturaleza [...] La situación en la que puede encontrar aplicación la excepcion de incumplimiento, implica un primer incumplimiento que determina y justifica el segundo." (MESSINEO, Francesco. *Doctrina general del contrato.* Buenos Aires: Ediciones Jurídicas Europa-América, 1986. t. 2. p. 431-432).

pleitear a resolução do instrumento, exigir o cumprimento da obrigação do outro contratante inadimplente, suspendendo temporariamente a execução de sua obrigação.[375]

No ordenamento jurídico brasileiro, apenas no Código Civil de 1916 a regra passou a ser prevista no art. 1.092, [376] cuja redação foi praticamente[377] reproduzida no art. 476 do Código Civil de 2002.[378] No diploma atual, no entanto, utilizou-se a expressão "exceção de contrato não cumprido" na Seção em que contido o artigo, a qual não constava expressamente no Código anterior. Além disso, no diploma anterior, o dispositivo tratava, a um só tempo, da exceção de contrato não cumprido, da resolução por inadimplemento e da exceção de inseguridade. Essa circunstância inspirou autores a afirmarem que no Código Civil de 1916 não havia dispositivo dedicado à *exceptio*.[379] Se havia dúvidas sobre a previsão da exceção de contrato não cumprido, o art. 476 do Código Civil de 2002 encerrou a questão.[380]

---

375 AZEVEDO, Álvaro Villaça. *Enciclopédia Saraiva do Direito*. *In*: FRANÇA, R. Limongi (coord.). São Paulo: Saraiva, 1977. v. 34. p. 408-409.

376 "Art. 1.092. Nos contratos bilaterais, nenhum dos contraentes, antes de cumprida a sua obrigação, pode exigir o implemento da do outro. Se, depois de concluído o contrato, sobreviver a uma das partes contratantes diminuição em seu patrimônio, capaz de comprometer ou tornar duvidosa a prestação pela qual se obrigou, pode a parte, a quem incumbe fazer prestação em primeiro lugar, recusar-se a esta, até que a outra satisfaça a que lhe compete ou de garantia bastante de satisfazê-la. Parágrafo único. A parte lesada pelo inadimplemento pode requerer a rescisão do contrato com perdas e danos".

377 A diferença entre os dispositivos consiste na substituição da palavra "contraente" no Código Civil de 1916 pela palavra "contratante" no Código Civil de 2002.

378 "Art. 476. Nos contratos bilaterais, nenhum dos contratantes, antes de cumprida a sua obrigação, pode exigir o implemento da do outro".

379 SERPA LOPES, Miguel Maria de. *Exceções substanciais*: exceção de contrato não cumprido *(exceptio non adimpleti contractus)*. Rio de Janeiro: Freitas Bastos, 1959. p. 155. Em sentido diverso, Maria Celina Bodin de Moraes, analisando o art. 1.092 do Código Civil de 1916, confirma que a *ratio* da norma consiste na regra imposta pela exceção de contrato não cumprido: "A *ratio* da norma [art. 1092] impõe o sentido de que um dos contraentes não possa exigir o cumprimento da obrigação do outro se, e somente se, a sua obrigação (não cumprida) é causa da outra. Mais ainda: o disposto no parágrafo único do art. 1.092 reforça a interpretação já que não teria razão jurídica a resolução se as obrigações pudessem ser independentes entre si" (MORAES, Maria Celina Bodin de. O procedimento de qualificação dos contratos e a dupla configuração do mútuo no direito civil brasileiro. *Revista Forense*, v. 309, p. 33-61, jan./mar. 1990, p. 40).

380 "O direito francês, com repercussão em muitos sistemas jurídicos, não estabeleceu a exceção *non adimpleti contractus* para todos os contratos bilaterais. A doutrina dividiu-se entre os que sustentavam ser instituto geral a exceção *non adimpleti contractus* e, pois, também a exceção *non rite adimpleti contractus*, e os que lhe negavam tal generalidade. A discussão foi definitivamente superada no Código Civil brasileiro, art. 476, relativo a todos os 'contratos bilaterais'." (PONTES DE MIRANDA, Francisco Cavalcanti. *Tratado de direito privado*. São Paulo: Bookseller, 2003. t. 26. p. 129-130).

Ademais, no diploma civil anterior, o artigo estava contido no capítulo destinado aos contratos bilaterais, no âmbito do título "Dos Contratos". Na codificação atual, o legislador inseriu a previsão no capítulo da extinção do contrato, o que foi objeto de críticas, [381] tendo em vista que sua invocação não objetiva a extinção do instrumento contratual, mas sim a suspensão da exigibilidade da prestação do contratante prejudicado pelo inadimplemento do demandante. Nesse sentido, destaca-se que a invocação da exceção de contrato não cumprido pressupõe justamente o interesse da parte na manutenção da relação obrigacional e no adimplemento da contraparte.[382]

A localização do dispositivo no âmbito do capítulo de contratos bilaterais de fato se revela adequada, pois é apenas em virtude da reciprocidade de prestações ínsita aos contratos bilaterais que se justifica a aplicação da exceção de contrato não cumprido.[383] A doutrina também

---

381 "A rigor, houve equívoco do legislador na localização da matéria. A exceção do contrato não cumprido não constitui meio de extinção do contrato, mas mera defesa que pode ser invocada, em contratos bilaterais, contra a exigência de cumprimento, calcada no descumprimento da parte contrária. [...] O efeito da exceção do contrato não cumprido não consiste na extinção, mas na suspensão da exigibilidade da obrigação que integra o contrato" (SCHREIBER, Anderson. *Manual de direito civil contemporâneo*. 2. ed. São Paulo: Saraiva, 2019, p. 518); DE GODOY, Claudio Luiz Bueno *et al*. *Código Civil comentado*. *In*: PELUSO, Cezar (coord.). 15. ed. Barueri: Manole, 2021. p. 510.

382 "Nos casos em que persiste o seu interesse em receber a prestação, o ordenamento oferece a possibilidade de somente suspender os efeitos do negócio, resguardando-se, por um lado, do prejuízo decorrente de eventual falta de reciprocidade prestacional, mas, por outro lado, evitando temporariamente a solução mais drástica de ruptura definitiva do vínculo" (TEPEDINO, Gustavo; KONDER, Carlos Nelson; BANDEIRA, Paula Greco. *In*: TEPEDINO, Gustavo (org.). *Fundamentos do direito civil*: contratos. 2. ed. Rio de Janeiro: Forense, 2021. p. 162); "Mas a essa solução radical [a resolução do contrato] pode o contratante prejudicado preferir outra mais branda: recusar-se a cumprir o contrato até que o inadimplente cumpra o prometido. Assim, por meio de uma opção, salvará o vínculo, evitando o pior [...]. Tal exceção não visa a afetar o contrato, que, ao contrário, se salva, evitando-se resolvê-lo" (BESSONE, Darcy. *Do contrato*: teoria geral.4. ed. São Paulo: Saraiva, 1997. p. 200); "A excepção apenas pode ser invocada perante uma situação de incumprimento não definitivo. Se, ao contrário, se tratar de uma inexecução definitiva, não faz sentido opor a excepção de inexecução, que supõe a manutenção do vínculo contratual, antes devendo ser invocada a resolução, cujo efeito é a extinção do referido vínculo. A *exceptio* tem efeitos meramente transitórios, pressupondo uma prestação ainda por cumprir e a sua suspensão (sendo o cumprimento ainda possível) até que a respectiva contraprestação seja por sua vez executada (o que também é ainda possível)" (ABRANTES, José João. *A excepção de não cumprimento do contrato*. 2. ed. Coimbra: Almedina, 1955. p. 75); ASSIS, Araken de. *In:* ALVIM, Arruda; ALVIM, Thereza (coord.). *Comentários ao Código Civil brasileiro*. Rio de Janeiro: Forense, 2007. p. 657.

383 "O contrato é, sempre, um ato bilateral, porque pressupõe acordo de vontades; mas, por sua vez, pode ser bilateral ou unilateral, segundo há, ou não, reciprocidade de prestações. Esta reciprocidade de prestações é da essência dos contratos bilaterais. Dela resulta a exceção *non adimpleti contractus*, em virtude da qual, se uma das partes, sem ter cumprido a sua prestação, exigir o cumprimento da outra, esta se defende alegando que não pode

aponta que a *ratio* do art. 475 do Código Civil de 2002[384] confirma as bases dogmáticas da exceção de contrato não cumprido, considerando que não haveria razão para se autorizar a resolução do contrato se as obrigações pudessem ser entendidas como independentes.[385] Em sentido diverso, há apontamentos de que, embora a exceção de contrato não cumprido e a resolução sejam reações relacionadas ao sinalagma, no direito brasileiro o direito à resolução não se limitaria aos contratos sinalagmáticos.[386]

O descumprimento contratual, com efeito, desvirtua os efeitos que as partes buscavam e que justificaram que a contratação ocorresse em primeiro lugar, a ensejar, potencialmente, a aplicação da exceção de contrato não cumprido ou a resolução contratual. Não há dúvidas, no entanto, de que o espectro de aplicação da exceção de contrato não cumprido é muito mais amplo, por poder ser exercido diante de toda espécie de inadimplemento, conforme se verá no item 3.3.2 *infra*.[387]

---

se coagida, porque o outro contraente também não cumpriu o prometido" (BEVILAQUA, Clovis. *Código Civil dos Estados Unidos do Brasil comentado.* Rio de Janeiro: Francisco Alves, 1958. v. 4. p. 206).

384 "Art. 475. A parte lesada pelo inadimplemento pode pedir a resolução do contrato, se não preferir exigir-lhe o cumprimento, cabendo, em qualquer dos casos, indenização por perdas e danos".

385 "A *ratio* destas normas [arts. 475 e 476 do Código Civil] impõe o sentido de que um dos contraentes não pode exigir o cumprimento da obrigação do outro se, e somente se, a sua obrigação (não cumprida) é a causa da outra. Mais ainda: o disposto no art. 475 corrobora esta interpretação, já que não teria razão jurídica a resolução se as obrigações pudessem ser independentes entre si. Com efeito, apresenta-se inexplicável a resolução senão considerando que somente o inadimplemento de uma obrigação essencial e correspectiva pode acarretar a ruptura do vínculo contratual. Soma-se a isso o fato de o legislador, no novo Código Civil, ter reforçado a ideia, cominando, junto à resolução contratual, a possibilidade de indenização por perdas e danos" (MORAES, Maria Celina Bodin de. A causa do contrato. *Civilistica.com,* v. 2, n. 1, p. 1-24, 30 jan. 2013. p. 17); "Embora se tenha tirado, da aceitação da resolução dos contratos bilaterais por não cumprimento, argumento a favor da *exceptio,* no nosso direito, não se segue daí necessariamente que esta apenas seja possível quando o não cumprimento seja bastante grave para provocar a resolução do contrato [...]. Trata-se de meios independentes, ainda que baseados ambos na interdependência das prestações, existente nos contratos bilaterais" (SERRA, Adriano Paes da Silva Vaz. Excepção de contrato não cumprido. *Boletim do Ministérioda Justiça,* n. 67, p. 5-169, 1957, p. 26). V. GAGLIARDI, Rafael Villar. *Exceção de contrato não cumprido.* São Paulo: Saraiva, 2010. p. 39; ASSIS, Araken de. *In*: ALVIM, Arruda; ALVIM, Thereza (coord.). *Comentários ao Código Civil brasileiro.* Rio de Janeiro: Forense, 2007. v. 5. p. 664.

386 TERRA, Aline de Miranda Valverde; NANNI, Giovanni Ettore. Exceção de contrato não cumprido na coligação contratual. *Civilistica.com,* v. 10, n. 2, p. 1-26, 19 set. 2021. p. 6.

387 "Em vários aspectos, e não só quanto à exata identificação do fundamento, a exceção de inadimplemento anda paralela ao direito à resolução (art. 475). Um deles é o do seu domínio de atuação. Embora semelhantes, e em grande parte coincidentes, o campo da exceção supera o da resolução. Não cabe dissolver o vínculo, por exemplo, na hipótese de *substancial performance.* E isso porque no caso de discrepância qualitativa e ínfima a prestação continuará

3.2 Estrutura e função da exceção de contrato não cumprido

No estudo de figuras jurídicas, leciona a escola de direito civil-constitucional que o jurista deve centrar-se na função desempenhada pelo objeto de estudo no ordenamento jurídico, que é diferenciada de sua estrutura: enquanto na função se indaga "para que serve" na estrutura se descreve "como é".[388] Atribui-se à leitura estrutural caráter formal que não é infiltrado pelos valores do ordenamento, ao passo que a função figura como análise dinâmica do papel desempenhado no ordenamento jurídico, a partir de sua conjugação com os valores hierarquicamente superiores do sistema.[389] Nesse sentido, a estrutura contribuiria muito menos no estudo jurídico do que a investigação da função – uma vez que, para além de a estrutura não lograr capturar a essência dos institutos e suas repercussões sociais, revelaria pouco sobre suas efetivas potencialidades.[390] Apesar da diferenciação entre tais vieses de análise, leciona a doutrina que "o conceito de função contrapõe-se e, ao mesmo tempo, conjuga-se com o de estrutura".[391]

útil para o credor (art. 395, parágrafo único)" (ASSIS, Araken de. *In*: ALVIM, Arruda; ALVIM, Thereza (coord.). *Comentários ao Código Civil brasileiro*. Rio de Janeiro: Forense, 2007. p. 664). Nesse sentido, veja-se que a doutrina defende a aplicação da exceção de contrato não cumprido diante de situações em que se configure o adimplemento substancial, nas quais a resolução é recusada, por sua gravidade: v. BUTRUCE, Vitor Augusto José. *A exceção de contrato não cumprido no Direito Civil brasileiro contemporâneo*: funções, pressupostos e limites de um "direito a não cumprir". 2009. Dissertação (Mestrado em Direito) – Universidade do Estado do Rio de Janeiro, Rio de Janeiro, 2009. p. 209.

388 PERLINGIERI, Pietro. *Perfis do direito civil*. 3. ed. Rio de Janeiro: Renovar, 2002. p. 94.

389 PERLINGIERI, Pietro. *O direito civil na legalidade constitucional*. Rio de Janeiro: Renovar, 2008. p. 642-644.

390 "Em outros momentos, o objetivo de garantir certa pureza metodológica e autonomia científica ao Direito conduziu a um estudo focado nas estruturas, que seria supostamente neutro, independente de questões sociais, culturais ou históricas [...] a perspectiva se inverteu: a prioridade agora deve ser do exame da função dos institutos – o chamado 'perfil funcional'. O olhar do jurista passa a compreender as repercussões da aplicação de uma norma, os interesses jurídicos em jogo, os fins que ela visa atingir, a *ratio* que a alimenta. Assim, o intérprete deixa de lado aquela postura supostamente neutra e asséptica para assumir o papel – e a responsabilidade daí decorrente – de intervenção na realidade social a que o direito se destina" (KONDER, Carlos Nelson. Para além da "principialização" da função social do contrato. *Revista Brasileira de Direito Civil*, v. 13, p. 39-59, 2017. p. 41).

391 KONDER, Carlos Nelson. Para além da "principialização"' da função social do contrato. *Revista Brasileira de Direito Civil*, v. 13, p. 39-59, 2017. p. 40. Prossegue o autor: "A estrutura descreve os elementos que compõem um determinado corpo, sua morfologia, enquanto a função refere a como tais elementos atuam, o que eles fazem". V. tb.: "Il problema, come si vede, è complesso e va prospettato sotto vari profili, tutti distinti ma interdipendenti, e costituenti una problematica unitaria. L'analisi di una fattispecie non può essere compiuta soltanto in termini strutturali né in termini soltanto effettuali: cioè, il profilo strutturale e

No que tange à estrutura, as exceções são classificadas entre processuais e substanciais; peremptórias e dilatórias; autônomas e dependentes; pessoais e comuns; reais e pessoais. As exceções são classificadas como processuais nas hipóteses em que a sua oposição vai de encontro à existência do processo ou à admissibilidade da ação e como substanciais nos casos em que a defesa consiste em matéria de mérito.[392] A despeito das controvérsias, [393] tem-se como majoritário o entendimento de que a exceção de contrato não cumprido se caracteriza como exceção substancial, [394] sendo, portanto, exceção de direito material.[395]

As exceções substanciais, a seu turno, se dividem em peremptórias e dilatórias. As primeiras impedem os efeitos da pretensão do autor da ação e as últimas possuem o efeito de apenas retardar essas

---

quello funzionale non sono sufficienti, autonomamente considerati, ai fini della qualificazione di um atto. Questa, invece, risulterà dalla sintesi degli effetti essenziali di quell'atto, prodotti immediatamente o in forma differita: anche l'effetto non ancora prodotto, perché differito, deve rientrare nel giudizio di qualificazione. Pertanto, da un punto di vista generale, va ribadito che la natura giuridica di un istituto consiste della sintesi dell'aspetto strutturale e dell'aspetto funzionale: ogni istituto giuridico dev'essere studiato sotto entrambi questi profili" (PERLINGIERI, Pietro. *Il fenomeno dell'estinzione nelle obbligazioni*. Napoli: Edizioni Scientifiche Italiane, 1972. p. 28).

392 BUTRUCE, Vitor Augusto José. *A exceção de contrato não cumprido no direito civil brasileiro contemporâneo*: funções, pressupostos e limites de um "direito a não cumprir". 2009. Dissertação (Mestrado em Direito) – Universidade do Estado do Rio de Janeiro, Rio de Janeiro, 2009. p. 48-49.

393 Há quem entenda que a exceção de contrato não cumprido consiste em exceção processual. Nesse sentido, manifesta-se Silvio Rodrigues: "Como toda exceção, trata-se de um meio de defesa processual. Enquanto a ação representa, processualmente falando, um meio de ataque, a exceção é sempre um instrumento de defesa, invocado pelo réu, para paralisar a investida do autor" (RODRIGUES, Silvio. *Direito civil*: dos contratos e das declarações unilaterais da vontade. 28. ed. São Paulo: Saraiva, 2002. v. 3. p. 83).

394 SERPA LOPES, Miguel Maria de. *Exceções substanciais*: exceção de contrato não cumprido *(exceptio non adimpleti contractus)*. Rio de Janeiro: Freitas Bastos, 1959. p. 135. V. tb.: "É uma espécie de contradireito (situação jurídica ativa) de que o sujeito passivo de uma relação jurídica (que, no processo, costuma ser o réu/executado) dispõe em face do sujeito ativo de uma relação jurídica (que, no processo, costuma ser o autor/exequente), que tem aptidão para impedir ou retardar a eficácia da sua pretensão. As exceções substanciais são sempre defesas indiretas, ou seja, com elas não se negam os fatos afirmados pelo autor/exequente para fundar sua pretensão, nem as consequências jurídicas extraídas; traz-se fato novo apto a neutralizar sua eficácia" (DIDIER JÚNIOR, Fredie; OLIVEIRA, Rafael. Execução e exceção de contrato não cumprido: notas ao art. 582 do CPC. *Revista de Processo*, v. 34, n. 172, p. 19-31, jun. 2009. p. 20). V. tb. MESSINEO, Francesco. *Doctrina general del contrato.* Buenos Aires: Ediciones Jurídicas Europa-América, 1986. t. 2. p. 433.

395 PONTES DE MIRANDA, Francisco Cavalcanti. *Tratado de direito privado.* São Paulo: Bookseller, 2003. t. 26, p. 130; SCHREIBER, Anderson. *In*: SCHREIBER, Anderson *et al.* (coord.). *Código civil comentado*: doutrina e jurisprudência. Rio de Janeiro: Forense, 2019. p. 280; SILVA, João Calvão da. *Cumprimento e sanção pecuniária compulsória.* Coimbra: Almedina, 2002. p. 334; TERRA, Aline de Miranda Valverde; NANNI, Giovanni Ettore. Exceção de contrato não cumprido na coligação contratual. *Civilistica.com*, v. 10, n. 2, p. 1-26, 19 set. 2021. p. 4.

repercussões. Entende-se ser dilatória a exceção de contrato não cumprido por não recusar a pretensão defendida pelo demandante, mas sim neutralizar temporariamente sua eficácia.[396] Há também classificação de exceções autônomas, que possuem amparo em fundamentos próprios, e, por outro lado, de dependentes, as quais têm por objeto confrontar a pretensão de outrem.[397] A exceção de contrato não cumprido, consistindo em defesa a ser invocada diante da demanda do contratante inadimplente, sobressai como exceção dependente. Por fim, a exceção de contrato não cumprido é classificada como comum, porque concerne às próprias obrigações do contrato (e não a uma particularidade das partes envolvidas no negócio), em contraponto às exceções pessoais, que têm fundamento em fatos ou circunstâncias referentes às pessoas dos contratantes.[398] Há, de outro turno, a classificação entre exceções pessoais e reais, centrada no alcance longitudinal de sua eficácia, âmbito no qual a exceção pessoal é entendida como aplicável em relação a determinada pessoa em razão de condição fática ou jurídica, como a *exceptio*, ao passo que a exceção real seria oponível *erga omnes*.[399]

---

396 DIDIER JÚNIOR, Fredie; OLIVEIRA, Rafael. Execução e exceção de contrato não cumprido: notas ao art. 582 do CPC. *Revista de Processo*, v. 34, n. 172, p. 19-31, jun. 2009. p. 20. Também nesse sentido: "A exceção pode ser dilatória quando sofre os efeitos do tempo, e uma vez removido o obstáculo oposto à demanda, autoriza o demandante a pô-la novamente em marcha. Seu efeito é, pois, temporário, vez que atinge a ação como atualmente existe, e não em caráter definitivo" (GAGLIARDI, Rafael Villar. *Exceção de contrato não cumprido*. São Paulo: Saraiva, 2010. p. 10). V. SERRA, Adriano Paes da Silva Vaz. Excepção de contrato não cumprido. *Boletim do Ministérioda Justiça*, n. 67, p. 5-169, 1957. p. 18.

397 GAGLIARDI, Rafael Villar. *Exceção de contrato não cumprido*. São Paulo: Saraiva, 2010. p. 13. O autor fornece exemplo para ilustrar a diferença das exceções autônomas e dependentes: "À guisa de ilustração, cita-se o *beneficium excussionis*, conferido pela lei ao fiador. O direito ao benefício de ordem conferido pelo art. 827 do Código Civil não pressupõe qualquer pretensão por parte do excipiente que não aquela de ver excutidos previamente os bens do devedor principal. Trata-se, pois, de exceção autônoma [...] Já como exemplo de exceção dependente, pode-se citar aquela própria objeto do presente estudo. A *exceptio non adimpleti contractus* configura exceção dependente e, para exemplificar, pode-se lembrar que o vendedor, ante o inadimplemento do comprador [...] se a entrega desta lhe for exigida, [pode] opor a exceção sob análise" (p. 13).

398 DAL PIZZOL, Ricardo. *Exceção de contrato não cumprido*: sinalagma, causa e boa-fé objetiva. Uma releitura à luz dos novos temas contratuais. 2020. Tese (Doutorado em Direito) – Faculdade de Direito da Universidade de São Paulo, São Paulo, 2020. p. 157; BUTRUCE, Vitor Augusto José. *A exceção de contrato não cumprido no direito civil brasileiro contemporâneo*: funções, pressupostos e limites de um "direito a não cumprir". 2009. Dissertação (Mestrado em Direito) – Universidade do Estado do Rio de Janeiro, Rio de Janeiro, 2009. p. 152.

399 GAGLIARDI, Rafael Villar. *Exceção de contrato não cumprido*. São Paulo: Saraiva, 2010. p. 12; SERPA LOPES, Miguel Maria de. *Exceções substanciais*: exceção de contrato não cumprido *(exceptio non adimpleti contractus)*. Rio de Janeiro: Freitas Bastos, 1959. p. 108.

O enfoque da estrutura, como advertido, deixa de capturar a leitura funcionalizada do instituto. Assim, por exemplo, a classificação da exceção como pessoal – em oposição às exceções ditas reais – não endereça a superação da dicotomia entre relações reais e obrigacionais pelo direito civil-constitucional.[400] Não à toa já anotou a doutrina que, embora a exceção de contrato não cumprido se aproxime das exceções pessoais no plano estrutural, tal exceção submete-se à disciplina unitária do direito patrimonial, sendo sua tutela condicionada à concretização de valores constitucionais.[401]

No que tange à sua função, como passado em revista, esta consiste na tutela do sinalagma, evitando-se o rompimento do nexo funcional estabelecido entre as prestações correspectivas de instrumento bilateral que ocorreria se o excipiente fosse obrigado a prestar mesmo sem ter recebido a prestação do excepto.[402] Nessa esteira, a *exceptio* não visa à punição do excepto e não tem, portanto, qualquer viés sancionador.[403]

---

400 "As situações subjetivas patrimoniais podem ser objeto de uma abordagem unitária, embora ainda não tenha sido elaborada, interpretativamente, uma normativa comum que lhes sirva de referência. Esta normativa comum não se pode identificar exclusivamente com o direito das obrigações ou com aquele das relações reais, mas deve ser concebida como a síntese da disciplina de todas as relações patrimoniais" (PERLINGIERI, Pietro. *O direito civil na legalidade constitucional*. Rio de Janeiro: Renovar, 2008. p. 892).

401 "Assim, ainda que na estrutura a *exceptio non adimpleti contractus* se aproxime das ditas exceções pessoais, no plano axiológico se revestiria de toda a carga valorativa comum às relações patrimoniais. Do ponto de vista estático, cuida-se de exceção oponível contra sujeito determinado (contra aquele que não cumpriu com sua obrigação), oriunda da celebração de contrato. Não se pode descurar, contudo, que seu merecimento de tutela se encontra instrumentalizado à concretização de valores constitucionais, à semelhança de toda e qualquer relação de caráter patrimonial" (FREITAS, Rodrigo Lima e Silva de. *O locus de atuação da exceção de contrato não cumprido no ordenamento jurídico brasileiro*. 2019. Dissertação (Mestrado em Direito) – Universidade do Estado do Rio de Janeiro, Rio de Janeiro, 2019. p. 53-54).

402 "Assim, se, por um lado, a excepção de não cumprimento evita a ruptura da relação de correspectividade existente entre as obrigações emergentes de um contrato sinalagmático, por outro, o âmbito de aplicação da *exceptio* fica naturalmente limitado às obrigações unidas por esse mesmo vínculo" (FONSECA, Ana Maria Taveira da. *Da recusa de cumprimento da obrigação para tutela do direito de crédito*: em especial na excepção de não cumprimento, no direito de retenção e na compensação. 2013. Tese (Doutorado em Direito) – Universidade Católica Portuguesa, Lisboa, 2013. p. 74). Em sentido análogo: "A função precípua do instituto é a de *tutelar o contratante fiel na sua posição jurídica de devedor, permitindo-lhe recusar o cumprimento enquanto não lhe for assegurado o atendimento de seus interesses contratuais, mediante o adimplemento correspectivo, e, por consequência, afastando-lhe os efeitos de um inadimplemento imputável*"(BUTRUCE, Vitor Augusto José. *A exceção de contrato não cumprido no direito civil brasileiro contemporâneo*: funções, pressupostos e limites de um "direito a não cumprir". 2009. Dissertação (Mestrado em Direito) – Universidade do Estado do Rio de Janeiro, Rio de Janeiro, 2009. p. 68).

403 PERSICO, Giovanni. *L'eccezione d'inadempimento*. Milano: Giufrè, 1955. p. 6; "A excepção não reveste, com efeito, a natureza de uma sanção, pressupondo um comportamento culposo

Como consequência da sua função de tutela do sinalagma, na prática, a exceção de contrato não cumprido ocasiona incentivo para a parte inadimplente retornar ao programa contratual, [404] o que já foi apontado como uma função secundária da figura.[405] Esse aspecto inspirou a doutrina a apontar o exercício da exceção como meio de pressão que compele o excepto a executar sua obrigação.[406]

Além disso, já se indicou que a *exceptio* poderia exercer papel da garantia indireta ao cumprimento das obrigações, por representar proteção ao risco de inadimplência alheia, dado que, nesse caso, o excipiente é poupado de realizar sua prestação.[407] No entanto, seu exercício

---

daquele a quem é oposta. A sua invocação não se baseia na eventual responsabilidade do contraente pela inexecução da sua obrigação, antes encontra o seu fundamento na regra do cumprimento simultâneo das obrigações sinalagmáticas" (ABRANTES, José João. *A excepção de não cumprimento do contrato*. 2. ed. Coimbra: Almedina, 1955. p. 76).

404 MESSINEO, Francesco. *Doctrina general del contrato*. Buenos Aires: Ediciones Jurídicas Europa-América, 1986. t. 2. p. 434.

405 BUTRUCE, Vitor Augusto José. *A exceção de contrato não cumprido no direito civil brasileiro contemporâneo*: funções, pressupostos e limites de um "direito a não cumprir". 2009. Dissertação (Mestrado em Direito) – Universidade do Estado do Rio de Janeiro, Rio de Janeiro, 2009. p. 169. O autor enumera ainda outras funções visualizadas na aplicação da figura: "Costuma-se atribuir à exceptio as funções de defender a posição jurídica do devedor, de colaborar para o cumprimento integral do contrato, de servir como mecanismo de pressão à contraparte inadimplente, de atuar como uma garantia indireta do crédito do contratante fiel e, por fim, de manter o equilíbrio da relação contratual sinalagmática" (p. 68).

406 DE GODOY, Claudio Luiz Bueno *et al*. *Código Civil comentado*. *In*: PELUSO, Cezar (coord.). 15. ed. Barueri: Manole, 2021. p. 510; "Entendemos mesmo que, apesar da *exc. n. ad. cont.* possuir certos característicos próprios, ela não deixa de representar um elemento coercitivo indireto, por isso que, por meio dela, pretende o excipiente tentar a realização da prestação por parte do inadimplente e não a resolução" (SERPA LOPES, Miguel Maria de. *Exceções substanciais*: exceção de contrato não cumprido *(exceptio non adimpleti contractus)*. Rio de Janeiro: Freitas Bastos, 1959. p. 284); ASSIS, Araken de. *In*: ALVIM, Arruda; ALVIM, Thereza (coord.). *Comentários ao Código Civil brasileiro*. Rio de Janeiro: Forense, 2007. v. 5. p. 659-660.

407 "À exceção de inadimplemento se reconhece a função de garantia indireta e imprópria. Faltam características intrínsecas às garantias – a natureza acessória e convencional, e, principalmente, o acrescimento qualitativo à garantia patrimonial genérica prevista no art. 391 –, mas é inegável que a exceção atua de modo a impedir a perda da prestação do excipiente, provocada pelo inadimplemento do seu parceiro" (ASSIS, Araken de. *In*: ALVIM, Arruda; ALVIM, Thereza (coord.). *Comentários ao Código Civil brasileiro*. Rio de Janeiro: Forense: 2007. v. 5, p. 659); "Atribui-se uma função de garantia a exceção. O descumprimento de uma obrigação instaura uma patologia na relação obrigacional, que pode ser enfrentada por diversos mecanismos, entre eles as garantias. [...] Como explica Paulo Roque Khoury, nenhuma garantia elimina por completo o risco da inexecução. A exceção de contrato não cumprido ao impedir o sacrifício patrimonial do devedor, acaba por atuar *a priori*, ao passo que as garantias especiais somente atuam *a posteriori*, já na recuperação do crédito" (DE GODOY, Claudio Luiz Bueno *et al*. *Código Civil comentado*. *In*: PELUSO, Cezar (coord.). 15. ed. Barueri: Manole, 2021. p. 510); "A *exceptio non adimpleti contactus* desempenha dupla função: a função de garantia e a função coercitiva. A função de garantia porque permite ao *excipiens* garantir-se contra as consequências presentes ou futuras, do não cumprimento

não assegura o cumprimento da prestação inadimplida, nem confere privilégio especial em relação ao patrimônio do devedor. Pondera-se, ainda, que o exercício da exceção poderia exercer utilidade diversa da garantia considerando as hipóteses de impossibilidade de restituição da prestação transferida, como, por exemplo, obrigação de fazer.[408]

Entende-se que as funções diversas visualizadas para a exceção de contrato não cumprido são, em realidade, consequências práticas da tutela do sinalagma, não já sua função propriamente dita.[409] Nesta seara, vale indagar se o remédio da exceção de contrato não cumprido

---

da(s) obrigação(s) recíproca(s) do devedor. A função coercitiva porque constitui também um meio de pressão sobre o contratante inadimplente, para este cumprir". (SILVA, João Calvão da. *Cumprimento e sanção pecuniária compulsória.* Coimbra: Almedina, 2002. p. 336).

408 "A eficácia prática dessa desvinculação pode ser frustrada quando uma das partes cumpra antes de se verificar o não cumprimento definitivo da outra: a recuperação da prestação já realizada pode vir a revelar-se impossível, por ter consistido num *facere* (positivo ou negativo) ou por ter sido entregue uma coisa infungível entretanto consumida, alterada ou alienada. Nenhuma garantia pessoal ou real contornaria a eventual impossibilidade de uma pretensão restitutória. Mas mesmo quando a prestação a seu cargo seja dinheiro ou qualquer coisa fungível, deve reconhecer-se que a constituição de uma garantia, por sólida que seja, não oferece ao credor a mesma segurança que tem ao abster-se de cumprir: basta pensar, entre outras eventualidades, na existência de créditos privilegiados ou no perecimento ou deterioração dos bens dados em garantia" (PEREIRA, Maria de Lurdes; MÚRIAS, Pedro. Os direitos de retenção e o sentido da excepção de não cumprimento. *Revista de Direito e de Estudos Sociais,* XXII da 2ª série, p. 187-239, jan./dez. 2008, p. 207).

409 "O propósito de compelir ou incitar a parte contra quem se fazer valer a *exceptio* a realizar a sua prestação [...] nunca poderia deixar de ter o estatuto de uma função acessória e eventual. Desde logo, porque a tutela do sinalagma reclama que a *exceptio* continue a ser invocável mesmo quando não tenha, tanto em abstracto quanto em concreto, a possibilidade de coagir ao cumprimento, ou quando esse efeito, ainda que possível, seja diminuto [...] a *exceptio* não subjaz senão o desígnio de assegurar que cada uma das partes não seja constrangida a cumprir a sua prestação fora dos termos em que se encontra obrigada. Uma coisa, repita-se, é o seu efeito prático normal. Outra, bem diversa, a finalidade que visa satisfazer e que cunha o seu regime" (PEREIRA, Maria de Lurdes; MÚRIAS, Pedro. Os direitos de retenção e o sentido da excepção de não cumprimento. *Revista de direito e de estudos sociais,* XXII da 2ª série, p. 187-239, jan./dez. 2008. p. 231-233); "Embora se reconheça que a exceção de inadimplemento possa cumprir mais de um papel na dinâmica contratual, é inegável que todas as aplicações do mecanismo são impregnadas de um aspecto eminentemente *defensivo*. E a essência de todas essas manifestações tem como objeto a posição jurídica do contratante enquanto *devedor* – isto é, embora nos contratos sinalagmáticos cada contratante seja, ao mesmo tempo, credor e devedor um do outro, a *exceptio* se destina a proteger a situação subjetiva passiva ao qual está submetido o excipiente. Portanto, os eventuais efeitos práticos que a *exceptio* pode exercer em benefício da obtenção do crédito pelo contratante, sua situação subjetiva ativa, são consequências paralelas, secundárias ou indiretas ao âmago do instituto. Sua função precípua, a nosso sentir, consiste em *permitir ao contratante não cumprir uma obrigação* ou *impedir que sofra os efeitos de um suposto descumprimento dessa mesma obrigação,* única consequência comum em qualquer hipótese de manejo do instituto" (BUTRUCE, Vitor Augusto José. *A exceção de contrato não cumprido no direito civil brasileiro contemporâneo*: funções, pressupostos e limites de um "direito a não cumprir". 2009. Dissertação (Mestrado em Direito) – Universidade do Estado do Rio de Janeiro, Rio de Janeiro, 2009. p. 72).

pode ser afastado pelas partes, mesmo se preenchidos seus requisitos, o que comumente é materializado por meio da cláusula *solve et repete*.

A indagação que se coloca consiste na possibilidade de as partes, no âmbito de sua autonomia privada, excluírem tal exceção do rol de defesas cabíveis, o que determina que, em caso de descumprimento, a parte lesada cumpra sua obrigação para, apenas em momento posterior, discutir o descumprimento da contraparte. Convém ainda destacar que se trata de abdicação de direito ajustada no âmbito de negócio bilateral, que não se caracteriza como renúncia propriamente dita, ato unilateral e independente, despido de intenção atributiva.[410]

Os efeitos da cláusula *solve et repete* inspiraram a doutrina a entender que sua estipulação criaria "um caráter de abstração das obrigações, antes ligadas a um forte elemento causal, derivado do próprio vínculo sinalagmático".[411] Nesse contexto, apesar de haver o afastamento da *exceptio*, não há descaracterização do sinalagma, dado que se afasta o remédio da exceção de contrato não cumprido e não o direito de crédito referente à prestação inadimplida, [412] que compõe um dos polos

---

[410] "[...] o exame teleológico do ato abdicativo inserido em determinado negócio bilateral deverá aferir se aquele se encontra, de alguma forma, funcionalmente ligado a uma qualquer contraprestação [...] Se tal for aferido, exclui-se a possibilidade de se estar na presença de um ato renunciativo propriamente dito, uma vez que este não se apresentaria, nessa situação, com uma autônoma função abdicativa, encontrando sua função no próprio contrato [...] Assim, estando o ato inserido em meio a uma complexa relação sinalagmática, sem qualquer individualização ou autonomia, não se há de falar em verdadeira e própria renúncia, ainda que essa denominação tenha sido estabelecida pelas partes no respectivo negócio [...] Isto porque, ao se celebrar contrato em que uma das prestações constitui a abdicação de um direito, necessariamente haverá uma prestação contrária da outra parte e, dessa forma, o adimplemento do ato abdicativo, por ser em troca de prestação correspectiva, não poderá implicar um verdadeiro e próprio ato de renunciativo [...] A renúncia, para além de não ser contrato típico, não funciona como meio de conceder um direito, mas, sim, como meio de o renunciante afastar de sua esfera jurídica o direito renunciado, produzindo essencialmente sua perda. É ato unilateral, efetivado exclusivamente pela parte renunciante, que o realiza independentemente de qualquer reciprocidade, devendo, inclusive, ser descaracterizado tanto quando for inserido em negócio que o vincule a uma contraprestação, como quando houver intenção liberal atributiva" (VAZ, Marcella Campinho. *Renúncia de Direitos*: limites e parâmetros de aplicação no direito civil. 2019. Dissertação (Mestrado em Direito) – Universidade do Estado do Rio de Janeiro, Rio de Janeiro, 2019. p. 113-116).

[411] GAGLIARDI, Rafael Villar. *Exceção de contrato não cumprido*. São Paulo: Saraiva, 2010. p. 175.

[412] AGUIAR JR., Ruy Rosado de. Comentários aos arts. 472 a 480. *In*: TEIXEIRA, Sálvio de Figueiredo (coord.). *Comentários ao novo Código Civil:* da extinção do contrato. Rio de Janeiro: Forense, 2011. v. 6. t. 2. p. 823; SILVA, Rodrigo da Guia; SILVA, Jennifer Gomes da. Cláusulas Solve et Repete: perspectivas de atuação da autonomia privada na (de)limitação das exceções oponíveis pelo devedor. *Revista Eletrônica da Procuradoria Geral do Estado do Rio de Janeiro – PGE-RJ*, Rio de Janeiro, v. 3, n. 1, p.1-40, jan./abr. 2020. p. 19; BUTRUCE, Vitor Augusto José. *A exceção de contrato não cumprido no direito civil brasileiro contemporâneo*:

da relação sinalagmática. Ou seja, permanece inalterado o vínculo e as correspectivas prestações não deixam de existir e serem perseguidas.[413]

Por se tratar de previsão com efeitos drásticos, a doutrina resiste à sua aplicação no âmbito de contratos de adesão, exigindo-se especial rigor no exame da vontade livre e informada manifestada quando da contratação da referida cláusula.[414] Destaca-se como óbice, ademais, a previsão do art. 424 do Código Civil, [415] que estabelece a nulidade das cláusulas que estipulem a renúncia antecipada do aderente a direito resultante da natureza do negócio, dado que o afastamento da *exceptio* consistiria em retirada do remédio sinalagmático do bojo de contato bilateral.[416] Nessa linha de ideias, também se rejeita tal previsão em relações de consumo.[417]

Assim, sua aplicação é aceita no âmbito de contratos paritários.[418] Naturalmente, a prerrogativa se conjuga a todos os vetores que incidem sobre a liberdade contratual, tutelada apenas na medida em que harmonizada com os valores constitucionais.[419] Para além desses limites, há quem exija justificativa para a abdicação da *exceptio* a partir da natureza do contrato em questão, autorizando-lhe em instrumentos

funções, pressupostos e limites de um "direito a não cumprir". 2009. Dissertação (Mestrado em Direito) – Universidade do Estado do Rio de Janeiro, Rio de Janeiro, 2009. p. 167.

413 BIANCA, C. Massimo. *Diritto civile*: la responsabilità. Milano: Giuffrè, 1994. v. 5. p. 357.

414 AGUIAR JR., Ruy Rosado de. Comentários aos arts. 472 a 480. *In*: TEIXEIRA, Sálvio de Figueiredo (coord.). *Comentários ao novo Código Civil:* da extinção do contrato. Rio de Janeiro: Forense, 2011. v. 6. t. 2. p. 824.

415 "Art. 424. Nos contratos de adesão, são nulas as cláusulas que estipulem a renúncia antecipada do aderente a direito resultante da natureza do negócio".

416 SILVA, Rodrigo da Guia; SILVA, Jennifer Gomes da. Cláusulas Solve et Repete: perspectivas de atuação da autonomia privada na (de)limitação das exceções oponíveis pelo devedor. *Revista Eletrônica da Procuradoria Geral do Estado do Rio de Janeiro – PGE-RJ*, Rio de Janeiro, v. 3, n. 1, p. 1-40, jan./abr. 2020. p. 28-31.

417 DAL PIZZOL, Ricardo. *Exceção de contrato não cumprido*: sinalagma, causa e boa-fé objetiva. Uma releitura à luz dos novos temas contratuais. 2020. Tese (Doutorado em Direito) – Faculdade de Direito da Universidade de São Paulo, São Paulo, 2020. p. 311.

418 GAGLIARDI, Rafael Villar. *Exceção de contrato não cumprido*. São Paulo: Saraiva, 2010. p. 175; DE GODOY, Claudio Luiz Bueno *et al*. *Código Civil comentado*. *In*: PELUSO, Cezar (coord.). 15. ed. Barueri: Manole, 2021. p. 512.

419 "Por isso, a função consiste em elemento interno e razão justificativa da autonomia privada. Não para subjugar a iniciativa privada a entidades ou elementos institucionais supra individuais – repita-se ainda uma vez –, mas para instrumentalizar as estruturas jurídicas aos valores do ordenamento, permitindo o controle dinâmico e concreto da atividade privada" (TEPEDINO, Gustavo. Notas sobre a função social dos contratos. *In*: TEPEDINO, Gustavo. *Temas de direito civil*. Rio de Janeiro: Renovar, 2009. t. 3. p. 152-153).

de prestação de serviços essenciais, como telecomunicações e energia elétrica.[420]

Observadas essas particularidades, a legitimidade de tal estipulação é bem aceita, tendo em vista que, em se tratando de direitos disponíveis, as partes possuem autonomia para afastar a possibilidade de defesa instrumentalizada pela exceção de contrato não cumprido.[421] Ilustrativa, nessa esteira, a anotação doutrinária de que o ordenamento admite expedientes de efeitos mais drásticos, como a incidência da cláusula penal compensatória independentemente da prova da existência ou extensão do prejuízo, nos termos do art. 416 do Código Civil, [422] de modo que não haveria justificativa para resistir ao reconhecimento da cláusula *solve et repete*.[423]

3.3 Requisitos para aplicação da exceção de contrato não cumprido

Em obra seminal sobre o tema da exceção de contrato não cumprido, Serpa Lopes enuncia como requisitos para sua aplicação: (a) vínculo sinalagmático; (b) coetaneidade do adimplemento; (c)

---

420 AGUIAR JR., Ruy Rosado de. Comentários aos arts. 472 a 480. *In*: TEIXEIRA, Sálvio de Figueiredo (coord.). *Comentários ao novo Código Civil:* da extinção do contrato. Rio de Janeiro: Forense, 2011. p. 824. O limite referente ao exercício da exceção de contrato não cumprido no âmbito de serviços essenciais não é objeto de análise no presente trabalho. No entanto, destaca-se pesquisas já realizadas sobre o tema: DAL PIZZOL, Ricardo. *Exceção de contrato não cumprido*: sinalagma, causa e boa-fé objetiva. Uma releitura à luz dos novos temas contratuais. 2020. Tese (Doutorado em Direito) – Faculdade de Direito da Universidade de São Paulo, São Paulo, 2020. p. 304 e ss; BUTRUCE, Vitor Augusto José. *A exceção de contrato não cumprido no direito civil brasileiro contemporâneo*: funções, pressupostos e limites de um "direito a não cumprir". 2009. Dissertação (Mestrado em Direito) – Universidade do Estado do Rio de Janeiro, Rio de Janeiro, 2009. p. 210 e ss.

421 GAGLIARDI, Rafael Villar. *Exceção de contrato não cumprido*. São Paulo: Saraiva, 2010. p. 172-173. V. tb.: "São exemplos de elementos categoriais naturais [e, portanto, derrogáveis]: (...) a suposição de que prestação e contraprestação devam ser cumpridas simultaneamente, nos contratos bilaterais (primeira parte do art. 1.092 do CC, execução *donnant donnant*, possibilitando a *exceptio non adimpleti contractus*" (AZEVEDO, Antônio Junqueira de. *Negócio jurídico*: existência, validade e eficácia. São Paulo: Saraiva, 2002. p. 37).

422 "Art. 416. Para exigir a pena convencional, não é necessário que o credor alegue prejuízo".

423 SILVA, Rodrigo da Guia; SILVA, Jennifer Gomes da. Cláusulas Solve et Repete: perspectivas de atuação da autonomia privada na (de)limitação das exceções oponíveis pelo devedor. *Revista Eletrônica da Procuradoria Geral do Estado do Rio de Janeiro – PGE-RJ*, Rio de Janeiro, v. 3, n. 1, p. 1-40, jan./abr. 2020. p. 19.

inadimplemento e (d) boa-fé, [424] os quais também são adotados por outros doutrinadores.[425]

Há, contudo, quem defenda rol diverso de requisitos, como Vitor Butruce, que elenca como pressupostos o sinalagma, o inadimplemento e a exigibilidade da prestação.[426] O autor, no entanto, ressalva que, apesar da aparente divergência, analisados os principais trabalhos sobre o tema, verificar-se-á que, em relação aos requisitos que divergem no âmbito de um e outro rol, normalmente se está diante de "decorrências lógicas do mecanismo ou de manifestações concretas daqueles três requisitos básicos".[427]

No que tange ao requisito do vínculo sinalagmático ou da bilateralidade do contrato, trata-se de ponto central do presente trabalho, analisado em profundidade nos capítulos anteriores, razão pela qual não contará com análise específica neste capítulo. Trata-se de requisito de especial relevância, por configurar o substrato fático que autoriza o exercício da *exceptio* e do qual, a rigor, decorrem logicamente os outros pressupostos.

O inadimplemento, por exemplo, figura como requisito, pois é justamente o descumprimento do excepto que confronta o sinalagma e atrai, assim, a invocação de remédio voltado à sua tutela. A coetaneidade do adimplemento, por sua vez, também é exigida pois necessária

---

424 SERPA LOPES, Miguel Maria de. *Exceções substanciais*: exceção de contrato não cumprido *(exceptio non adimpleti contractus).* Rio de Janeiro: Freitas Bastos, 1959. p. 227-312.

425 GAGLIARDI, Rafael Villar. *Exceção de contrato não cumprido.* São Paulo: Saraiva, 2010. p. 61; ABRANTES, José João. *A excepção de não cumprimento do contrato.* 2. ed. Coimbra: Almedina, 1955. p. 35-102.

426 Ruy Rosado de Aguiar Júnior elenca requisitos diversos: "São pressupostos da exceção: contrato bilateral; correspectividade entre as obrigações do autor da ação de adimplemento (excepto) e do réu (excipiente); vencimento da obrigação do excipiente; não cumprimento da obrigação do excipiente; obrigação do excepto de prestar antes ou simultaneamente; não cumprimento ou falta de oferta da prestação do excepto, independente de ser ou não o fato imputável à ele; o não cumprimento do excepto não pode ser imputado ao excipiente. A esses requisitos, acrescenta-se: a inexecução que se atribui ao excepto deve ter gravidade, na economia do contrato; entre a inexecução que se atribui ao excepto e a prestação cujo cumprimento se suspende com a exceção deve haver certa proporcionalidade. A falta desses dois últimos requisitos implica a ausência de boa-fé" (AGUIAR JR., Ruy Rosado de. Comentários aos arts. 472 a 480. *In*: TEIXEIRA, Sálvio de Figueiredo (coord.). *Comentários ao novo Código Civil*: da extinção do contrato. Rio de Janeiro: Forense, 2011. v. 6, t. 2, p. 724). No mesmo sentido: MARTINS-COSTA, Judith. *A boa-fé no direito privado*: critérios para a sua aplicação. 2. ed. São Paulo: Saraiva Educação, 2018. p. 707.

427 BUTRUCE, Vitor Augusto José. *A exceção de contrato não cumprido no direito civil brasileiro contemporâneo*: funções, pressupostos e limites de um "direito a não cumprir". 2009. Dissertação (Mestrado em Direito) – Universidade do Estado do Rio de Janeiro, Rio de Janeiro, 2009. p. 78.

à congruência cronológica das obrigações correspectivas, para atendimento do sinalagma funcional.[428]

3.3.1 Exigibilidade das prestações correspectivas

O requisito da coetaneidade[429] do adimplemento para a aplicação da exceção de contrato não cumprido consiste na circunstância de que as prestações devam ser cumpridas simultaneamente ou a obrigação imposta ao excepto deve ser cumprida antes daquela que cabe ao excipiente.[430] A exigência da prestação simultânea, ademais, é entendida

---

[428] "O princípio do cumprimento simultâneo das obrigações sinalagmáticas é consequência directa de sua interdependência funcional" (ABRANTES, José João. *A excepção de não cumprimento do contrato.* 2. ed. Coimbra: Almedina, 1955. p. 45); "Uma consequência da estrutura orgânica dessa modalidade de contratos [sinalagmáticos] e que particularmente interessa ao problema da *exc. n. ad. cont.* é a apreciação dessas duas questões decorrentes daquela forma de contrato: a do momento do vencimento dos dois créditos e a ordem dentro da qual deverão ser executados" (SERPA LOPES, Miguel Maria de. *Exceções substanciais*: exceção de contrato não cumprido (*exceptio non adimpleti contractus*). Rio de Janeiro: Freitas Bastos, 1959. p. 270); "Le principe de l'exécution simultannée s'applique, en effet, a toutes les obligations engendrées par les contrats synallagmatiques, quel que soit leur objet" (CAPITANT, Henri. *De la cause des obligations.* 3. ed. Paris: Librairie Dalloz, 1927. p. 273).

[429] O termo coetaneidade é preferido ao termo simultaneidade por englobar também as situações de obrigações sucessivas. Nesse sentido, v. BUTRUCE, Vitor Augusto José. *A exceção de contrato não cumprido no direito civil brasileiro contemporâneo*: funções, pressupostos e limites de um "direito a não cumprir". 2009. Dissertação (Mestrado em Direito) – Universidade do Estado do Rio de Janeiro, Rio de Janeiro, 2009. p. 142.
GAGLIARDI, Rafael Villar. *Exceção de contrato não cumprido.* São Paulo: Saraiva, 2010. p. 124.

[430] "Sendo o instituto animado de um sopro de equidade, deve à sua invocação presidir a regra da boa-fé, não podendo erigir-se em pretexto para o descumprimento do avençado. Assim é que, se ambas as prestações têm de ser realizadas sucessivamente, é claro que não cabe a invocação da *exceptio* por parte do que deve em primeiro lugar, pois que a do outro ainda não é devida; mas, ao que tem de prestar em segundo tempo, cabe o poder de invocá-la, se o primeiro deixou de cumprir. Sendo simultâneas, a sua interdependência funcional autoriza a recusa, sob alegação de falta de cumprimento, pois que *non servanti fidem non est fides servanda*" (PEREIRA, Caio Mário da Silva. *Instituições de direito civil*: contratos. 24. ed. Rio de Janeiro: Forense, 2020. v. 3. p. 135); "Nos contratos bilaterais, cada figurante tem de prestar porque e somente porque o outro figurante tem de contraprestar. Às vezes, a prestação e a contraprestação hão de ser feitas simultaneamente; outras vezes, não há simultaneidade, porque se permitiu à prestação ser anterior à contraprestação. A exigência da prestação simultânea estabelece situação tal, para cada um dos figurantes, que um somente pode exigir se está disposto a adimplir. Se a prestação tem de ser anterior, também não pode o figurante, que a deve, exigir que outro contrapreste, sem que antes preste" (PONTES DE MIRANDA, Francisco Cavalcanti. *Tratado de direito privado.* São Paulo: Bookseller, 2003. t. 26, p. 128); "A exceção de contrato não cumprido tem por finalidade proteger o contratante não inadimplente demandado pelo contratante inadimplente pelo cumprimento de sua obrigação. Nesse cenário, se for cabível a exceção ante prestações simultâneas, com maior razão será cabível no caso de prestações escalonadas, em que aquela devida em primeiro lugar não foi efetivamente cumprida" (GAGLIARDI, Rafael Villar. *Exceção de contrato não cumprido.* São Paulo: Saraiva, 2010. p. 92). Também nesse sentido, v. BUTRUCE, Vitor Augusto José. *A exceção de contrato não cumprido no direito civil brasileiro contemporâneo*: funções,

como consectário do sinalagma funcional, que estabelece interdependência funcional entre as prestações que justifica sua execução no mesmo momento.[431] A princípio, importa também o vencimento da obrigação que cabe ao excipiente, dado que, sem ser exigível, não seria necessário recorrer à *exceptio*, já que improcedente o pleito para cumprir.[432]

Para verificar o vencimento das obrigações, é necessário observar os termos estabelecidos pelas partes ou aqueles decorrentes da natureza do contrato[433] ou, ainda, se for o caso, a regra geral dos arts. 134 e 331 do Código Civil.[434] Na compra e venda, há regra de que o comprador é obrigado a realizar sua prestação antes do adimplemento do vendedor, se as partes não regularem de forma diversa, conforme art. 491 do Código Civil.[435] A doutrina anota, no entanto, que essa regra seria específica desse tipo, e que, para os demais contratos, deveria preponderar

---

pressupostos e limites de um "direito a não cumprir". 2009. Dissertação (Mestrado em Direito) – Universidade do Estado do Rio de Janeiro, Rio de Janeiro, 2009. p. 141; ABRANTES, José João. *A excepção de não cumprimento do contrato.* 2. ed. Coimbra: Almedina, 1955. p. 62; SILVA, João Calvão da. *Cumprimento e sanção pecuniária compulsória.* Coimbra: Almedina, 2002. p. 331-332; CASSIN, René. *De l'exception tirée de l'Inexécution dans les rapports synallagmatiques (exceptio non adimpleti contractus) et des ses relations avec le droit de rétention, la compensation et la résolution.* Paris: Sirey, 1914. p. 531. Na jurisprudência, fala-se em harmonização da cronologia das prestações: "Os contratos bilaterais a que se refere o art. 1.092 do Código Civil são aqueles em que se pode harmonizar a cronologia dos encargos de uma e outra das partes. A norma não pretende frustrar a iniciativa reclamatória da parte que, em dia com suas obrigações – embora não as tenha ainda exaurido por inteiro – vê descurar a outra parte de quanto lhe incumbe, nos termos do cronograma contratual" (STF, 2ª Turma, Recurso Extraordinário nº 100.128/RJ, Rel. Min. Francisco Rezek, j. 24.2.1984).

431 "El sinalagma funcional significa que ambos deberes de prestación, funcionalmente enlazados deben cumplirse simultáneamente. La regla de la ejecución simultánea de las prestaciones reciprocas aparece así como una consecuencia inmediata de su interdependencia funcional" (DIEZ-PICAZO, Luis. *Fundamentos del derecho civil patrimonial:* las relaciones obligatorias. 5. ed. Madrid: Civitas, 1996. v. 2. p. 375); "A aplicação da exceção de inexecução é a forma de garantir que as obrigações recíprocas se mantenham coesas, a fim de que uma das partes só possa ser compelida a prestar, caso a outra proceda de igual modo, preservando-se o sinalagma funcional" (DE GODOY, Claudio Luiz Bueno *et al. Código Civil comentado. In*: PELUSO, Cezar (coord.). 15. ed. Barueri: Manole, 2021. p. 510); MESSINEO, Francesco. *Doctrina general del contrato.* Buenos Aires: Ediciones Jurídicas Europa-América, 1986. t. 2. p. 432.

432 ASSIS, Araken de. *In*: ALVIM, Arruda; ALVIM, Thereza (coord.). *Comentários ao Código Civil brasileiro.* Rio de Janeiro: Forense, 2007. v. 5, p. 674.

433 SERPA LOPES, Miguel Maria de. *Exceções substanciais*: exceção de contrato não cumprido *(exceptio non adimpleti contractus).* Rio de Janeiro: Freitas Bastos, 1959. p. 271.

434 "Art. 134. Os negócios jurídicos entre vivos, sem prazo, são exeqüíveis desde logo, salvo se a execução tiver de ser feita em lugar diverso ou depender de tempo."
"Art. 331. Salvo disposição legal em contrário, não tendo sido ajustada época para o pagamento, pode o credor exigi-lo imediatamente."

435 "Art. 491. Não sendo a venda a crédito, o vendedor não é obrigado a entregar a coisa antes de receber o preço."

a regra de que, na ausência de disposição legal ou contratual sobre a matéria, nenhum dos contratantes pode ser obrigado a prestar antes do outro.[436]

No exemplo da compra e venda, portanto, se não houvesse disposição das partes sobre prazos diversos, apenas o vendedor poderia se valer da exceção de contrato não cumprido.[437] O mesmo vale para as obrigações com vencimentos sucessivos, nos quais apenas a parte que teria de prestar por último tem meios de se valer da *exceptio.*[438] Anota-se entendimento diverso, segundo o qual, mesmo no caso do inadimplemento da primeira prestação, se alcançado o termo da segunda prestação sem sua execução, poderia aquele que primeiro inadimpliu valer-se da *exceptio.*[439] Não se acolhe esse entendimento: a uma porque

---

[436] SERPA LOPES, Miguel Maria de. *Exceções substanciais*: exceção de contrato não cumprido *(exceptio non adimpleti contractus).* Rio de Janeiro: Freitas Bastos, 1959. p. 272.

[437] "Vale frisar, porém, que mesmo em sede de contratos sinalagmáticos a exceção de contrato não cumprido pode não ser invocável por uma das partes – na própria compra e venda, por exemplo, a regra (a teor do art. 491 do Código Civil) é que, salvo pactuação em contrário, o vendedor não pode ser cobrado da tradição da coisa antes do recebimento do preço, de tal modo que a *exceptio non adimpleti contractus* não socorre ao comprador" (SOUZA, Eduardo Nunes de. Situações jurídicas subjetivas: aspectos controversos. *Civilistica.com*, v. 4, n. 1, p. 1-26, 8 ago. 2015. p. 19).

[438] FREITAS, Rodrigo Lima e Silva de. *O locus de atuação da exceção de contrato não cumprido no ordenamento jurídico brasileiro.* 2019. Dissertação (Mestrado em Direito) – Universidade do Estado do Rio de Janeiro, Rio de Janeiro, 2019. p. 91; BUTRUCE, Vitor Augusto José. *A exceção de contrato não cumprido no direito civil brasileiro contemporâneo*: funções, pressupostos e limites de um "direito a não cumprir". 2009. Dissertação (Mestrado em Direito) – Universidade do Estado do Rio de Janeiro, Rio de Janeiro, 2009. p. 142. V. "Supposons par exemple, qu'un locataire soit débiteur d'un terme de loyers échus au 1er janvier, et qu'à partir du 1er février il soit victime d›un trouble de jouissance imputable au propriétaire. Sur la poursuite de ce dernier il pourra peut-être demander au juge de prononcer la compensation entre sa dette et sa créance d›indemnité préalablement liquidée. Mais s›il obtient satisfaction, ce ne pourra être grâce à l'exe. n. a. c, ni par voie de compensation spéciale entre dettes connexes, car il n›aura pas pu fonder son refus de loyers exigibles le 1er janvier, sur l'existence d'une créance née le 1er février. [...] La situation serait absolument différente si c›était le propriétaire qui, actionné en paiement de l›indemnité, opposait en compensation des loyers arriérés; ici, il y aurait véritablement exe. n. a. c, compensation spéciale entre dettes connexes opposable aux créanciers du locataire tombé en faillite" (CASSIN, René. *De l'exception tirée de l'Inexécution dans les rapports synallagmatiques (exceptio non adimpleti contractus) et des ses relations avec le droit de rétention, la compensation et la résolution.* Paris: Sirey, 1914. p. 533).

[439] "A deve cumprir no dia 15 de maio e B no dia 31 desse mês. Se A exige em 31 de maio a prestação de B, este pode opor-lhe a excepção, caso A não tenha cumprido; se B exige em 15 de maio a prestação de A, este não pode opor-lhe a excepção, porque está obrigado a cumprir primeiro, mas se, em 31 de maio, data do vencimento da obrigação de B, ainda não se proferiu sentença, pode A invocar a excepção, se B não cumprir" (SERRA, Adriano Paes da Silva Vaz. Excepção de Contrato não Cumprido, *Boletim do Ministérioda Justiça,* n. 67, p. 5-169, 1957. pp. 40-41). V. tb.: "Se A deixou de adimplir a 4 e B a 5, pode B recusar o adimplemento até que A adimpla, mas, se B propõe ação e B, no momento, já havia deixado de adimplir, também A pode opor exceção de contrato não adimplido, para que

se trata de exercício da *exceptio* contrário à boa-fé objetiva, por pretender o inadimplente se valer da defesa da exceção de contrato não cumprido quando ele, em primeiro lugar, não honrou sua obrigação, que autorizaria o inadimplemento justificado daquele que tinha de prestar por último; a duas porque não seria reflexo do fundamento da figura relacionado à vedação ao enriquecimento sem causa, uma vez que o adimplemento da segunda prestação deixou de ocorrer em virtude da ausência da realização da primeira prestação (e consequente atribuição patrimonial); a três porque não representaria tutela do sinalagma, dado que o recurso à exceção estaria subvertido para agasalhar aquele que abalou o vínculo sinalagmático, com o primeiro inadimplemento, sem haver, portanto, incentivo ao adimplemento dessa obrigação para o retorno aos trilhos do programa contratual.

Da exigência da coetaneidade das prestações, Serpa Lopes enumera três consequências para o exercício da *exceptio*: (a) essa não pode ser arguida quando uma das prestações contar com termo que não tenha expirado, pois, até esse momento, não é o devedor obrigado a prestar, nem o credor pode pretender se valer da exceção de contrato não cumprido para deixar de adimplir o que lhe cabe; (b) a *exceptio* não pode ser invocada se já houve cumprimento da prestação ou se já houve oferecimento que corresponda quantitativa e qualitativamente ao que se obrigou; (c) a exceção de contrato não cumprido não se aplica a todas as obrigações de um contrato bilateral, mas tão somente àquelas correspectivas.[440]

Com efeito, para aplicação da *exceptio*, necessário haver inadimplemento justificante da contraparte, que deve ter se materializado quando chega o momento de o excipiente desincumbir-se da sua obrigação, [441] inadimplemento dito justificado. Atentando-se para o imperativo da coesão cronológica das prestações, ganha destaque o caráter da *exigibilidade* de ambas as prestações para autorizar o exercício da

---

os adimplementos sejam simultâneos" (PONTES DE MIRANDA, Francisco Cavalcanti. Tratado de direito privado. São Paulo: *Revista dos Tribunais*, 2012. t. 3. p. 123).

440 SERPA LOPES, Miguel Maria de. *Exceções substanciais*: exceção de contrato não cumprido *(exceptio non adimpleti contractus)*. Rio de Janeiro: Freitas Bastos, 1959. p. 277.

441 "O fato de as prestações não serem, necessariamente, simultâneas, inspira alguns doutrinadores a preferirem o termo coetaneidade das prestações no lugar de simultaneidade das prestações: prefere-se o termo coetaneidade das prestações, que abrange também as prestações não originalmente simultâneas, mas que venham a experimentar, por quaisquer circunstâncias, um período de exigibilidade coeva" (GAGLIARDI, Rafael Villar. *Exceção de contrato não cumprido*. São Paulo: Saraiva, 2010. p. 125).

exceptio.[442] Mais do que a primazia do momento do vencimento, o que se relaciona a aspecto estrutural da obrigação, preza-se pela exigibilidade da prestação, em atenção à função que tal requisito desempenha para a exceção de contrato não cumprido.[443] Nessa linha de ideias, a doutrina já anotou que, por meio de análise funcional, seria o caso de reconhecer a possibilidade de invocação da exceção de contrato não cumprido a partir da mora do excepto, mesmo antes do termo da obrigação que incumbe ao excipiente.[444]

---

442 "Das duas, uma, portanto: ou as obrigações serão simultaneamente exigíveis, não havendo dever de uma parte prestar antes do que a outra; ou o excepto deverá prestar antes do que o excipiente, o que legitimará o segundo a recusar-se a adimplir enquanto o primeiro não o fizer anteriormente. Tem-se como pressuposto da exceção de inadimplemento, pois, a exigibilidade da obrigação descumprida pelo excepto" (BUTRUCE, Vitor Augusto José. *A exceção de contrato não cumprido no direito civil brasileiro contemporâneo*: funções, pressupostos e limites de um "direito a não cumprir". 2009. Dissertação. (Mestrado em Direito) – Universidade do Estado do Rio de Janeiro, Rio de Janeiro, 2009. p. 141); "Não se exigem propriamente prestações simultâneas, mas sim prestações que, em algum momento, venham a ser exigíveis ao mesmo tempo, embora não originalmente simultâneas" (GAGLIARDI, Rafael Villar. *Exceção de contrato não cumprido*. São Paulo: Saraiva, 2010. p. 124-125); "Consistindo na faculdade que cada um dos contraentes tem de subordinar a execução da sua prestação ao cumprimento da contraprestação pelo outro contraente, logicamente que um dos requisitos para a oponibilidade de tal meio de defesa será precisamente o da exigibilidade do crédito do excipiente. É a ideia expressa por Persico, quando afirma a necessidade de tal crédito se encontrar 'vencido e munido de acção'." (ABRANTES, José João. *A excepção de não cumprimento do contrato*. 2. ed. Coimbra: Almedina, 1955. p. 46); "Uma primeira exigência, para se considerar arguível a *exc. n. ad. cont.*, é a de que prestação e contraprestação estejam exigíveis; em segundo lugar, que essa exigibilidade possa ocorrer, como se diz no Direito francês, *trait pour trait*, ou, como indica o Direito germânico, *zug um zug*, e que poderíamos traduzir, em linguagem popular – toma lá, dá cá" (SERPA LOPES, Miguel Maria de. *Exceções substanciais*: exceção de contrato não cumprido *(exceptio non adimpleti contractus)*. Rio de Janeiro: Freitas Bastos, 1959. p. 270). V. tb. PERSICO, Giovanni. *L'eccezione d'inadempimento*. Milano: Giufrè, 1955. p. 48; BIANCA, C. Massimo. *Diritto civile*: la responsabilità. Milano: Giuffrè, 1994. v. 5. p. 334.

443 "As ideias apresentadas, contudo, descuram de análise funcional, à luz do reconhecimento da obrigação como relação complexa e do conceito hodierno de inadimplemento. A noção até então desenvolvida se orienta por exame meramente estrutural, a traçar divisa estanque entre o momento anterior e posterior ao prazo final da obrigação. Segundo o raciocínio apresentado, o advento do termo consistiria no elemento necessário para a configuração do incumprimento do devedor. Vale dizer, antes de findo o prazo para a execução da prestação, não haveria a possibilidade de se evidenciar o incumprimento da obrigação a cargo do contratante" (FREITAS, Rodrigo Lima e Silva de. *O locus de atuação da exceção de contrato não cumprido no ordenamento jurídico brasileiro*. 2019. Dissertação (Mestrado em Direito) – Universidade do Estado do Rio de Janeiro, Rio de Janeiro, 2019. p. 92).

444 "Discute-se também o inverso, no evento de prestações a serem solvidas não simultaneamente, admitindo-se que a parte não obrigada a cumprir primeiramente invoque a *exceptio* em razão do prévio descumprimento da contraparte. Em uma perspectiva, a rejeição a tal posição é fundamentada, em especial, na ausência de prestações simultâneas e no, até então, não vencimento da dívida que se pretende excepcionar. Correta do ponto de vista estrutural, peca na essência funcional. Por isso, é de se acolher outra perspectiva, que, consoante aduz Rodolfo Sacco, uma analogia *a fortiori* obriga a tratar o contraente, cuja prestação seja

Partindo-se desse enquadramento acerca da exigibilidade de ambas as prestações, interessante é a análise da hipótese do inadimplemento anterior ao termo. Preenchidos os requisitos necessários para sua incidência, [445] no inadimplemento anterior ao termo se verifica situação em que, mesmo não decorrido o prazo contratual para o cumprimento da obrigação por uma das partes, é possível constatar que a prestação não será adimplida. A doutrina entende caracterizada, nesse caso, a configuração de "inadimplemento atual, mas anterior ao termo".[446]

Tomando-se a exigibilidade da prestação como requisito a ser preenchido para a incidência da exceção de contrato não cumprido, em situações nas quais caracterizado o inadimplemento anterior ao termo, será possível sua invocação.[447] Entende-se que o requisito para seu exercício se comunica com a avaliação da exigibilidade da prestação do excepto, não com a data do vencimento em si tomada autonomamente.[448] Em regra, a data do vencimento sinaliza a exigibilidade da

---

prevista como posterior, como é tratado o contraente, cuja prestação seja prevista como contemporânea. E, como mostra Menezes Cordeiro, se a parte remissa já estiver em mora, por o seu prazo de cumprimento cair primeiro, pode a outra prevalecer-se do expediente: trata-se de interpretação extensiva da lei, aceita pacificamente pela doutrina portuguesa, que, ademais, é sufragada entre vários autores" (TERRA, Aline de Miranda Valverde; NANNI, Giovanni Ettore. Exceção de contrato não cumprido na coligação contratual. *Civilistica.com*, v. 10, n. 2, p. 1-26, 19 set. 2021. p. 11).

445 V. TERRA, Aline de Miranda Valverde. *Inadimplemento anterior ao termo*. Rio de Janeiro: Renovar, 2009. p. 159-182.

446 TERRA, Aline de Miranda Valverde. *Inadimplemento anterior ao termo*. Rio de Janeiro: Renovar, 2009. p. 122-123.

447 TERRA, Aline de Miranda Valverde; NANNI, Giovanni Ettore. Exceção de contrato não cumprido na coligação contratual. *Civilistica.com*, v. 10, n. 2, p. 1-26, 19 set. 2021. p. 13.

448 "Com base no exposto, percebe-se que a obrigação da parte pode se afigurar exigível antes do advento de seu termo final. Nestas hipóteses, o contratante prejudicado poderá se valer da *exceptio*, caso os demais requisitos elencados se encontrem presentes. Vale dizer, então, que o foco sobre o qual incide a análise, para o merecimento de tutela da *exceptio*, não incide no termo elencado pelas partes para o cumprimento da obrigação. Importa avaliar, para os fins de incidência da exceção de contrato, se a obrigação a cargo do excepto se afigura exigível (ainda que antes do prazo de vencimento) no momento em que se maneja a exceção de contrato não cumprido. Em definitivo: é a exigibilidade da obrigação em favor do excipiente que verdadeiramente consiste em requisito para o manejo do expediente ora em análise" (FREITAS, Rodrigo Lima e Silva de. *O locus de atuação da exceção de contrato não cumprido no ordenamento jurídico brasileiro*. 2019. Dissertação (Mestrado em Direito) – Universidade do Estado do Rio de Janeiro, Rio de Janeiro, 2019. p. 94); "Sendo assim, verificando-se circunstâncias objetivas capazes de demonstrar que, no vencimento da obrigação, o resultado útil esperado pelo contratante não será atingido, seja por *inadimplemento anterior ao termo* ou pelo *risco de descumprimento*, pode ele suspender o adimplemento de sua obrigação, se lhe for conveniente, à luz do art. 476 do Código Civil" (BUTRUCE, Vitor Augusto José. *A exceção de contrato não cumprido no direito civil brasileiro contemporâneo*: funções, pressupostos e limites de um "direito a não cumprir". 2009. Dissertação (Mestrado em Direito) – Universidade do Estado do Rio de Janeiro, Rio de Janeiro, 2009. p. 147).

prestação e, por isso, trata-se de elemento relevante para a apuração do exercício da *exceptio*. No contexto do inadimplemento anterior ao termo, contudo, tem-se situação na qual é possível atestar sua exigibilidade antes do vencimento da obrigação.

É importante pontuar a posição daqueles que defendem uma aplicação análoga do art. 477 do Código Civil[449] para fazer incidir a exceção de inseguridade[450] sobre todas as situações em que esteja configurado o inadimplemento anterior ao termo.[451] Interessante a constatação de que a exceção de inseguridade e a exceção de contrato não cumprido seriam institutos correlatos, cuja diferença residiria justamente no fato de, no primeiro, se proteger o contratante obrigado a prestar em primeiro lugar, ao passo que, no segundo, se tutela a posição do contratante que deve prestar em segundo lugar.[452] No entanto, o inadimplemento anterior ao termo revelaria que a ordem das prestações não teria tanta relevância na distinção entre as duas exceções.[453] Assim, sua efetiva

---

449 "Art. 477. Se, depois de concluído o contrato, sobrevier a uma das partes contratantes diminuição em seu patrimônio capaz de comprometer ou tornar duvidosa a prestação pela qual se obrigou, pode a outra recusar-se à prestação que lhe incumbe, até que aquela satisfaça a que lhe compete ou dê garantia bastante de satisfazê-la".

450 De acordo com Pontes de Miranda, "não se trata de pretensão à prestação antecipada (em relação à do outro figurante), ou à caução; trata-se de exceção. [...] A exceção permite retardamento da prestação por parte do pré-obrigado" (PONTES DE MIRANDA, Francisco Cavalcanti. *Tratado de direito privado*. São Paulo: Bookseller, 2003. t. 26, p. 141).

451 "Registre-se que o art. 477 só menciona risco de inadimplemento derivado de diminuição patrimonial. Ainda assim, é possível cogitar de outros fatos objetivos que suscitem fundado risco de não cumprimento do contrato, como a declaração explícita do contratante de que não irá cumprir sua obrigação no momento do vencimento. Também nessas hipóteses, o art. 477 deve ser, por analogia, aplicado, conforme já se viu no estudo do chamado inadimplemento antecipado" (SCHREIBER, Anderson. *Manual de direito civil contemporâneo*. 2. ed. São Paulo: Saraiva, 2019, p. 520).

452 "Trata-se, com efeito, de institutos correlatos e funcionalmente semelhantes, cujos objetivos são proteger o contratante do desequilíbrio disfuncional decorrente do descumprimento, pela contraparte, da prestação que lhe incumbe. Interessante notar que, enquanto a exceção de contrato não cumprido surgiu com o objetivo de proteger o contratante que, cronologicamente, deveria prestar sua obrigação em segundo lugar ou simultaneamente à contraparte, pois, a princípio, apenas a partir do vencimento da dívida o incumprimento estaria configurado; a exceção de inseguridade visou a garantir o credor obrigado a prestar em primeiro lugar, conferindo-lhe meios de tutela diante do mero risco de incumprimento" (MONTEIRO FILHO, Carlos Edison do Rêgo; AZEVEDO, Gustavo Souza de. Exceção de inseguridade e sua efetividade no direito brasileiro. *In*: TERRA, Aline de Miranda Valverde; GUEDES, Gisela Sampaio da Cruz (coord.). *Inexecução das obrigações*: pressupostos, evolução e remédios. Rio de Janeiro: Processo, 2021. v. 2. p. 472).

453 "Essa distinção estrutural entre os institutos, entretanto, perde relevância a partir do reconhecimento, pela ordem jurídica, da possibilidade de inadimplemento antecipado. A partir da compreensão contemporânea de inadimplemento e da ideia de obrigação como processo, o cumprimento da prestação devida passa a ter caráter dinâmico. Assim, há casos em que, diante do comportamento do devedor em sentido contrário ao cumprimento da

distinção seria o suporte fático que enseja cada um dos remédios, sendo a *exceptio* voltada para o descumprimento da obrigação correspectiva e a exceção de inseguridade voltada para o agravamento do risco de descumprimento, de modo que, o inadimplemento antecipado ensejaria, diante dessa distinção, somente o recurso à exceção de contrato não cumprido.[454]

Nessa linha de ideias, o inadimplemento anterior ao termo e as hipóteses de risco de descumprimento não se confundem, dado que, no segundo caso, há alta probabilidade de, no futuro, haver o inadimplemento, [455] mas não a configuração de inadimplemento atual anterior ao vencimento da obrigação.[456] Ademais, há quem defenda a permanente utilidade da aplicação da exceção de contrato não cumprido quando configurado o inadimplemento anterior ao termo por duas razões: o art. 477 do Código Civil se volta à proteção do patrimônio do contratante – concentrado, portanto, nos riscos da insolvência, e não propriamente da inadimplência – e a aplicação do art. 476 do Código Civil quando configurado o inadimplemento anterior ao termo não demanda exercício hermenêutico de superação do requisito de diminuição do patrimônio, como poderia ocorrer para aplicação da exceção de inseguridade.[457]

---

prestação devida, o inadimplemento mostra-se configurado mesmo antes de alcançado o termo estipulado pelas partes. Quando isso se dá, surge para a contraparte o direito de recorrer à exceção de contrato não cumprido mesmo se, a princípio, sua obrigação devesse ser prestada em primeiro lugar. Disso se retira que, como a ordem das prestações parece não ter tanta relevância na distinção entre as duas exceções, ao quetudo indica, o elemento diferenciador dos institutos recai mesmo no fato jurídico que os enseja" (MONTEIRO FILHO, Carlos Edison do Rêgo; AZEVEDO, Gustavo Souza de. Exceção de inseguridade e sua efetividade no direito brasileiro. *In*: TERRA, Aline de Miranda Valverde; GUEDES, Gisela Sampaio da Cruz (coord.). *Inexecução das obrigações*: pressupostos, evolução e remédios. Rio de Janeiro: Processo, 2021. v. 2. p. 473).

454 MONTEIRO FILHO, Carlos Edison do Rêgo; AZEVEDO, Gustavo Souza de. Exceção de inseguridade e sua efetividade no direito brasileiro. *In*: TERRA, Aline de Miranda Valverde; GUEDES, Gisela Sampaio da Cruz (coord.). *Inexecução das obrigações*: pressupostos, evolução e remédios. Rio de Janeiro: Processo, 2021. v. 2. p. 473-474.

455 TERRA, Aline de Miranda Valverde. *Inadimplemento anterior ao termo*. Rio de Janeiro: Renovar, 2009. p. 274.

456 "[...] o instituto em exame encerra inadimplemento *atual*, embora *anterior* ao termo. *Anterior* [...] apenas indica relação temporal, sem, contudo, como no caso da palavra *antecipado*, emitir juízo de valor quanto ao momento *próprio* para a ocorrência do evento. Com efeito, o inadimplemento *anterior* é aquele que ocorre no presente e anteriormente ao termo" (TERRA, Aline de Miranda Valverde. *Inadimplemento anterior ao termo*. Rio de Janeiro: Renovar, 2009. p. 122-123).

457 "Por tudo que se sustenta nesta dissertação, consideramos que o art. 476 do Código Civil, ao legitimar um *direito a não cumprir*, é mais capaz de alcançar esse objetivo. Além de o recurso ao art. 477 exigir maior esforço interpretativo, superando o requisito objetivo da 'diminuição patrimonial capaz de comprometer ou tornar duvidosa a prestação', o fato é que a exceção

A doutrina destaca ainda o caso da aplicação da exceção de contrato não cumprido em contratos de execução continuada. Nesse tipo de instrumento, além da duração do contrato perdurar durante certo período, há pluralidade de prestações, embora haja unidade causal.[458] O aspecto relevante nesses instrumentos, para a presente análise, relaciona-se com a sua irretroatividade, no sentido de que as prestações cumpridas não podem ser afetadas por inadimplementos futuros.[459] A exceção de contrato não cumprido não se comunica com prestações pretéritas, incidindo apenas em prestações contemporâneas de um singular grupo de prestações com exigibilidade coesa.[460]

---

de inseguridade é caracterizada por uma função protetiva *do patrimônio* do contratante fiel; o risco que se cobre com o art. 477 é o da *insolvência*, e não o da *inadimplência*. Não à toa seus efeitos podem ser afastados mediante o oferecimento de garantia pelo devedor – e a prestação de garantia, por si só, é incapaz de assegurar a *satisfação dos interesses concretos* do contratante, fim último da obrigação, e que justifica a própria construção teórica do inadimplemento anterior ao termo e do risco de descumprimento" (BUTRUCE, Vitor Augusto José. *A exceção de contrato não cumprido no direito civil brasileiro contemporâneo*: funções, pressupostos e limites de um "direito a não cumprir". 2009. Dissertação (Mestrado em Direito) – Universidade do Estado do Rio de Janeiro, Rio de Janeiro, 2009. p. 147).

458 "Embora com natureza unitária, distinguem-se pela pluralidade das prestações inerentes a uma mesma função, representando cada uma delas um interesse distinto e autônomo do credor" (ABRANTES, José João. *A excepção de não cumprimento do contrato*. 2. ed. Coimbra: Almedina, 1955. p. 53).

459 "Apesar de sua unidade causal, posto que complexa, caracteriza-se pela pluralidade das prestações integrantes de sua função, apresentando cada uma delas um interesse distinto e autônomo do credor [...]. O ponto importante a sobrelevar na caracterização dessa espécie de contrato assenta, entre outros, no modo de se regulado o seu inadimplemento, poisresolução de tais contratos tem como característico, segundo refere acertadamente DEVOTO, a irretroatividade, diferentemente dos contratos comuns ou de execução simples em que a resolução tem força retroativa. Quer isso dizer que, nos contratos de execução continuada, há que considerar as prestações seriadas e autônomas, que, uma vez cumpridas, não mais podem ser afetadas pelo inadimplemento das demais prestações, cujos vencimentos se lhe seguirem" (SERPA LOPES, Miguel Maria de. *Exceções substanciais*: exceção de contrato não cumprido (*exceptio non adimpleti contractus*). Rio de Janeiro: Freitas Bastos, 1959. p. 280); "Cuidando-se de contratos de duração, tendo-se em vista que o sinalagma se articula em umasequênciadeprestaçõescorrespectivascujaexecução é distribuídaaolongodo tempocombasenointeressedoscontratantes, oinadimplementosupervenientenão altera o sinalagma relativo às prestações pregressas regularmente executadas" (TERRA, Aline de Miranda Valverde; GUEDES, Gisela Sampaio da Cruz. Resolução por inadimplemento: o retorno ao *status quo ante* e a coerente indenização pelo interesse negativo. *Civilistica.com*, v. 9, n. 1, p. 1-22, 9 maio 2020. p. 6). V. tb.: GAGLIARDI, Rafael Villar. *Exceção de contrato não cumprido*. São Paulo: Saraiva, 2010. p. 93-95.

460 "A exceção de inadimplemento encontra ampla aplicação, nessa espécie de contrato, quando o contraente suspende a prestação devida até a execução oferta da correspectiva prestação, quando um mesmo prazo ou um mesmo vencimento haja sido previsto para um singular grupo de prestações. Tal recurso também é admissível mesmo no caso de vencimentos em datas diversas, como no caso de um contraente inadimplente que a outra parte pode suspender o adimplemento das ulteriores prestações devidas, até que lhe seja paga a prestação não realizada" (SERPA LOPES, Miguel Maria de. *Exceções substanciais*:

Ressalta-se exemplo conferido por Serpa Lopes: um fornecedor consignou apenas parte das mercadorias objeto de sua prestação mensal, quando já havia recebido a integralidade do preço. Vencida a nova prestação, pode o comprador deixar de cumpri-la até o recebimento integral da prestação anterior não recebida.[461] A situação é interessante, pois, nessa configuração, a exceção aproveita a quem presta em primeiro lugar.[462] Isso porque analisando-se funcionalmente a realização das prestações de parte a parte, em que o sinalagma é formado pelo recebimento mensal da integralidade da mercadoria *versus* o pagamento do preço total, tem-se sua vulneração pelo inadimplemento daquele que tinha de prestar por último, de modo a justificar a suspensão do pagamento do preço no mês seguinte. Nos contratos de execução continuada, portanto, o sinalagma é formado por todas as prestações correspectivas, segmentadas em sua periodicidade, mas permanece sendo único.[463]

---

exceção de contrato não cumprido *(exceptio non adimpleti contractus)*. Rio de Janeiro: Freitas Bastos, 1959. p. 281); ABRANTES, José João. *A excepção de não cumprimento do contrato*. 2. ed. Coimbra: Almedina, 1955. p. 53.

461 SERPA LOPES, Miguel Maria de. *Exceções substanciais*: exceção de contrato não cumprido *(exceptio non adimpleti contractus)*. Rio de Janeiro: Freitas Bastos, 1959. p. 281-282.

462 "Nestes contratos, que implicam necessariamente, pela sua natureza, que uma das partes deva cumprir antes da outra, a excepção tem ainda a função de assegurar o respeito da ordem fixada para execução das prestações contratuais. O contraente que, relativamente às obrigações em sinalagma, se encontra obrigado ao cumprimento prévio tem ao seu dispor o nosso meio de defesa, como única forma de o garantir contra o não cumprimento pelo outro de prestações atrasadas. É o caso da companhia elétrica que suspende o fornecimento a um dos seus clientes enquanto este não pagar as prestações em dívida, correspondentes a fornecimentos efectuados em meses anteriores" (ABRANTES, José João. *A excepção de não cumprimento do contrato*. 2. ed. Coimbra: Almedina, 1955. p. 54). V. tb.: "Pense-se no fornecimento continuado ou periódico de certos bens, sendo o preço devido em data posterior a cada período ou a cada uma das entregas. Aqui surge a questão de saber se o vendedor pode suspender as próximas entregas por não ter recebido o preço de uma entrega precedente. A resposta é afirmativa e a suspensão traduz a actuação da *exceptio*" (PEREIRA, Maria de Lurdes; MÚRIAS, Pedro. Os direitos de retenção e o sentido da excepção de não cumprimento. *Revista de direito e de estudos sociais*, XXII da 2ª série, p. 187-239, jan./dez. 2008. p. 202-203).

463 Em sentido análogo: "A aplicação da excepção a estes contratos não apresenta especialidades, a não ser as derivadas da especial estrutura aqui assumida pelo sinalagma, que se estabelece, como já foi dito, entre cada uma das prestações e a correspondente contraprestação – sem que, contudo, fique em causa a natureza unitária dos mesmos contratos" (ABRANTES, José João. *A excepção de não cumprimento do contrato*. 2. ed. Coimbra: Almedina, 1955. p. 54-55). V. tb. "Via de consequência, uma das partes só poderá compelir a outra a prestar, caso proceda de igual modo, preservando-se o sinalagma funcional. As obrigações nascem unidas, em uma relação de correspectividade e interdependência, e assim deverão se manter durante a execução da relação contratual, preservando o contrato como um todo incindível, no qual avulta a realização integral da relação. A *exceptio*, portanto, representa a necessidade de respeitar ou garantir a relação contratual como um todo indivisível" (DE GODOY, Claudio Luiz Bueno *et al*. *Código Civil comentado*. *In*: PELUSO, Cezar (coord.). 15. ed. Barueri: Manole,

Oportuna a constatação de possibilidade do exercício da *exceptio* nos contratos de execução continuada em virtude de a relação de correspectividade se entabular entre obrigações, consideradas em sua complexidade, e não a rigor somente entre as prestações, entendidas como objeto da obrigação. Sem essa premissa, afirma-se que poderia demandar exercício hermenêutico a aplicação da *exceptio* em contratos de execução continuada.[464]

3.3.2 Inadimplemento

Os influxos da boa-fé objetiva que incidem sobre a remodelada relação obrigacional, como se viu no item 2.1 *supra*, também informam a noção de adimplemento, o que impacta, na mesma medida, o espectro do inadimplemento.[465] Rejeita-se a verificação, pautada na estrutura do contrato, da obrigação tida por principal para a verificação dos interesses

---

2021. p. 510). V. tb. BIANCA, C. Massimo. *Diritto civile*: la responsabilità. Milano: Giuffrè, 1994. v. 5. p. 335.

464 "Conforme o entendimento convencional, a prestação representa o objeto da obrigação, ou seja, o ato de dar, fazer ou não fazer alguma coisa, em correspondência a um interesse do credor; os civilistas mais recentes ainda apontam que os *deveres de prestação* compõem o todo (complexo, embora unitário) que envolve qualquer obrigação, ao lado de outros deveres, expectativas, ônus etc. Se a relação de interdependência for vislumbrada entre as prestações, tornar-se-ia difícil reconhecer, ou ao menos seria necessária certa ginástica hermenêutica para reconhecer a aplicação da *exceptio* em alguns contratos de execução continuada, como contratos de fornecimento ou prestação de serviços, ou em relações jurídicas como as analisadas nos itens anteriores, em que os deveres contrapostos têm natureza complexa, não sendo tão facilmente perceptíveis como nas relações *do ut des*" (BUTRUCE, Vitor. *A exceção de contrato não cumprido no direito civil brasileiro contemporâneo*: funções, pressupostos e limites de um "direito a não cumprir". 2009. Dissertação (Mestrado em Direito) – Universidade do Estado do Rio de Janeiro, Rio de Janeiro, 2009. p. 143). Em sentido análogo: v. SILVA, Rodrigo da Guia. Novas perspectivas da exceção de contrato não cumprido: repercussões da boa-fé objetiva sobre o sinalagma contratual. *Revista de Direito Privado*, v. 78, p. 43-83, jun. 2017. p. 66.

465 "O desenvolvimento contemporâneo da noção de obrigação está intimamente relacionado à consolidação da boa-fé objetiva como parâmetro para o desenvolvimento da generalidade das relações obrigacionais. Nesse contexto, a releitura funcional da matéria resulta no enquadramento dogmático dos deveres laterais de conduta na disciplina geral do inadimplemento. De fato, a ascensão da análise funcional reclama do intérprete-aplicador do direito, na seara contratual, o reconhecimento da complexidade obrigacional e, sobretudo, da finalidade ínsita a todas as situações jurídicas subjetivas eventualmente titularizadas pelos contratantes. Desse modo, não se pode reputar plenamente adimplido um contrato apenas com base na análise estrutural do cumprimento da obrigação contratual principal, assim como não é possível afirmar o inadimplemento em hipótese na qual o descumprimento de alguma dessas obrigações não tenha acarretado qualquer prejuízo à satisfação do interesse útil do credor" (SILVA, Rodrigo da Guia. Novas perspectivas da exceção de contrato não cumprido: repercussões da boa-fé objetiva sobre o sinalagma contratual. *Revista de Direito Privado*, v. 78, p. 49-79, jun. 2017. p. 49-50).

em jogo.[466] Nesse sentido, o conceito de inadimplemento passa a abarcar o descumprimento de deveres que, embora não correspondam à prestação principal, são essenciais para que se alcance o interesse útil do credor decorrente daquele ajuste.[467] Nesse contexto, fala-se em prestação satisfativa.[468]

Tradicionalmente, o inadimplemento é analisado sob duas vertentes, o inadimplemento absoluto e o relativo, isto é, a mora. No inadimplemento absoluto, o descumprimento se reveste de gravidade que encerra o interesse útil do credor na prestação.[469] A mora, a seu turno, caracteriza-se pelo descumprimento da prestação – no tempo, lugar ou modo ajustado – no qual ainda subsiste interesse do credor no recebimento da prestação. A diferenciação de uma e outra situação residirá, portanto, na análise qualitativa do descumprimento para o interesse útil do credor.[470]

---

466 SCHREIBER, Anderson. A tríplice transformação do adimplemento: adimplemento substancial, inadimplemento antecipado e outras figuras. *In*: SCHREIBER, Anderson. *Direito civil e Constituição*. São Paulo: Atlas, 2013. p. 102.

467 "E desse modo, uma vez que o inadimplemento consiste no reverso da moeda, todas as ponderações até aqui formuladas repercutem sobre o inadimplemento contratual. Se o adimplemento pressupõe o cumprimento de prestação que realize a função concreta do ajuste, parece que o contratante inadimplente é aquele cuja conduta obsta o alcance desta função. O inadimplente, portanto, pode ser aquele que não realiza a obrigação principal ou mesmo aquele que viola deveres de conduta necessários ao atingimento do programa contratual" (FREITAS, Rodrigo Lima e Silva de. *O locus de atuação da exceção de contrato não cumprido no ordenamento jurídico brasileiro*. 2019. Dissertação (Mestrado em Direito) – Universidade do Estado do Rio de Janeiro, Rio de Janeiro, 2019. p. 78).

468 "Se adimplemento e inadimplemento se conectam lógica e funcionalmente, é inevitável que todas as ponderações até aqui formuladas repercutam na teoria do inadimplemento. A alteração do conceito de adimplemento implica, na mesma medida, a evolução da noção de inadimplemento: se para se reputar o devedor adimplente se impõe a observância não apenas do dever principal de prestação, mas também, com a mesma acuidade, dos deveres de conduta, significa dizer que se considera inadimplente o devedor que não cumpre o dever principal de prestação ou os deveres de conduta impostos pela sistemática obrigacional. Em sentido amplo, portanto, inadimplemento significa a inexecução da prestação satisfativa, e não o mero descumprimento da prestação principal" (TERRA, Aline de Miranda Valverde. *Cláusula resolutiva expressa*. Belo Horizonte: Fórum, 2017. p. 103).

469 "Dá-se o inadimplemento absoluto quando a obrigação não foi cumprida, nem poderá sê-lo, como no caso de perecimento do objeto, por culpa do devedor. Mais precisamente: quando não mais subsiste para o credor a possibilidade de receber" (ALVIM, Agostinho. *Da Inexecução das obrigações e suas consequências*. 2. ed. São Paulo: Saraiva, 1955. p. 19).

470 "Com base no exame funcional, deve-se deixar clara a afirmação no sentido de que a distinção entre mora e inadimplemento se afigura qualitativa. Vale dizer, a distinção entre tais espécies não se opera com base no que foi descumprido, mas sim com base na repercussão do descumprimento sobre a concreta regulamentação de interesses" (FREITAS, Rodrigo Lima e Silva de. *O locus de atuação da exceção de contrato não cumprido no ordenamento jurídico brasileiro*. 2019. Dissertação (Mestrado em Direito) – Universidade do Estado do Rio de Janeiro, Rio de Janeiro, 2019. p. 79); "Quando o parágrafo único do art. 395 prevê a inutilidade da

Mais do que o interesse unilateral do credor, no entanto, o objeto da tutela do ordenamento relaciona-se à causa do contrato, [471] desde que esta atue como vetor promocional dos valores constitucionais. Assim, a análise se volta para a capacidade de o descumprimento do devedor concorrer (ou não) para o alcance dos efeitos essenciais pretendidos com o ajuste, independentemente de consistir na prestação tida como principal ou no cumprimento de deveres anexos decorrentes da boa-fé objetiva.[472]

---

prestação, quer se referir não a uma inutilidade objetiva, mas sim a uma inutilidade subjetiva. Ou seja, a prestação deverá ser inútil para o credor da relação obrigacional concreta e não para um credor abstratamente considerado [...]. Embora o credor não possa agir movido por mero capricho, isto é, por valoração discricionária, a inutilidade da prestação deve ser apreciada à luz do concreto interesse perseguido pelo credor na relação obrigacional" (TEPEDINO, Gustavo; BARBOZA, Heloisa Helena; MORAES, Maria Celina Bodin de. *Código Civil interpretado conforme a Constituição da República*. 3. ed. Rio de Janeiro: Renovar, 2014. v.1. p. 718).

471 "Ressalte-se que aquilo que o adimplemento exige não é tanto a satisfação do interesse subjetivo do credor, mas o atendimento à causa do contrato, que 'se constitui, efetivamente, do encontro do concreto interesse das partes com os efeitos essenciais abstratamente previstos no tipo (ou, no caso dos contratos atípicos, da essencialidade que lhe é atribuída pela própria autonomia negocial)' [...]. Note-se, porém, que não basta a verificação da causa em abstrato, normalmente identificada, no direito das obrigações, com a realização das prestações principais integrantes do tipo negocial em sua previsão normativa. Impõe-se o exame da 'causa em concreto', isto é, do atendimento dos interesses efetivamente perseguidos pelas partes com a regulamentação contratual" (TEPEDINO, Gustavo; SCHREIBER, Anderson. *Fundamentos do direito civil*: obrigações. 2. ed. Rio de Janeiro: Forense, 2021. p. 320). V. tb.: "[...] é que se agregam, na noção de 'utilidade' do art. 395, parágrafo único, *a contrario*, também certos elementos subjetivos – o interesse para o credor, em vista de sua legítima expectativa; a confiança depositada fundamentadamente em que a prestação seria adequadamente satisfeita –, e elementos objetivos – o interesse decorrente da operação econômica em causa, do sinalagma estruturante do contrato –, além de elementos objetiváveis – a gravidade do incumprimento, consideradas a normalidade da operação em causa e as expectativas suscitadas legitimamente no credor. Vincula-se, pois, ao quadro contratual concretamente considerado, isto é: não apenas o tipo contratual tomado *in abstracto* ou o tipo de prestação afetada pelo descumprimento, mas o inteiro conjunto contratual em suas circunstâncias" (MARTINS-COSTA, Judith. *A boa-fé no direito privado*: critérios para a sua aplicação. 2. ed. São Paulo: Saraiva Educação, 2018. p. 753).

472 "[O adimplemento consiste na] realização, pelo devedor, e satisfatoriamente, da prestação concretamente devida e enquanto devida, tendo ambas as partes observado os deveres derivados da boa-fé, que se fizeram instrumentalmente necessários para o entendimento do escopo da relação, em atenção ou em acordo ao seu fim econômico-social e às suas circunstâncias" (MARTINS-COSTA, Judith. Adimplemento e inadimplemento. *In*: *Anais do Seminário EMERJ. Debate o novo Código Civil*. Rio de Janeiro: EMERJ, 2002. p. 98-99); "Para a avaliação, não será considerada apenas a quantidade ou a qualidade do cumprimento imperfeito ou moroso, com o que ele passará do grau do simples inadimplemento para o nível da resolução. A consideração deve ser compreensiva da globalidade do contrato, nas fases genética e funcional, atendendo a cláusulas, prestações, expectativas e comportamentos" (AGUIAR JR., Ruy Rosado de. *Extinção dos contratos por incumprimentodo devedor*. Rio de Janeiro: Aide, 2004. p. 134); "Contemporaneamente, trata-se o adimplemento como a situação em que o devedor, para além da realização da obrigação dita principal, cumpre com os deveres

Para fins de aplicação da exceção de contrato não cumprido, o ponto de enfoque consiste na quebra do sinalagma por qualquer espécie de inadimplemento, imputável ou não ao excepto.[473] Como se viu, a exceção de contrato não cumprido não possui, em nenhuma medida, função punitiva, razão pela qual não se prima, para sua aplicação, pela busca de inadimplemento imputável ao excepto.[474] Assim, a doutrina indica a possibilidade de aplicação da exceção diante da mora, do

---

de conduta que recaiam sobre a relação, a permitir com que se alcance a função negocial perseguida com o contrato" (FREITAS, Rodrigo Lima e Silva de. *O locus de atuação da exceção de contrato não cumprido no ordenamento jurídico brasileiro.* 2019. Dissertação (Mestrado em Direito) – Universidade do Estado do Rio de Janeiro, Rio de Janeiro, 2019. p. 77).

473 "Por isso que a função da *exceptio n. ad. cont.* consiste unicamente em paralisar a ação do excepto, a sua viabilidade independe da natureza do inadimplemento do autor. Assim ela é oponível, quer se trate de um inadimplemento absoluto, total ou parcial, quer se cogite de um simples inadimplemento-mora. A circunstância de ter ou não havido culpa ou dolo por parte do autor do excepto é indiferente, pois que o dolo ou a culpa não são elementos essenciais à sua arguição" (SERPA LOPES, Miguel Maria de. *Exceções substanciais*: exceção de contrato não cumprido (*exceptio non adimpleti contractus*). Rio de Janeiro: Freitas Bastos, 1959. p. 284); "Não influi, para tanto, se a ausência de cumprimento pelo excepto é ou não justificada; se a inadimplência é imputável ao excepto ou não; se tem por objeto apenas parte ou toda a obrigação descumprida; se foram deveres de conduta ou se foram deveres principais de prestação que deixaram de ser cumpridos" (BUTRUCE, Vitor Augusto José. *A exceção de contrato não cumprido no direito civil brasileiro contemporâneo*: funções, pressupostos e limites de um "direito a não cumprir". 2009. Dissertação (Mestrado em Direito) – Universidade do Estado do Rio de Janeiro, Rio de Janeiro, 2009. p. 134); "Logo, se o devedor não cumpre, não quer cumprir ou não pode cumprir, ainda que não imputavelmente, o credor pode suspender o cumprimento da sua obrigação, dada a ausência de contrapartida e reciprocidade que liga causalmente a prestação debitória e a prestação creditória. Sendo as obrigações interdependentes, com uma a constituir a causa determinante da outra, o não cumprimento de uma [...] faz desparecer a sua contrapartida – causa e razão de ser da outra –, o que legitima a *exceptio*, meio de conservação do equilibro sinalagmático. Pouco importa, por conseguinte, que o devedor não cumpra a sua obrigação por não querer e estar de má-fé ou por não poder em virtude, por exemplo, de se encontrar em estado deimpotência econômica, porquanto aquilo que legitima a *exceptio non adimpleti contractus* é a ausência de correspondência ou de reciprocidade que está na origem da obrigações (sinalagma genético) e que deve continuar a estar presente no seu cumprimento (sinalagma funcional)" (SILVA, João Calvão da. *Cumprimento e sanção pecuniária compulsória.* Coimbra: Almedina, 2002. p. 330). V. tb. BIANCA, C. Massimo. *Diritto civile*: la responsabilità. Milano: Giuffrè, 1994. v. 5. p. 337.

474 "A excepção de contrato não cumprido não pressupõe a culpa do devedor da contraprestação no seu atraso [...]. Ainda que o incumprimento lhe não seja imputável, antes obedeça a circunstâncias fortuitas, independentes da vontade, a excepção é invocável pelo outro contraente" (ABRANTES, José João. *A excepção de não cumprimento do contrato.* 2. ed. Coimbra: Almedina, 1955. p. 76-77); GAGLIARDI, Rafael Villar. *Exceção de contrato não cumprido.* São Paulo: Saraiva, 2010. p. 97.

inadimplemento absoluto, dos vícios redibitórios[475] e até mesmo perante a inexecução justificada por caso fortuito ou força maior.[476]

Diverge a doutrina sobre a utilidade da aplicação da exceção em caso de inadimplemento que impossibilite o alcance do interesse útil do credor ou mesmo em caso de impossibilidade da prestação. Há quem entenda que diante de descumprimento definitivo não faria sentido cogitar de exceção, sendo o remédio adequado a resolução[477] ou a execução pelo equivalente.[478] Por outro lado, defende-se que a exceção opera efeitos liberatórios imediatos, mesmo antes, por exemplo, da

---

475 "É claro que no vício intrínseco da coisa, ou vício redibitório, quer no defeito da coisa em face daquilo que se prometeu no contrato, de qualquer modo, entendemos possível a oposição da *exc. n. ad. contractus*" (SERPA LOPES, Miguel Maria de. *Exceções substanciais*: exceção de contrato não cumprido (*exceptio non adimpleti contractus*). Rio de Janeiro: Freitas Bastos, 1959. p. 299). O autor ainda relata a discussão, em sede do direito italiano, se ainda se cogitaria de exceção de contrato não cumprido ou *exceptio non rite adimpleti contractus* quando o contratante invoca a redibitória ou a estimatória, indicando-se que a *exceptio* é cabível diante da simples indicação do vício, o que não excluir posterior providência cabível: "G. PERSICO, porém, entende ser necessário separar as duas hipóteses seguintes: quando há a denúncia do vício, isto é suficiente para facultar a suspensão (total ou parcial) da contraprestação; unicamente após isto é que se pode dar lugar a um segundo remédio completamente distinto – a exigibilidade do adimplemento, pela resolução ou redução do preço, além, se for o caso, do ressarcimento por perdas e danos" (p. 300). V. "Occorre, infatti, tenere presente che l'eccezione di inadempimento è un rimedio autonomo che potrà sempre avere applicazione in caso di vizi (o mancanza di qualità della cosa), essendo suficiente la denunzia del vizio (naturalmente nei termini della legge) per facoltizzare la sospensione (totale o parziale) della controprestazione. Soltanto dopo subentrerà un secondo, distinto rimedio: la richiesta di adempimento, di risoluzione o di riduzione del prezzo oltre, se del caso, il risarcimento dei danni" (PERSICO, Giovanni. *L'eccezione d'inadempimento*. Milano: Giufrè, 1955. p. 131). tb. ASSIS, Araken de. *In*: ALVIM, Arruda; ALVIM, Thereza (coord.). *Comentários ao Código Civil brasileiro*. Rio de Janeiro: Forense, 2007. v. 5. p. 662.

476 BUTRUCE, Vitor Augusto José. *A exceção de contrato não cumprido no direito civil brasileiro contemporâneo*: funções, pressupostos e limites de um "direito a não cumprir". 2009. Dissertação (Mestrado em Direito) – Universidade do Estado do Rio de Janeiro, Rio de Janeiro, 2009. p. 127-141. Confira-se também: RODRIGUES, Silvio. *Direito civil*. 28. ed. São Paulo: Saraiva, 2002. v. 3, p. 85; BESSONE, Darcy. *Do contrato*: teoria geral. 4. ed. São Paulo: Saraiva, 1997. p. 199; FREITAS, Rodrigo Lima e Silva de. *O locus de atuação da exceção de contrato não cumprido no ordenamento jurídico brasileiro*. 2019. Dissertação (Mestrado em Direito) – Universidade do Estado do Rio de Janeiro, Rio de Janeiro, 2019. p. 88.

477 "A excepção apenas pode ser invocada perante uma situação de incumprimento não definitivo. Se, ao contrário, se tratar de uma inexecução definitiva, não faz sentido opor a excepção de inexecução, que supõe a manutenção do vínculo contratual, antes devendo ser invocada a resolução, cujo efeito é a extinção do referido vínculo" (ABRANTES, José João. *A excepção de não cumprimento do contrato*. 2. ed. Coimbra: Almedina, 1955. p. 75); SERPA LOPES, Miguel Maria de. *Exceções substanciais*: exceção de contrato não cumprido (*exceptio non adimpleti contractus*). Rio de Janeiro: Freitas Bastos, 1959. p. 295.

478 FREITAS, Rodrigo Lima e Silva de. *O locus de atuação da exceção de contrato não cumprido no ordenamento jurídico brasileiro*. 2019. Dissertação (Mestrado em Direito) – Universidade do Estado do Rio de Janeiro, Rio de Janeiro, 2019. p. 83. V. tb. PONTES DE MIRANDA, Francisco Cavalcanti. Tratado de direito privado. São Paulo: *Revista dos Tribunais*, 2012. t. 3. p. 291.

resolução judicial da avença, sendo, portanto, útil, inclusive diante da perspectiva de fim da relação contratual.[479]

Nesse contexto, a doutrina analisa o exercício da exceção de contrato não cumprido no cenário de inadimplemento absoluto em duas específicas situações: na execução pelo equivalente e após a resolução da relação obrigacional, no âmbito da fase restitutória.

Em relação à execução pelo equivalente, sustenta-se que não há a extinção da relação obrigacional, mas a sua modificação por força da sub-rogação real da prestação originalmente devida pelo seu valor pecuniário. Nesse cenário, afirma-se que o vínculo contratual fica mantido e que poderá o credor se valer da *exceptio* se o devedor se negar a entregar a quantia em dinheiro correspondente ao valor da prestação originalmente devida.[480] Entende-se que "a sobrevivência do contrato na execução pelo equivalente, aliada à sua perseguição indenizatória de interesse positivo, evidencia a manutenção da identidade desse dever específico de indenizar com os deveres de prestar", concluindo-se pela manutenção do vínculo sinalagmático.[481] Com efeito, para os defensores dessa linha, não havendo resolução do contrato, a indenização substitutiva da prestação é compreendida como uma continuação do direito de crédito original, que justifica a relação de sinalagmaticidade.[482] Assim,

---

479 "Se a prestação tiver se tornado impossível, ou se o descumprimento conduzir à sua inutilidade concreta, tendo em vista o interesse do credor, ainda assim a *exceptio* será frutífera, pelo fato de legitimar postura do excipiente de recusar a dar continuidade ao cumprimento daquilo que lhe compete, independentemente de reconhecimento judicial. Havendo inadimplemento absoluto do contrato, o *excipiens* estará liberado de cumprir suas obrigações, ainda que não haja cláusula resolutiva expressa no contrato; a resolução judicial, se for necessária, apenas terá o efeito desconstitutivo do negócio, conduzindo à liquidação das obrigações e ao retorno ao estado anterior; mas a inexigibilidade da prestação do excipiente já se dá tão-só a partir do momento em que a contrapartida se tornar impossível ou inútil" (BUTRUCE, Vitor Augusto José. *A exceção de contrato não cumprido no direito civil brasileiro contemporâneo*: funções, pressupostos e limites de um "direito a não cumprir". 2009. Dissertação (Mestrado em Direito) – Universidade do Estado do Rio de Janeiro, Rio de Janeiro, 2009. p. 135).

480 TERRA, Aline de Miranda Valverde; NANNI, Giovanni Ettore. Exceção de contrato não cumprido na coligação contratual. *Civilistica.com*, v. 10, n. 2, p. 1-26, 19 set. 2021. p. 13.

481 BIAZI, João Pedro de Oliveira de. *A exceção de contrato não cumprido no direito privado brasileiro*. Rio de Janeiro: LMJ Mundo Jurídico, 2019. p. 162-163. V. tb.: TERRA, Aline de Miranda Valverde; GUEDES, Gisela Sampaio da Cruz. Resolução por inadimplemento: o retorno ao *status quo ante* e a coerente indenização pelo interesse negativo. *Civilistica.com*, v. 9, n. 1, p. 1-22, 9 maio 2020. p. 4-5.

482 FONSECA, Ana Maria Taveira da. *Da recusa de cumprimento da obrigação para tutela do direito de crédito*: em especial na excepção de não cumprimento, no direito de retenção e na compensação. 2013. Tese (Doutorado em Direito) – Universidade Católica Portuguesa, Lisboa, 2013. p. 84-85.

diferentemente do que se opera na resolução contratual, na execução pelo equivalente, defende-se que a suspensão da exigibilidade de determinada obrigação poderia se fundar na *exceptio.*[483]

Em relação às obrigações restitutórias devidas como consequência da resolução contratual, defende-se a possibilidade da aplicação da exceção no âmbito da fase de liquidação das prestações eventualmente já cumpridas "configurada a correspectividade entre as obrigações a serem restituídas e da recusa de devolução por um dos contratantes", [484] a ensejar o uso da exceção de contrato não cumprido.

Apesar da lógica do raciocínio, nesta sede, há dificuldade em admitir a aplicação da *exceptio* no âmbito de obrigações restitutórias por inexistir, nesse contexto, contrato cujo sinalagma possa ser preservado. A rigor, tal liquidação ocorre em contexto no qual o instrumento já está resolvido, isto é, quando já desfeitos os efeitos do instrumento para condução ao *status quo ante.*[485] Nesse cenário, não se cogita de prestações assumidas de parte a parte, uma em razão da outra. Ademais, o contexto da resolução do contrato por inadimplemento sugere que uma das partes tenha descumprido o programa contratual, de modo que não parece ser possível presumir haver correspectividade entre as obrigações que serão objeto de restituição.[486]

Essa discussão é ambientada no contexto do chamado "sinalagma invertido", no qual se discute a correspectividade de deveres jurídicos

---

483 FREITAS, Rodrigo Lima e Silva de. *O locus de atuação da exceção de contrato não cumprido no ordenamento jurídico brasileiro.* 2019. Dissertação (Mestrado em Direito) – Universidade do Estado do Rio de Janeiro, Rio de Janeiro, 2019. p. 84-87.

484 FREITAS, Rodrigo Lima e Silva de. *O locus de atuação da exceção de contrato não cumprido no ordenamento jurídico brasileiro.* 2019. Dissertação (Mestrado em Direito) – Universidade do Estado do Rio de Janeiro, Rio de Janeiro, 2019. p. 85-86. No mesmo sentido, Aline Valverde Terra defende a aplicação da *exceptio* nesse âmbito, sendo de especial relevância para resoluções decorrentes de cláusula resolutiva expressa "pois reforça o exercício da autotutela pelo credor" (TERRA, Aline de Miranda Valverde. *Cláusula resolutiva expressa.* Belo Horizonte: Fórum, 2017. p. 195).

485 Nesse sentido, a doutrina destaca que na resolução legal, prevista no art. 475 do Código Civil, a sentença proferida possui natureza constitutiva negativa. V. AGUIAR JR., Ruy Rosado de. *Extinção dos contratos por incumprimentodo devedor.* Rio de Janeiro: Aide, 2004. p. 194-195.

486 Vitor Butruce parece compartilhar do entendimento ao afirmar que situações que levem à extinção das obrigações correspectivas geram a ineficácia da exceção de contrato não cumprido. V. BUTRUCE, Vitor Augusto José. *A exceção de contrato não cumprido no direito civil brasileiro contemporâneo*: funções, pressupostos e limites de um "direito a não cumprir". 2009. Dissertação (Mestrado em Direito) – Universidade do Estado do Rio de Janeiro, Rio de Janeiro, 2009. p. 229.

oriundos da nulidade, anulabilidade ou resolução contratual.[487] A própria nomenclatura já parece sintomática do problema em análise. Não se visualiza liame de correspectividade entre as obrigações de restituição no sentido de que "uma só se justifica em função da outra".[488] A restituição decorre das consequências jurídicas da resolução contratual, como vetor de reconstituição das partes à situação anterior à celebração do contrato. O fato de haver a coincidência das obrigações de restituir recíprocas não importa que uma seja correspectiva à outra.

Ademais, comumente, as obrigações a serem restituídas foram prestadas de forma parcial ou defeituosa, ou seja, uma das partes, ao menos, não recebeu aquilo que entabulou o nexo de correspectividade com a obrigação que concordou em assumir, de modo que a prestação restituída não tem causa na restituição tida por correspondente. De mais a mais, sequer necessariamente existirá restituição de parte a parte, quando uma delas, por exemplo, nada houver prestado.

Defende-se que haveria, no sinalagma invertido, o "mesmo pressuposto de correspectividade entre as pretensões restitutórias e elas também devem ser cumpridas simultaneamente (art. 182 do Código Civil de 2002)".[489] Em primeiro lugar, a eventual necessidade de cumprimento simultâneo de obrigações não impõe a necessária importação da exceção de contrato não cumprido, especialmente quando não decorre do sinalagma funcional, como nesse caso. Em segundo lugar, acredita-se que o art. 182 do Código Civil[490] não estabelece a correspectividade entre as pretensões restitutórias.

Não se ignora o entendimento de que a "relação obrigacional e relação de liquidação se projetam como fases de uma relação mais ampla, a relação contratual, que se mantém até o exaurimento

---

[487] FONSECA, Ana Maria Taveira da. *Da recusa de cumprimento da obrigação para tutela do direito de crédito*: em especial na excepção de não cumprimento, no direito de retenção e na compensação. 2013. Tese (Doutorado em Direito) – Universidade Católica Portuguesa, Lisboa, 2013. p. 123; BIAZI, João Pedro de Oliveira de. *A exceção de contrato não cumprido no direito privado brasileiro*. 1ª ed. Rio de Janeiro: LMJ Mundo Jurídico, 2019. p. 179.

[488] DAL PIZZOL, Ricardo. *Exceção de contrato não cumprido*: sinalagma, causa e boa-fé objetiva. Uma releitura à luz dos novos temas contratuais. 2020. Tese (Doutorado em Direito) – Faculdade de Direito da Universidade de São Paulo, São Paulo, 2020. p. 364.

[489] BIAZI, João Pedro de Oliveira de. *A exceção de contrato não cumprido no direito privado brasileiro*. 1ª ed. Rio de Janeiro: LMJ Mundo Jurídico, 2019. p. 185.

[490] "Art. 182. Anulado o negócio jurídico, restituir-se-ão as partes ao estado em que antes dele se achavam, e, não sendo possível restituí-las, serão indenizadas com o equivalente".

de todos os efeitos advindos da extinção do vínculo".[491] No entanto, compreende-se que após a resolução do contrato, não se pode mais defender a presença do sinalagma. Veja-se que a doutrina que entende ser a resolução desdobramento da relação obrigacional reconhece que a resolução produz "a liberação de ambas as partes, desonerando-as da obrigação de prestar, e permite-lhes a recuperação, pela restituição, de tudo quanto foi prestado no cumprimento do contrato".[492] Se há desoneração das obrigações de prestarde parte a parte – que formam os polos do vínculo sinalagmático – necessário o reconhecimento do fim do sinalagma.

Como se viu anteriormente, o sinalagma se limita ao nexo funcional entre prestações correspectivas. A *exceptio,* portanto, não foi estabelecida no ordenamento para tutelar posições correlatas em geral. Assim, é perfeitamente possível entender que a resolução encerra o vínculo sinalagmático, [493] sem prejuízo de se conceber haver projeções mais amplas da relação contratual, que abarcam a fase de liquidação.

Não prospera o entendimento segundo o qual "tanto na situação do sinalagma das pretensões contratuais como no sinalagma invertido verifica-se a finalidade de tutelar o exercício correlato das posições jurídicas".[494] A extensão do conceito de sinalagma para âmbito externo das "pretensões contratuais" desnatura os seus elementos intrínsecos e a mera utilidade da aplicação por analogia dos efeitos da exceção no âmbito de posições jurídicas correlatas não justifica, tecnicamente, sua importação.

Não significa dizer que uma parte tenha de restituir sem que a outra o faça, mas apenas que tal determinação não poderá ter como fundamento jurídico a exceção de contrato não cumprido, expressão da tutela do sinalagma. Sendo judicial a resolução, caberá ao juízo definir a forma de restituição. Sendo extrajudicial, nas hipóteses em que houver cláusula resolutiva expressa, recomenda-se que as partes

---

491 TERRA, Aline de Miranda Valverde; GUEDES, Gisela Sampaio da Cruz. Resolução por inadimplemento: o retorno ao *status quo ante* e a coerente indenização pelo interesse negativo. *Civilistica.com,* v. 9, n. 1, p. 1-22, 9 maio 2020. p. 6.

492 AGUIAR JR., Ruy Rosado de. *Extinção dos contratos por incumprimentodo devedor.* Rio de Janeiro: Aide, 2004. p. 258.

493 Nesse sentido: "[...] la excepción no puede hacerse valer después que se hubiese producido la resolución (judicial o de derecho) del contrato" (MESSINEO, Francesco. *Doctrina general del contrato.* Buenos Aires: Ediciones Jurídicas Europa-América, 1986. t. 2. p. 434).

494 BIAZI, João Pedro de Oliveira de. *A exceção de contrato não cumprido no direito privado brasileiro.* 1ª ed. Rio de Janeiro: LMJ Mundo Jurídico, 2019. p. 185.

estabeleçam a forma pela qual irá se operar a restituição, cabendo, em caso de descumprimento, as medidas judiciais pertinentes.

A questão que ora se analisa foi enunciada na doutrina portuguesa. Narra-se que, em certos ordenamentos, como o alemão, defende-se a aplicação da *exceptio* às obrigações de restituição emergentes da declaração de nulidade, da anulação ou da resolução de contrato. Assim, "a dúvida que se pode legitimamente colocar é a de saber se a recusa de cumprimento pode existir em face do não cumprimento de qualquer obrigação de restituição recíproca ou só relativamente àquelas prestações que se encontravam unidas por um vínculo de sinalagmaticidade".[495] Sobre a dúvida apontada, confere-se exemplo de constituição por via judicial de servidão legal de passagem que enseje pagamento de indenização ao proprietário do prédio serviente. Apesar de haver conexão entre a indenização e a servidão, entende-se que não se está diante de contrapartida, mas de ressarcimento dos danos ao dono do prédio, razão pela qual seria inaplicável, analogicamente, a *exceptio*.[496] Conclui-se que a aplicação da *exceptio* dependeria da constatação do vínculo sinalagmático, podendo ser aplicada em outras circunstâncias apenas por meio de previsão legal.[497]

Ainda, no que tange à impossibilidade da prestação, aqueles que entendem ser inaplicável a exceção no âmbito da resolução contratual também consideram sua inaplicabilidade nesse contexto. Serpa Lopes defende que impossibilitada a prestação do autor da ação, por qualquer motivo, o réu, se ciente da impossibilidade, não poderia opor exceção, mas somente defesa de ordem reconvencional. Se impossibilitada a prestação do réu, o exercício da *exceptio* também não seria possível por não haver prestação a ser protegida pela exceção dilatória. No caso da impossibilidade parcial, se a prestação passasse a consubstanciar vantagem menor para seu credor, ainda haveria direito à contraprestação,

---

495 FONSECA, Ana Maria Taveira da. *Da recusa de cumprimento da obrigação para tutela do direito de crédito*: em especial na excepção de não cumprimento, no direito de retenção e na compensação. 2013. Tese (Doutorado em Direito) – Universidade Católica Portuguesa, Lisboa, 2013. p. 121.

496 FONSECA, Ana Maria Taveira da. *Da recusa de cumprimento da obrigação para tutela do direito de crédito*: em especial na excepção de não cumprimento, no direito de retenção e na compensação. 2013. Tese (Doutorado em Direito) – Universidade Católica Portuguesa, Lisboa, 2013. p. 124.

497 FONSECA, Ana Maria Taveira da. *Da recusa de cumprimento da obrigação para tutela do direito de crédito*: em especial na excepção de não cumprimento, no direito de retenção e na compensação. 2013. Tese (Doutorado em Direito) – Universidade Católica Portuguesa, Lisboa, 2013. p. 123.

proporcional à utilidade remanescente.[498] No caso de fortuito em razão do qual a coisa se perca ou seu cumprimento se torne inútil, nos termos do art. 234 do Código Civil, [499] a obrigação estaria resolvida, retornando as partes ao *status quo* anterior, de modo que não caberia o manejo da *exceptio*.[500]

Ademais, em situações nas quais a parte cumpre, mas o faz de maneira defeituosa, isto é, em desconformidade com o pactuado, suscita-se a figura da *exceptio non rite adimpleti contractus*.[501] A rigor, atualmente compreende-se que as hipóteses da *exceptio non rite adimpleti contractus* estão abarcadas nos casos da exceção de contrato no cumprido, o que é atribuído ao "conceito amplo de mora adotado pelo legislador e do renovado conceito de inadimplemento contratual – a rigor, o mesmo fundamento pelo qual parece perder importância a doutrina da violação positiva".[502]

Nessa direção, a categoria do cumprimento defeituoso, referida como violação positiva do contrato, perdeu relevância como espécie autônoma de inadimplemento. Em virtude da amplitude legal do conceito de mora[503] e da apreensão funcionalizada do adimplemento, deixa

---

498 SERPA LOPES, Miguel Maria de. *Exceções substanciais*: exceção de contrato não cumprido *(exceptio non adimpleti contractus)*. Rio de Janeiro: Freitas Bastos, 1959. p. 355-357.

499 "Art. 234. Se, no caso do artigo antecedente, a coisa se perder, sem culpa do devedor, antes da tradição, ou pendente a condição suspensiva, fica resolvida a obrigação para ambas as partes; se a perda resultar de culpa do devedor, responderá este pelo equivalente e mais perdas e danos".

500 FREITAS, Rodrigo Lima e Silva de. *O locus de atuação da exceção de contrato não cumprido no ordenamento jurídico brasileiro*. 2019. Dissertação (Mestrado em Direito) – Universidade do Estado do Rio de Janeiro, Rio de Janeiro, 2019. p. 89.

501 "Já não mais se cogita de uma execução tardia, senão de uma prestação que se executa mal, com deficiências, seja porque a coisa que lhe forma o objeto se encontra contaminada de um vício prejudicial à sua utilização econômica, seja pela razão de não se encontrar em conformidade com os termos previstos no contrato" (SERPA LOPES, Miguel Maria de. *Exceções substanciais*: exceção de contrato não cumprido *(exceptio non adimpleti contractus)*. Rio de Janeiro: Freitas Bastos, 1959. p. 296-297). A doutrina indica que a expressão somente designa o fenômeno da redução dos efeitos da exceção de inadimplemento. V. BUTRUCE, Vitor Augusto José. *A exceção de contrato não cumprido no direito civil brasileiro contemporâneo*: funções, pressupostos e limites de um "direito a não cumprir". 2009. Dissertação (Mestrado em Direito) – Universidade do Estado do Rio de Janeiro, Rio de Janeiro, 2009. p. 194.

502 SILVA, Rodrigo da Guia. Novas perspectivas da exceção de contrato não cumprido: repercussões da boa-fé objetiva sobre o sinalagma contratual. *Revista de Direito Privado*, v. 78, p. 43-83, jun. 2017. p. 78-79.

503 "No Brasil, o conceito de mora absorve as hipóteses de cumprimento imperfeito por defeito quanto à forma e ao lugar da prestação, razão pela qual não sentimos a mesma dificuldade enfrentada pela doutrina alemã, que derivou para a teoria da infração contratual positiva" (AGUIAR JR., Ruy Rosado de. *Extinção dos contratos por incumprimentodo devedor*. Rio de Janeiro: Aide, 2004. p. 126).

de subsistir espaço a ser preenchido por tal classificação.[504] Inexistiria substrato fático diverso, portanto, a ensejar a invocação de uma ou outra espécie de exceção. Entende-se que qualquer que seja o grau de inexecução, o excipiente conserva o direito de recusar o adimplemento da sua parte, tornando-se sua aplicação mais difícil quanto mais se aproxime a execução da prestação do pagamento perfeito.[505]

Dessa forma, a diferença que poderia ser enunciada no âmbito do cumprimento defeituoso residiria no ônus da prova, que, nesse caso recai sobre o excipiente, ao passo que nas demais formas de inadimplemento, recai sobre o excepto o ônus de provar ter cumprido sua prestação.[506] No entanto, registra a doutrina que, se o recebimento

---

504 "No Brasil, a amplitude da definição legal de mora – a qual, transcendendo o aspecto temporal, abrange a não realização do pagamento 'no tempo, lugar e forma que a lei ou a convenção estabelecer' (CC, art. 394) – e a regulação do cumprimento inexato em setores específicos do Código Civil – ora, em termos mais gerais, como nos vícios redibitórios (CC, arts. 441 a 445), ora em tipos contratuais determinados, como nos contratos de empreitada e de transporte (arts. 618, 754 etc.) – torna desnecessária a importação de figura de contornos técnicos tão imprecisos quanto a violação positiva do contrato [...]. Vale dizer: revisitado o conceito de adimplemento, de modo a corroborar a necessidade de exame que abarque o cumprimento da prestação contratada também sob o seu prisma funcional, as hipóteses hoje solucionadas com o uso da violação positiva do contrato tendem a recair no âmago interno da própria noção de adimplemento" (TEPEDINO, Gustavo; SCHREIBER, Anderson. *Fundamentos do direito civil*: obrigações. 2. ed. Rio de Janeiro: Forense, 2021. p. 329).

505 "Il y a là sans doute une modification des effets de *l'exe. n. a. c.* plutôt qu'une aggravation de ses conditions d'invocation ; mais cette modification vient corroborer la proposition que nous avons formulée, à savoir que : si en principe l'*exe. n. a. c.* est admissible quel que soit le degré d'inexécution, la facilité d'en user doit diminuer à mesure que l'on se rapproche de l'exécution parfaite"(CASSIN, René. *De l'exception tirée de l'Inexécution dans les rapports synallagmatiques (exceptio non adimpleti contractus) et des ses relations avec le droit de rétention, la compensation et la résolution*. Paris: Sirey, 1914. p. 530).

506 "El art. 1460 no hace ninguna referencia a la excepción *non rite adimpleti contractus* (cumplimiento irritual); y con razón, puesto que, mientras parece que la disciplina respectiva sea independiente, en sustancia la excepción aludida no es, mirándolo bien, sino una variante de la excepción de incumplimiento, bajo el aspecto de la incidencia de la carga de la prueba" (MESSINEO, Francesco. *Doctrina general del contrato*. Buenos Aires: Ediciones Jurídicas Europa-América, 1986. t. 2. p. 438); "A *exceptio non rite adimpleti contractus* é, no fundo, a mesma *exceptio non adimpleti contractus*, dado que o cumprimento parcial, inexato ou defeituoso, equivale a inadimplemento. Difere, porém, nos efeitos. Havendo inadimplemento total, incumbe a prova ao contraente que não cumpriu a obrigação. Havendo execução incompleta, deve prová-la quem invoca a exceção, pois se presume regular o pagamento aceito" (GOMES, Orlando. *Contratos*, 27. ed. Rio de Janeiro: Forense, 2019. p. 90); SCHREIBER, Anderson, *Manual de direito civil contemporâneo*. São Paulo: Saraiva, 2018. p. 500; DE GODOY, Claudio Luiz Bueno *et al*. *Código Civil comentado*. *In*: PELUSO, Cezar (coord.). 15. ed. Barueri: Manole, 2021. p. 511.

pelo excipiente se deu com reservas, não haveria presunção de adimplemento satisfatório suficiente para imputar-lhe o ônus da prova.[507]

Nesses casos em que os interesses do excipiente são parcialmente atingidos, defende-se que o exercício da *exceptio* deveria observar a extensão da parcela não cumprida. O critério será a medida do interesse útil alcançado, [508] de modo que a contraprestação do excipiente seja prestada de forma equivalente à obrigação defeituosa do excepto.[509-510]

507 PONTES DE MIRANDA, Francisco Cavalcanti. Tratado de direito privado. São Paulo: *Revista dos Tribunais*, 2012. t. 3. p. 290. V. tb. MESSINEO, Francesco. *Doctrina general del contrato*. Buenos Aires: Ediciones Jurídicas Europa-América, 1986. t. 2. p. 439.

508 A constatação do interesse útil é tema de grande complexidade, que não constitui objeto de análise do presente trabalho.

509 "Deve ser assegurado ao excipiente o exercício de seu direito a não cumprir na medida necessária a que se lhe garanta o pleno atendimento futuro de seus interesses contratuais, sem desconsiderar-se o conteúdo já prestado, que pode lhe ter alguma utilidade e, por isso, tornar desnecessária (quiçá excessiva) a suspensão integral de sua obrigação correspectiva" (BUTRUCE, Vitor Augusto José. *A exceção de contrato não cumprido no direito civil brasileiro contemporâneo*: funções, pressupostos e limites de um "direito a não cumprir". 2009. Dissertação (Mestrado em Direito) – Universidade do Estado do Rio de Janeiro, Rio de Janeiro 2009. p. 196); "A suspensão de parte da contraprestação, em medida de proporcionalidade com o inadimplemento do excepto, certamente deverá ser admitida. O contratante excipiente não contratou para obter quase integralmente o objeto da prestação" (GAGLIARDI, Rafael Villar. *Exceção de contrato não cumprido*. São Paulo: Saraiva, 2010. p. 163). Valiosos, ainda, os apontamentos de Mariana Siqueira no âmbito do estudo do adimplemento substancial: "Considerados os elementos da fase de criação, conclusão e execução do contrato, e qualificado o instrumento em questão, deve-se perquirir se determinado inadimplemento é relevante na economia do contrato [...]. Deve-se analisar, de acordo com as peculiaridades do contrato, se a parcela cumprida do contrato é capaz de manter o vínculo de correspectividade da relação; se a causa do negócio jurídico, ainda que adimplido de forma deficiente, mantém-se" (SIQUEIRA, Mariana Ribeiro. *Adimplemento substancial*: parâmetros para sua configuração. Rio de Janeiro: Lumen Juris, 2019. p. 141-142). Pautado em exercício da *exceptio* conforme a boa-fé, defende-se que "o razoável é que, em tal caso [de cumprimento defeituoso], lhe seja consentido apenas recusar uma parte da sua prestação, bastante para se garantir da parte não cumprida" (SERRA, Adriano Paes da Silva Vaz. Excepção de contrato não cumprido. *Boletim do Ministérioda Justiça,* n. 67, p. 5-169, 1957. p. 30). No mesmo sentido: "Discutem-se atualmente os limites do exercício da *exceptio*. Em sede constitucional urge sempre precisar a proporcionalidade entre a inexecução da contraparte e o exercício da exceção. Será caracterizada como abuso do direito e, portanto, ato ilícito (art. 187 do CC) a conduta daquele que se recusa a cumprir sua obrigação em razão de um inadimplemento mínimo praticado pela contraparte. Assim, a alegação da *exceptio* acaba se convertendo em uma escusa indevida ao cumprimento do contrato [...]. Portanto, se A deveria entregar cinco veículos a B, mas deixa de cumprir com a remessa de um dos automóveis, não pode B se recusar a pagar o todo, amparado na inexecução de um quinto da obrigação. Justo seria a recusa do pagamento na medida proporcional." (ROSENVALD, Nelson. Dos contratos em geral. *In*: PELUSO, Cezar. (coord.). *Código Civil comentado*. 4. ed. São Paulo: Manole, 2010. p. 536-537).

510 Nessa esteira, a fim de se definir a extensão dos efeitos da *exceptio non adimpleti contractus,* Vitor Butruce sugerea observância dos seguintes aspectos: "(i) o *resultado útil* produzido pela prestação efetuada; (ii) o *risco* a que o excipiente fica submetido de não obter a contraprestação; (iii) a *gravidade* da inadimplência do excepto; (iv) a *proporcionalidade* entre o dever descumprido e aquele a ser suspenso; (v) a *adequação* entre a interrupção do

Toma-se nota, ainda, da aplicação da *exceptio* diante da falta de cumprimento de prestação imputável a um dos co-devedores solidários. No âmbito da solidariedade passiva, dispõe o art. 281 do Código Civil[511] que o devedor demandado pode opor ao credor as exceções que lhe forem pessoais e as comuns a todos. Assim, por ser exceção comum, poderá o excipiente opô-la, ainda que a inexecução não seja imputável a todos os devedores solidários.[512] Defende-se tal possibilidade em razão da unidade indivisível da situação jurídica.[513] Diz-se que "se o devedor-credor pode exigir a prestação de todos os credores-devedores, seu cocontratantes, a exceção poderá ser oposta a todos os chamados devedores solidários (também credores, por se trata de contrato bilateral)".[514] No âmbito da solidariedade ativa, dispõe o art. 273 do Código Civil que a um dos credores solidários não pode o devedor opor as exceções pessoais oponíveis aos outros. Por ser a exceção de contrato não cumprido classificada como comum, entende-se ser possível que o demandado a invoque perante os credores solidários.[515]

Mesmo se não houver solidariedade, mas coexistirem a pluralidade de sujeitos e objeto indivisível da prestação, o excipiente poderia recusar a cada uma de suas contrapartes a parcela que lhe couber, até

---

cumprimento e o interesse do excipiente a ser protegido; (vi) a potencialidade de a exceção de inadimplemento resultar *excessivamente gravosa* para o excepto ou terceiros" (BUTRUCE, Vitor Augusto José. *A exceção de contrato não cumprido no direito civil brasileiro contemporâneo*: funções, pressupostos e limites de um "direito a não cumprir". 2009. Dissertação (Mestrado em Direito) – Universidade do Estado do Rio de Janeiro, Rio de Janeiro, 2009. p. 202).

511 "Art. 281. O devedor demandado pode opor ao credor as exceções que lhe forem pessoais e as comuns a todos; não lhe aproveitando as exceções pessoais a outro co-devedor".

512 BUTRUCE, Vitor Augusto José. *A exceção de contrato não cumprido no direito civil brasileiro contemporâneo*: funções, pressupostos e limites de um "direito a não cumprir". 2009. Dissertação (Mestrado em Direito) – Universidade do Estado do Rio de Janeiro, Rio de Janeiro, 2009. p. 152.

513 SERPA LOPES, Miguel Maria de. *Exceções substanciais*: exceção de contrato não cumprido (*exceptio non adimpleti contractus*). Rio de Janeiro: Freitas Bastos, 1959. p. 316.

514 GAGLIARDI, Rafael Villar. *Exceção de contrato não cumprido.* São Paulo: Saraiva, 2010. p. 167.

515 "O art. 273 do Código Civil prescreve que 'a um dos credores solidários não pode o devedor opor as exceções pessoais oponíveis aos outros.' *A contrario sensu*, portanto, esta autorizado o devedor a opor perante o credor solidário que tomou a iniciativa de efetuar acobrança [i] tanto as exceções comuns, como também as [ii] pessoais concernentes a esse credor específico. Sendo a exceção de contrato não cumprido do tipo comum, ela pode ser oposta pelo demandado perante um dos credores solidários, ainda que, em relação a contraprestação devida por eles, inexista solidariedade passiva" (DAL PIZZOL, Ricardo. *Exceção de contrato não cumprido*: sinalagma, causa e boa-fé objetiva. Uma releitura à luz dos novos temas contratuais. 2020. Tese (Doutorado em Direito) – Faculdade de Direito da Universidade de São Paulo, São Paulo, 2020. p. 173).

que receba toda a contraprestação.[516] Por outro lado, se o pagamento for ajustado por partes ou se a obrigação for divisível, na forma dos arts. 257[517] e 314[518] do Código Civil, a *exceptio* somente seria oponível perante os inadimplentes.[519] No que tange à divisibilidade da obrigação, [520] no entanto, pondera a doutrina que a interdependência das obrigações sinalagmáticas tornaria a obrigação indivisível, pela razão determinante do negócio jurídico, ainda que o objeto seja materialmente divisível, à luz do art. 258 do Código Civil.[521-522]

---

516 PONTES DE MIRANDA, Francisco Cavalcanti. *Tratado de direito privado.* São Paulo: Bookseller, 2003. t. 26. p. 124. V. tb.: "Havendo vários *credores,* parece que, se um deles exigir a sua parte, o devedor deve ter a faculdade de a recusar enquanto nãofor feita integralmente a contraprestação ou oferecida a contraprestação integral e simultânea. Se assim não fosse, o devedor teria que cumprir, embora parcialmente, sem ter sido feita ou oferecida integralmente a contraprestação" (SERRA, Adriano Paes da Silva Vaz. Excepção de Contrato não Cumprido, *Boletim do Ministérioda Justiça,* n. 67, p. 5-169, 1957. p. 33).

517 "Art. 257. Havendo mais de um devedor ou mais de um credor em obrigação divisível, esta presume-se dividida em tantas obrigações, iguais e distintas, quantos os credores ou devedores".

518 "Art. 314. Ainda que a obrigação tenha por objeto prestação divisível, não pode o credor ser obrigado a receber, nem o devedor a pagar, por partes, se assim não se ajustou".

519 BUTRUCE, Vitor Augusto José. *A exceção de contrato não cumprido no direito civil brasileiro contemporâneo*: funções, pressupostos e limites de um "direito a não cumprir". 2009. Dissertação (Mestrado em Direito) – Universidade do Estado do Rio de Janeiro, Rio de Janeiro, 2009. p. 151-152. Em sentido análogo: "Se houver vários devedores conjuntos e um deles tiver recebido a sua parte da contraprestação, parece que não deve poder recusar a parte da prestação, que lhe compete, se ela lhe for exigida, com o fundamento de que os outros devedores não receberam ainda as suas partes da contraprestação. Sendo distintas as obrigações não interessa, para o efeito, que os outros devedores não tenham recebido essas partes" (SERRA, Adriano Paes da Silva Vaz. Excepção de Contrato não Cumprido, *Boletim do Ministérioda Justiça,* n. 67, p. 5-169, 1957. p. 33-34).

520 "Desse modo, não raro a prestação que, por suas características naturais, se mostraria divisível, torna-se indivisível à luz da análise funcional e dinâmica dos interesses envolvidos, a partir do interesse comum das partes. A prestação de dar três cavalos, por exemplo, afigura-se, do ponto de vista de sua natureza física, divisível, mas deixará de sê-lo se a obrigação se constitui em face de dois credores, tornando impossível a divisão, ou se as partes convencionaram, expressa ou tacitamente, a sua indivisibilidade. A entrega de um automóvel será divisível ou indivisível conforme o interesse do credor, manifestado no negócio jurídico, seja o de dirigir o veículo ou o de alienar suas peças a um ferro-velho" (TEPEDINO, Gustavo; SCHREIBER, Anderson. *Fundamentos do direito civil*: obrigações. 2. ed. Rio de Janeiro: Forense, 2021. p. 93).

521 "Art. 258. A obrigação é indivisível quando a prestação tem por objeto uma coisa ou um fato não suscetíveis de divisão, por sua natureza, por motivo de ordem econômica, ou dada a razão determinante do negócio jurídico".

522 Araken de Assis confere exemplo didático para testar os efeitos da exceção diante da divisibilidade da prestação: "Em contrato de compra e venda, Pedro e Maria se obrigaram a pagar o preço, João e Sandra a entregar um refrigerador. Exigindo Pedro ou Maria o adimplemento da prestação do outro casal, mostra- se lícito tanto a João quanto a Sandra recusar a entrega enquanto não for cumprida ou oferecida integralmente a contraprestação. O inverso também se mostra verdadeiro. Não podem João e Sandra, isolada ou conjuntamente, reclamar o preço de Maria sem entregar o refrigerador. Embora Maria seja responsável pela

3.4 Boa-fé objetiva

Como antecipado, parte da doutrina indica a boa-fé como requisito para aplicação da exceção de contrato não cumprido, o que teria sofrido influência das previsões do §320 do BGB[523] e do art. 1.460 do Código Civil italiano.[524] Enuncia-se que a boa-fé seria a responsável por impor nexo de equivalência ou de proporcionalidade entre os inadimplementos do excipiente e da contraparte, bem como por afastar seu exercício quando o excipiente tiver recusado a prestação do excepto, mesmo se oferecida regularmente.[525]

---

totalidade do preço, a exceção que deduziu perante João e Sandra aproveitará a Pedro. Até aqui se raciocinou, porém, atribuindo a João e Sandra uma prestação indivisível. É preciso dar um passo adiante, investigando o assunto perante uma prestação divisível. Figure-se o caso de João e de Sandra se obrigarem a entregar dois refrigeradores. Reclamando Pedro a entrega de ambos de João ou de Sandra, isoladamente, sem o pagamento do preço, parece claro que a exceção oposta por um dos devedores aproveitará ao outro. Ao invés, exigindo Pedro um dos refrigeradores de João, mediante o pagamento do respectivo preço, caberá a João se recusar a prestar sob pretexto de que Sandra não recebeu sua quota do preço? Responde negativamente Vaz Serra. Fica subentendido que, nas obrigações solidárias, a cada credor ou devedor só compete uma quota da prestação, tanto que divisível a prestação, a teor do já mencionado art. 257. Resta ponderar, todavia, que o art. 314 presume a indivisibilidade, embora divisível o objeto da prestação, salvo ajuste em contrário, que não infere razoavelmente nos contratos bilaterais. Na verdade, a 'razão determinante do negócio jurídico' ou seja, a interdependência das prestações, consoante o art. 258 i*n fine*, torna indivisível, *de jure*, a prestação materialmente divisível. Daí se conclui que nem João pode exigir um dos refrigeradores, senão a ambos, nem Pedro receber parte do preço, senão o todo. Na hipótese versada, cabe opor a exceção de inadimplemento, até que João pague o preço por inteiro" (ASSIS, Araken de. *In*: ALVIM, Arruda; ALVIM, Thereza (coord.). *Comentários ao Código Civil brasileiro*. Rio de Janeiro: Forense, 2007. v. 5. p. 685-686).

523 "Section 320 Defence of unperformed contract (1) A person who is a party to a reciprocal contract may refuse his part of the performance until the other party renders consideration, unless he is obliged to perform in advance. If performance is to be made to more than one person, an individual person may be refused the part performance due to him until the complete consideration has been rendered. The provision of section 273 (3) does not apply. (2) If one party has performed in part, consideration may not be refused to the extent that refusal, in the circumstances, in particular because the part in arrears is relatively trivial, would be bad faith". Disponível em: <https: //www.gesetze-im-internet.de/englisch_bgb/>. Acesso em: 30 abr. 2025.

524 "Art. 1460 Eccezione d'inadempimento Nei contratti con prestazioni corrispettive, ciascuno dei contraenti può rifiutarsi di adempiere la sua obbligazione, se l'altro non adempie o non offre di adempiere contemporaneamente la propria, salvo che termini diversi per l'adempimento siano stati stabiliti dalle parti o risultino dalla natura del contratto (1565). Tuttavia non può rifiutarsi l'esecuzione se, avuto riguardo alle circostanze, il rifiuto è contrario alla buona fede (1375)". Disponível em: <https: //www.gesetze-im-internet.de/englisch_bgb/>. Acesso em: 30 abr. 2025.

525 SERPA LOPES, Miguel Maria de. *Exceções substanciais*: exceção de contrato não cumprido (*exceptio non adimpleti contractus*). Rio de Janeiro: Freitas Bastos, 1959. p. 311-312. V. tb.: CASSIN, René. *De l'exception tirée de l'Inexécution dans les rapports synallagmatiques (exceptio non adimpleti contractus) et des ses relations avec le droit de rétention, la compensation et la résolution*. Paris: Sirey, 1914. p. 555.

Nessa esteira, há quem defenda que a boa-fé como requisito da *exceptio* manifestar-se-ia no sentido na exigência do inadimplemento do excipiente encontrar seu fundamento no descumprimento do excepto, recusando, portanto, a invocação da *exceptio* quando o excepto houver oferecido sua prestação ou quando o excipiente buscar, na realidade, se desvencilhar do contrato; e, por outro lado, manifestar-se-ia no sentido de estabelecer as obrigações principais e acessórias, bem como na releitura do inadimplemento e proporcionalidade do emprego da exceção de contrato não cumprido.[526] Outra parte da doutrina enuncia o requisito como incidente na posição do credor, como proibição do exercício abusivo de seu direito de crédito, e na do devedor, como critério de determinação do alcance da prestação e da forma de cumprimento, de forma a atender ao credor.[527]

Em outro sentido, há quem visualize duplo papel da boa-fé no âmbito da exceção de contrato não cumprido, servindo tanto como fundamento, quanto como limite para seu exercício.[528] Há, por sua vez, quem defenda ser a observância desse princípio contratual exigência para o exercício legítimo de qualquer situação jurídica subjetiva, de modo que a boa-fé figuraria mais como limite do que como pressuposto para a aplicação da exceção de contrato não cumprido.[529]

---

[526] GAGLIARDI, Rafael Villar. *Exceção de contrato não cumprido*. São Paulo: Saraiva, 2010. p. 118-119.

[527] ABRANTES, José João. *A excepção de não cumprimento do contrato*. 2. ed. Coimbra: Almedina, 1955. p. 104.

[528] "Pode-se destacar, então, um duplo papel da boa-fé objetiva, a qual atua, a um só tempo, como fundamento e limite da exceção de contrato não cumprido: fundamento, pois assegura ao contratante adimplente e pautado pela boa-fé a prerrogativa de cumprir sua(s) prestação(ões) apenas após o cumprimento do polo prestacional correspectivo faltante; limite, porque atua como parâmetro para aferição de eventual exercício abusivo na oposição da exceptio" (SILVA, Rodrigo da Guia. Novas perspectivas da exceção de contrato não cumprido: repercussões da boa-fé objetiva sobre o sinalagma contratual. *Revista de Direito Privado*, v. 78, p. 43-83, jun. 2017. p. 75).

[529] BUTRUCE, Vitor Augusto José. *A exceção de contrato não cumprido no direito civil brasileiro contemporâneo*: funções, pressupostos e limites de um "direito a não cumprir". 2009. Dissertação (Mestrado em Direito) – Universidade do Estado do Rio de Janeiro, Rio de Janeiro, 2009. p. 78-79. João Pedro de Biazi também identifica a boa-fé como instrumento de regulação da abrangência da *exceptio*. Confira-se: BIAZI, João Pedro de Oliveira de. *A exceção de contrato não cumprido no direito privado brasileiro*. 1ª ed. Rio de Janeiro: LMJ Mundo Jurídico, 2019. p. 149. V. tb.: "Pelo exposto, parece que a boa-fé objetiva – ao menos nos termos atualmente postos – não se afigura essencialmente um requisito para a configuração da exceção de contrato não cumprido. Cuida-se, na verdade de cláusula geral presente na legislação, que, fundamentada no princípio da solidariedade social, realiza o controle de merecimento de tutela sobre os atos de autonomia privada. Em sentido amplo, portanto, o respeito à boa-fé consiste em pressuposto para a validade de qualquer ato de autonomia patrimonial" (FREITAS, Rodrigo Lima e Silva de. *O locus de atuação da exceção de contrato*

A atribuição da boa-fé como limite ao exercício da *exceptio* está atrelada principalmente à sua função restritiva ao exercício abusivo de direitos, consagrada no art. 187 do Código Civil.[530] Em apertada síntese, o abuso configurar-se-ia quando, apesar de não haver ilicitude formal, o exercício de posições jurídicas subjetivas se dê de modo disfuncional.[531] No caso da exceção de contrato não cumprido, haverá exercício disfuncional quando, preenchidos os requisitos da bilateralidade, exigibilidade das prestações e inadimplemento do excepto, o mecanismo se volte a fim diverso da tutela do sinalagma, como, por exemplo, pretexto para inadimplência.[532]

Outro exemplo conferido pela doutrina consiste no exercício da *exceptio* com base em inadimplemento distante no tempo: em um contrato de execução continuada, se houver um inadimplemento em determinado mês em relação ao qual nada se faça, e, nos meses seguintes, retomando-se a normalidade da execução do contrato, defende-se que não poderia um dos contratantes, meses depois, suspender sua

---

não cumprido no ordenamento jurídico brasileiro. 2019. Dissertação (Mestrado em Direito) – Universidade do Estado do Rio de Janeiro, Rio de Janeiro, 2019. p. 71-72).

530 "Art. 187. Também comete ato ilícito o titular de um direito que, ao exercê-lo, excede manifestamente os limites impostos pelo seu fim econômico ou social, pela boa-fé ou pelos bons costumes".

531 "A boa-fé está diretamente relacionada à teoria do abuso de direito nesta sua função de limitar ou mesmo impedir o exercício de direitos que emergem da relação contratual. [...] Diante da ordenação contratual, o princípio da boa-fé e a teoria do abuso do direito complementam-se, operando aquela como parâmetro de valoração do comportamento dos contratantes: o exercício de um direito será irregular, e nesta medida abusivo, se consubstanciar quebra da confiança e frustração de legítimas expectativas. Nesses casos, o comportamento formalmente lícito, consistente no exercício de um direito, é, contudo, um comportamento contrário à boa-fé e, como tal, sujeito ao controle da ordem jurídica" (NEGREIROS, Teresa. *Teoria do contrato*: novos paradigmas. 2. ed. Rio de Janeiro: Renovar, 2006. p. 140-141); "A mais vasta e relevante, consequente à qualificação geral da boa-fé como instituto jurídico, é a função corretora do exercício jurídico para impedir o exercício manifestamente desleal, incoerente, imoderado ou irregular de direitos subjetivos, formativos, faculdades e posições jurídicas [...]. O primeiro ('abuso de direito') diz respeito ao exercício jurídico (Código Civil, art. 187), configurando um exercício desmedido, disfuncional, desviado dos fins a que foi cometida a permissão configurada num direito subjetivo, *lato sensu* compreendido. [...] diga-se, por ora, apenas que incorre em 'abuso' quem exercita de modo inadmissível (porque divorciado dos padrões de licitude que a Ordem jurídica assegura) um direito reconhecido por uma estipulação contratual em si mesma válida e eficaz. Trata-se de um caso de ilicitude no modo (e no momento) do exercício jurídico" (MARTINS-COSTA, Judith. *A boa-fé no direito privado*: critérios para a sua aplicação. 2. ed. São Paulo: Saraiva Educação, 2018. p. 625 e 637).

532 "Sendo o instituto animado de um sopro de equidade, deve à sua invocação presidir a regra da boa-fé, não podendo erigir-se em pretexto para o descumprimento do avençado" (PEREIRA, Caio Mário da Silva. *Instituições de direito civil*: contratos. 24. ed. Rio de Janeiro: Forense, 2020. v. 3. p. 135).

prestação com base nesse descumprimento pretérito. Nesse contexto, entende-se que a exceção estaria sendo arguida como mecanismo para pressionar a parte contrária, não já para a proteção do suposto excipiente.[533] Ressalta-se que a abusividade não reside no objetivo de instar a parte inadimplente a pagar, mas sim no exercício que não tenha por função precípua a tutela do sinalagma.[534]

Também se registra em contrariedade à boa-fé a invocação da *exceptio* em outros contextos, quando aquele que quer se valer da exceção deu causa ao descumprimento do suposto excepto;[535] quando no curso de uma negociação que vise a regular os efeitos do inadimplemento do excepto, o excipiente suspenda sua prestação de modo contrário ao dever de lealdade; ou quando o comportamento do excipiente tiver criado para o excepto uma legítima confiança que obste a oponibilidade da exceção de contrato não cumprido.[536]

A aplicação mais evidente, no entanto, consiste na recusa do excipiente em prestar a integralidade de sua contraprestação quando já houver recebido parte da prestação correspectiva do excepto, [537] como

---

[533] "Pense-se na execução de um contrato pelo qual o adquirente de certa matéria-prima esteja obrigado a efetuar pagamentos mensais a determinado fornecedor; se o adquirente deixar de efetuar o pagamento relativo ao material entregue no mês de março de 2010 (por extravio da fatura, por exemplo), mas mantiver os pagamentos dos meses subsequentes, não faria sentido o fornecedor interromper a entrega no mês de outubro de 2010 tendo exclusivamente como base aquela inadimplência financeira. Afinal, se a função da *exceptio* é a de minimizar o risco de o contratante cumprir sem receber o correspectivo (ou seja, com os olhos postos no futuro), esse risco não parece se configurar tão somente por um inadimplemento pretérito distante. Circunstâncias tais teriam muito mais o condão de consistir num mecanismo de *cobrança* do que propriamente na defesa do excipiente na sua condição de *devedor*" (BUTRUCE, Vitor Augusto José. *A exceção de contrato não cumprido no direito civil brasileiro contemporâneo*: funções, pressupostos e limites de um "direito a não cumprir". 2009. Dissertação (Mestrado em Direito) – Universidade do Estado do Rio de Janeiro, Rio de Janeiro, 2009. p. 185).

[534] BUTRUCE, Vitor Augusto José. *A exceção de contrato não cumprido no direito civil brasileiro contemporâneo*: funções, pressupostos e limites de um "direito a não cumprir". 2009. Dissertação (Mestrado em Direito) – Universidade do Estado do Rio de Janeiro, Rio de Janeiro, 2009. p. 186-187.

[535] BESSONE, Darcy. *Do contrato*: teoria geral. 4. ed. São Paulo: Saraiva, 1997. p. 201.

[536] BUTRUCE, Vitor Augusto José. *A exceção de contrato não cumprido no direito civil brasileiro contemporâneo*: funções, pressupostos e limites de um "direito a não cumprir". 2009. Dissertação (Mestrado em Direito) – Universidade do Estado do Rio de Janeiro, Rio de Janeiro, 2009. p. 189-191.

[537] "Como vimos, esses princípios da boa-fé exigem, assim, que entre o inadimplemento do excipiente e da contraparte haja um nexo de equivalência ou de proporção. Se o inadimplemento do excipiens fôr de leve teor não poderá ele servir de fundamento ou justifica a oposição da *exc. n. ad. cont.* [...]. Assim sempre se teve por assente que o princípio *inadimpleti non est adimplendum* só é aplicável quando entre o inadimplemento de um dos contratantes e o posterior do outro, existe justo nexo de causalidade por proporcionalidade

vimos no item 3.3.2 *supra*. Entende-se que não pode "ser levada a defesa ao extremo de acobertar o descumprimento sob invocação de haver o outro deixado de executar parte mínima ou irrelevante da que é a seu cargo".[538] Assim, a suspensão da exigência da prestação do excipiente deve ser proporcional à parcela inadimplida pelo excepto, pautando-se na análise qualitativa da representação do descumprimento parcial.[539]

No âmbito da teoria do adimplemento substancial, a preocupação maior parece ser evitar a adoção dos efeitos drásticos da resolução contratual diante de inadimplemento que possa ser endereçado de outro modo.[540] No âmbito da *exceptio*, a exigência de prestação propor-

---

e entidade das duas inadimplências. A *exceptio* deixa então de ser aplicada quando importe numa desproporção entre a prestação descumprida e a prestação a ser cumprida. [...] nos contratos com prestações correspectivas no caso de recíproco inadimplemento, para se concluir pela aplicabilidade do princípio *inadimplenti non est adimplendum* cumpre proceder a uma apreciação comparativa da conduta de ambos os contraentes em relação à arguida e recíproca falta de cumprimento, firmando não só a subsistência, mas tomando em consideração as suas relações de sucessão, causalidade e proporcionalidade, a relativa gravidade e eficácia em face da finalidade econômica complexiva do contrato e consequente influência sobre a sua sorte" (SERPA LOPES, Miguel Maria de. *Exceções substanciais*: exceção de contrato não cumprido *(exceptio non adimpleti contractus)*. Rio de Janeiro: Freitas Bastos, 1959. p. 311). V. tb.: ROSENVALD, Nelson. Dos contratos em geral. *In*: PELUSO, Cezar. (coord.). *Código Civil comentado*. 4. ed. São Paulo: Manole, 2010. p. 537; ABRANTES, José João. *A excepção de não cumprimento do contrato*. 2. ed. Coimbra: Almedina, 1955. p. 106; VARELA, João de Matos Antunes. *Das obrigações em geral*. 10. ed. Coimbra: Almedina, 2000. v. 1. p. 400.

538 PEREIRA, Caio Mário da Silva. *Instituições de direito civil*: contratos. 24. ed. Rio de Janeiro: Forense, 2020. v. 3. p. 134.

539 "Além disso, em razão das peculiaridades de cada relação contratual, o inadimplemento, ainda que em proporções iguais, terá diferentes impactos, podendo, em determinada hipótese, configurar um descumprimento irrisório ou incapaz de ferir o sinalagma contratual, enquanto, em outras, importar na perda da função da obrigação como um todo. Se, de um lado, um descumprimento proporcionalmente ínfimo do contrato pode acarretar na perda do interesse do credor, de outro, também se pode afirmar que um descumprimento total da obrigação não configura inadimplemento absoluto" (SIQUEIRA, Mariana Ribeiro. *Adimplemento substancial*: parâmetros para sua configuração. Rio de Janeiro: Lumen Juris, 2019. p. 138); "Nas hipóteses em que o inadimplemento é mínimo, o vínculo contratual é mantido, não permitindo que o contratante não inadimplente busque dissolver o contrato. Então, não poderá a parte alegar, abusivamente, o leve descumprimento contratual para não cumprir com a prestação que lhe cabe. Na casuística, o magistrado valorará a gravidade do descumprimento ocorrido, só permitindo que a exceção paralise a pretensão posta quando for ela relevante para a economia contratual" (DE GODOY, Claudio Luiz Bueno *et al*. *Código Civil comentado*. *In*: PELUSO, Cezar (coord.). 15. ed. Barueri: Manole, 2021. p. 511).

540 "[...] a teoria do inadimplemento substancial, que permite, em síntese, rejeitar a resolução do vínculo obrigacional sempre que a desconformidade entre a conduta do devedor e a prestação estabelecida seja de pouca relevância. Inspirada na *substantial performance* do direito anglo-saxônico, tal construção surge com o propósito de autorizar a avaliação de gravidade do inadimplemento antes de deflagrar a consequência drástica consubstanciada na resolução da relação obrigacional" (SCHREIBER, Anderson. A tríplice transformação do adimplemento: adimplemento substancial, inadimplemento antecipado e outras figuras. *In*: SCHREIBER, Anderson. *Direito civil e Constituição*. São Paulo: Atlas, 2013. p. 110).

cional do excipiente já endereça a situação em que houve cumprimento quase perfeito do contrato, de modo que o adimplemento substancial não afasta, *per se*, o remédio da exceção de contrato não cumprido.[541]

Didaticamente, a doutrina já apontou que para haver exercício da *exceptio* conforme a boa-fé, dever-se-ia estabelecer uma tripla relação entre o descumprimento do excepto e a posição do excipiente: de sucessão, de causalidade e de proporcionalidade. A relação de sucessão estabelece a necessidade de haver preteritamente um descumprimento justificante. A relação de causalidade impõe a interdependência causal entre as prestações objeto dos descumprimentos. A relação de proporcionalidade estabelece a necessidade de observância do que foi cumprido pelo excepto para se definir o que pode ser descumprido pelo excipiente.[542]

Vale destacar, ainda, a aproximação já visualizada pela doutrina entre a figura do *tu quoque*, decorrente da função restritiva ao exercício abusivo de direitos da boa-fé objetiva, e a exceção de contrato não cumprido.[543] No *tu quoque*, veda-se o comportamento de parte que, tendo

---

541 DE GODOY, Claudio Luiz Bueno *et al*. *Código Civil comentado*. *In*: PELUSO, Cezar (coord.). 15. ed. Barueri: Manole, 2021. p. 511; BUTRUCE, Vitor Augusto José. *A exceção de contrato não cumprido no direito civil brasileiro contemporâneo*: funções, pressupostos e limites de um "direito a não cumprir". 2009. Dissertação (Mestrado em Direito) – Universidade do Estado do Rio de Janeiro, Rio de Janeiro, 2009. p. 209. Anderson Schreiber aduz que "o mesmo método ponderativo deve ser aplicado, embora com cores menos intensas, a efeitos outros que poderiam decorrer do inadimplemento não significativo como a exceção do contrato não cumprido" (SCHREIBER, Anderson. A tríplice transformação do adimplemento: adimplemento substancial, inadimplemento antecipado e outras figuras. *In*: SCHREIBER, Anderson. *Direito civil e Constituição*. São Paulo: Atlas, 2013. p. 110). Rodrigo de Freitas fornece exemplo no qual, diante de adimplemento substancial de contrato de empreitada, permaneça em aberto apenas a instalação de uma porta: "Se não há uma simetria entre a suspensão do pagamento total do preço e a não instalação da porta, o mesmo não se pode dizer quando houver a suspensão de parcela do montante devido, equivalente ao valor de instalação da porta. Nesta sede, os efeitos do descumprimento de uma parte e os da retenção da obrigação pela contraparte sobre o escopo perseguido assumem foros deletérios equivalentes, a revelar o sinalagma entre as prestações e, portanto, o requisito da *exceptio*" (FREITAS, Rodrigo Lima e Silva de. *O locus de atuação da exceção de contrato não cumprido no ordenamento jurídico brasileiro*. 2019. Dissertação (Mestrado em Direito) – Universidade do Estado do Rio de Janeiro, Rio de Janeiro, 2019. p. 64).

542 ABRANTES, José João. *A excepção de não cumprimento do contrato*. 2. ed. Coimbra: Almedina, 1955. p. 106-108.

543 AZEVEDO, Antonio Junqueira de. Interpretação do contrato pelo exame da vontade contratual. O comportamento das partes posterior à celebração. Interpretação e efeitos do contrato conforme o princípio da boa-fé objetiva. Impossibilidade de *venire contra factum proprium* e de utilização de dois pesos e duas medidas (*tu quoque*). Efeitos do contrato e sinalagma. A assunção pelos contratantes de riscos específicos e a impossibilidade de fugir do "programa contratual" estabelecido. *In*: *Estudos e pareceres de direito privado*. São Paulo: Saraiva, 2004. p.169. V. tb.: "Na verdade, como exceção de direito material, a *exceptio* é uma

descumprido normas jurídicas incidentes à relação, pretenda exigir o cumprimento da contraparte.[544] A fórmula, portanto, estabelece "núcleo do comportamento coerente".[545]

Com efeito, a doutrina identifica possuírem o *tu quoque* e a *exceptio*

> a mesma *ratio*, de modo que a *exceptio* pode ser vista como uma especificação do *tu quoque*, cujo papel é, ao mesmo tempo, geral e residual, isto é: quando não incide a exceção, poderá ser invocado, conforme as circunstâncias, para apontar à ilicitude configurada na conduta de quem exige de outrem o cumprimento de regra fraudada por si.[546]

Não à toa, aponta-se que a *exceptio* e o *tu quoque* decorreriam do sinalagma e que a justificação do *tu quoque* residiria na sua perturbação.[547] No entanto, a doutrina ressalva que a exceção de contrato não

---

especificação normativa da aplicação da máxima *tu quoque*" (DE GODOY, Claudio Luiz Bueno *et al. Código Civil comentado. In*: PELUSO, Cezar (coord.). 15. ed. Barueri: Manole, 2021. p. 510); "E é função da exceção de contrato não cumprido manter a característica da bilateralidade, 'que liga causalmente a prestação debitória e a prestação creditória', assegurando o equilíbrio das posições contratuais durante a fase executiva do contrato, a impedir a desigualdade que exsurgiria se houvesse o constrangimento forçado de uma das partes a cumprir, sem que houvesse o adimplemento da que deveria prestar antes ou simultaneamente. Caso levada a efeito a conduta narrada, restaria configurada a *tu quoque*" (TERRA, Aline de Miranda Valverde; NANNI, Giovanni Ettore. Exceção de contrato não cumprido na coligação contratual. *Civilistica.com*, v. 10, n. 2, p. 1-26, 19 set. 2021. p. 15).

544 "A fórmula *tu quoque* traduz, com generalidade, o aflorar de uma regra pela qual a pessoa que viole uma norma jurídica não poderia, sem abuso, exercer a situação jurídica que essa mesma norma lhe tivesse atribuído [...]. Fere as sensibilidades primárias, ética e jurídica, que uma pessoa possa desrespeitar um comando e, depois, vir exigir a outrem o seu acatamento" (MENEZES CORDEIRO, António Manuel da Rocha e. *Da boa-fé no direito civil.* Coimbra: Almedina, 2001. p. 837).

545 MARTINS-COSTA, Judith. *A boa-fé no direito privado*: critérios para a sua aplicação. 2. ed. São Paulo: Saraiva Educação, 2018. p. 703.

546 MARTINS-COSTA, Judith. *A boa-fé no direito privado*: critérios para a sua aplicação. 2. ed. São Paulo: Saraiva Educação, 2018. p. 703.

547 "O *tu quoque* ganha, perante esta colocação do sinalagma, uma perspectiva diferente: qualquer atentado a uma das prestações implicadas pode ser, na realidade, um atentado ao sinalagma; sendo-o, altera toda a harmonia da estrutura sinalagmática, atingindo, com isso, a outra prestação. A justificação e a medida do *tu quoque* estão, pois, nas alterações que a violação primeiro perpetrada tenha provocado no sinalagma" (MENEZES CORDEIRO, António Manuel da Rocha e. *Da boa-fé no direito civil.* Coimbra: Almedina, 2001. p. 845); "É justamente nesta mesma perspectiva que se verifica a relação entre o sinalagma e a regra do *tu quoque*, considerado como especificação da boa-fé objetiva não traduzida, dogmaticamente, como uma exceção de direito material (como o é a *exceptio non adimpleti contractus*, Código Civil, art. 476), mas como um limite ao exercício jurídico (Código Civil, art. 187). Se o sinalagma indica, como é bem verdade, a existência e a configuração dos deveres contrapostos, que devem manter posição de relativo equilíbrio entre si, a violação a uma das prestações nele implicadas caracteriza justamente uma violação ao sinalagma que está na estrutura essencial dos contratos bilaterais. [...] Em consequência, se o Ordenamento não tutelasse a inserção

cumprido, que já seria concretização histórica da boa-fé, seria suficiente para contemplar a função observada nesse *tu quoque contratual*. Contudo, o *tu quoque*, como expressão da boa-fé, transcenderia os contratos sinalagmáticos, e poderia ser invocado sempre que a situação jusmaterial subjacente assim demandasse, [548] para além da esfera contratual.[549]

Como se vê, não há dúvidas de que a exceção de contrato não cumprido se conjuga à conformação do exercício das situações jurídicas subjetivas à boa-fé objetiva. Em especial, na *exceptio*, a aproximação com a boa-fé é intuitiva pelo ânimo de justiça material presente na figura, que se emparelha com a materialidade subjacente do sistema que a boa-fé visa a promover.[550] Compreende-se, ademais, a necessidade de

---

sistemática expressa na regra do *tu quoque*, estaria a alterar 'toda a harmonia da estrutura sinalagmática, atingindo, com isso, a outra prestação', razão pela qual a 'justificação e a medida do *tu quoque* estão, pois, nas alterações que a violação primeiro perpetrada tenha provocado no sinalagma'" (MARTINS-COSTA, Judith. *A boa-fé no direito privado*: critérios para a sua aplicação. 2. ed. São Paulo: Saraiva Educação, 2018. p. 707-708). V. tb.: "O campo de aplicação é precipuamente do vínculo contratual. No chamado *tu quoque* contratual, aquele que, ao descumprir os deveres do processo obrigacional, altera a harmonia da estrutura sinalagmática e atinge o conteúdo das prestações contrapostas não pode, sob pena de configuração de abuso, pretender seu cumprimento estrito" (DICKSTEIN, Marcelo. *A boa-fé objetiva na modificação tácita da relação jurídica: surrectio* e *suppressio*. Rio de Janeiro: Lumen Juris, 2010. p. 168-169).

548 "Delineado, desta forma, o *tu quoque* contratual, não há que fazer apelo à boa fé, de modo imediato, para fundar juspositivamente o seu regime. A excepção do contrato não cumprido, ela própria uma concretização histórica da boa fé, basta para tanto. Repare-se que ela visa manter um sinalagma funcional até às últimas consequências. A boa fé tem, na verdade, dois papéis importantes: o de, através da determinação precisa dos deveres das partes, firmar a estrutura real do sinalagma e o de, sob cominação de abuso, exigir que a excepção seja movida apenas por perturbações sinalagmáticas materiais e não formais [...]. O *tu quoque* tem, porém, uma função explicativa e sistematizadora. Transcende, por isso, os meros contratos sinalagmáticos [...]. Nos contratos sinalagmáticos, o Direito valora uma estrutura ôntica disfarçada pelo contracenar de duas prestações de sentido contrário. O *tu quoque* revela, então, que não interessa, dogmaticamente, a posição desenraizada de cada um. Ora, tal vector não se limita aos sinalagmas: estes não são a única situação jusmaterial subjacente às posições subjectivas formais" (MENEZES CORDEIRO, António Manuel da Rocha e. *Da boa-fé no direito civil*. Coimbra: Almedina, 2001. p. 847).

549 "Esta construção tem um espaço descritivo triplo de aplicação. Funciona perante prestações em sinalagma e, ainda, no campo contratual não sinalagmático, nos termos acima examinados; [...]. Mas funciona, também, no campo não contratual. Impõe, aí, que quem tenha firmado um direito, formalmente correcto, numa situação jusmaterial que não corresponda à querida pela ordem jurídica não possa, em consequência disso, exercer a sua posição de modo incólume. As possibilidades de exercício são restringidas ou, até, suprimidas – com a extinção do direito implicado – por forma de recuperar o desequilíbrio causado" (MENEZES CORDEIRO, António Manuel da Rocha e. *Da boa-fé no direito civil*. Coimbra: Almedina, 2001. p. 851).

550 "Na base do recurso à materialidade dos problemas está um papel primordial da boa-fé, historicamente assumido, desde os seus inícios, no Direito romano: o combate ao formalismo, então entendido como submissão rígida dos casos a decidir às proposições leais tidas por aplicáveis [...] partindo de uma laboração sobre palavras e não sobre as realidades que elas

sua enunciação como requisito em contexto no qual sua importância para a análise funcional das figuras jurídicas ainda não se encontrava bem sedimentada.[551]

Atualmente, contudo, como tivemos oportunidade de analisar, a boa-fé remodelou a apreensão do adimplemento – com reflexos no inadimplemento –, bem como é determinante na concepção da obrigação em sua complexidade, o que é definidor no estabelecimento de quais obrigações compõem o vínculo de correspectividade do sinalagma, como se viu no capítulo 2.[552] Nessa esteira, no enquadramento atual do ordenamento, não é necessário enunciar a boa-fé como requisito autônomo para o exercício da *exceptio*.[553] Sua função de limitar exercícios abusivos, por outro turno, independe de sua caracterização como requisito e certamente tem amplo espaço de incidência na *exceptio*.

Assim, constata-se que as atribuições conferidas à boa-fé para aqueles que indicam sua existência como requisito autônomo, a rigor, já se encontram abarcadas pelos requisitos do inadimplemento e da

visem comunicar, pode atingir-se uma decisão que traduza não a realização do modelo pretendido pelo direito [...] a boa-fé, enquanto veículo do princípio da materialidade, intenta pôr cobro a tudo isso" (MENEZES CORDEIRO, António Manuel da Rocha e. *Da boa-fé no direito civil*. Coimbra: Almedina, 2001. p. 1.252).

551 "Além disso, a leitura proposta dos demais requisitos à luz da contemporânea dogmática obrigacional impõe, necessariamente, a permanente consideração da boa-fé objetiva. Se no passado se fazia necessário elevar a boa-fé objetiva a requisito autônomo porque os demais requisitos, sendo a ela impermeáveis, eram analisados apenas sob a óptica estrutural, nos dias de hoje, a análise funcional, para a qual a boa-fé objetiva se afigura essencial, é mandatória. Dito de outro modo, no cenário atual, em que a conformação de todos os demais requisitos requer a observância da boa-fé objetiva, mostra-se mesmo redundante elencá-la como requisito autônomo" (TERRA, Aline de Miranda Valverde; NANNI, Giovanni Ettore. Exceção de contrato não cumprido na coligação contratual. *Civilistica.com*, v. 10, n. 2, p. 1-26, 19 set. 2021. p. 16).

552 FREITAS, Rodrigo Lima e Silva de. *O locus de atuação da exceção de contrato não cumprido no ordenamento jurídico brasileiro*. 2019. Dissertação (Mestrado em Direito) – Universidade do Estado do Rio de Janeiro, Rio de Janeiro, 2019. p. 72.

553 Nesse sentido: "Posto a identificação da boa-fé objetiva como requisito autônomo assuma relevância didática inegável, a rigor, algumas situações apontadas pela doutrina se reconduzem facilmente a outros requisitos, tornando-se, senão dispensável, de reduzida importância. Assim, em vez de recorrer ao requisito da boa-fé objetiva para impedir a parte a opor a exceção se ela própria já inadimpliu a sua prestação, pode-se recorrer ao requisito da coetaneidade do adimplemento: ora, se o contratante se tornou inadimplente antes de opor a exceção, é porque ele deveria ter adimplido antes da contraparte, não podendo se valer da *exceptio*. Da mesma forma, não é preciso dizer que a parte que impede a contraparte de adimplir e lhe opõe, na sequência, a exceção de contrato não cumprido, viola a boa fé objetiva. Isso porque, nesse caso, o que falta mesmo é o requisito da inadimplência da contraparte, e pode até haver mora do credor" (TERRA, Aline de Miranda Valverde; NANNI, Giovanni Ettore. Exceção de contrato não cumprido na coligação contratual. *Civilistica.com*, v. 10, n. 2, p. 1-26, 19 set. 2021. p. 16).

bilateralidade informados pela boa-fé objetiva, bem como do exercício disfuncional da *exceptio* obstado pela vedação ao abuso de direito, confirmando, portanto, serem apenas três os pressupostos da exceção de contrato não cumprido: (i) o vínculo sinalagmático; (ii) a exigibilidade das prestações correspectivas e (iii) o inadimplemento do excepto.

3.5 Efeitos do exercício da exceção de contrato não cumprido

Em regra, atribuem-se três principais efeitos à exceção de contrato não cumprido: (i) a paralisação da ação proposta pelo demandante inadimplente; (ii) a neutralização da exigibilidade do débito do excipiente; e (iii) a não imputação dos efeitos do inadimplemento ao excipiente.

Em relação ao primeiro efeito, defende-se que se o demandado alega a exceção de contrato não cumprido em razão da ausência de recebimento de prestação que lhe era devida, paralisa-se a ação do autor.[554] Como já se viu, tal paralisação não decorre da recusa da obrigação do excipiente, mas sim da possibilidade de obstar sua exigibilidade em razão do inadimplemento do excepto.[555] No entanto, não se entende tal paralisação da *ação* do autor como efeito necessariamente presente,

---

[554] "A exceção de contrato não cumprido paralisa a ação do excepto, tornando seu crédito inexigível" (GOMES, Orlando. *Contratos*, 27. ed. Rio de Janeiro: Forense, 2019. p. 90); SERPA LOPES, Miguel Maria de. *Exceções substanciais*: exceção de contrato não cumprido (*exceptio non adimpleti contractus*). Rio de Janeiro: Freitas Bastos, 1959. p. 313; PEREIRA, Paulo Sérgio Velten. *A exceção de contrato não cumprido fundada na violação de dever lateral*. 2008. Dissertação (Mestrado em Direito) – Pontifícia Universidade Católica de São Paulo, São Paulo, 2008. p. 165.

[555] "Com efeito, a *exceptio non adimpleticontractus* paralisa a ação do autor, ante a alegação do réu de não haver recebido a contraprestação devida; não se debate o mérito do direito arguido, nem o excipiente nega a obrigação; apenas contesta sua exigibilidade, em face de não haver o excepto adimplido o contrato" (RODRIGUES, Silvio. *Direito civil*: dos contratos e das declarações unilaterais da vontade. 28. ed. São Paulo: Saraiva, 2002. v. 3, p. 83-84); "Em conclusão, podemos dizer que a primeira e principal função da exceção é a de suspender a pretensão executória do autor (excepto); secundariamente, é a de induzir à execução do contrato pelo autor; ainda, de impedir a este de promover a ação de resolução" (AGUIAR JR., Ruy Rosado de. Comentários aos arts. 472 a 480. *In*: TEIXEIRA, Sálvio de Figueiredo (coord.). *Comentários ao novo Código Civil*: da extinção do contrato. Rio de Janeiro: Forense, 2011. v. 6. t. 2. p. 751). V. tb.: "Nota-se, portanto, que a exceção de inadimplemento não representa mecanismo que resolve a relação obrigacional, pelo contrário; a figura dá ensejo à suspensão da exigibilidade da prestação, tendo, pois, o efeito de congelar temporariamente a obrigação de solver por parte de quem a invoca, sem que incorra em mora. Dito de outro modo, diante do inadimplemento, em vez de acionar o expediente resolutório – o que colocaria fim à relação entabulada –, o interessado utiliza o instituto em exame com o propósito de suspender o adimplemento de sua obrigação e, ao mesmo tempo, instar a contraparte a cumprir" (TERRA, Aline de Miranda Valverde; NANNI, Giovanni Ettore.

dado que a invocação da exceção consiste em exercício legítimo de autotutela, [556] que pode ser oposta sem prévia autorização judicial,

---

Exceção de contrato não cumprido na coligação contratual. *Civilistica.com*, v. 10, n. 2, p. 1-26, 19 set. 2021. p. 4).

[556] "Parece-nos, deste modo, oportuna a distinção enunciada por VALLIMARESCO segundo a qual as formas de justiça privada que encontram o seu fundamento na necessidade, mais concretamente na impossibilidade de recurso em tempo útil aos meios coercivos normais, não se confundem com aquelas outras que se justificam por uma razão de celeridade, simplicidade e economia de meios. No primeiro grupo, devem ser integrados a acção directa, a legítima defesa e o estado de necessidade. [...] No segundo grupo, devem ser integrados o direito de retenção, a excepção de não cumprimento ou a compensação. Como, nestes casos, o agente não recorre à força própria para assegurar ou realizar o direito de que é titular, a admissibilidade destes institutos depende de um juízo de oportunidade que visa apurar se as vantagens do recurso à autotutela são superiores às desvantagens. Na verdade, ao compelir-se, extrajudicialmente, um devedor a realizar a prestação a que se encontra adstrito, está-se a evitar um recurso injustificado à acção creditória, sem, contudo, se admitir que o credor recorra a um poder de facto para receber a prestação a que tem direito. O direito de retenção, assim como a excepção de não cumprimento, são, por isso, formas de autotutela passiva de direito de crédito. Na verdade, quando o retentor ou o *excipiens* recusa extrajudicialmente a prestação visa garantir o seu direito de crédito e compelir a contraparte a realizar a prestação a que este tem direito. O retentor e o *excipiens* não executam o direito de crédito de que são titulares" (FONSECA, Ana Maria Taveira da. *Da recusa de cumprimento da obrigação para tutela do direito de crédito*: em especial na excepção de não cumprimento, no direito de retenção e na compensação. 2013. Tese (Doutorado em Direito) – Universidade Católica Portuguesa, Lisboa, 2013. p. 273-274). Outros autores também reconhecem o caráter de autotutela decorrente da exceção de contrato não cumprido: v. CASSIN, René. *De l'exception tirée de l'Inexécution dans les rapports synallagmatiques (exceptio non adimpleti contractus) et des ses relations avec le droit de rétention, la compensation et la résolution*. Paris: Sirey, 1914. p. 422; SALLES, Raquel Bellini de Oliveira. *A autotutela pelo inadimplemento nas relações contratuais*. 2011. Tese (Doutorado em Direito) – Universidade do Estado do Rio de Janeiro, Rio de Janeiro, 2011. p. 106; PERLINGIERI, Pietro. *O direito civil na legalidade constitucional*. Rio de Janeiro: Renovar, 2008. p. 676; TAVARES, Willie Cunha Mendes. *A aplicação da exceção do contrato não cumprido aos contratos conexos*. 2007. Dissertação (Mestrado em Direito) – Universidade do Estado do Rio de Janeiro, Rio de Janeiro, 2007. p. 10; DE GODOY, Claudio Luiz Bueno *et al*. *Código Civil comentado*. *In*: PELUSO, Cezar (coord.). 15. ed. Barueri: Manole, 2021. p. 510; TERRA, Aline de Miranda Valverde; NANNI, Giovanni Ettore. Exceção de contrato não cumprido na coligação contratual. *Civilistica.com*, v. 10, n. 2, p. 1-26, 19 set. 2021. p. 4; BIANCA, C. Massimo. *Diritto civile*: la responsabilità. Milano: Giuffrè, 1994. v. 5. p. 339; MESSINEO, Francesco. *Doctrina general del contrato*. Buenos Aires: Ediciones Jurídicas Europa-América, 1986. t. 2. p. 431. Em sentido contrário, Persico entende a *exceptio* como direito autônomo que não se confunde com defesa privada. Sendo um inadimplemento justificado, não representaria invasão da esfera alheia: "Questo potrebbe indurre ad annoverare l'*exceptio* tra le forme di autotutela, come ritiene il Cassin per il quale la exceptio non adimpleti contractus è uno dei casi in cui è ammesso farsi grustizia da sè: ossia vim vi repellere, essendo violenza anche il richiedere ciò di cui non si ha diritto. Si tratterebbe, insomma, di un caso di difesa legittima. Io penso invece che l'*exceptio* non sia soltanto un mezzo di garanzia, ma rappresenti piuttosto l'esercizio di um diritto autonomo che non è difesa privata; chi si vale dell'exceptio non si sottrae al controllo del giudice e non viola pertanto il precetto *non est singulis concedendum quod per magistrutum publice possi feri* [...] Argomento egualmente persuasivo è quello, relativo ai caratteri dell'autodifesa. Il farsi giustizia da sè richiede un'azione che, senza l'intervento del giudice, determini un mutamento definitivo dello stato di fatto in proprio favore, mentre l'opposizione dell'exceptio concreta sempre un comportamento (come tale nè attivo, nè passivo) che, soltanto mediante un provvedimento

de modo que "eventual reconhecimento em juízo da legitimidade da recusa terá eficácia declaratória".[557-558]

Assim, entende-se ser mais adequado reputar como efeitos necessários da exceção de contrato não cumprido a suspensão da exigibilidade da obrigação do excipiente e, por consequência, a não-imputabilidade dos efeitos do inadimplemento ao excipiente.[559] A rigor, a neutralização da exigibilidade da prestação do demandado figura como efeito principal do exercício da *exceptio*, [560] sem o qual a figura não lograria alcançar sua função, sendo a não-imputabilidade dos efeitos do inadimplemento ao excipiente sua decorrência.

---

giurisdizionale, produce l'effetto di mutare (temporancamente) il diritto di un soggetto. Quando l'inadempimento dell'obbligazione à giustificato non sussiste una incidenza, una invasione nella sfera dell'altrui dominio, uma violazione del diritto" (PERSICO, Giovanni. *L'eccezione d'inadempimento*. Milano: Giufrè, 1955. p. 33-34). No entanto, o autor parece admitir a invocação extrajudicial da *exceptio*. V. PERSICO, Giovanni. *L'eccezione d'inadempimento*. Milano: Giufrè, 1955. p. 131.

557 BUTRUCE, Vitor Augusto José. *A exceção de contrato não cumprido no direito civil brasileiro contemporâneo*: funções, pressupostos e limites de um "direito a não cumprir". 2009. Dissertação (Mestrado em Direito) – Universidade Federal do Rio de Janeiro, Rio de Janeiro, 2009. p. 65.

558 "Fora do âmbito judicial, o exercício do nosso meio de defesa resolve-se, em última análise, 'no exercício de uma faculdade a que, pelo seu eventual reconhecimento em juízo, é reconhecida relevância jurídica, com efeito retroactivo ao momento da manifestação de vontade do excipiente'. Feita valer extrajudicialmente, a exceção tem assim os mesmos efeitos (substantivos) que a defesa por excepção em processo [...]. A excepção anula ou, melhor, paralisa o direito adversário, devendo tal situação ser reconhecida pelo tribunal, se o processo lá chegar" (ABRANTES, José João. *A excepção de não cumprimento do contrato*. 2. ed. Coimbra: Almedina, 1955. p. 120); "A exceção nasce ao figurante quando o outro figurante deixa de adimplir. Subjetivamente, ele diz: 'poderei deixar de adimplir porque o outro não adimpliu'. Se o outro inicia a demanda, ou se apenas exerce, extrajudicialmente, a pretensão oriunda do seu crédito, então o título da exceção, ou a exerce, ou não a exerce. Se a exerce, pode – no presente! – deixar de adimplir. A sua omissão é legítima" (PONTES DE MIRANDA, Francisco Cavalcanti. *Tratado de direito privado*. São Paulo: Bookseller, 2003. t. 26. p. 133). V. tb.: BUTRUCE, Vitor Augusto José. *A exceção de contrato não cumprido no direito civil brasileiro contemporâneo*: funções, pressupostos e limites de um "direito a não cumprir". 2009. Dissertação (Mestrado em Direito) – Universidade do Estado do Rio de Janeiro, Rio de Janeiro, 2009. p. 67; BESSONE, Darcy. *Do contrato*. 4. ed. São Paulo: Saraiva, 1997. p. 200.

559 PONTES DE MIRANDA, Francisco Cavalcanti. *Tratado de direito privado*. São Paulo: Bookseller, 2003. t. 26. p. 135.

560 "O efeito mais característico da oposição da exceção de contrato não cumprido ocorre entre as partes [...] e se refere ao fato de encobrir a eficácia da pretensão ao cumprimento que é titular o contratante inadimplente. Daí, inclusive, a natureza dilatória tão comentada anteriormente" (GAGLIARDI, Rafael Villar. *Exceção de contrato não cumprido*. São Paulo: Saraiva, 2010. p. 165). V. tb.: JUNQUEIRA, Thiago Villela. Contributo para a delimitação dos novos contornos da exceção de contrato não cumprido. *In*: TEPEDINO, Gustavo; DE MENEZES, Joyceane Bezerra (coord.). *Autonomia privada, liberdade existencial e direitos fundamentais*. Belo Horizonte: Fórum, 2019. p. 731; ABRANTES, José João. *A excepção de não cumprimento do contrato*. 2. ed. Coimbra: Almedina, 1955. p. 109.

Nessa esteira, vencida a obrigação do excipiente, [561] o exercício da exceção suspende-lhe a exigibilidade.[562] Tanto o excipiente é poupado de ter de prestar quanto o excepto é impedido de adotar quaisquer providências que busquem obrigar o excipiente a cumprir sua obrigação.[563] Nesse contexto, tem lugar o afastamento da imputabilidade dos efeitos do inadimplemento do excipiente. Desponta dessa análise o fato de, na aplicação da *exceptio*, deixar de ser devida, por determinado período – qual seja, até o adimplemento da prestação do excepto –, a obrigação daquele que a invoca. Consectário dessa premissa é o fato de o excepto não poder acionar consequências normalmente relacionadas ao inadimplemento, como cobrança de cláusula penal, juros e direito à resolução.

Controverte-se, nesse cenário, sobre a própria configuração de inadimplemento por parte do excipiente, dado que sua recusa decorre do exercício legítimo de direito. Por um lado, defende-se a exceção de contrato não cumprido como causa justificativa de incumprimento das obrigações[564] ou como legitimação do estado de inadimplência do demandado, não incidindo, portanto, os efeitos jurídicos que decorreriam do inadimplemento, tais como os consectários da mora.[565] Para esse segmento da doutrina, não há formulação da inocorrência do inadimplemento do excipiente, mas entende-se que seus efeitos não poderiam se materializar por ser posição acolhida pelo ordenamento.

---

561 SERPA LOPES, Miguel Maria de. *Exceções substanciais*: exceção de contrato não cumprido (*exceptio non adimpleti contractus*). Rio de Janeiro: Freitas Bastos, 1959. p. 135.

562 "[...] causa impeditiva da exigibilidade da prestação por parte daquele que não efetuou a sua, franqueando ao outro uma atitude de expectativa, enquanto aguarda a execução normal do contrato" (PEREIRA, Caio Mário da Silva. *Instituições de direito civil*: contratos. 24. ed. Rio de Janeiro: Forense, 2020. v. 3. p. 134).

563 BUTRUCE, Vitor Augusto José. *A exceção de contrato não cumprido no direito civil brasileiro contemporâneo*: funções, pressupostos e limites de um "direito a não cumprir". 2009. Dissertação (Mestrado em Direito) – Universidade Federal do Estado do Rio de Janeiro, Rio de Janeiro, 2009. p. 151.

564 ABRANTES, José João. *A excepção de não cumprimento do contrato.* 2. ed. Coimbra: Almedina, 1955. p. 109.

565 "Se já há exigibilidade, então o executado se encontra, sim, em estado de inadimplência. A peculiaridade é que, uma vez cobrado, o executado pode, legitimamente, recusar-se a cumprir a sua própria prestação, até que o exequente cumpra a dele. A *exceptio non adimpleti contractus*, desde que acolhida, legitima, pois, esse estado de inadimplência, impedindo que ele gere efeitos jurídicos em relação ao executado (por exemplo, a mora e seus consectários, a responsabilidade pela perda ou deterioração da coisa, ainda que isso se dê em decorrência de caso fortuito ou força maior etc.)" (DIDIER JÚNIOR, Fredie; OLIVEIRA, Rafael. Execução e exceção de contrato não cumprido: notas ao art. 582 do CPC. *Revista de Processo*, v. 34, n. 172, p. 19-31, jun. 2009, p. 23-24).

Nessa esteira, fala-se em uma dupla inadimplência, do excepto e do excipiente, ressalvando-se, de todo modo, que a oposição da exceção suplanta os efeitos da mora para o excipiente.[566]

Por outro lado, entende-se que o dever jurídico de o excipiente prestar, nessa esteira, estaria condicionado à prestação que lhe antecede, de modo que, sem a prestação que justifica a contraprestação, não se poderia cogitar de efetivo inadimplemento.[567] Essa posição estaria ainda alinhada com os três prismas do inadimplemento, conforme apontado por Judith Martins-Costa: a) descritivo, que representa cumprimento desconforme com o tempo, lugar e forma que a lei ou a convenção estabelecer, associado ao art. 394 do Código Civil; b) normativo, em sentido amplo, correspondente à situação objetiva de não-realização da prestação devida e de insatisfação do interesse do credor, independentemente da causa ser ou não imputável ao devedor; c) normativo, em sentido estrito, ou seja, "a não realização da prestação devida na medida em que essa não realização corresponda à violação da norma".[568]

De fato, a conduta do excipiente parece não ser classificada como inadimplemento sob qualquer um dos três prismas: sob o prisma descritivo, pela ausência de exigibilidade da prestação, não se poderia cogitar de descumprimento da prestação no tempo avençado; sob o prisma normativo amplo, não se estaria diante de descumprimento de

---

566 GAGLIARDI, Rafael Villar. *Exceção de contrato não cumprido*. São Paulo: Saraiva, 2010. p. 95 e 165. SERPA LOPES, Miguel Maria de. *Exceções substanciais*: exceção de contrato não cumprido (*exceptio non adimpleti contractus*). Rio de Janeiro: Freitas Bastos, 1959. p. 285.

567 "O contratante fiel não é, então, simplesmente obrigado a prestar; o conteúdo de seu dever jurídico é prestar se e enquanto a contraparte também o fizer. Daí se conclui que não podem ser imputados ao excipiente os efeitos jurídicos de um inadimplemento *stricto sensu*, pois sua recusa em cumprir tem fundamento de legitimidade na inadimplência do excepto. Não há, pois, violação de um dever jurídico de sua parte [...]. Preferimos, todavia, considerar simplesmente inexistente qualquer inadimplemento *stricto sensu*, dada a inimputabilidade da inadimplência ao contratante fiel – dito de outra maneira, não é que ele cometa um ilícito justificado; ele simplesmente age 'no exercício normal de um direito reconhecido'." (BUTRUCE, Vitor Augusto José. *A exceção de contrato não cumprido no direito civil brasileiro contemporâneo*: funções, pressupostos e limites de um "direito a não cumprir". 2009. Dissertação (Mestrado em Direito) – Universidade do Estado do Rio de Janeiro, Rio de Janeiro, 2009. p. 153-155); "Por conseguinte, se oposta no momento adequado, o excipiente não incide em mora, a despeito de não cumprir no tempo, modo e lugar ajustados" (TERRA, Aline de Miranda Valverde; NANNI, Giovanni Ettore. Exceção de contrato não cumprido na coligação contratual. *Civilistica.com*, v. 10, n. 2, p. 1-26, 19 set. 2021. p. 17); MESSINEO, Francesco. *Doctrina general del contrato*. Buenos Aires: Ediciones Jurídicas Europa-América, 1986. t. 2. p. 434.

568 MARTINS-COSTA, Judith. Comentários aos arts. 389 a 420. *In*: TEIXEIRA, Sálvio de Figueiredo (coord.). *Comentários ao novo Código Civil:* do inadimplemento das obrigações. Rio de Janeiro: Forense, 2003. v. 5. t. 2. p. 81-84.

prestação *devida* (diante da suspensão de sua exigibilidade); e, sob o prisma normativo restrito, não se estaria diante de violação de norma jurídica. Sobre essa última classificação, anota-se que o sentido normativo estrito estaria relacionado ao descumprimento de norma jurídica pelo qual se imputam consequências jurídicas, o que inexistiria na recusa legítima ao adimplemento do excipiente.[569]

Não se cogita, ademais, coexistirem a mora do credor e a mora do devedor. Sendo contrato sinalagmático, em que as partes são, ao mesmo tempo, credores e devedores, haveria a inadimplência do excepto – mora do devedor – e autorização para descumprimento do excipiente, também em relação à parcela que deve, ou seja, a princípio, também haveria, de sua parte, mora do devedor. No entanto, defende-se que o devedor protegido pela *exceptio* não incorreria no estado de *mora debendi*, inclusive por ser pressuposto da sua caracterização a presença de retardamento culposo, o que não ocorre quando do exercício da exceção de contrato não cumprido.[570]

O exercício da exceção dá ensejo, ainda, à situação na qual o excipiente tem de manter consigo a prestação que, no curso normal do contrato, já teria prestado. Nesse contexto, a doutrina analisa a responsabilidade do excipiente por vicissitudes que possam atingir esse bem. Serpa Lopes defende que o fato de o excipiente preservar sua prestação por incumprimento imputável ao excepto se aproximaria da situação da

[569] BUTRUCE, Vitor Augusto José. *A exceção de contrato não cumprido no direito civil brasileiro contemporâneo*: funções, pressupostos e limites de um "direito a não cumprir". 2009. Dissertação (Mestrado em Direito) – Universidade do Estado do Rio de Janeiro, Rio de Janeiro, 2009. p. 154.

[570] "Como vimos, a exceptio funda-se numa dupla inadimplência: uma, do autor excepto; outra, do réu excipiente. Regra inconteste de Direito é a de que não são incompossíveis a mora do devedor e a do credor, como manietações coevas. Se há mora *creditoris* esta exclui a mora *debitoris*. Mas, no caso da *exc. n. ad. cont.* não se trata de mora *debitoris* em oposição a um caso de mora *creditoris*. Estamos no plano das relações sinalagmáticas. Ambas as partes contratantes unem as duas qualidades simultâneas: são ao mesmo tempo credoras e devedoras. O autor excepto e arguido de inadimplência – mora *debitoris* – do mesmo modo que o excipiente também incidiria numa situação de mora *debitoris*, em face de sua recusa em adimplir a prestação que lhe é exigida pelo autor excepto [...] o dever protegido pela *exc. n. ad. cont.* não pode incorrer num estado de *mora debendi*, com as consequências desfavoráveis que tal estado acarreta, como a indenização por perda e danos, pagamento de juros, responsabilidade pela coisa, interrupção da prescrição do direito do credor [...]. Fortalece esse ponto de vista a circunstância, já posta em destaque, de ser elementar, na mora *debitoris*, a presença de um retardamento culposo, ao passo que o princípio *inadimplenti non est adimplendum* é um motivo justificado legalmente" (SERPA LOPES, Miguel Maria de. *Exceções substanciais*: exceção de contrato não cumprido (*exceptio non adimpleti contractus*). Rio de Janeiro: Freitas Bastos, 1959. p. 285-290).

mora do credor, atualmente regulada pelo art. 400 do Código Civil.[571-572] Aponta, ainda, que, na doutrina francesa, Cassin teria equiparado o excipiente ao credor pignoratício, respondendo pela deterioração dos bens se houver culpa.[573-574] Na doutrina portuguesa, Adriano Vaz Serra defende que o excipiente tem de conservar e administrar a coisa durante o período de exercício da *exceptio*, respondendo por culpa em caso de perda ou deterioração da coisa a prestar.[575] Em relação a eventuais frutos da coisa durante o exercício da *exceptio*, aduz-se que o excipiente poderá percebê-los e retê-los enquanto perdurar a situação de inadimplência da contraparte, conforme as regras do possuidor de boa-fé. Não seria

---

571 "Art. 400. A mora do credor subtrai o devedor isento de dolo à responsabilidade pela conservação da coisa, obriga o credor a ressarcir as despesas empregadas em conservá-la, e sujeita-o a recebê-la pela estimação mais favorável ao devedor, se o seu valor oscilar entre o dia estabelecido para o pagamento e o da sua efetivação".

572 Embora o artigo fale da isenção de responsabilidade em caso de dolo, a doutrina indica que a interpretação correta do dispositivo impõe a adoção dos cuidados indispensáveis para a conservação da coisa: "A interpretação literal do dispositivo levaria à conclusão de que o devedor poderia, após a mora do credor, abandonar a coisa, relegando-a à própria sorte. Não é este, conduto, o intuito do legislador, mormente em função do princípio da solidariedade social previsto na CF [...]. O devedor estará, portanto, obrigado aos cuidados indispensáveis à conservação que a coisa exigir, não obstante a mora do credor [...]. Se a coisa vier a se deteriorar durante a mora deste e tendo o devedor adotado os cuidados indispensáveis à sua conservação, aquele sofrerá a perda ou poderá aceitar a coisa no estado em que se encontra sem, contudo, eximir-se de sua prestação" (TEPEDINO, Gustavo; BARBOZA, Heloisa Helena; MORAES, Maria Celina Bodin de. *Código Civil interpretado conforme a Constituição da República*. 3. ed. Rio de Janeiro: Renovar, 2014. v.1 p. 727-728).

573 Em nosso ordenamento, a situação é regulada no art. 1.435 do Código Civil: "Art. 1.435. O credor pignoratício é obrigado: I - à custódia da coisa, como depositário, e a ressarcir ao dono a perda ou deterioração de que for culpado, podendo ser compensada na dívida, até a concorrente quantia, a importância da responsabilidade; II - à defesa da posse da coisa empenhada e a dar ciência, ao dono dela, das circunstâncias que tornarem necessário o exercício de ação possessória; III - a imputar o valor dos frutos, de que se apropriar (art. 1.433, inciso V) nas despesas de guarda e conservação, nos juros e no capital da obrigação garantida, sucessivamente; IV - a restituí-la, com os respectivos frutos e acessões, uma vez paga a dívida; V - a entregar o que sobeje do preço, quando a dívida for paga, no caso do inciso IV do art. 1.433".

574 SERPA LOPES, Miguel Maria de. *Exceções substanciais*: exceção de contrato não cumprido (*exceptio non adimpleti contractus*). Rio de Janeiro: Freitas Bastos, 1959. p. 314; CASSIN, René. *De l'exception tirée de l'Inexécution dans les rapports synallagmatiques (exceptio non adimpleti contractus) et des ses relations avec le droit de rétention, la compensation et la résolution*. Paris: Sirey, 1914. p. 658.

575 SERRA, Adriano Paes da Silva Vaz. Excepção de contrato não cumprido. *Boletim do Ministérioda Justiça*, n. 67, p. 5-169, 1957. p. 97-98.

facultado ao excipiente, contudo, compensar sua dívida com possíveis rendimentos decorrentes da percepção dos frutos.[576]

[576] BUTRUCE, Vitor Augusto José. *A exceção de contrato não cumprido no direito civil brasileiro contemporâneo*: funções, pressupostos e limites de um "direito a não cumprir". Dissertação (Mestrado em Direito) – Universidade Federal do Estado do Rio de Janeiro, Rio de Janeiro, 2009. p. 156; PEREIRA, Paulo Sérgio Velten. *A exceção de contrato não cumprido fundada na violação de dever lateral*. 2008. Dissertação (Mestrado em Direito) – Pontifícia Universidade Católica de São Paulo, São Paulo, 2008. p. 166.

CONCLUSÃO

O presente trabalho se propôs à análise do sinalagma. Inicialmente, foram verificados os pressupostos dogmáticos do sinalagma. Compreendendo-se a bilateralidade dos contratos como modo pelo qual se interligam as prestações, constatou-se haver conciliação com o conceito de sinalagma. Sobressai, nesses instrumentos, a função de troca, em que coexistem não somente os aspectos da reciprocidade, isto é, vinculação de duas partes a um instrumento jurídico, mas também da correspectividade, nexo decorrente da interdependência e equivalência das prestações. A seu turno, atos necessários para a formação de contrato válido não contribuem para aferição de vínculo sinalagmático.

Os contratos bilaterais são aqueles nos quais há obrigações correspectivas a cargo das partes, e, ao contrário, os contratos unilaterais são os instrumentos em que tal situação não se configura, sendo, portanto, classificação centrada na qualidade do nexo jurídico estabelecido entre as prestações dos contratos. Os contratos onerosos são aqueles em que há assunção de sacrifícios patrimoniais por ambas as partes, ao passo que nos contratos gratuitos apenas uma das partes assume tal sacrifício, ordem de classificação de natureza econômica, que não pressupõe a qualificação jurídica do tipo. Apesar das distinções classificatórias, nos contratos bilaterais, a onerosidade necessariamente se configura, tendo em vista que a existência de obrigações correspectivas a cargo das partes enseja dúplice assunção de sacrifício patrimonial. Nos contratos unilaterais, de modo diverso, pode-se configurar a gratuitidade ou a onerosidade. Nesse último caso, apesar de ambas as partes assumirem sacrifícios patrimoniais, estes não se encontram coligados por nexo de correspectividade.

Como o sinalagma constitui substrato sobre o qual a *exceptio* age, a pesquisa sobre os fundamentos da exceção de contrato não cumprido auxilia na definição do sinalagma. Dentre as teorias já suscitadas, a vedação ao enriquecimento sem causa consiste no fundamento da *exceptio* no ordenamento jurídico brasileiro. A reciprocidade dos deslocamentos patrimoniais fundados no contrato bilateral, aspecto estático da causa do enriquecimento que estabelece o intercâmbio patrimonial, justifica, diante do inadimplemento de uma das partes, a suspensão da prestação da obrigação correlata.

Avançando no estabelecimento das balizas para delimitação do sinalagma, apurou-se que as obrigações que o compõem são aquelas entabuladas correspectivamente que, a partir da análise concreta e funcional do ajuste, despontam como principais para a promoção do seu resultado útil. O nexo estabelecido entre tais prestações principais pode ainda ser entendido sob dois vieses, aspectos de um mesmo vínculo: o genético e o funcional. O primeiro responde à correspectividade engendrada entre as prestações correlatas no momento da celebração do contrato e o segundo representa a manutenção desse nexo ao longo da execução do contrato.

Cotejando-se o sinalagma e o equilíbrio contratual, verifica-se que há correspondência entre o aspecto subjetivo do equilíbrio contratual, que diz respeito à contratação pelas partes de obrigações contrapostas por elas entendidas como equivalentes, e a característica da correspectividade do vínculo sinalagmático. O aspecto objetivo do equilíbrio contratual, a seu turno, relativo à quantificação análoga das prestações, não possui relação com o sinalagma. O sinalagma tampouco pressupõe juízo de valoração sobre o conteúdo das prestações do contrato bilateral e, nesse sentido, não consiste em veículo para promoção de sua proporcionalidade, conforme princípio do equilíbrio contratual.

Investigando-se a relação entre a causa do contrato e o sinalagma, nota-se que a causa conduz à identificação das obrigações principais do contrato, aquelas que possuem o condão de materializar a função do negócio – e que formam os polos do nexo sinalagmático. Complementarmente, a correspectividade das prestações principais contribui para a individualização da mínima unidade de efeitos do contrato. Uma vez estabelecido o vínculo sinalagmático, este é sintetizado na direta conexão de tais prestações, sendo-lhe intrínsecas tão somente as características próprias desse nexo. Assim, a partir da causa do contrato se apuram as balizas que delimitam o sinalagma (as obrigações correspectivas, em extremidades opostas) que, a seu turno, se resume a essa interligação.

Assim, são propostos como elementos do sinalagma (i) reciprocidade; (ii) interdependência e (iii) correspectividade. A reciprocidade relaciona-se ao aspecto de estarem as duas partes vinculadas perante o contrato de modo equiparado. Captura, assim, objetivamente, o aspecto macroscópico dos contratos bilaterais. A interdependência, a seu turno, é composta por dois vieses, um relacionado à causalidade e outro à finalidade, dois lados da mesma moeda: a parte se obriga em razão da obrigação correspondente, tanto no sentido de apenas assumir tal posição *porque* a outra parte assumiu dever correspondente, quanto no sentido de aceitar o dever de prestar *para* receber a contraprestação. Por fim, a correspectividade representa a qualidade de equivalência jurídica das prestações interdependentes, no sentido de as partes valorarem de modo paritário as suas obrigações. Em síntese, como três níveis de apuração, a reciprocidade representa o contexto das obrigações bilaterais; a interdependência é a essência dos contratos sinalagmáticos; a correspectividade decorre da ambivalente equivalência atribuída aos polos prestacionais.

A partir da constatação dos elementos constitutivos do sinalagma, afirma-se que os ditos contratos bilaterais imperfeitos não merecem acolhimento como categoria autônoma. Isso porque importa para a caracterização da bilateralidade a efetiva existência de vínculo sinalagmático, independentemente do momento de sua formação. Ademais, nos exemplos normalmente fornecidos para ilustrar a dita bilateralidade imperfeita, como no reembolso de despesa decorrente de depósito, constata-se inexistir efetivo sinalagma. Tais hipóteses não ensejam, portanto, a aplicação da exceção de contrato não cumprido, situação que é remediada em certos casos pelo legislador com a previsão do direito de retenção.

Já nos contratos plurilaterais, não há configuração de sinalagma, pois há aspectos fundamentalmente diversos em relação aos contratos bilaterais. Em especial, não há equivalência entre as obrigações decorrentes do contrato que institui a sociedade, pois os contratantes não objetivam a troca de suas prestações. As obrigações assumidas pelos sócios não são a causa jurídica uma da outra: o que unifica as partes perante o mesmo contrato, justificando a assunção das respectivas obrigações, é a perspectiva do fim comum a ser alcançado. Disso decorre que a vinculação das partes se dá perante a sociedade e não perante os demais sócios. Assim, sua função instrumental, veículo para congregação de esforços, destoa, estrutural e funcionalmente, dos contratos sinalagmáticos, uma vez que a contribuição com a qual se comprometeu cada sócio é apenas o pressuposto para perseguir o fim comum, sem encerrar o objeto do contrato. Ademais, não se exigem prazos coetâneos para o cumprimento das prestações, aspecto com implicações práticas para a aplicação da exceção de contrato não cumprido, que, ademais, é indicativo da ausência de sinalagma funcional. Recusa-se, portanto, a existência do dito sinalagma indireto, atribuído aos contratos plurilaterais.

No âmbito dos contratos conexos, de modo diverso, cogita-se de situações nas quais são assumidas obrigações correspectivas em dois contratos conexos, uma em razão da outra, contexto no qual desponta sinalagma qualificado, dito internegocial, que informa, por sua vez, os sinalagmas próprios dos contratos bilaterais coligados, ditos intranegociais. Em outras hipóteses, contudo, mesmo havendo coligação bilateral, se não for verificada obrigação em cada um dos contratos que seja correspectiva a outra de instrumento coligado, não haveria, a princípio, a configuração de sinalagma internegocial. Ou seja, diferentemente dos contratos bilaterais, em que há necessariamente formação do vínculo sinalagmático – pois, do contrário, estar-se-á diante de contrato unilateral – nos contratos coligados com dependência recíproca não necessariamente haverá a configuração de sinalagma internegocial, o que dependerá da constatação de obrigações correlatas que sejam correspectivas, recíprocas e dependentes entre os instrumentos. A circunstância de não haver formação de sinalagma internegocial, por sua vez, não concorre com a formação de sinalagma nos âmbitos internos de contratos bilaterais que se encontrem em coligação.

Delineado o sinalagma e analisadas hipóteses diversas de sua formação, é possível avançar para o estudo da exceção de contrato não cumprido – o remédio sinalagmático por excelência – defesa que pode ser oposta pela parte do contrato bilateral prejudicada pelo inadimplemento da contraparte em relação à obrigação correspectiva. No ordenamento jurídico brasileiro, a regra foi prevista a partir do Código Civil de 1916, e, atualmente, encontra previsão expressa no art. 476 do Código Civil de 2002, o qual, no entanto, equivocadamente a incluiu no capítulo de extinção dos contratos, embora o suporte fático que lhe atrai pressuponha o interesse na manutenção do vínculo negocial.

A estrutura da exceção de contrato não cumprido se caracteriza como substancial, dilatória, dependente, comum e pessoal. No entanto, no estudo das figuras jurídicas, interessa principalmente a sua função no ordenamento jurídico. A *exceptio* tem por função a proteção do sinalagma, da qual decorrem os outros papéis já visualizados para a figura, como meio de pressão para o excepto sanar seu inadimplemento e garantia indireta do excipiente. Rechaça-se, por outro lado, sua função de sanção ao contratante inadimplente, tendo em vista que a figura não visa a censurar o inadimplemento. Além disso, entende-se ser possível que as partes, no âmbito de sua autonomia privada, contratem o afastamento do exercício da *exceptio*, o que é comumente previsto por meio da cláusula *solve et repete*.

Exige-se para o exercício da exceção de contrato não cumprido a configuração dos seguintes requisitos: (i) bilateralidade do contrato: (ii) a exigibilidade das prestações correspectivas e (iii) o inadimplemento do excepto. O primeiro requisito, como visto, consiste na configuração do sinalagma. O segundo requisito relaciona-se com a exigência de coetaneidade das obrigações correspectivas, corolário do sinalagma funcional. Admite-se o exercício da *exceptio* no caso de obrigações com cumprimento simultâneo ou sucessivo, aproveitando a defesa, nesse caso, a quem teria de prestar por último. Mais do que o apego formalista ao termo da obrigação, prestigia-se, em leitura funcional, a sua exigibilidade. Nesse sentido, admite-se o exercício da exceção de contrato não cumprido em casos de inadimplemento anterior ao termo. Ademais, também se admite a invocação do remédio em contratos de execução continuada, respeitada a irretroatividade das obrigações já prestadas, tomando-se o sinalagma como vínculo único, ainda que formado por uma pluralidade de prestações. Em relação ao requisito do inadimplemento, sua apreensão se dá de acordo com a noção de obrigação complexa, o que atrai para seu bojo o descumprimento de deveres necessários para o alcance do interesse útil do credor e, principalmente, da causa do contrato, que afete as obrigações correspectivas do vínculo. Admite-se, para o exercício da *exceptio*, a configuração de qualquer espécie de inadimplemento, imputável ou não ao excepto. No entanto, no âmbito de obrigações restitutórias, na qual não se visualiza sinalagma subsistente a ser tutelado, entende-se não ser possível a aplicação desse remédio. A exceção de contrato não cumprido, nesse sentido, não é estabelecida para utilização diante de posições correlatas em geral, quando não há vínculo sinalagmático. Além disso, a figura da *exceptio non rite adimpleti contractus*, relacionada ao cumprimento defeituoso da prestação, não conta com relevância autônoma dado que, atualmente, seu suporte fático é abarcado pelo conceito amplo de mora, justificando a invocação da exceção de contrato não cumprido. Nos casos de cumprimento parcial ou defeituoso, o exercício da *exceptio* deve observar a extensão da parcela não cumprida, segundo a medida do interesse útil alcançado.

A boa-fé objetiva, por sua vez, não é entendida como requisito autônomo da exceção de contrato não cumprido, no ordenamento jurídico atual, pois já informa os requisitos da *exceptio*, especialmente a bilateralidade e o inadimplemento. Além disso, o exercício da *exceptio* se conjuga aos limites da boa-fé objetiva, sendo vedado o exercício abusivo, como nas demais situações jurídicas subjetivas. Ademais, há estreito laço entre a função do *tu quoque* e a *exceptio*, na medida em que ambas as figuras se relacionam com a vedação ao comportamento de sujeito que viola normas jurídicas incidentes à relação e pretende exigir o cumprimento da contraparte, embora seus campos de incidência não coincidam, dado que o *tu quoque*, como figura parcelar da boa-fé objetiva, não tem sua aplicação limitada aos contratos bilaterais e às obrigações correspectivas.

Exercida legitimamente a *exceptio*, os seus efeitos são a suspensão da exigibilidade da obrigação do excipiente e, por consequência, a não-imputabilidade dos efeitos do inadimplemento ao excipiente. A rigor, compreende-se que sequer se caracteriza efetivo inadimplemento por parte do excipiente, dado que autorizado pelo ordenamento jurídico a não cumprir sua prestação. Afasta-se, contudo, como efeito necessário, a paralisação da ação proposta pelo demandante inadimplente, por ser a *exceptio* forma de autotutela que pode ser exercida extrajudicialmente.

O presente trabalho teve por objetivo principal delinear as características que definem o sinalagma, vínculo estabelecido entre as obrigações correspectivas do contrato bilateral. Traçou-se itinerário pelo qual, analisados os pressupostos dogmáticos do sinalagma, se destacaram os seus elementos caracterizadores, delimitando a constituição do vínculo sinalagmático, de modo a contribuir com a aplicação técnica da figura que tem por função sua proteção, a exceção de contrato não cumprido.

REFERÊNCIAS

ABRANTES, José João. *A excepção de não cumprimento do contrato.* 2. ed. Coimbra: Almedina, 1955.

AGUIAR JR., Ruy Rosado de. Comentários aos arts. 472 a 480. *In*: TEIXEIRA, Sálvio de Figueiredo (coord.). *Comentários ao novo Código Civil:* da extinção do contrato. Rio de Janeiro: Forense, 2011. v. 6. t. 2.

AGUIAR JR., Ruy Rosado de. *Extinção dos contratos por incumprimento do devedor.* Rio de Janeiro: Aide, 2004.

ALMEIDA, Carlos Ferreira de. *Texto e enunciado na teoria do negócio jurídico.* Coimbra: Almedina, 1992. v. 1.

ALVIM, Agostinho. *Da inexecução das obrigações e suas consequências.* 2. ed. São Paulo: Saraiva, 1955.

AMARAL, Francisco. *Direito civil*: introdução. 9. ed. São Paulo: Saraiva, 2017.

ASCARELLI, Tullio. O contrato plurilateral. *In*: *Problemas das sociedades anônimas e direito comparado.* São Paulo: Saraiva, 1945.

ASCENSÃO, José de Oliveira. *Direito civil*: teoria geral. Relações e situações jurídicas. 2. ed. São Paulo: Saraiva, 2010. v. 3.

ASSIS, Araken de. *In*: ALVIM, Arruda; ALVIM, Thereza (coord.). *Comentários ao Código Civil brasileiro.* Rio de Janeiro: Forense: 2007. v. 5.

AZEVEDO, Álvaro Villaça. *Teoria geral dos contratos típicos e atípicos.*3. ed. São Paulo: Atlas, 2009.

AZEVEDO, Antonio Junqueira de. Interpretação do contrato pelo exame da vontade contratual. O comportamento das partes posterior à celebração. Interpretação e efeitos do contrato conforme o princípio da boa-fé objetiva. Impossibilidade de *venire contra factum proprium* e de utilização de dois pesos e duas medidas (*tu quoque*). Efeitos do contrato e sinalagma. A assunção pelos contratantes de riscos específicos e a impossibilidade de fugir do "programa contratual" estabelecido. *In*: *Estudos e pareceres de direito privado.*São Paulo: Saraiva, 2004.

AZEVEDO, Antonio Junqueira de. Natureza jurídica do contrato de consórcio (sinalagma indireto). Onerosidade excessiva em contrato de consórcio. Resolução parcial do contrato. *In*: *Novos estudos e pareceres de direito privado.* São Paulo: Saraiva, 2009.

AZEVEDO, Antônio Junqueira de. *Negócio jurídico*: existência, validade e eficácia. São Paulo: Saraiva, 2002.

AZEVEDO, Antônio Junqueira de. Os princípios do atual direito contratual e a desregulamentação do mercado. Direito de exclusividade nas relações contratuais de fornecimento. Função social do contrato e responsabilidade aquiliana do terceiro que contribui para inadimplemento contratual. *In*: *Estudos e pareceres de direito privado*. São Paulo: Saraiva, 2004.

AZEVEDO, Antônio Junqueira de. Remissão interessada de dívida. Erro sobre o motivo determinante. Análise do negócio jurídico por suas bases subjetiva e objetiva. Frustração do fim do negócio jurídico e consequente enriquecimento sem causa. *In*: *Novos ensaios e pareceres de direito privado*. São Paulo: Saraiva, 2009.

BANDEIRA, Paula Greco. *Contratos aleatórios no direito brasileiro*. Rio de Janeiro: Renovar, 2010.

BANDEIRA, Paula Greco. O contrato como instrumento de gestão de riscos e o princípio do equilíbrio contratual. *Revista de Direito Privado*, vol. 65, p. 195-208, 2016.

BANDEIRA, Paulo Greco. *Contrato incompleto*. São Paulo: Atlas, 2016.

BESSONE, Darcy. *Do contrato*: teoria geral. 4. ed. São Paulo: Saraiva, 1997.

BETTI, Emilio. *Teoria geral do negócio jurídico*. Campinas: Servanda, 2008.

BEVILAQUA, Clovis. *Código Civil dos Estados Unidos do Brasil comentado*. Rio de Janeiro: Francisco Alves, 1958. v. 4.

BEVILAQUA, Clovis. *Código Civil dos Estados Unidos do Brasil comentado*. Rio de Janeiro: Francisco Alves, 1956. v. 1.

BEVILAQUA, Clovis. *Direito das obrigações*, 5. ed. Rio de Janeiro: Freitas Bastos, 1940.

BIANCA, C. Massimo. *Diritto civile*: la responsabilità. Milano: Giuffrè, 1994. v. 5.

BIANCA, C. Massimo. *Istituzioni di diritto privato*. Milano: Giuffrè, 2014.

BIANCA, Cesare Massimo. *Diritto Civile*: il contratto. Milano: Giuffrè, 1987. v. 3.

BIAZI, João Pedro de Oliveira de. *A exceção de contrato não cumprido no direito privado brasileiro*. Rio de Janeiro: LMJ Mundo Jurídico, 2019.

BISCONTINI, Guido. *Onerosità, corrispettività e qualificazione dei contratti:* il problema della donazione mista. Napoli: Edizioni Scientifiche Italiane, 2005.

BUTRUCE, Vitor Augusto José. *A exceção de contrato não cumprido no direito civil brasileiro contemporâneo*: funções, pressupostos e limites de um "direito a não cumprir". 2009. Dissertação. (Mestrado em Direito) – Universidade do Estado do Rio de Janeiro, Rio de Janeiro, 2009.

CAMILLETTI, Francesco. *Profili del problema dell'equilibrio contrattuale*. Milano: Giuffrè, 2004.

CAPITANT, Henri. *De la cause des obligations*. 3. ed. Paris: Librairie Dalloz, 1927.

CARVALHO DE MENDONÇA, Manoel Ignacio. *Doutrina e prática das obrigações*. 2. ed., Rio de Janeiro: Francisco Alves, 1938. t. 2.

CARVALHO SANTOS, J. M. *Código Civil brasileiro Interpretado*. 3. ed. Rio de Janeiro: Freitas Bastos, 1945, v. 15.

CASSIN, René. *De l'exception tirée de l'Inexécution dans les rapports synallagmatiques (exceptio non adimpleti contractus) et des ses relations avec le droit de rétention, la compensation et la résolution*. Paris: Sirey, 1914.

CASTRO, Diana Loureiro Paiva de; FREITAS, Rodrigo. A qualificação do contrato de doação com encargo: proposta de delimitação de fronteiras entre modo e contraprestação à luz da metodologia civil-constitucional. *In:* TEPEDINO, Gustavo; TEIXEIRA, Ana Carolina Brochado; MATOS, Ana Carla Harmatiuk (coord.). *Direito civil, Constituição e Unidade do Sistema*: anais do Congresso Internacional de Direito Civil Constitucional – V Congresso IBDCIVIL. Belo Horizonte: Fórum, 2019.

CORDEIRO, António Menezes. *Tratado de direito civil português:* direito das obrigações. Coimbra: Almedina, 2010. v. 2. t. 2.

CORDEIRO, António Menezes. *Tratado de direito civil português*: direito das obrigações. Coimbra: Almedina, 2000. v. 1. t. 1.

COSTA, Mario Júlio de Almeida. *Direito das obrigações*. 9. ed. Coimbra: Almedina, 2006.

COUTO E SILVA, Clóvis V. *A obrigação como processo*. São Paulo: Bushatsky, 1976.

DA FONSECA, Arnoldo Medeiros. *Direito de retenção*. 3. ed. Rio de Janeiro: Forense, 1957.

DAL PIZZOL, Ricardo. *Exceção de contrato não cumprido*: sinalagma, causa e boa-fé objetiva. Uma releitura à luz dos novos temas contratuais. 2020. Tese (Doutorado em Direito) – Faculdade de Direito da Universidade de São Paulo, São Paulo, 2020.

DANTAS, Francisco Clementino de San Tiago. *Programa de direito civil*. Rio de Janeiro: Editora Rio, 1978. v. 2.

DE GODOY, Claudio Luiz Bueno *et al*. *Código Civil comentado*. *In*: PELUSO, Cezar (coord.). 15. ed. Barueri: Manole, 2021.

DE PAGE, Henri. *Traité élémentaire de droit civil belge:* principes, doctrine, jurisprudence. Bruxelles: Émile Bruylant, 1948.t. 2.

DE RUGGIERO, Roberto. *Instituições de direito civil*. 6. ed. São Paulo: Saraiva, 1937. v. 3.

DICKSTEIN, Marcelo. *A boa-fé objetiva na modificação tácita da relação jurídica: surrectio e suppressio*. Rio de Janeiro: Lumen Juris, 2010.

DIDIER JÚNIOR, Fredie; OLIVEIRA, Rafael. Execução e exceção de contrato não cumprido: notas ao art. 582 do CPC. *Revista de Processo*, v. 34, n. 172, p. 19-31, jun. 2009.

DIEZ-PICAZO, Luis. *Fundamentos del derecho Civil patrimonial*: introduccion y teoria del contrato. Madrid: Civitas, 1996. v. 1.

DIEZ-PICAZO, Luis. *Fundamentos del derecho civil patrimonial:* las relaciones obligatorias. 5. ed. Madrid: Civitas, 1996. v. 2.

DIEZ-PICAZO, Luis; GULLON, Antonio. *Sistema de derecho Civil*. Madrid: Tecnos, 1977. v. 2.

FARIAS, Cristiano Chaves de; ROSENVALD, Nelson. *Curso de direito civil*. 10. ed. Salvador: JusPodivm, 2020. v. 4.

FONSECA, Ana Maria Taveira da. *Da recusa de cumprimento da obrigação para tutela do direito de crédito*: em especial na excepção de não cumprimento, no direito de retenção e na compensação. 2013. Tese (Doutorado em Direito) – Universidade Católica Portuguesa, Lisboa, 2013.

FREITAS, Rodrigo Lima e Silva de. *O locus de atuação da exceção de contrato não cumprido no ordenamento jurídico brasileiro*. 2019. Dissertação (Mestrado em Direito) – Universidade do Estado do Rio de Janeiro, Rio de Janeiro, 2019.

GAGLIANO, Pablo Stolze. *O contrato de doação*: análise crítica do atual sistema jurídico e os seus efeitos no direito de família e das sucessões. 4. ed. São Paulo: Saraiva, 2014.

GAGLIARDI, Rafael Villar. *Exceção de contrato não cumprido*. São Paulo: Saraiva, 2010.

GOMES, Orlando. *Contratos*. 27 ed. Rio de Janeiro: Forense, 2019.

GOMES, Orlando. *Introdução ao direito civil*. 22. ed. Rio de Janeiro: Forense, 2019.

GOMES, Orlando. *Obrigações*. 19. ed. Rio de Janeiro: Forense, 2019.

JUNQUEIRA, Thiago Villela. Contributo para a delimitação dos novos contornos da exceção de contrato não cumprido. *In*: TEPEDINO, Gustavo; DE MENEZES, Joyceane Bezerra (coord.). *Autonomia privada, liberdade existencial e direitos fundamentais*. Belo Horizonte: Fórum, 2019.

KATAOKA, Eduardo Takemi. *A coligação contratual*. Rio de Janeiro: Lumen Juris, 2008.

KONDER, Carlos Nelson. Causa do contrato x função social do contrato: estudo comparativo sobre o controle da autonomia negocial. *Revista Trimestral de Direito Civil*, v. 43, p. 33-75, jul./set. 2010.

KONDER, Carlos Nelson. *Causa e tipo*: a qualificação dos contratos sob a perspectiva civil-constitucional. Rio de Janeiro: [s.n.], 2014.

KONDER, Carlos Nelson. *Contratos conexos*: grupos de contratos, redes contratuais e contratos coligados. Rio de Janeiro: Renovar, 2006.

KONDER, Carlos Nelson. Enriquecimento sem causa e pagamento indevido. *In*: TEPEDINO, Gustavo (coord.). *Obrigações:* estudos na perspectiva civil-constitucional. Rio de Janeiro: Renovar, 2005.

KONDER, Carlos Nelson. O alcance da cláusula compromissória em contratos coligados: leitura a partir da tutela da confiança. *Revista de Arbitragem e Mediação*, vol. 63, p. 295-331, out/dez 2019.

KONDER, Carlos Nelson. Para além da "principialização" da função social do contrato. *Revista Brasileira de Direito Civil*, v. 13, p. 39-59, 2017.

KONDER, Carlos Nelson; RENTERÍA, Pablo. A funcionalização das relações obrigacionais: interesse do credor e patrimonialidade da prestação. *Civilistica.com*. Rio de Janeiro, a. 1, n. 2, jul./dez.2012.

LARENZ, Karl. Base del negocio jurídico y cumplimiento de los contratos. Madrid: *Revista de Derecho Privado*, 1956.

LARENZ, Karl. Derecho de obligaciones. Madrid: *Revista de Derecho Privado*, 1958. t. 1.

LEITÃO, Luís Manuel Teles de Menezes. *Direito das obrigações*. Coimbra: Almedina, 2002. v. 1.

LIRA, Ricardo Pereira. A onerosidade excessiva nos contratos. *Revista de Direito Administrativo*, v. 159, p. 10-19, jan./mar. 1985.

LÔBO, Paulo. *Direito Civil*: contratos. São Paulo: Saraiva, 2011.

MARINO, Francisco Paulo de Crescenzo. *Contratos coligados no direito brasileiro*. São Paulo: Saraiva, 2009.

MARTINS-COSTA, Judith. *A boa-fé no direito privado*: critérios para a sua aplicação. 2. ed. São Paulo: Saraiva Educação, 2018.

MARTINS-COSTA, Judith. Adimplemento e inadimplemento. *In*: *Anais do Seminário EMERJ*. Debate o novo Código Civil. Rio de Janeiro: EMERJ, 2002.

MARTINS-COSTA, Judith. Comentários aos arts. 389 a 420. *In*: TEIXEIRA, Sálvio de Figueiredo (coord.). *Comentários ao novo Código Civil:* do inadimplemento das obrigações. Rio de Janeiro: Forense, 2003. v. 5. t. 2.

MENEZES CORDEIRO, António Manuel da Rocha e. *Da boa fé no direito civil*. Coimbra: Almedina, 2001.

MESSINEO, Francesco. *Doctrina general del contrato*. Buenos Aires: Ediciones Jurídicas Europa-América, 1986. t. 2.

MONTEIRO FILHO, Carlos Edison do Rêgo; AZEVEDO, Gustavo Souza de. Exceção de inseguridade e sua efetividade no direito brasileiro. *In*: TERRA, Aline de Miranda Valverde; GUEDES, Gisela Sampaio da Cruz (coord.). *Inexecução das obrigações*: pressupostos, evolução e remédios. Rio de Janeiro: Processo, 2021. v. 2.

MONTEIRO FILHO, Carlos Edison do Rêgo; RITO, Fernanda Paes Leme. Fontes e evolução do princípio do equilíbrio contratual. *Pensar*, v. 21, n. 2, p. 389-410, maio/ago. 2016.

MONTEIRO, Washington de Barros. *Curso de direito civil*: direito das obrigações. 35. ed. São Paulo: Saraiva, 2007. v. 5.

MORAES, Maria Celina Bodin de. A causa do contrato. *Civilistica.com*, v. 2, n. 1, p. 1-24, 30 jan. 2013.

MORAES, Maria Celina Bodin de. O procedimento de qualificação dos contratos e a dupla configuração do mútuo no direito civil brasileiro. *Revista Forense*, v. 309, p. 33-61, jan./mar. 1990.

NEGREIROS, Teresa. *Teoria do contrato*: novos paradigmas. 2. ed. Rio de Janeiro: Renovar, 2006.

NUNES DE SOUZA, Eduardo. De volta à causa contratual: aplicações da função negocial nas invalidades e nas vicissitudes supervenientes do contrato. *Civilistica.com*, v. 8, n. 2, p. 1-53, 17 set. 2019.

PENTEADO, Luciano de Camargo. *Doação com encargo e causa contratual*. Campinas: Millennium, 2004.

PEREIRA, Caio Mário da Silva. *Instituições de direito civil*: contratos. 24. ed. Rio de Janeiro: Forense, 2020. v. 3.

PEREIRA, Caio Mário da Silva. *Instituições de direito civil*: introdução ao direito civil. 33. ed. Rio de Janeiro: Forense, 2020. v. 1.

PEREIRA, Caio Mário da Silva. *Instituições de direito civil*: teoria geral das obrigações. 32. ed. Rio de Janeiro: Forense, 2020. v. 2

PEREIRA, Maria de Lurdes; MÚRIAS, Pedro. Os direitos de retenção e o sentido da excepção de não cumprimento. *Revista de Direito e de Estudos Sociais*, XXII da 2ª série, p. 187-239, jan./dez. 2008.

PEREIRA, Maria de Lurdes; MÚRIAS, Pedro. Sobre o conceito e a extensão do sinalagma. *In*: CORDEIRO, António Menezes; DE VASCONCELOS, Pedro Pias; COSTA E SILVA, Paula (org.). *Estudos em honra do Professor Doutor José de Oliveira Ascensão*. Coimbra: Almedina, 2008. v. 1.

PEREIRA, Paulo Sérgio Velten. *A exceção de contrato não cumprido fundada na violação de dever lateral*. 2008. Dissertação (Mestrado em Direito) – Pontifícia Universidade Católica de São Paulo, São Paulo, 2008.

PERLINGIERI, Pietro. *Il fenomeno dell'estinzione nelle obbligazioni*. Napoli: Edizioni Scientifiche Italiane, 1972.

PERLINGIERI, Pietro. *Manuale di diritto civile*. 5. ed. Napoli: ESI, 1997.

PERLINGIERI, Pietro. *O direito civil na legalidade constitucional*. Rio de Janeiro: Renovar, 2008.

PERLINGIERI, Pietro. *Perfis do direito civil*. 3. ed. Rio de Janeiro: Renovar, 2002.

PERSICO, Giovanni. *L'eccezione d'inadempimento*. Milano: Giufrè, 1955.

PONTES DE MIRANDA, Francisco Cavalcanti. *Tratado de direito privado*. São Paulo: Bookseller, 2003. t. 26.

PONTES DE MIRANDA, Francisco Cavalcanti. Tratado de direito privado. São Paulo: *Revista dos Tribunais*, 2012. t. 3.

PUGLIATTI, Salvatore. *I fatti giuridici*. Milano: Giuffrè, 1996.

RIZZARDO, Arnaldo. *Contratos*. 6. ed. Rio de Janeiro: Forense, 2006.

RODRIGUES, Silvio. *Direito civil*: dos contratos e das declarações unilaterais da vontade. 28. ed. São Paulo: Saraiva, 2002. v. 3.

ROPPO, Enzo. *O contrato*. Coimbra: Almedina, 1947.

ROPPO, Vincenzo. *Il contratto*. Milano: Giuffré, 2001.

ROSENVALD, Nelson. Dos contratos em geral. *In*: PELUSO, Cezar (coord.). *Código Civil comentado*. 4. ed. São Paulo: Manole, 2010.

SALLES, Raquel Bellini de Oliveira. *A autotutela pelo inadimplemento nas relações contratuais*. 2011. Tese (Doutorado em Direito) – Universidade do Estado do Rio de Janeiro, Rio de Janeiro, 2011.

SCHREIBER, Anderson *et al*. *Código Civil comentado:* doutrina e jurisprudência. 3. ed. Rio de Janeiro: Forense, 2021.

SCHREIBER, Anderson. A tríplice transformação do adimplemento: adimplemento substancial, inadimplemento antecipado e outras figuras. *In*: SCHREIBER, Anderson. *Direito civil e Constituição*. São Paulo: Atlas, 2013.

SCHREIBER, Anderson. *Equilíbrio contratual e dever de renegociar*. São Paulo: Saraiva Educação, 2018.

SCHREIBER, Anderson. *In*: SCHREIBER, Anderson *et al*. (coord.). *Código civil comentado:* doutrina e jurisprudência. Rio de Janeiro: Forense, 2019.

SCHREIBER, Anderson. *Manual de direito civil contemporâneo*. 2. ed. São Paulo: Saraiva, 2019.

SERPA LOPES, Miguel Maria de. *Exceções substanciais*: exceção de contrato não cumprido *(exceptio non adimpleti contractus)*. Rio de Janeiro: Freitas Bastos, 1959.

SERRA, Adriano Paes da Silva Vaz. Excepção de contrato não cumprido. *Boletim do Ministério da Justiça*, n. 67, p. 5-169, 1957.

SILVA, João Calvão da. *Cumprimento e sanção pecuniária compulsória*. Coimbra: Almedina, 2002.

SILVA, Luís Renato Ferreira da. *Reciprocidade e contrato*: a teoria da causa e a sua aplicação nos contratos a nas relações "paracontratuais". Porto Alegre: Livraria do Advogado, 2013.

SILVA, Rodrigo da Guia. A renovada bilateralidade contratual: por uma releitura do sinalagma no paradigma da heterointegração dos contratos. *Revista da Faculdade de Direito de São Bernardo do Campo*, v. 25, n. 2, p. 1-24, 2019.

SILVA, Rodrigo da Guia. Equilíbrio e vulnerabilidade nos contratos: marchas e contramarchas do dirigismo contratual. *Civilistica.com*, v. 9, n. 3, p. 1-35, 25 dez. 2020.

SILVA, Rodrigo da Guia. Novas perspectivas da exceção de contrato não cumprido: repercussões da boa-fé objetiva sobre o sinalagma contratual. *Revista de Direito Privado*, v. 78, p. 49-79, jun. 2017.

SILVA, Rodrigo da Guia. Um novo olhar sobre o princípio do equilíbrio contratual: o problema das vicissitudes supervenientes em perspectiva civil-constitucional. *Civilistica.com*, v. 10, n. 3, p. 1-40, 7 dez. 2021.

SILVA, Rodrigo da Guia; SILVA, Jennifer Gomes da. Cláusulas Solve et Repete: perspectivas de atuação da autonomia privada na (de)limitação das exceções oponíveis pelo devedor. *Revista Eletrônica da Procuradoria Geral do Estado do Rio de Janeiro – PGE-RJ*, Rio de Janeiro, v. 3, n. 1, p. 1-40, jan./abr. 2020.

SIQUEIRA, Mariana Ribeiro. *Adimplemento substancial*: parâmetros para sua configuração. Rio de Janeiro: Lumen Juris, 2019.

SOUZA, Eduardo Nunes de. Situações jurídicas subjetivas: aspectos controversos. *Civilistica.com*, v. 4, n. 1, p. 1-26, 8 ago. 2015.

TAVARES, Willie Cunha Mendes. *A aplicação da exceção do contrato não cumprido aos contratos conexos*. 2007. Dissertação (Mestrado em Direito) – Universidade do Estado do Rio de Janeiro, Rio de Janeiro, 2007.

TELLES, Inocêncio Galvão. *Direito das obrigações*. 2. ed. Lisboa: Petrony, 1979.

TELLES, Inocêncio Galvão. *Direito das obrigações*. 7. ed. Coimbra: Coimbra, 1997.

TELLES, Inocêncio Galvão. *Manual dos contratos em geral*. 4. ed. Coimbra: Wolters Kluwer, 2010.

TEPEDINO, Gustavo. Esboço de uma classificação funcional dos atos jurídicos. *Revista Brasileira de Direito Civil*, v. 1, n. 1, p. 8-37, 2014.

TEPEDINO, Gustavo. Notas sobre a função social dos contratos. *In*: TEPEDINO, Gustavo. *Temas de direito civil*. Rio de Janeiro: Renovar, 2009. t. 3.

TEPEDINO, Gustavo; BARBOZA, Heloisa Helena; MORAES, Maria Celina Bodin de. *Código Civil interpretado conforme a Constituição da República*. 3. ed. Rio de Janeiro: Renovar, 2014. v. 1.

TEPEDINO, Gustavo. CAVALCANTI, Laís. Acesso à justiça e extensão da convenção de arbitragem em contratos coligados. *In*: FUX, Luiz. ÁVILA, Henrique. CABRAL, Trícia Navarro Xavier (coord.). *Tecnologia e justiça multiportas*. Indaiatuba, SP: Foco, 2021. pp. 217-234.

TEPEDINO, Gustavo; KONDER, Carlos Nelson; BANDEIRA, Paula Greco. *In*: TEPEDINO, Gustavo (org.). *Fundamentos do direito civil*: contratos. 2. ed. Rio de Janeiro: Forense, 2021.

TEPEDINO, Gustavo; SCHREIBER, Anderson. Direito das obrigações. *In*: AZEVEDO, Álvaro Villaça (coord.). *Código Civil comentado*. São Paulo: Atlas, 2008. v. 4.

TEPEDINO, Gustavo; SCHREIBER, Anderson. *Fundamentos do direito civil*: obrigações. 2. ed. Rio de Janeiro: Forense, 2021.

TERRA, Aline de Miranda Valverde. Cláusula resolutiva expressa e resolução extrajudicial. *Civilistica.com*. Rio de Janeiro, a. 2, n. 3, p. 1-19, jul./set.2013.

TERRA, Aline de Miranda Valverde. *Cláusula resolutiva expressa*. Belo Horizonte: Fórum, 2017.

TERRA, Aline de Miranda Valverde. *Inadimplemento anterior ao termo*. Rio de Janeiro: Renovar, 2009.

TERRA, Aline de Miranda Valverde; GUEDES, Gisela Sampaio da Cruz. Resolução por inadimplemento: o retorno ao *status quo ante* e a coerente indenização pelo interesse negativo. *Civilistica.com*, v. 9, n. 1, p. 1-22, 9 maio 2020.

TERRA, Aline de Miranda Valverde; KONDER, Carlos Nelson; GUEDES, Gisela Sampaio da Cruz. Boa-fé, função social e equilíbrio contratual: reflexões a partir de alguns dados empíricos. *In*: TERRA, Aline de Miranda Valverde; KONDER, Carlos Nelson; GUEDES, Gisela Sampaio da Cruz (coord). *Princípios contratuais aplicados:* boa-fé, função social e equilíbrio contratual à luz da jurisprudência. Indaiatuba: Foco, 2019.

TERRA, Aline de Miranda Valverde; NANNI, Giovanni Ettore. Exceção de contrato não cumprido na coligação contratual. *Civilistica.com*, v. 10, n. 2, p. 1-26, 19 set. 2021.

TRABUCCHI, Alberto. *Istituzioni di diritto civile*. 46. ed. Milani: Cedam, 2013.

VARELA, João de Matos Antunes. *Das obrigações em geral*. 10. ed. Coimbra: Almedina, 2000. v. 1.

VAZ, Marcella Campinho. *Renúncia de Direitos*: limites e parâmetros de aplicação no direito civil. 2019. Dissertação (Mestrado em Direito) – Universidade do Estado do Rio de Janeiro, Rio de Janeiro, 2019.

VENOSA, Sílvio de Salvo. *Código Civil Interpretado.* São Paulo: Atlas, 2010.

VENOSA, Sílvio de Salvo. *Direito Civil:* teoria geral das obrigações e teoria geral dos contratos. 5. ed. São Paulo: Atlas, 2005. v. 2.

VILLELA, João Baptista. Equilíbrio do contrato: os números e a vontade. *In*: TEPEDINO, Gustavo; FACHIN, Luiz Edson (org.). Obrigações e contratos: contratos: princípios e limites. São Paulo: *Revista dos Tribunais*, 2011. v. 3.

WALD, Arnoldo. *Obrigações e contratos*, 16. ed. São Paulo: Saraiva, 2004.

WICKER, Guillaume. La suppression de la cause et les solutions alternatives. *In:* SCHULZE, Reiner *et al. Droit comparé et européen:* La réforme du droit des obligations en France. Paris: Societé de Législation Comparée, 2015. v. 20.

POSFÁCIO

Carlos Nelson Konder[1]

A desconfiança com que o ordenamento jurídico enxerga doações e demais gestos de generosidade revela quão central para o conceito de contrato são ideias de reciprocidade, correspectividade e interdependência. Com efeito, a doutrina que se aprofunda no tema sob perspectiva interdisciplinar encontra mesmo no ato de presentear um aspecto de reciprocidade, que apenas escapa ao direito privado porque ligado a complexos sistemas de reconhecimento e inserção social de caráter antropológico.[2] Dessa forma, em todo ato que constrói um vínculo patrimonial, acaba-se por identificar algum tipo de intercâmbio, que é tradicionalmente alçado não somente a elemento, mas muitas vezes à própria justificação da obrigatoriedade do vínculo.

Seja por meio da controversa *consideration* na família anglo-saxã, que entendia que a mera promessa somente seria exigível se o promitente obtiver algum benefício, [3] seja pela ainda mais controversa figura da *causa* na família romano-germânica, que também já foi entendida como a consideração de uma contraprestação, [4] a reciprocidade era tradicionalmente a porta de entrada para a juridicidade, aquilo que tornava o acordo entre particulares "lei entre as partes".[5] Hoje, reconhece-se que

---

1 Professor titular do Departamento de Direito Civil da Universidade do Estado do Rio de Janeiro (UERJ). Professor do Departamento de Direito da Pontifícia Universidade Católica do Rio de Janeiro (PUC-Rio). Doutor e mestre em direito civil pela UERJ. Especialista em direito civil pela Universidade de Camerino (Itália). Sócio fundador de Konder Sociedade de Advogados, onde atua como parecerista e árbitro.

2 HYLAND, Richard. *Gifts: a study in comparative law*. New York: Oxford University Press, 2009, p. 8 e 19.

3 ATIYAH, P. S. *Consideration in contracts*: a fundamental restatement. Canberra: Australian National University Press, 1971, p. 6.

4 CERMOLACCE, Arnaud. *Cause et exécution du contrat*. Presses Universitaires d'Aix-Marseille – P.U.A.M.: 2001, p. 26.

5 Na síntese de Vicente Espert Sanz, se todo contrato deve ter uma razão de ser, um fundamento, no direito continental a *causa* desempenha esse papel, enquanto no direito anglo-saxão a *consideration* desempenha esse papel (Espert Sanz, Vicente. *La frustración del fin del contrato*. Madrid: Tecnos, 1968, p. 50). Em linha similar, afirma Peter Marsh que, nos contratos

esse critério não é suficiente para avaliar a obrigatoriedade do acordo, já que mesmo negócios genuinamente gratuitos podem tornar-se vinculantes pelo mero consenso, uma vez presentes valores que se revelem merecedores de tutela pelo ordenamento jurídico, como a confiança e a solidariedade.[6] Não obstante, nos contratos, a reciprocidade ainda é a grande protagonista, particularmente reanimada pelos debates contemporâneos sobre equilíbrio, paridade e simetria contratual.

Diante disso, é especialmente precioso o trabalho de Laís Cavalcanti, em que a autora empreende releitura contemporânea do conceito de sinalagma e de sua principal repercussão prática: a exceção de contrato não cumprido. O trabalho tem origem em sua dissertação de mestrado, sob a sempre impecável orientação do professor Gustavo Tepedino, que foi aprovada com grau dez, louvor e recomendação de publicação, por banca que tive a honra de compor ao lado do orientador e do professor Giovanni Ettore Nanni, no âmbito do Programa de Pós-graduação em Direito da Universidade do Estado do Rio de Janeiro (UERJ).

Agora, chegando ao grande público pelas cuidadosas mãos da editora Fórum, a publicação da obra permite que o minucioso trabalho científico sobre a dogmática contratual alcance relevantes repercussões sobre a vida prática da atividade negocial e jurisdicional. Com efeito, a estrutura da obra reflete esse importante percurso: da fundamental releitura teórica do conceito de sinalagma até a invocação concreta da exceção de contrato não cumprido.

O primeiro capítulo, dedicado aos pressupostos dogmáticos do sinalagma, empreende releitura das tradicionais categorias de bilateralidade e onerosidade dos contratos, para então passar em revistas os fundamentos normalmente aduzidos à exceção de contrato não cumprido, guiando cuidadosamente o leitor por figuras como a causa do contrato, o equilíbrio contratual e – nesta encontrando o seu melhor fundamento – a vedação ao enriquecimento sem causa. Ao final, a autora firma como premissa que o sinalagma vincula uma parte à outra, originando o direito à prestação, mas *se e somente se* a outra prestação se concretizar e tendo em vista que cada prestação é estabelecida *para que a* outra se concretize.

---

onerosos, a promessa de contraprestação constitui *consideration* e a causa (MARSH, Peter D. V. *Comparativecontractlaw*. Brookfield: Gower, 1994, p. 103).

6 TEPEDINO, Gustavo; KONDER, Carlos Nelson; BANDEIRA, Paula Greco. Fundamentos do direito civil, vol. 3: *Contratos*, 6. ed. Rio de Janeiro: Forense, 2025, p. 9-10.

O segundo capítulo volta-se à delimitação do sinalagma, partindo da difícil tarefa de identificar quais obrigações efetivamente integram o nexo de reciprocidade contratual. Assim, perpassando a distinção entre sinalagma genético e funcional, bem como o diálogo entre sinalagma, equilíbrio e causa, o capítulo dedica-se a novas perspectivas de aplicação desse conceito conforme seus três elementos enunciados pela autora: reciprocidade, interdependência e correspectividade, que se traduzem, respectivamente, no contexto da bilateralidade, na essência da sinalagmaticidade e na equivalência dos polos prestacionais. Isso possibilita à autora revisitar o sinalagma no âmbito dos ditos contratos bilaterais imperfeitos, dos contratos plurilaterais e, ainda, da conexão contratual.

Por fim, o terceiro capítulo trata da exceção de contrato não cumprido como remédio sinalagmático. A partir de leitura não somente estrutural, mas principalmente funcional desse relevante remédio, Laís aborda com minúcia os requisitos para a sua invocação, bem como o papel da boa-fé na sua aplicação. Ao final, os efeitos da *exceptio* são analisados, com destaque para a suspensão da exigibilidade da obrigação do excipiente, descaracterizando seu inadimplemento sob os variados aspectos desse conceito.

O trabalho é um exemplo significativo de como a leitura funcional não desconsidera a dogmática: ao revés, a renova e alimenta. Em *Contratos bilaterais: sinalagma e exceção de contrato não cumprido*, encontra o leitor o rico e cuidadoso subsídio teórico para lidar com os efeitos concretos dos contratos com maior eficiência, clareza e operatividade.

Esta obra foi composta em fonte Palatino Linotype, corpo 10
e impressa em papel Pólen Bold 70g (miolo) e Supremo 250g (capa)
pela Gráfica Star7.